Matthias F. Uebel/Stefan Helmke/Wilhelm Dangelmaier (Hrsg.)

Praxis des Customer Relationship Management

Matthias F. Uebel/Stefan Helmke/
Wilhelm Dangelmaier (Hrsg.)

Praxis des Customer Relationship Management

Branchenlösungen und Erfahrungsberichte

GABLER

Die Deutsche Bibliothek – CIP-Einheitsaufnahme
Ein Titeldatensatz für diese Publikation ist bei
Der Deutschen Bibliothek erhältlich.

Matthias F. Uebel und **Stefan Helmke** leiten das Competence Center "Customer Relationship Management" für das Fraunhofer ALB Paderborn und sind seit mehreren Jahren als Managementberater und -trainer tätig. Sie sind Mitglieder des Graduiertenkollegs des Heinz-Nixdorf-Institut der Universität Paderborn. (Mail: uebel@hni.upb.de, Tel.:0177-2592952; Mail: helmke@hni.upb.de, Tel.:0177-5721994)

Prof. Dr.-Ing. habil. Wilhelm Dangelmaier ist Inhaber des Lehrstuhls für Wirtschaftsinformatik am Heinz-Nixdorf-Institut der Universität Paderborn. Zugleich leitet er das Fraunhofer Anwendungszentrum für Logistikorientierte Betriebswirtschaft Paderborn.

1. Auflage April 2002

Lektorat: Barbara Roscher / Jutta Hinrichsen

Der Gabler Verlag ist ein Unternehmen der Fachverlagsgruppe BertelsmannSpringer.
www.gabler.de

Umschlaggestaltung: Ulrike Weigel, www.CorporateDesignGroup.de
Druck und buchbinderische Verarbeitung: Lengericher Handelsdruckerei, Lengerich
Gedruckt auf säurefreiem und chlorfrei gebleichtem Papier
Printed in Germany

ISBN 3-409-11890-X

Vorwort

Wenige Marketing- und Vertriebsthemen stehen aktuell so im Vordergrund des Interesses wie das Customer Relationship Management. In Zeiten einer verstärkten Austauschbarkeit von Produkten und Dienstleistungen kommt einer differenzierten Kundenbearbeitung hohe Bedeutung zu. Mehr denn je versuchen Unternehmen den Kunden wieder in den Ausgangspunkt ihrer Aktivitäten zu stellen, um so dem Anspruch einer verstärkten Kundenorientierung gerecht zu werden. Das Customer Relationship Management liefert Ansätze und Konzepte für eine effektivere und effizientere Kundenbearbeitung. Um diese Potentiale tatsächlich nutzen zu können, ist die praktische Umsetzung und anwendungsorientierte Gestaltung eines "gelebten" Customer Relationship Management im Unternehmen von entscheidender Bedeutung.

Ziel dieses Bandes ist es, die vielfältigen Anwendungsfälle des Customer Relationship Management aus verschiedenen Unternehmens- und Branchenperspektiven zu betrachten und dem praxisorientierten Leser näher zu bringen. Er liefert einen umfassenden Überblick zu den verschiedenen Facetten von existierenden CRM-Anwendungsfällen und gibt einen Einblick in den Entwicklungsstand von CRM-Lösungen in der Praxis.

Der vorliegende Band umfaßt Lösungen und Erfahrungsberichte rund um das Thema Konzeption, Gestaltung und Umsetzung von Customer Relationship Management aus dem Blickwinkel unterschiedlicher Industrie- und Dienstleistungsbranchen. Der erste Teil beschäftigt sich mit praxisbezogenen Gestaltungs- und Anwendungsbereichen von CRM-Instrumenten. Im zweiten Teil werden konkrete Beispiele zu CRM-Unternehmens- und Branchenlösungen vorgestellt. Die Beiträge sind so abgestimmt, daß ein vielschichtiges Spektrum praktischer Erfahrungen aus verschiedenen Wirtschaftsbereichen sowie Best-Practice-Lösungen dem Leser strukturiert näher gebracht werden. Dabei wird u. a. auf das konzeptionelle Grundverständnis von CRM, die unternehmensspezifischen Ausgangssituationen sowie die „Lessons Learned" bei der Realisierung individueller Problemlösungen eingegangen.

Allen Autoren, durch deren Beiträge die Entstehung dieses Sammelbandes erst möglich wurde, möchten wir an dieser Stelle nochmals herzlich für ihr Engagement und ihre Unterstützung danken. Unser besonderer Dank für ihre Mitwirkung bei der Formatierung und Layout-Gestaltung des Manuskripts gilt Frau cand. rer. pol. Nermin Gülal und Herrn cand. Wirt. Ing. Helge Wessoly.

Matthias F. Uebel, Stefan Helmke und Wilhelm Dangelmaier

Inhaltsverzeichnis

Teil II: CRM-Branchenlösungen

Autorenverzeichnis

BOCHBERG, JOACHIM, Dipl.-Inf.., seit 1996 als Leiter Consumer Relations verantwortlich für alle Direktkontakte zu Konsumenten und die mediale Unterstützung dieser Kommunikation.

BÖGGE, THOMAS, Systemorganisation, ISIS Multimedia Net GmbH & Co. KG.

BRINKER, DÖRTE, Dipl.-Kffr., Projektmanagerin im Informationsmanagement einer deutschen Großbank.

BUZINA, MARC, Berater Enterprise Intelligence / CRM, Lynx Consulting Group.

DANGELMAIER, WILHELM, Prof. Dr. habil., Inhaber des Lehrstuhls für Wirtschaftsinformatik (Schwerpunkt CIM) am Heinz Nixdorf Institut und zudem Leiter des Fraunhofer Anwendungszentrums für logistikorientierte Betriebswirtschaft in Paderborn.

EBERHARDT, ULRIKE, Senior Consultant, Strategic Marketing, DETECON Consulting GmbH, Bonn.

FELSER, WINFRIED, Dr., geschäftsführender Gesellschafter, Netskill Medienvermarktungs AG, Düsseldorf.

GENTSCH, PETER, Dr., Director der Bereiche Web Intelligence und Data Mining sowie Niederlassungsleiter Berlin bei der pepper technologies AG, außerdem Autor zahlreicher Bücher und Studien zum Thema Innovations- und Wissensmanagement.

GREILICH, Jürgen, Dipl.-Kfm., Solvay Management Support GmbH, Hannover, sowie Leiter der VCI Fachgruppe CRM Systeme.

HAHN, AXEL, Dr.-Ing., Entwicklungsleiter, myview technologies GmbH & Co. KG, Paderborn.

HAHN, MATTHIAS, Dipl.-Betriebswirt (FH), Competence Manager und Betreuer der virtuellen Kompetenzzentren zu den Themen Marketing und Dienstleistungsmanagement bei der NetSkill AG in Düsseldorf.

HARTMANNSGRUBER, MICHAEL, Dipl.-Ing., Dipl.-Wirt.-Ing., Assistent Vorstand Vertriebsmanagement der Festo AG & Co., außerdem Projektleiter im Vertrieb für Customer Relationship Management.

HELMKE, STEFAN, Dipl.-Kfm., Stipendiat des Graduiertenkollegs und Mitarbeiter der Fachgruppe Wirtschaftsinformatik, insbes. CIM, Heinz Nixdorf Institut, Universität Paderborn; Leiter des Competence Centers CRM, Fraunhofer Anwendungszentrum für logistikorientierte Betriebswirtschaft, Paderborn; freiberuflicher Berater und Trainer.

HOLLAND, HEINRICH, Prof. Dr., lehrt an der Fachhochschule Mainz und hat Lehraufträge an weiteren Institutionen wie der European Business School (ebs) und der Deutschen Direktmarketing Akademie (DDA), an der er auch die Funktionen des stellvertretenden Akademieleiters und Studienleiters ausübt.

KADE, TANJA S., als Marketing Manager Deutschland verantwortlich für Marketing Communications, Presse- und Öffentlichkeitsarbeit, Direkt- und Tele-Marketing, Event Marketing und Marktforschung, Cognos GmbH.

KALYTA, UWE, Dipl.-Bw., verantwortlicher Marketing Director für Central & Eastern Europe der NCR GmbH - Teradata Division.

KAPPES, GERD, Leiter Database Marketing, BHW Bausparkasse AG.

KLEIN, CHRISTIAN, M.A., Leiter Marketing Deutschland und Österreich, SPSS.

KLEINSORG, JOHANNES, Dr., Leiter des Geschäftsbereichs Marktmanagement, N-ERGIE Aktiengesellschaft, Nürnberg.

KOLBECK, STEFAN, Dipl.-Wirt.-Inf., Competence Manager und Betreuer der Competence Center CAS-/CRM-Systeme, Controlling und PPS-/SCM-Systeme bei der NetSkill AG in Düsseldorf.

KÖLMEL, BERNHARD, Dr., New Business Development Manager mit dem Aufgabengebiet strategische Planung und Konzeption, CAS Software AG, Karlsruhe.

KORNMANN, KLAUS, Dipl.-Kfm., Marktforscher bei der LVM-Versicherungsgruppe, Münster.

MICHEL, MARK, tätig im Bereich Global Business Intelligence Solutions Banking, IBM.

NITZ, VOLKER, Projektleiter CRM / Direktmarketing, Techniker Krankenkasse.

SCHMIDT, MATTHIAS, Dipl.-Betriebswirt, derzeit Projektmanager Kundenbindung in einem führendem Einzelhandelsunternehmen.

SEXAUER, HAGEN J., Dipl.-Kfm., Doktorand am Lehrstuhl für Entwicklung betrieblicher Informationssysteme der Johann Wolfgang Goethe-Universität Frankfurt am Main von Herrn Prof. Dr. A. Oberweis sowie Senior Consultant der strategischen Unternehmensberatung BBDO Consulting GmbH, Düsseldorf.

STORCH, KATJA, Dipl.-Kffr., Supply Chain Controllerin, HARTMANN AG, Heidenheim.

UEBEL, MATTHIAS F., Dipl.-Kfm., Leiter des Competence Centers CRM am Fraunhofer ALB Paderborn; Mitglied des Graduiertenkollegs des Heinz-Nixdorf-Institut der Universität Paderborn; Managementberater und -trainer.

VIETOR, CHRISTINE, Leiterin Kundenbindung und Verkaufsförderung, Techniker Krankenkasse.

WALTER, SIMON, Dipl.-Betriebswirt, derzeit Projektmanager CRM in einem führendem Einzelhandelsunternehmen.

WEIß, PETER, Dipl.-Wi.-Ing., Leiter des Verbindungsbüros für Förderung und Wirtschaft (VFW) am FZI Forschungszentrum Informatik, Karlsruhe.

WELLNER, MARC, Dr., Database Marketing Manager im Bereich Zielkundenmanagement der Deutschen Lufthansa AG, Frankfurt am Main.

WIEDMANN, KLAUS-PETER, Prof. Dr., Inhaber des Lehrstuhls für Marketing II am Fachbereich Wirtschaftswissenschaften, Universität Hannover.

WIERSGALLA, ANGELIKA, Dr., Mitglied der Geschäftsleitung, SENECA, Magdeburg.

WIRTH, STEPHAN, tätig im Bereich Datenschutz bei einer deutschen Großbank.

ZAPF, MICHAEL, Dipl.-Wirt.-Math., Projektleiter und Seniorberater bei der PROMATIS AG, Nürnberg.

ZIRKE, JÜRGEN, Dipl.-Inf., Vorstand, PAVONE AG, Paderborn.

Teil I

Gestaltungs- und Anwendungsbereiche von CRM-Instrumenten

Wilhelm Dangelmaier, Matthias F. Uebel und Stefan Helmke

Grundrahmen des Customer Relationship Management-Ansatzes

1. Ziele des Customer Relationship Management

Customer Relationship Management (CRM) verfolgt das Ziel, die Kundenbearbeitung ganzheitlich an den Kundenbedürfnissen auszurichten. Dies dient dazu, die Kundenbearbeitung auf eine neue Qualitätsstufe zu stellen. Dabei ist festzuhalten, daß CRM in seinem Kern ein konzeptionelles Thema darstellt und die entsprechende CRM-Software lediglich die DV-technologische Unterstützung bietet. Das Konzept legt fest, wie die Kundenbearbeitung auszurichten ist, die DV-Technologie hilft, die resultie-renden Prozesse schneller bearbeiten zu können. Folgende Abbildung verdeutlicht die Ziele des CRM-Ansatzes im Detail.

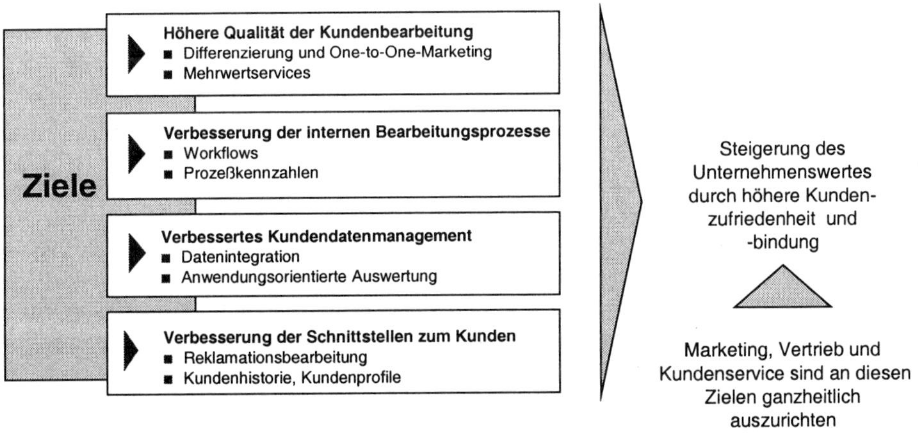

Abbildung 1: Ziele des CRM-Ansatzes

Eine erhöhte Kundenzufriedenheit führt zu einer stärkeren Kundenbindung, die ihrerseits den Unternehmenswert positiv beeinflußt. Um dieses Ziel zu erreichen, sind die Ressourcen in Marketing, Vertrieb und Kundenservice fokussiert einzusetzen. Dazu ist die Qualität der Kundenbearbeitung durch eine differenzierte Kundenbearbeitung, die Mehrwertservices bietet, zu erhöhen. Fokus hierbei sind Effektivitätssteigerungen. Des weiteren sind die internen Back-Office-Bearbeitungsprozesse zu optimieren, damit an der Schnittstelle zum Kunden eine optimale Leistung angeboten werden kann. Zudem sind neue Technologien – insbesondere des Data Mining – einzusetzen, um das Kundendatenmanagement zu verbessern. Wichtig ist hierbei, daß eine anwendungsorientierte Auswertung erfolgt, die Handlungen nach sich zieht, damit eine Informationsüberflutung vermieden wird.

CRM fokussiert dabei insgesamt auf die Aufgabenbereiche des Kundenmanagements mit seinen Teildisziplinen Kundenneugewinnung, -bindung und -rückgewinnung unter Einsatz bekannter und neuer Marketing- und Vertriebsinstrumente.

2. Stoßrichtungen des CRM: Effektivität und Effizienz

Die Effizienzsteigerungen setzen an der Kostenseite und damit an der Wirtschaftlichkeit der Kundenbearbeitung an. Ihr Ziel ist es, die Vertriebskostensituation im Verhältnis zu den erzielten Umsätzen zu verbessern und durch gezieltere Informationsverteilung mehr Kunden mit der zur Verfügung stehenden Kapazität bzw. den bestehenden Kundenstamm in kürzeren Zyklen zu bearbeiten. Wesentliche Kernbereiche sind hierbei die Vereinfachung der „täglichen" administrativen Arbeit (Prozeßoptimierung), die schnellere und umfangreichere Auswertung von Kundendaten sowie die systematische Datenintegration und Verteilung. Die Verbesserung der Informationsprozesse wird derzeit unter Anwendung von Workflow- und Groupwaretechnologie sowie verteilter Kundendatenbanken angegangen. Ziel ist es, Daten nach Möglichkeit automatisiert zwischen den Mitarbeitern zirkulieren zu lassen. Dabei steht im Vordergrund, wie Daten effizient weitergeleitet werden und weniger, welche Daten gezielt zu verteilen sind. Quantität geht bisher meist noch vor Qualität. Kundendatenbanken müssen häufig als undifferenzierte Sammelbekken herhalten. Auch unsere Beratungserfahrungen zeigen, daß der Wert einer Kundendatenbank, auf der viele weitere CRM-Instrumente aufbauen, zur Effektivitätssteigerung von den drei folgenden Anforderungen abhängt:

1. Konzentration auf wichtige Informationen und Aussieben der nicht-relevanten Daten,
2. Erfassung der Informationen auf Basis vordefinierter Ziele,
3. Aktualität der Daten.

Werden die entscheidenden Kundendaten nicht herausgefiltert, resultiert daraus eine Informationsflut, die der Vertriebsmitarbeiter nicht mehr effizient verarbeiten kann. Die Effizienz und auch die Effektivität gehen gegen Null, da das System die Akzeptanz verliert und die Informationen keine Anwendung mehr finden. Zudem ist der effektive Nutzen für die Kundenbearbeitung gering, wenn alle Informationen gleich gewichtet sind und keine Priorisierung auf die besonders kaufentscheidenden Informationen erfolgt. Deshalb muß die Erfassung der Informationen auf Basis vordefinierter Ziele, wie z. B. die Kaufverhaltensrelevanz der Information oder die Bedeutung für die Kundenzufriedenheit, erfolgen. Hier besteht erheblicher Entwicklungsbedarf, da aufgrund der einfacheren Erfassung bisher hauptsächlich harte Faktoren, insbesondere demographische Merkmale oder Umsatzdaten der Vergangenheit, abgebildet werden. Diese erklären Kaufverhalten und Kundenzufriedenheit aber nicht vollständig.

Entscheidend sowohl für Effizienz- als auch Effektivitätssteigerungen durch CRM ist es damit letztendlich, die Kundenbearbeitung intensiv an der Erfüllung der Kundenbedürfnisse – und damit an Kundenzufriedenheit und Kundenbindung – sowie an der Bedeutung des Kunden für das Unternehmen auszurichten. Dazu bedarf es einer differenzierten Kundenbearbeitung, um die hier liegenden Potentiale voll auszuschöpfen. So hat ein Schüler sicher eine andere Erwartungshaltung an eine Bank als ein Rentnerehepaar. In der Vollendung führt dies zu einer atomaren Betrachtung des Kunden, um darauf eine One-to-One-Kundenbearbeitung aufzusetzen.

Ein Unternehmen möchte nicht möglichst viele Kunden haben, sondern einen möglichst hohen Anteil an der Kaufkraft von Kunden erzielen, um so zu profitablen Geschäftsbeziehungen zu kommen. Diese Benefits müssen nicht nur monetärer Art sein. So kann der Imagegewinn, der aus einer hohen Kundenzufriedenheit eines Kunden mit Meinungsführer- oder Multiplikatoreigenschaften resultiert, sogar einen negativen Deckungsbeitrag rechtfertigen. In der rein monetären Perspektive ist zu berücksichtigen, daß hier der jeweilige Barwert der langfristig erzielbaren Deckungsbeiträge für die Optimierung der Intensität der Kundenbearbeitung entscheidend ist.

Eine höhere Effizienz in der Kundenbearbeitung ist zwar wünschenswert, eine Garantie für Mehrumsätze gibt sie aber nicht, da dadurch die inhaltliche Qualität der Kundenbearbeitung noch nicht verbessert ist. Es kann sogar kontraproduktiv wirken, wenn die Zielfunktion der Vertriebsmitarbeiter auf die Anzahl der abgearbeiteten Kundenkontakte ausgelegt wird, so daß die Quantität vor die Qualität der Bearbeitung in Form von Abschlüssen tritt. Deshalb muß in erster Linie die Qualität der Kundenbearbeitung erhöht werden, z. B. durch eine konsequente Ausrichtung an kundenorientierten Zielen wie eben die Kundenzufriedenheit oder durch gezielte Informationsversorgung der Vertriebsmitarbeiter. Customer Relationship Management bedeutet damit investieren in die Kundenbearbeitung, nicht rationalisieren.

Qualität heißt für das Customer Relationship Management am Ende, das für den Kunden Richtige zu tun. In diesem Kontext kann das nur heißen, die Gesamtaufgabe Customer Relationship Management geeignet in einzelne Teilaufgaben zu zerlegen und Hinweise für deren Durchführung zu geben.

3. Strukturierung des CRM-Ansatzes

Hier erfolgt eine zweckmäßige Einteilung des Customer Relationship Managements in strategisches, taktisches und operatives CRM.

Strategisches Management

Das strategische Management hat

- die systematische Aufnahme bestehender und künftiger Kundenbedürfnisse, differenziert nach Markt, Branche, Kunde, Produkt/Dienstleistung und Prozeß,
- die Strategieableitung unter Einbeziehung der eigenen Potentiale,
- die Ableitung von Zielbereichen und Portfolioanalysen,
- die Identifikation von Erfolgstreibern,
- das Erstellen von Maßnahmenkatalogen und
- das Erstellen einer Strategy Map

zu leisten. Maßnahmen werden sinnvollerweise in Client Facing Prozesse zur Steigerung der Effektivität (Interaktion mit dem Kunden, Phasendifferenzierung, Zielgröße Kundenzufriedenheit) und Backoffice-Prozesse zur Steigerung der Effizienz (Unterstützung/Informationsversorgung der Client Facing Prozesse, Zielgröße Kosten) eingeteilt.

Taktisches Management

Aufgaben des taktischen Managements sind:

- die Bestimmung der (aktuellen) Stärken und Schwächen im CRM
- die Identifikation von maßnahmenbezogenen Ansatzpunkten zur verbesserten Kundenbearbeitung (externe/interne Maßnahmen; Budget, Personal, Termine; Lokalisierung der Maßnahmen)
- Erstellen der Process Map (siehe Abbildung 6). Ergebnis ist hier eine Darstellung aller Abläufe inkl. der Informationsströme und Daten, der Process Owner und der

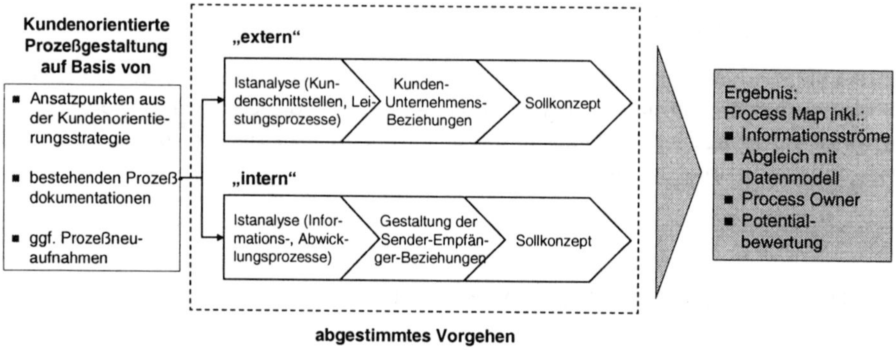

Bewertung der Potentiale.

Abbildung 2: Erstellen der Process Map

Operatives Management

Aufgabe des operativen Managements ist die Planung und Durchführung von CRM-Maßnahmen (Projekt, Zielobjekte/-Prozesse, Maßnahmen, Termine/Mittel, Lokalisierung) anhand einer Project Map und die Überwachung der Maßnahmen.

4. CRM-Instrumentengruppen

Instrumente bzw. Maßnahmen des Kundenmanagements ergeben sich für den konkreten Anwendungsfall aus der Kombination einer grundsätzlich zu unterstützenden Aktivität, einem Kanal zur Umsetzung eines Instruments und der Zuordnung zu einer Prozeßstufe im Rahmen des Kundenmanagements. Dies verdeutlicht die folgende Abbildung:

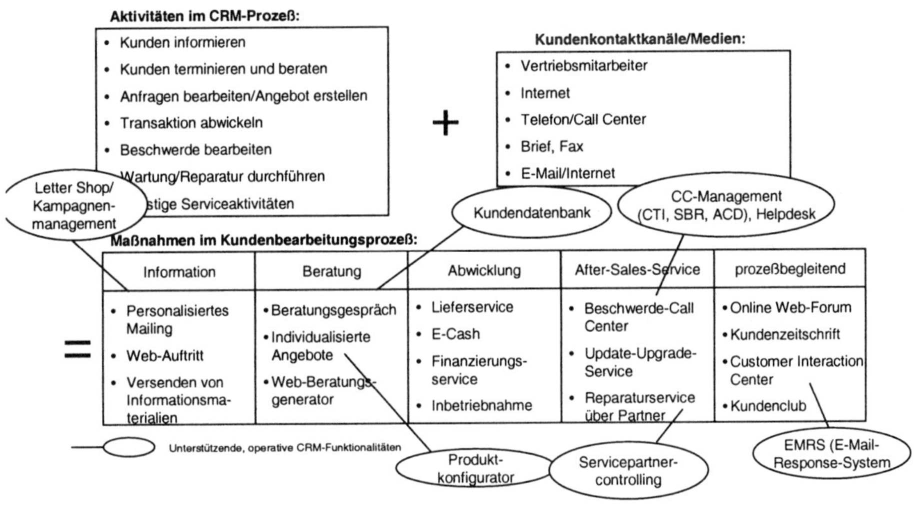

Abbildung 3: CRM-Maßnahmen

Der Umsetzung, Analyse und Verbesserung der kreierten Instrumente dienen CRM-Softwarekomponenten, welche die informationstechnologische Unterstützung des Instrumenteneinsatzes darstellen. Dabei ist zwischen, operativen, kollaborativen und analytischen Komponenten zu unterscheiden.

Während die operativen Komponenten z. T. ein Abbild des Instrumentes selbst darstellen und den Client Facing-Prozeß unterstützen, stellen die kollaborativen die Kanalunterstützung zur Umsetzung des Instruments dar. Dies wird auch als Multi-Channel-Management verstanden. Analytische Komponenten werden in Back-Office-Prozessen eingesetzt, um neue Erkenntnisse für das Kundenmanagement zu gewinnen und diese für den operativen Einsatz nutzbar zu machen.

Im Idealfall ist von den im Rahmen des Einsatzes analytischer CRM-Instrumente gewonnenen Erkenntnissen auszugehen. Auf Basis dieser sind die einzusetzenden operativen Instrumente auszuwählen und der Kanal zu bestimmen, der den Bedürfnissen des Kunden am besten gerecht wird. Dies erfolgt unter Berücksichtigung der Kundenbedürfnisse und der ökonomischen Unternehmensziele.

Deutlich wird dies an folgendem Beispiel: Eine Bank plant die Ausdehnung des Volumens im Wertpapieranlagenbereich für Privatkunden. In einem ersten analytischen Schritt des Kundenmanagements ist zu analysieren, welche Bedeutung den Kunden derzeit für den Geschäftserfolg beizumessen ist. Würde rein diese Basis für den weiteren Komponenteneinsatz gewählt, ergäbe sich eine rein prozyklische Steuerung. Deshalb ist auch das Potential der Kunden aufzunehmen. Dies läßt sich im Falle der Bank über die Eingänge auf dem Konto abbilden. Wird jeweils eine ABC-Gruppierung vorgenommen, so ergeben sich neun Kombinationen aus den vorgenommenen Ist- und Potentialklassifizierungen. Interessant sind für das Neugeschäft im wesentlichen die Klassifizierungen, bei denen Ist- und Potentialklassifizierung auseinander fallen. Hauptfokus sollte in diesem Beispiel auf Kunden gelegt werden, die eine C-Klassifzierung im Ist und eine A-Klassifizierung hinsichtlich ihres Potentials aufweisen. Für die Kanalauswahl ergibt sich, daß das qualitativ hochwertigste Instrument, das Face-to-Face-Beratungsgespräch, einzusetzen ist. Bei der Kombination C im Ist- und B im Potentialwert ist in der Regel aufgrund Kapazitäten auf ein anderes Instrument, z. B. die Bearbeitung durch ein Call Center, auszuweichen.

Einen Überblick zu aktuellen Instrumenten auf Basis der vorgestellten Unterscheidung in operativ, kollaborativ und analytisch liefert die folgende Abbildung:

Operative Instrumente	Kollaborative Instrumente	Analytische Instrumente
▪ After-Sales-Service ▪ Beratung ▪ Beschwerdemanagement ▪ Finanzierungsservice ▪ Kampagnenmanagement (E-Mail-, M-Mail-Kampagnen) ▪ Kontakt-/ Adreßmanagement ▪ Kundendatenmanagement ▪ Kundenseminare ▪ Kundenkarten / Kunden-Club / Kundenzeitschrift ▪ Lead Management ▪ Produktkonfigurator ▪ Reparatur / Wartungsdienst ▪ Service Level Agreements ▪ Tracking und Tracing von Aufträgen ▪ ...	▪ Brief ▪ Communication Center Management (Kanal: Telefon): ▪ ACD (Automatic Call Distribution) ▪ SBR (Skill Based Routing) ▪ IVR/SDS (Interactive Voice Response / Spoken Dialogue System) etc. ▪ E-Mail ▪ Newsletter ▪ EMRS (E-Mail-Management-Reponse-System) ▪ Face-to-Face-Gespräch ▪ Fax ▪ Internet ▪ Online-Beratung ▪ Kundenforum ▪ Lingobot ▪ Call-Back-Button ▪ ...	▪ Bedeutungs- / Servicegestaltungsanalysen ▪ Besuchshäufigkeitenoptimierung / Geo-Marketing ▪ Budgetoptimierung ▪ Kampagnenoptimierung ▪ Kaufwahrscheinlichkeitsprognosen ▪ Kunden-/Vertriebserfolgsrechnung ▪ Kundenpotentialanalysen / Kundenportfolioanalyse / Kundenpriorisirung / Kundenscoring ▪ Kundensegmentierung / Kundenprofiling ▪ Kundenzufriedenheitsanalyse ▪ Logfile-Analyzer / Clickstream-Analyzer ▪ Simulation von Marktreaktionen ▪ Sortimentsoptimierung / Category Management ▪ Stornoanalyse ▪ Warenkorbanalyse ▪ ...

Abbildung 4: Aktuelle Instrumente des Kundenmanagements im Überblick

Entscheidend für den Erfolg von Instrumenten ist es damit letztendlich, die Kundenbearbeitung intensiv an der Erfüllung der Kundenbedürfnisse sowie an der Bedeutung des Kunden für das Unternehmen auszurichten. Dabei ist jedoch entsprechend differenziert vorzugehen. Eine angestrebte One-to-One-Kundenbearbeitung ist sicher richtig für die meist wenigen Kunden, mit denen man 85 % des Umsatzes macht. Hier muß eine persönliche Beziehung über den Key-Account-Manager aufgebaut werden. Auf keinen Fall dürfen diese Kunden alleine dem Computer überlassen werden. Diese Differenzierung kostet aber auch Geld. Dazu sind mit Hilfe des Instruments der Kundensegmentierung die Kunden in Segmente zu unterteilen, die in sich möglichst homogen, aber untereinander möglichst heterogen sind. Kleinkunden sind beispielsweise individuelle Angebote mit Hilfe eines Produktkonfigurators im Sinne eines Mass Customization zu liefern, während bei Großkunden und Kunden mit dem Potential zum Großkunden ein intensiverer Instrumenteneinsatz auszugestalten ist.

5. Leitfaden für eine erfolgreiche CRM-Einführung

Erste Erfolge durch den Einsatz von CRM-Software sind bereits zu verzeichnen. Allerdings sind auch Projekte zur Einführung von CRM-Systemen – insbesondere aufgrund von Akzeptanzproblemen – gescheitert, haben lediglich Mehrkosten verursacht, aber nur wenig Nutzenpotentiale hervorgebracht. Das sind zumeist Projekte, bei denen der Vertrieb lediglich mit Informations- und Kommunikationswerkzeugen beladen, aber kein grundlegendes Konzept zur Verbesserung der Vertriebssteuerung und damit der Umsatzsituation entwickelt wurde. Der Vertrieb hat in diesen Fällen wenig Anwendungsmöglichkeiten – insbesondere wenn zusätzlich an begleitenden Schulungen gespart wurde – für die neuen Instrumente gesehen und sie lediglich als Kontrollinstrument der eigenen Person durch Dritte empfunden.

Ein wesentliches Auswahlkriterium für die CRM-Software sollte sein, ob die Software modular aufgebaut ist, so daß nur die erforderlichen Funktionalitäten erworben werden können. Des weiteren ist entscheidend, ob die CRM-Software zur Vermeidung von Insellösungen über Schnittstellen in die bestehende Systemlandschaft eingebettet werden kann und inwieweit sich bereits im Unternehmen bestehende Lösungen integrieren lassen. Auch ist darauf zu achten, ob individuelle Anpassungen der Standardfunktionalitäten (kostengünstig) möglich sind und die Software problemlose Erweiterungen erlaubt.

Die Einführung eines CRM-Systems ist ein Anlaß, die Strukturen in Vertrieb, Marketing und Kundendienst neu zu überdenken. Das führt zu Veränderungen in der strategischen Ausrichtungen bis hin zu Umstellungen im operativen Tagesgeschäft, so daß sich aus einer CRM-Einführung schnell ein Change-Management-Projekt entwickelt, das in hohem Maß den Faktor Mensch mit einbeziehen muß.

Branchenerfahrungen des CRM-Anbieters sind bei der Softwareauswahl eher zweitrangig, da nur wenige Anbieter ausgewiesene Branchenspezialisten sind. Zudem sind eventuell bereits realisierte Branchenlösungen nicht immer auch die besten Lösungen für das eigene Unternehmen. Vielmehr ist das Verständnis für Prozesse im Kundenmanagement entscheidend, um die Abstimmung zwischen Unternehmen und Anbieter zu vereinfachen.

Um das Investitionsrisiko in ein CRM-System gering zu halten, ist darauf zu achten, daß das System zum Unternehmen hinsichtlich der verfügbaren Ressourcen, des Fach-Know-hows und der Geschäftsprozesse paßt. Ansonsten werden durch nicht benötigte oder zu komplexe Funktionalitäten lediglich Mehrkosten verursacht, die zu keiner Nutzenstiftung führen. Deshalb ist es wichtig, die auflaufenden Projektkosten zu dokumentieren und zu kontrollieren. ROI(Return On Investment)-Berechnungen sind schwierig, wenn auch Umsatzeffekte zur Erreichung des Break-Even-Points erforderlich sind.

Unsere Beratungserfahrungen zeigen, daß als Grundstein für den Erfolg von CRM neben der Softwareauswahl ein gezieltes Vorgehen im Rahmen des Einführungprozesses erforderlich ist. Im folgenden wird dazu ein Leitfaden gegeben. Die ganzheitliche Einführung eines CRM-Systems muß als strategisches Projekt angegangen werden, das die zukünftige Ausgestaltung der Kunden- und Marktbearbeitung bestimmt. Eine adäquate Unterstützung des Projektes durch das Top-Management des Unternehmens als Fürsprecher des Einführungsprojektes ist unerläßlich.

Im Idealfall ist ausgehend von den Ergebnissen einer Kundenzufriedenheitsanalyse eine Kundenorientierungsstrategie abzuleiten. Hier sind vier wesentliche Teilaufgaben zu unterscheiden: die Zielbestimmung, die eigentliche Strategieentwicklung, die Erfassung von Erfolgstreibern sowie die Erhebung eines Stärken-/Schwächenportfolios. Als Vorgehen haben sich strukturierte Strategieworkshops ggf. mit externer Beratungsunterstützung bewährt. Als Ergebnisse sind erstens die Ziele hinsichtlich Umsatz und Kundenzufriedenheit zu formulieren, die im Anschluß in einem nächsten Schritt in Kennzahlen zu operationalisieren sind. Zweitens sind die Ergebnisse in der Strategy Map und die Grundzüge der Kundenorientierungsstrategie zusammenzufassen. Die Strategie ist im Unternehmen zu kommunizieren, damit das Verständnis durch alle Abteilungen diffundieren und sie entsprechend gelebt werden kann. Drittens sind wesentliche Erfolgstreiber, wie z. B. das Verhalten der Konkurrenz, sowie die einzelnen Stärken und Schwächen, wie z. B. die zur Verfügung stehenden Mitarbeiterressourcen, jeweils in Portfolios zusammenzufassen. Ggf. sind hierzu im Anschluss Detailanalysen notwendig.

Häufig wird die Auswahl des Projektteams unterschätzt. Es reicht nicht aus, lediglich einen CRM-Beauftragten zu benennen. Die Einführung eines CRM-Systems erfordert den Dialog zwischen DV- und Fach- bzw. Marketing-/Vertriebsseite, z. B. hinsichtlich der Machbarkeit. Deshalb sind in das Projektteam DV- und Fachexperten sowie Experten für das erforderliche Change Management zu integrieren. Die Fachexperten müssen dabei die späteren Anwender repräsentieren, damit das CRM-System nicht am Bedarf vorbei konzipiert wird.

Auf Basis der erarbeiteten Kundenorientierungsstrategie ist daran anschließend eine Analyse der Kundenbearbeitungsprozesse vorzunehmen. Dabei ist darauf zu achten, daß sowohl die Grundausrichtung und die damit verbundenen Prozesse im Kundenmanagement im Hinblick auf die Kundenzufriedenheit und den Unternehmenserfolg zu optimieren sind. Im Rahmen der Prozeßanalyse ist dabei grundsätzlich zwischen Client Facing- und Backoffice-Prozessen zu unterscheiden. Im Rahmen der Analyse der Client Facing-Prozesse sind die Ist- und ggf. Soll-Interaktionspunkte mit dem Kunden zu definieren. Festzulegen ist somit, welche Möglichkeiten dem Kunden gegeben werden, mit dem Unternehmen von sich aus in Kontakt zu treten (Hol-Prinzip) und über welche Kanäle zu welchen Zeitpunkten das Unternehmen selbst an seine Kunden herantreten sollte (Bring-Prinzip). Die Gestaltung der Backoffice-Prozesse fußt auf den unternehmensinternen Aufgaben des Kundenmanagements. Entsprechende Informationsflüsse und Workflows sind zu definieren, um die Sender-Empfänger-Beziehungen im Unternehmen zu optimieren und damit die zielgerichtete Ausgestaltung der Client Facing-Prozesse zu unterstützen.

Für alle Prozesse ist zudem eine Informationsbedarfsanalyse vorzunehmen, um festzulegen, welche Informationen zur adäquaten Durchführung welcher Prozesse benötigt werden. Des weiteren sind für jeden Prozeß die Process Owner zu bestimmen, die für das Prozessergebnis verantwortlich sind, sowie Aufgabenträger zuzuordnen, die die Prozeßschritte abarbeiten. Zudem sind Leistungskataloge zu definieren, in denen das angestrebte Prozessergebnis festgehalten wird. Werden darüber Kennzahlen aggregiert, ergibt sich die Basis für ein prozeßorientiertes Controlling im Kundenmanagement. Dies kann z. B. durch die Bestimmung der Prozeßkosten verfeinert werden.

Die Ergebnisse der Analyse der Client Facing- und der Backoffice-Prozesse sind in der Process Map zu dokumentieren. Sie enthält die Beziehungen zwischen den einzelnen Prozessen sowie für jeden einzelnen Prozeß folgende Informationen:

- Process Owner,
- Aufgabenträger für die einzelnen Prozeßschritte,
- Benötigte Informationen für die adäquate Prozeßdurchführung,
- Soll-Konzept, Reorganisationsbedarf, Stärken & Schwächen,
- Prozeßergebnis/-ziel/-aufgabe,
- Prozeßbeschreibung.

Ggf. können zusätzliche Informationen festgehalten werden hinsichtlich:

- Prozeßkennzahlen und/oder
- Prozeßkosten.

Die Erkenntnisse der Prozeßanalyse liefern die Basis für die anschließend durchzuführende Bedarfsanalyse. Im Rahmen dieser wird herausgearbeitet, welche Teilfunktionalitäten eines CRM-Systems für das Unternehmen grundsätzlich zur Unterstützung der identifizierten Prozesse notwendig sind. Darauf aufbauend wird analysiert, welche Funktionalitäten eines CRM-Systems für das Unternehmen sinnvoll sind und welche bereits im Unternehmen verwendet werden. Die Aufgabe der Bedarfsanalyse besteht somit in einer zielgerichteten Vorauswahl der am Markt angebotenen Funktionalitäten. Hier reicht es nicht aus, aus den Katalogen von CRM-Anbietern möglichst viele Funktionalitäten zusammenzustellen und diese nicht auf ihren Anwendungsnutzen hin zu überprüfen. Das führt schnell zu einer nicht realisierbaren Anspruchsinflation an Funktionalitäten, die zudem keinen nennenswerten Mehrwert leisten. Beispielsweise ist die Einführung eines Produktkonfigurators wenig erfolgsversprechend, wenn die Kunden ohnehin Standardprodukte ohne große Varianten erwarten. Gegenüberzustellen ist, welche CRM-Teilfunktionalitäten, wie z. B. eine Kundendatenbank, das Unternehmen im Rahmen der Kundenbearbeitung bereits einsetzt. Dazu sind Einsatzgebiet, Verwender, unterstützte Prozesse, benötigte Informationen sowie das IT-Einsatzumfeld ebenso wie der Anpassungsbedarf darzustellen.

Ergebnis der Bedarfsanalyse ist eine erste Übersicht, die bereits realisierte und noch nicht realisierte Teilfunktionalitäten unterscheidet. Bei den erstgenannten ist ggf. der entsprechende Anpassungsbedarf zu vermerken. Die zweitgenannten sind Muß-, Nice-to-Have- und irrelevante Teilfunktionalitäten zu kategorisieren, um sich einen ersten – allerdings noch groben – Überblick zu verschaffen.

Im Anschluss sind die zunächst grob in die Kategorien "Muß" und "Nice-to-Have" eingeteilten Teilfunktionalitäten im Detail zu bewerten. Neben einer Kosten-Nutzen-Analyse für die Teilfunktionalitäten ist zu prüfen, ob jeweils die Handhabbarkeit gewährleistet ist, also z. B. genügend qualitative und quantitative Mitarbeiterressourcen zum Betrieb der Teilfunktionalität zur Verfügung stehen. So ist z. B. die Einführung ausgeklügelter statistischer Data Mining-Funktionalitäten nur sinnvoll, wenn das Unternehmen auch über ausreichende Kapazitäten und/oder statistisches Fach-Know-how zum Betrieb der Funktionalitäten verfügt. Es ist zu beurteilen, inwieweit die Einführung einer Teilfunktionalität auf Akzeptanz bei den späteren Anwendern stößt. Bei erwarteter Ablehnung ist diese zu überwinden und/oder die Realisierung der Funktionalität zu überdenken, da eine wenig akzeptierte Funktionalität auch keine großen Erfolge verspricht.

Auf Basis der Bewertungen sind abschließend die erfolgsversprechendsten Funktionalitäten für die Einführung auszuwählen. Dabei sollte man sich zunächst auf einige Funktionalitäten konzentrieren, um den Erfolg nicht durch Überkomplexität oder zu großen Aufwand zu gefährden. Ggf. ist die Einführung weiterer Funktionalitäten für einen späteren Zeitpunkt zu planen. Im Anschluss ist für die ausgewählten Teilfunktionalitäten ein möglichst genaues inhaltliches Anforderungsprofil zu formulieren. Unter Berücksichtigung der in detaillierten Anforderungsprofilen spezifizierten Funktionalitäten ist ein adäquates CRM-System auszuwählen. Aufgrund der Vielzahl an Anbietern ist es zunächst sinnvoll, eine Vorauswahl von fünf bis acht Anbietern zu treffen, deren Eignung z. B. anhand einer Präsentation tiefergehend zu analysieren ist. Der Einsatz von Punktbewertungsverfahren ist hier hilfreich.

Nach Auswahl einer geeigneten Software ist ein detaillierter Projektrealisierungsplan für die Implementierung aufzustellen. Die Implementierung kann von internen Ressourcen oder vom Anbieter vorgenommen werden. Es ergeben sich aus technischer und vertraglicher Sicht im wesentlichen die gleichen Aufgaben und Anforderungen wie bei der Einführung anderer Softwaresysteme auch.

Wesentlich bedeutender für den Erfolg des CRM-Systems ist die Akzeptanz des Systems bei den Mitarbeitern. Das System darf nicht als Hemmnis aufgefaßt werden, das lediglich zusätzlichen Verwaltungsaufwand bedeutet. Vielmehr muß das System darauf hinwirken, daß die kundenbearbeitenden Stellen um administrative Aufgaben entlastet werden, damit sie sich stärker auf ihre Kernaufgaben konzentrieren können und diese durch Hilfestellungen aus den eingeführten Funktionalitäten besser erfüllen können. Somit ist der Nutzen des Systems zu vermarkten, insbesondere, daß auch für die Nutzer persönliche Erfolge zu erwarten sind, z. B. aus höheren Umsatzprovisionen. Dies erfordert die Gestaltung eines adäquaten Change Managements.

Literatur

BRUHN, M., HOMBURG, C. (Hrsg.): Handbuch Kundenbindungsmanagement., 3. Aufl., Gabler, Wiesbaden 2000.

BRUHN, M.: Relationship Marketing: Das Management von Kundenbeziehungen, Vahlen, München 2001.

HELMKE, S., DANGELMAIER, W.: Marktspiegel Customer Relationship Management - Anbieter von CRM-Software im Vergleich, Gabler, Wiesbaden 2001.

HERMANNS, A., THURM, T.: Customer Relationship Marketing: Die Wiederentdekkung des Kunden im Marketing, in: Controlling, 12. Jg. (2000), Nr. 12, S. 469-476.

HIPPNER, H., WILDE, K. D.: CRM – Ein Überblick, in: Helmke, S., Dangelmaier, W. (Hrsg.): Effektives Customer Relationship Management. Instrumente – Einführungskonzepte – Organisation, Gabler, Wiesbaden 2001.

PAYNE, A., RAPP, R. (Hrsg.): Handbuch Relationship-Marketing: Konzeption und erfolgreiche Umsetzung, Vahlen, München 1999.

STOJEK, M.: Customer Relationship Management: Software, Strategie, Prozeß oder Konzept?, in: IM – Die Fachzeitschrift für Informationsmanagement + Consulting, 15. Jg. (2000), Nr. 1, S. 37-42.

Axel Hahn

Produktkataloge als integraler Bestandteil des Kundenmanagements

1. Produktkataloge für erklärungsbedürftige Produkte

Für den Vertrieb von technischen Produkten, wie Zulieferteile oder Komponenten, haben Produktinformationen eine hohe Bedeutung. Produktinformationen sind die Grundlage für die Kaufentscheidung des Kunden. Die Zurverfügungstellung dieser Informationen ist damit ein wichtiger Bestandteil des Customer-Relationship-Management.

Die Art und Weise der Zurverfügungstellung von Produktinformationen hängt vom Vertriebsweg ab. Dieser ist heutzutage im Wesentlichen in den Vertrieb über Händler bzw. Marktplätze oder den Direktvertrieb zu unterscheiden. Ein Hersteller von erklärungsbedürftigen Produkten steht am Anfang einer Prozeßkette für den Austausch und die Bereitstellung von Produktinformationen. Ein Überblick ist in Abbildung 1 dargestellt.

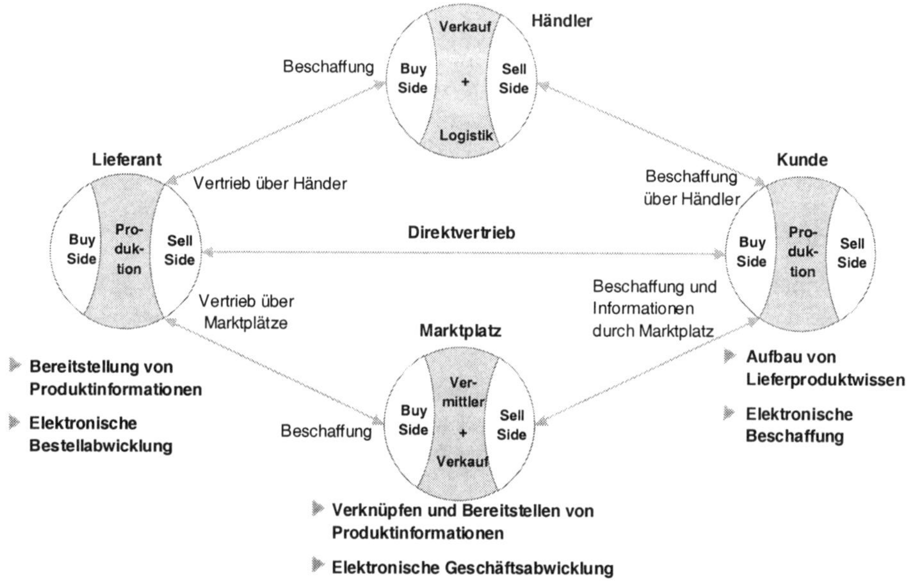

Abbildung 1: Beziehungsgeflecht zwischen Lieferant, Händler, Marktplatz und Kunden

Die Bereitstellung für Produktinformationen an Kunden erfolgt im Wesentlichen durch Papierkataloge, CD-ROMs oder Online-Informationssysteme. Zudem fordern immer mehr Kunden die elektronische Bereitstellung von Informationen für die weitere Verwendung in Wissensmanagement- und Beschaffungssystemen. Für Marktplätze und Händler werden diese Informationen auf elektronischem Wege zur Verfügung gestellt, damit diese dann diese Informationen an die Kunden weitergeben können.

Die Praxis hat gezeigt, daß sich durch eine Positionierung im Internet und eine e-Business Strategie meist kein direkter Umsatzzuwachs erreichen läßt. Allerdings kann die Strategische Erfolgsposition Kundenbindung aussichtsreich besetzt werden. Zudem hat sich in Kundenprojekten gezeigt, daß durch die Einführung der in diesem Beitrag vorgestellten Technologien und Geschäftsprozesse eine Kostenreduzierung für die Produktdatenbereitstellung um ca. 50% erreichen läßt.

1.1 Informationsbereitstellung für den Kunden

Die Anforderung an Produktinformationen, insbesondere für technisch erklärungsbedürftige Produkte, sind hoch. Die Produktinformationen haben häufig einen großen Umfang und müssen aktuell und korrekt sein.

Erweitert werden können Kundeninformationen durch die Bereitstellung von Mehrwertdiensten. Beispiele hierfür sind Auslegungsverfahren oder Produktkonfiguratoren. Diese Mehrwertdienste unterstützen den Kunden bei der Auswahl der Produkte und bei der Durchführung seiner Planungsaufgaben. Dadurch und durch die Bereitstellung von wiederverwertbaren Informationen, wie CAD-Modellen oder anderen elektronisch weiterverarbeitbaren Informationen, gelingt dem Lieferanten eine Integration in die Wertschöpfungskette des Kunden und damit eine Erhöhung der Kundenbindung.

Mit dem Umfang der Produktinformationen und der individuellen Betreuung von Kunden kommt der Personalisierung der Informationen und Mehrwertdienste eine hohe Bedeutung zu.

Durch kundenspezifisch zugeschnittene Produktinformationen verbessert sich die Betreuung der Kunden, und der Aufwand der Kunden für die Informationssuche und Nutzung verringert sich durch eine solche gezielte Bereitstellung.

1.1.1 Papierkataloge

Papierkataloge sind das klassische Medium für die Bereitstellung von Produktinformationen. Sie sind beim Kunden akzeptiert und werden häufig genutzt. Durch den verhältnismäßig teuren und aufwendigen Herstellungsprozeß sind Papierkataloge nicht so aktuell wie es andere Medien sein können. Zudem unterstützen Papierkataloge nicht die Kundeninteraktion.

Aufgrund der erfolgreichen Einführung der Papierkataloge beim Kunden kann auf dieses Medium heute allerdings selten verzichtet werden. Um die Kosten zu senken und die Korrektheit des Kataloges zu gewährleisten, ist eine ausgefeilte Prozeßkette notwendig. In den meisten Unternehmen ist hierfür bislang keine durchgängige Informationskette verfügbar. Die Informationen werden z. B. vom Produktmanager als Exceltabelle oder in Papierform bereitgestellt, der Redakteur arbeitet mit eigenen Werkzeugen und für das Layout werden diese Informationen manuell in Desktop-Publishingsysteme übernommen und die Kataloge gestaltet. Durch eine integrierte Prozeßkette, die auch die Informationsbereitstellung für die anderen Medien unterstützt, läßt sich eine hohes Rationalisierungspotential erschließen.

1.1.2 CD-ROM

Historisch gesehen stellen CD-ROMs die nächsten Evolutionsstufe für die Bereitstellung von Produktinformationen bereit, die von vielen Unternehmen beschritten worden ist. Im Gegensatz zu Papierkatalogen werden die Informationen elektronisch bereitgestellt und können somit im Unternehmen besser genutzt werden, und die Produktinformationen können um Mehrwertdienste erweitert werden. Auch für CD-ROMs gilt, daß eine häufige Aktualisierung mit hohen Kosten verbunden ist. Zudem unterstützen CD-ROMs die direkte Interaktion mit dem Kunden nicht.

1.1.3 Online-Informationssysteme

Mit der Entwicklung des Internets haben sich Online-Produktinformationssysteme zum idealen Medium für die Bereitstellung von Produktinformationen für den Kunden entwickelt. Im Gegensatz zu Papierkatalogen und CD-ROMs können die Informationen besser personalisiert und eine größere Aktualität gewährleistet werden. Zudem unterstützen Online-Produktinformationssysteme die Interaktion mit dem Kunden und stellen somit einen wesentlichen Bestandteil von Customer-Relationship-Managementsystemen dar.

1.2 Händler

Händler möchten ihren Kunden die Produktinformationen weitergeben, sind aber auf die Informationsbereitstellung der Hersteller angewiesen.

Durch die elektronische Bereitstellung von Produktinformationen kann der Händler sein Informationsangebot an den Kunden verbessern und somit seinen eigenen Vertrieb besser unterstützen. Da der Händler vornehmlich eine größere Anzahl von Lieferanten hat, wird er vom Hersteller die Informationen in einem von ihm definierten Format, Umfang und Struktur anfordern.

1.3 Marktplätze

Die Anforderungen von Marktplätzen ähneln denen der Händler. Marktplätze fokussieren auf die alleinige Zusammenführung und Bereitstellung von Informationen und die Vermittlung zwischen Hersteller und Kunden. Da Marktplätze in der Regel über keine eigene Logistik verfügen, findet die eigene Geschäftsabwicklung unter Umgehung des Marktplatzes statt.

Marktplätze haben einen höheren Informationsbedarf für die Produktinformationen als Händler. Dies resultiert daraus, daß Marktplätze insbesondere durch ihr Informationsangebot bestechen wollen. Zudem bieten Marktplätze zusätzliche Mehrwertdienste wie Produktkonfiguratoren an, für die entsprechende Informationen benötigt werden. So geben auch Marktplätze Formate, Strukturen und Inhalte vor, erweitern verfügbare Standards aber häufig um spezielle Informationen.

2. Informations-Managementtechnologien

Die eingesetzten Informations-Managementtechnologien sollen eine durchgängige Prozeßkette für die Bereitstellung von Produktinformationen an die unterschiedlichen Medien und Empfänger unterstützen. Da sich das Produktspektrum ständig ergänzt und verändert, ist eine dynamische Erweiterbarkeit und Anpassungsfähigkeit eine wichtige Anforderung. Die Informationen sollen so verarbeitet werden, daß sie möglichst gut weiterverwendet werden können. Ein gut gepflegter aktueller Produktinformationsbestand stellt einen hohen Wert für ein Unternehmen dar.

Im Folgenden werden verschiedene Systeme zur Verwaltung von Produktinformationen vorgestellt und XML als Basistechnologie für den Produktinformationsaustausch hinterleuchtet.

2.1 Dokumenten- und Content-Managementsysteme

Dokumenten-Managementsysteme haben schon eine längere Historie. Seit den 80er Jahren existieren Systeme auf dem Markt, um komplexe Dokumente zu handhaben. Diese Systemlandschaft ist in den letzten Jahren durch sog. Content-Managementsysteme erweitert worden. Vereinfacht dargestellt, positionieren sich die letzt genannten Systeme im Wesentlichen in der Verwaltung von komplexen Internetauftritten, wie z. B. Unternehmens- und Produktpräsentationen.

Beide Systeme unterstützen die strukturierte Verwaltung der Inhalte. Die Dokumente werden in einzelne Bestandteile zerlegt, die s. g. Assets oder Module. Diese können dann medienneutral verwaltet und bei Bedarf zusammengestellt werden. Dokumenten- oder Content-Managementsysteme strukturieren diese Elemente und verwalten deren Beziehungen. Ergänzt wird diese Grundfunktionalität durch die Unterstützung der Pflegeprozesse, Benutzermanagement und das jeweilige Publishing in den verschiedenen Medien, wie Internet, CD-ROM oder Papier.

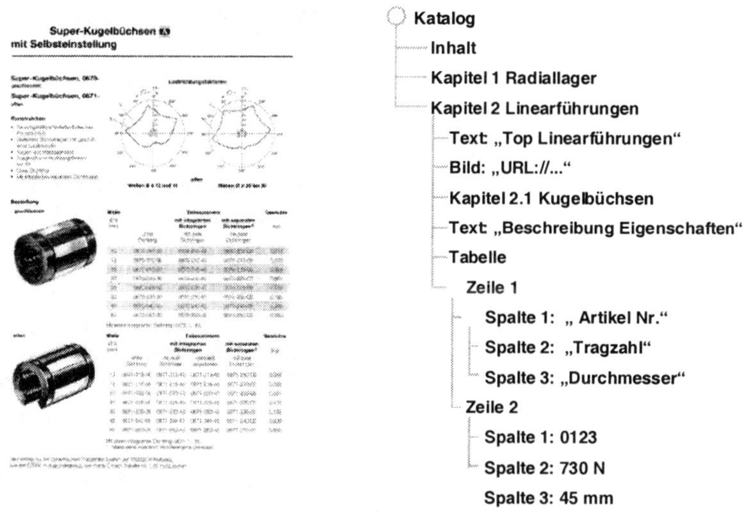

Abbildung 2: Verwaltung von Produktinformationen durch Dokumenten-Management-Systeme

Diese Systemklasse verwaltet den Aufbau von Dokumenten. Jedes der einzelnen Elemente steht im Kontext der jeweiligen Dokumentenstruktur. Die Semantik (= Beziehung zwischen Bezeichner und Bezeichnetem) wird hierbei nicht erfaßt bzw. geht verloren. Dies wird in einem Beispiel schnell deutlich. Ein beschreibender Text für ein Produkt oder ein technisches Produktmerkmal, wie z. B. der Durchmesser eines Gewindes, wird verwaltet im Bezug auf seine Positionierung innerhalb eines oder mehrerer Dokumente. Verloren geht der Bezug dieser Produktbeschreibung oder dieses Parameters zum eigentlichen Produkt und die Klassifikation dieses Produktes innerhalb einer Produktgruppe im Produktspektrum des Anbieters.

Somit eignen sich diese Systeme gut für den Aufbau von Internetpräsenzen von Unternehmen oder für die Erstellung von technischen Dokumenten, wie etwa Bedienungsanleitungen oder Pflegehinweise. Durch die fehlende Semantik der Informationen lassen sich diese Informationen allerdings nur schwer in anderen Systemen weiterverwerten. Die Suche innerhalb der erstellten Dokumente reduziert sich z. B. auf eine Volltextsuche.

Sollen die Informationen z. B. an einen Marktplatz oder ein Beschaffungssystem eines Kunden weitergegeben werden, können diese Informationen nicht entsprechend der Vorgabe des jeweiligen Marktplatzes oder Kunden strukturiert werden und nicht entsprechend einer Klassifikation eingeordnet werden. Dies funktioniert nur mit einem nicht mehr vertretbaren manuellen Aufwand.

2.2 Customer-Relationship-Managementsysteme

Fokus der Customer-Relationship-Managementsysteme ist im Wesentlichen die Unterstützung des eigenen Vertriebs. Darunter fallen wichtige Aufgaben wie das Kontaktmanagement, die Verwaltung von Kundeninformationen aber auch das Bereitstellen von Produktinformationen. Ergänzt werden diese Systeme auch um Produktkonfiguratoren, damit der eigene Vertrieb dem Kunden entsprechende Angebote unterbreiten kann. Zur vollständigeren Unterstützung des gesamten Vertriebsprozesses umfassen Customer-Relationship-Managementsysteme heute aber auch Funktionen wie z. B. die Verwaltung von Hotlines und das Management von Garantieansprüchen.

Diese Systeme werden heute in der Form erweitert, daß sie nicht nur den eigenen Vertrieb unterstützen, sondern insbesondere über das Internet die direkte Interaktion mit dem Kunden ermöglichen. Dies wird heute im Wesentlichen electronic Customer-Relationship-Management (eCRM) genannt. Aufgrund der Vielzahl der angebotenen Funktionalitäten ist der Funktionsumfang von Customer-Relationship-Managementsystemen für die Speicherung und Verwaltung von Produktinformationen und das Aufarbeiten von Katalogen häufig begrenzt. Mit Hinblick auf technisch erklärungsbedürftige Produkte, sind diese Systeme häufig überfordert. Daher macht es Sinn, sie um die im nächsten Kapitel vorgestellten Produktkatalog-Managementsysteme zu erweitern. Mit beiden Systemklassen gemeinsam gelingt die bestmögliche Unterstützung des eigenen Vertriebs und die Strukturierung und Steuerung des Informationsangebotes für die Kunden.

2.3 Produktkatalog-Managementsysteme

Diese Systeme dienen zur Strukturierung und Verarbeitung von Produktinformationen. Im Gegensatz zu dem dokumentenorientierten Ansatz der Content-Managementsysteme strukturieren Produktkatalog-Managementsysteme die Informationen entsprechend ihrer semantischen Struktur.

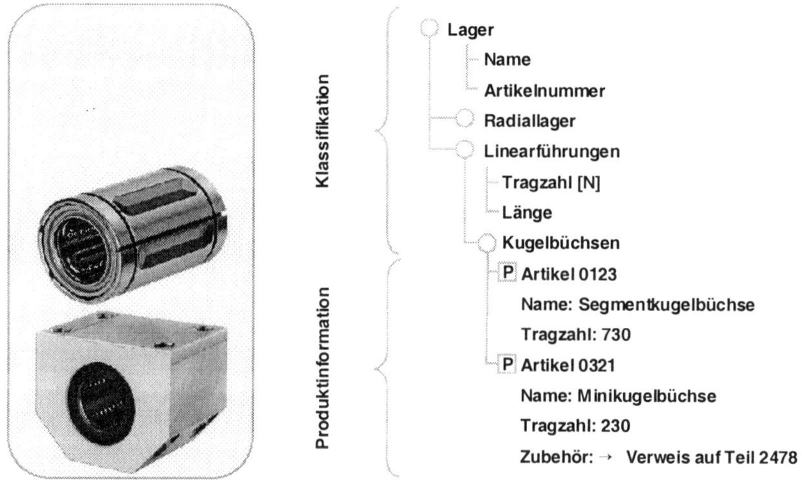

Abbildung 3: Verwaltung von Produktinformationen durch Produktkatalog-Management-Systeme

Alle Produktinformationen werden direkt einzelnen Produkten oder Produktgruppen zugeordnet, die als Klassifikation strukturiert verwaltet werden.

Dies hat den Vorteil, daß die Zuordnung von Informationen zu Produkten nicht verloren geht. Dieser Informationsbestand kann restrukturiert werden und entsprechend durch andere technische Systeme weiterverwertet werden. Durch geschickte Angabe von Rechten und Berechtigungen können diese Informationen dann auch personalisiert / individualisiert werden. Und das in Bezug zu Inhalten und Strukturen.

Wichtig ist, daß solche Produktkatalog-Managementsysteme eine integrierte Position innerhalb der Informationsprozeßketten eines Unternehmens einnehmen. Durch die Anzahl der beteiligten Personen bei der Pflege der Informationen ist eine verteilte Unternehmenslösung sinnvoll. Entsprechend der Integrationstechnologien unterstützen die Systeme den medienbruchfreien Informationsaustausch innerhalb des Unternehmens.

Die medienneutrale Verwaltung der Produktinformationen unterstützt wie auch bei den Dokumenten- bzw. Content-Managementsystemen die verschiedenen Medien wie Internet, CD-ROM oder Print-Kataloge. Der Schwerpunkt liegt dabei aber ganz klar auf der Bereitstellung von Katalogen. Für seitenorientierte Darstellungen, wie z. B. in Print-Katalogen, ist eine redaktionelle Nachbearbeitung der Informationen notwendig.

2.4 XML

XML soll in diesem Beitrag als die herausragende Technologie für die Verwaltung und den Austausch von Produktinformationen vorgestellt werden. XML selbst ist aus keinem informationstechnischen Fachbeitrag wegzudenken. XML wird im Wesentlichen als Austauschformat zwischen IT-Applikationen eingesetzt. XML löst zwar nicht das Schnittstellenproblem vollständig, bietet aber eine einfache technische Lösung für die Umsetzung einer Informationsaustauschschnittstelle, wie z. B. für die Bereitstellung von Produktdaten an einen Marktplatz.

Die Grundidee von XML ist einfach. XML trennt Inhalt eines Dokumentes von dessen Strukturbeschreibung und Layout. Wohingegen die Layoutinformationen ausschließlich in den letzten Schritten des Publishing-Prozesses eingesetzt werden, wird das Konzept der Trennung von Inhalt und Struktur im Wesentlichen für die Speicherung und den Austausch von Informationen verwendet.

Die Strukturinformationen eines XML-Dokumentes werden durch die s. g. DTD(Document Type Definition)-Datei beschrieben. Die eigentlichen Informationen werden dann entsprechend dieser DTD strukturiert und als XML-Datei bereitgestellt. XML-Schema unterstützt auch die einfachere Beschreibung komplexerer Dokumente. Die Handhabung von XML-Dokumenten stellt kein Problem da. Informationsbereitsteller und Empfänger müssen sich allerdings noch auf die zugehörige DTD einigen und den Interpretationsspielraum dieser DTDs für ihren individuellen Informationsaustausch spezifizieren.

Es ist demnach mit Nichten der Fall, daß mit XML jegliche Informationsaustauschproblematik hinfällig wird.

Auf der Welt sind mittlerweile eine Unmenge von DTDs verfügbar. Im Internet befinden sich entsprechende Spezifikationsdatenbanken, die mehrere 1000 DTDs vorhalten. Insbesondere für die Bereitstellung von Informationen an Marktplätze oder an Procurementsysteme kristallisieren sich allerdings einzelne DTDs für den Informationsaustausch zu diesem System heraus. Zu nennen ist hier z. B. BMEcat.

BMEcat ist entstanden auf Initiative des Bundesverbandes für Materialwirtschaft und Einkauf e.V., der mit dieser DTD eine Spezifikation entworfen hat, insbesondere, um Beschaffungssysteme zu befüllen. Bei einzelnen Pilotanwendungen für Beschaffungssysteme hat sich schnell gezeigt, daß die Qualität eines solchen Systems innerhalb eines Unternehmens insbesondere von der Verfügbarkeit von Produktinformationen abhängig ist. Der BME e.V. hat so in Zusammenarbeit mit dem Fraunhofer Institut die Spezifikation für BMEcat entwickelt. BMEcat orientiert sich in erster Linie an der Produktinformationsbereitstellung für s. g. C-Teile (Maintenance, Repair and Operating Parts). BMEcat definiert eine Menge von vordefinierten Informationen für den Austausch, erlaubt aber auch die Bereitstellung von zusätzlichen Informationen zu dem jeweiligen Produkt. Damit kann das empfangende System zwar die zur Verfügung stehenden Daten lesen, allerdings nicht immer automatisch direkt weiterverwerten. Hierzu bedarf es über BMEcat hinausgehender Spezifikationen der jeweils für die einzelnen Produkte angegebenen Informationen. Zudem unterstützt BMEcat die Klassifizierung von Informationen.

3. Komponenten von Produktkatalog-Managementsystemen

Der Aufbau und Einsatz von Produktkatalog-Managementsystemen wird in diesem Beitrag an der Software myview product suite des Paderborner Unternehmens myview technologies GmbH & Co. KG dargestellt. Die myview product suite ist eine skalierbare aus aufeinander aufbauenden Komponenten bestehende Softwarelösung zur medienneutralen Verwaltung von Produktinformationen und deren Bereitstellung. Die myview product suite besteht im Wesentlichen aus einer medienneutralen Produktdatenbank, die über einen Contentmanager gepflegt wird und Modulen für den Katalogexport, ein Online-Katalog-Frontend zur Bereitstellung der Informationen im Internet und einer dokumentenorientierten Exportmöglichkeit.

3.1 Medienneutrale Produktdatenbank

Wie schon erwähnt, dient die medienneutrale Datenbank zur Verwaltung von Produktinformationen und über den sog. Contentmanager gepflegt. Dies geschieht durch eine Intranet-Applikation, die den in der Abbildung dargestellten Pflegeprozeß unterstützt.

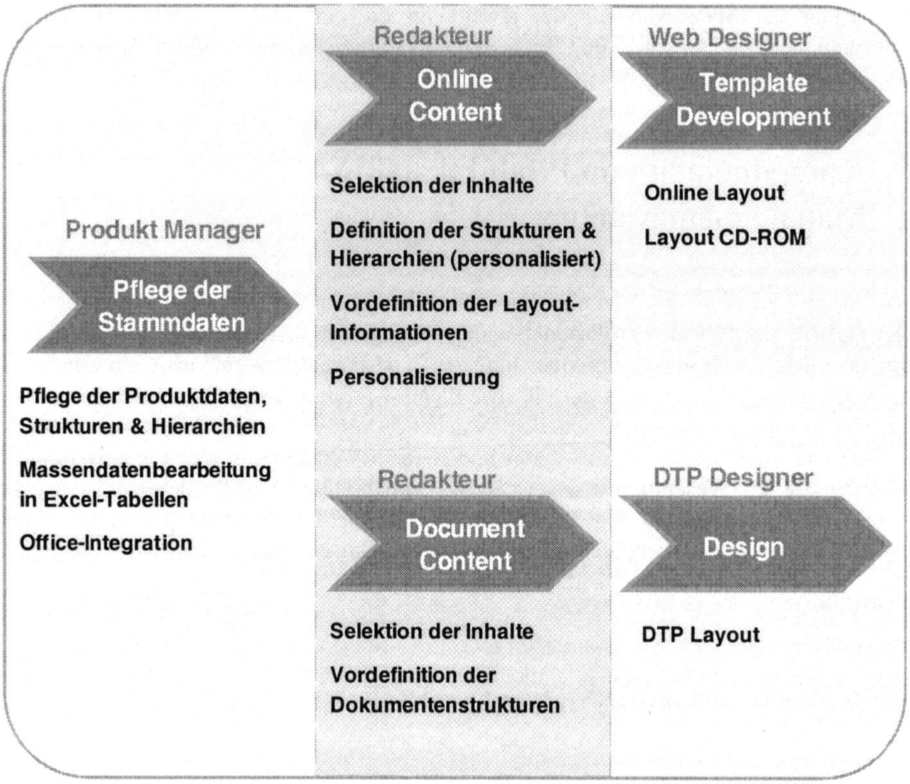

Abbildung 4: Verwaltungs- und Publishingprozeß für Produktinformationen

Mit dem Contentmanager werden zu Beginn der Prozeßkette die Stammdaten gepflegt. Diese Stammdaten werden daraufhin in den nachfolgenden Prozeßschritten für die Ausgabe oder Bereitstellung konfiguriert. Hierbei wird zwischen einem produktstruktur- und einem dokumentenorientierten Prozeß unterschieden.

Im produktstrukturorientierten Prozeß werden die als Klassifikation strukturierten Stammdaten für die jeweiligen Bedürfnisse umstrukturiert und neu zusammengestellt. Dieser Prozeß wird Online-Redaktion genannt. Die neu strukturierten und zusammengestellten Informationen werden dann entweder im Internet bereitgestellt oder an andere Informationssenken, wie z. B. Marktplätze oder Beschaffungssysteme der Kunden per XML weiter gegeben.

Die parallel ablaufende Prozeßkette für die Bereitstellung von Informationen in Papierform wird Dokumentenredaktion genannt. Aufgabe dieser Prozeßkette ist die Strukturierung der Informationen für die Ausleitung in dokumentenorientierte Systeme. Hierfür steht dem Redakteur ein Werkzeug zur Verfügung, um die Produktstruktur auf die Aggregationsstruktur von Dokumenten abzubilden. Diese werden dann für die Erstellung der Printerzeugnisse als XML-Datei ausgeleitet und durch Desktop-Publishing-Programme weiterverarbeitet.

3.2 Katalogdatenexport

Nachdem die Informationen in den Online-Redaktionsprozeß restrukturiert worden sind, werden sie für die Weitergabe an Marktplätze oder Beschaffungssysteme ausgeleitet.

Dadurch, daß im Online-Redaktionsprozeß die Informationen vom Anwender entsprechend konfiguriert werden können, ist eine jeweilige Anpassung der Exportmodule an die Anforderungen der Informationsempfänger nicht notwendig. Die Vorteile dieses Ansatzes werden durch ein Beispiel schnell deutlich. Zwei Marktplätze fordern von einem Unternehmen jeweils im BMEcat-Format Informationen an. Die beiden Marktplätze verwenden allerdings unterschiedliche Klassifikationen und erbitten jeweils spezifische Produktinformationen. Mit dem Online-Redaktionssystem kann der Anwender nun die Daten entsprechend dieser Anforderung restrukturieren und über das gleiche Exportmodul als XML-Dateien bereitstellen.

3.3 Online-Katalog-Frontend

Das Online-Katalog-Frontend hat die Aufgabe, die Produktinformationen als Online-Katalog für die Endkunden bereitzustellen.

Die hierzu zur Verfügung stehenden Funktionalitäten umfassen die Navigation durch das Informationsangebot und die Darstellung der Informationen. Wie eingangs schon erwähnt, erlaubt die Personalisierung der Informationen die leichtere Navigation des Kunden durch das Informationsangebot. Zudem können im Online-Redaktionsprozeß unterschiedliche Klassifikationen und Terminologien definiert werden, die den Anwender dabei unterstützen, den Katalog in seiner domainspezifischen Ausprägung zu nutzen. Ein Anbieter kann so seinen Katalog z. B. jeweils für einen eigenen Anwendungsbereich der Informationen strukturieren.

Ergänzt werden kann das Online-Katalog-Frontend um Mehrwertdienste, die den Kunden bei der Auswahl oder bei der Einsatzplanung der Produkte unterstützen.

Eine weitere Ergänzung kann das Online-Katalog-Frontend durch die Integration von Softwarekomponenten für die elektronische Bestellabwicklung erhalten. Hierfür existieren in Unternehmen häufig schon etablierte Verfahren, wie z. B. die Bestellung über EDI oder eine Supply-Chain-Integrationsprozeßkette.

3.4 Dokumentenorientierter Export

Bei der Erstellung von Papierkatalogen wird ausgehend von der Aggregationsstruktur eines Dokumentes ein unterschiedlich hoher Automatisierungsgrad erreicht. Dieser ist im Wesentlichen durch die Individualität der einzelnen Katalogseiten geprägt. Hierbei können 3 Automatisierungsstufen unterschieden werden.

Für sehr stark gleichmäßig strukturierte Katalogseiten (Telefonbuchlayout) werden die durch das Dokumentenredaktionssystem bereitgestellten XML-Dateien automatisch durch XML-basierte Prozeßketten gesetzt. Hierzu stehen auf dem Markt Prozessoren bereit, die auf Basis von XSL (Xtended Style Language) oder CSS (Cascading Style Sheets) die XML-Dateien für den Druck aufarbeiten. Die Individualität der entsprechenden Seiten ist bestimmt durch den Aufwand bei der Erstellung der XSL- oder CSS-Spezifikationen. Sind die einzelnen Katalogseiten stärker individualisiert, unterstützt die myview product suite auch das halbautomatische oder manuelle Layout. Hierzu werden die dem Designer vertrauten Desktop-Publishing-Systeme in die Prozeßkette integriert. Vorlagendateien, z. B. für Framemaker oder QuarkExpress, strukturieren die Katalogseiten vor. Durch Plug-In's der jeweiligen Systeme können die vom Contentmanager bereitgestellten XML-Dateien eingelesen und mittels der Informationen auf den Vorlageseiten als DTP-Dokument bereitgestellt werden. Die einzelnen Elemente in diesen DTP-Dateien werden nun vom Designer manuell neu angeordnet und layoutet. Existierende Verfahren, z. B. für den automatischen Ausschuß werden dabei unterstützt. Haben sich die Informationen im Contentmanager verändert oder soll eine weitere Sprache ausgeleitet werden, ist dieser manuelle Designaufwand nicht verloren gegangen. Bei einem Update der Informationen werden ausschließlich die entsprechenden Elemente ausgetauscht, die manuellen Anpassungen an das Dokument bleiben allerdings erhalten. Abhängig vom Vorstrukturierungsaufwand bei der Erstellung der Templates läßt sich so der manuelle Aufwand bei der Erzeugung der Katalogseiten beliebig skalieren.

Durch diese 3 verschiedenen Automatisierungsstufen läßt sich die Prozeßkette für die Katalogproduktion für ein Unternehmen optimal gestalten.

3.5 Integrationskomponenten

Integrationskomponenten kommen insbesondere bei der Pflege der Stammdaten und beim Betrieb des Online-Katalog-Frontends zum Einsatz. Hierbei ist die Unterstützung von offenen Standards wichtig, um die jeweiligen individuellen Anforderungen der einzelnen Unternehmen zu unterstützen. Hierbei kann zwischen einer Online- und einer Offline-Integration unterschieden werden. Die Offline-Informationsbereitstellung geschieht am Besten via XML. Hierbei können die Informationen als XML-Datei bereitgestellt und vom Contentmanager eingelesen und verarbeitet werden. Bei der Online-

Integration kann zwischen dem Zugriff auf Datenbanken und der Application-To-Application-Integration unterschieden werden. Beim Online-Zugriff auf Datenbanken werden die in Datenbanken bereitgestellten Informationen online in den Informationsbestand des Contentmanagers integriert. Für den Zugriff von Informationen aus komplexeren Back-Office-Systemen, wie z. B. ERP (=Enterprise Resource Planning, z. B. SAP R3)-Systemen oder PDM-Systemen (=Produktdatenmanagementsysteme, z. B. Metaphase, Windchell) ist der Zugriff auf die jeweiligen Datenbanken nicht sinnvoll. Durch geeignete Interprozeßkommunikationssysteme, wie z. B. CORBA (=Common Object Request Broker Architecture) oder SOAP (= Simple Object Access Protocol) kann die Funktionalität der jeweiligen Systeme, wie z. B. zur Preisberechnung für den Contentmanager oder für das Online-Katalog-Frontend genutzt werden.

4. Einführungssystematik

Die grundlegenden Regeln für die Einführung von komplexen IT-Systemen gelten natürlich auch bei der Einführung von Katalogmanagementsystemen. Bei der Auswahl und Einführung eines solchen Systems sind natürlich die Unternehmensstrategie, die zur unterstützenden existierenden Prozesse und die jeweilige IT-Landschaft des Unternehmens zu berücksichtigen.

4.1 Erfolgsfaktoren

Die Erfolgsfaktoren für die Einführung eines Katalogmanagementsystems sind im Wesentlichen durch die Informationsverarbeitungsprozeßkette definiert. Dies gilt sowohl für die technische Prozeßkette als auch für die Anwendungsprozesse.

Bei der Pflege der Produktinformationen ist eine größere Anzahl von Personen oder sogar Unternehmensbereichen involviert. Hierbei ist eine klare Zuweisung von Produktinformationsverantwortung und Verantwortung für die einzelnen Prozeßschritte ein wichtiger Erfolgsfaktor.

Zudem werden insbesondere bei der Erstellung von Papierkatalogen häufig externe Dienstleister, wie z. B. Agenturen oder Druckhäuser in die Prozeßkette integriert. Hier spielt sich die Stärke eines internetbasierten Systems aus. Über das Internet oder Intranet können so von jedem Arbeitsplatz die Informationen gepflegt oder abgerufen werden.

Die technische Prozeßkette wird im Wesentlichen bestimmt durch den Umfang und die Art der Produktinformationen, der zur Verfügung stehenden Informationsquellen und den jeweiligen Anforderungen der Informationssenken. Diese Anforderungen definieren im Wesentlichen die Komplexität der zu verwaltenden Produktinformationen.

4.2 Einführungsprozeß

Wie bei jeder IT-Einführung steht auch bei der Einführung von Produktkatalog-Managementsystemen die Ermittlung der Anforderungen am Anfang.

Auf Basis dieser Anforderung erfolgt eine Spezifikation des Systems und eine Systemauswahl. Parallel dazu werden die entsprechenden Sollprozesse im Unternehmen definiert und dann parallel mit dem System jeweils in dem Unternehmen eingeführt.

In der Spezifikationsphase des Systems werden dann die entsprechenden Informationsflüsse spezifiziert. Die zur Pflege dieser Informationen notwendige Funktionalität des Systems wird identifiziert und die notwendigen Schnittstellen zu den jeweiligen existierenden Systemen oder für die Ausleitung der Informationen werden definiert. Hierzu spielt auch eine Berücksichtigung der jeweilig geforderten Austauschformate eine Rolle. Des Weiteren ist zu berücksichtigen, wie ggf. externe Partner (für die Übersetzung oder das Layout) in die Prozeßkette integriert werden können. Auf Basis dieser Informationen kann dann eine jeweilige Systemauswahl des zu verwendenden Produktkatalog-Managementsystems erfolgen. Auf Basis der jeweiligen Auswahl können dann die Spezifikationen für dieses System überarbeitet und an die Fähigkeiten des ausgewählten Systems angepaßt werden. Vor der Einführung des Systems und der entsprechend angepaßten Sollprozesse ist bei der Einführung von Produktkatalog-Managementsystemen ein besonderes Augenmerk auf die Vorstrukturierung und Organisation der Produktinformationen zu legen. Dieses gilt insbesondere für den Entwurf der Strukturen für die Verwaltung der Stammdaten. Die Qualität dieser Prozeßstufe definiert im Wesentlichen die mögliche Weiterverwendbarkeit der Informationen in den jeweiligen Redaktionsprozessen. Dabei ist ein wesentlicher Faktor die bei der jeweiligen Umstrukturierung in den jeweiligen Redaktionsprozessen zusätzlich zu den eigentlichen Stammdaten geforderten Informationen.

Bevor ein Produktkatalog-Managementsystem in den Betrieb gehen kann, ist in der Regel eine initiale Befüllung des Systems notwendig. Hierbei müssen die im Unternehmen manuell verwalteten Informationen initial in das System eingepflegt werden. Zur Bewältigung dieses Aufwandes ist eine externe Unterstützung sinnvoll, um den Einführungsprozeß zu beschleunigen. Alternativ kann eine inkrementelle Einführung des Produktkatalog-Managementsystems dann eine Lösung sein, wenn es möglich ist, daß einzelne Unternehmensbereiche oder Informationsbestände nacheinander in das System einfließen können. Das ist insbesondere dann möglich, wenn kein gemeinsamer Papierkatalog zu einem definierten Zeitpunkt gedruckt werden muß.

4.3 Erfahrungen

Sich an der Einführungssystematik spiegelnd sind in den von der myview technologies durchgeführten Einführungsprojekten Ihrer myview product suite insbesondere die folgenden Faktoren wichtig:

1.) Genaue Ausarbeitung der Anforderungen an die zu verwaltendenden Informationen und deren Verwendung.

2.) Definition der Geschäftsprozesse und der Verantwortlichen für die Datenpflege und Aufarbeitung.

3.) Konzept für die Initiale Befüllung / Erfassung der vorhandenen Datenbestände. Die Initiale Datenbefüllung kann in ungünstigen Fällen bis zu 50% der Einführungskosten betragen. Daher ist diesem Prozeß bei der Einführung besonderes Augenmerk zu schenken und entsprechende Tools einzusetzen die ggf. die Datenakquisition beschleunigen können.

4.) Integrationskonzept für die Nutzung vorhandener Datenquellen.

Die in verschiedenen Projekten dokumentierten Aufwände für die Katalogerstellung läßt sich durch eine entsprechende Softwarelösung reduzieren. Abbildung 5 zeigt die vom EU Projekt PROCAT-GEN ermittelte Aufwandsreduzierung durch Produktkatalog-Management. Erst durch die mit der Einführung einhergehende Optimierung der Prozesse läßt sich das Einsparungspotential voll ausschöpfen.

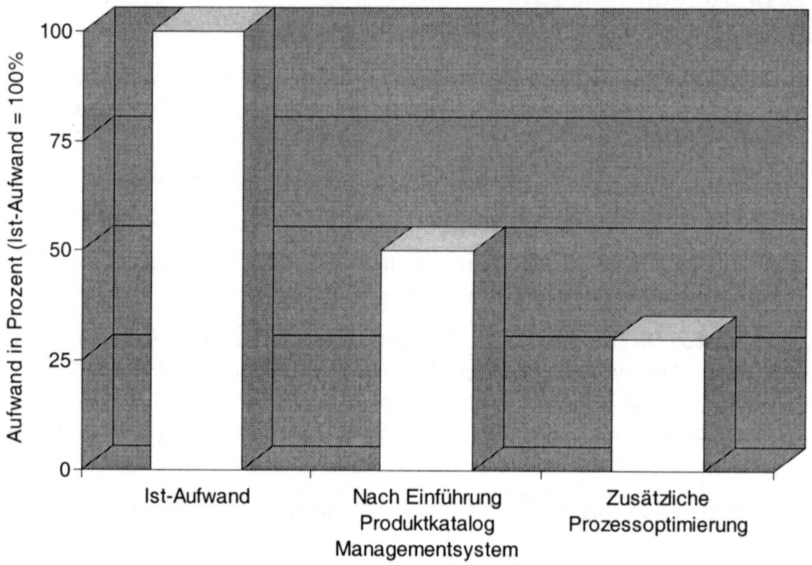

Abbildung 5: Einsparung durch Produktkatalog-Managementsysteme bei der Papierkatalogerstellung (siehe Abschlußbericht des EU Projektes PROCAT-GEN)

Mit einem sorgfältig durchgeführten Einführungsprozeß kann ein Produktkatalog-Managementsystem die Prozeßketten im Unternehmen deutlich beschleunigen und die in diesem Bereich vorhandenen Einsparungspotentiale optimal ausnutzen. Die Qualität und Aktualität und Umfang der für den Kunden bereitgestellten Informationen steigert sich erheblich. Durch das Anbieten von Informationen und Mehrwertdiensten kann der eigene Vertrieb entlastet werden.

Simon Walter und Matthias Schmidt

Kundenkarte und CRM im Handel

1. Neue Schwerpunkte im Handelsmarketing

Der Handel unterliegt in diesen Zeiten einem Wandel wie nie zuvor:

Fusionen und Übernahmen aus dem Ausland, Wegfall des Rabattgesetzes und die Einführung des Euro sind wohl die Schwerpunkte, mit denen sich Manager und Vorstände in den vergangenen Monaten beschäftigt haben.

Die große Herausforderung des Handels besteht nun darin, diese veränderten Rahmenbedingungen anzunehmen und für sich als strategische Vorteile zu nutzen.

Durch Fusionen können Prozesse optimiert und Synergien genutzt werden, die Einführung des Euro zieht eine Transparenz des Verkaufpreises mit sich, durch den Wegfall des Rabattgesetzes kann eine zielgruppenspezifische Preispolitik als Marketinginstrument eingesetzt werden und mit dem Einsatz von Kundenkarten kann ein bereits eingeführtes CRM auf eine qualitativ hohe Ebene transportiert werden.

Eines steht aber nach wie vor im Zentrum des Geschehens: Der Kunde.

Er möchte trotz, bzw. gerade wegen seines facettenreichen Verhaltens, Vorteile aus den Veränderungen ziehen. Daher wird es immer wichtiger, den Kunden ins Zentrum aller geschäftlichen Aktivitäten zu stellen, denn eines ist klar:

Es ist der Kunde, der auch morgen noch bei uns einkaufen und im Mittelpunkt aller geschäftlichen Interessen stehen soll.

2. Kundenkarten als Basis für CRM

Die Wurzeln der Kundenkarte finden sich bereits in den damaligen Rabattmarken der Nachkriegszeit, die zur Essensausgabe ausgeteilt wurden. Aus Kostengründen wurde damals dieses Projekt wieder eingestellt: „Selbst die einst so hoch gepriesene Rabattmarke wurde, weil zu umständlich und kostspielig, eingestellt, obgleich sie damals nachgewiesenermaßen zur Einkaufsstättentreue wesentlich beitrug.“ Als die Kunden nun vermehrt ausblieben und die Marktforschungsstudien eine immer größer werdende Käuferfluktuation aufwiesen, besann man sich auf die alten Kaufmannsweisheiten.

Kreditkarten wurden zuerst in den USA zur Absatzsicherung eingesetzt. Heute werden diese Karten bei fast allen großen Warenhäusern der Welt verwendet. Eine Flut von Kundenkarten der verschiedensten Unternehmen läßt sich feststellen. Der Kampf um den wertvollen Platz in der Geldbörse des Endverbrauchers hat begonnen.

2.1 Arten und Funktionen von Kundenkarten

Kundenkarten finden sich in den unterschiedlichsten Ausprägungen und Formen. Die folgende Abbildung zeigt die möglichen Funktionen, die Kundenkarten übernehmen können.

Die Ausstattung einer Kundenkarte mit einer reinen Ausweisfunktion gibt dem Kunden die Möglichkeit, sich Dritten gegenüber auszuweisen, um Zugang zu bestimmten Leistungen, wie z. B. Eintritt zu Veranstaltungen, zu erhalten. Kundenkarten, die mit unterschiedlichen Berechtigungen ausgestattet sind, ermöglichen dem Karteninhaber, sich abzugrenzen und an speziellen Veranstaltungen teilzunehmen (z. B. VIP-Karte).

Diese Veranstaltungen werden wiederum benutzt, um mit dem Kunden in einen direkten, individuellen Dialog zu treten.

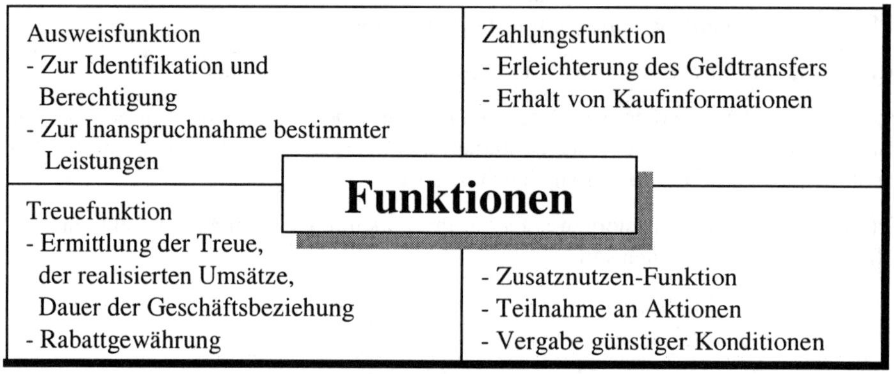

Abbildung 1: Funktionen von Kundenkarten

Anhand der Kartenfunktionen lassen sich drei Kartentypen differenzieren:

- Karten ohne jede Zahlungsfunktion,
- Karten mit hausgebundener und
- Karten mit universaler Zahlungsfunktion.

Bei Karten mit universaler Zahlungsfunktion ist eine Kooperation mit einer Kreditkartenorganisation und einer emittierenden Bank erforderlich („Co-Branding“). Die Co-Branding-Karte beinhaltet die regulären Funktionen einer universell einsetzbaren Kreditkarte sowie zusätzliche Leistungen, die nur im Bereich des Co-Branding-Partners Gültigkeit besitzen.

2.2 Potentielle Ziele der Kundenkarte

Mit dem Einsatz von Kundenkarten lassen sich eine Vielzahl von Zielen anvisieren. Damit diese realisiert werden können, ist es erforderlich, das Marketingpotential dieses Instruments auch entsprechend auszuschöpfen. Hier scheint in vielen Fällen jedoch ein Defizit vorzuliegen. Eine aktuelle Studie bestätigt insbesondere dem Einzelhandel eine mangelnde Nutzung dieses Potentials. In einem Großteil der Unternehmen werden die Daten lediglich gesammelt und nicht zielgruppenbezogen ausgewertet.

Bei der Entscheidung für eine Kundenkarte handelt es sich um eine langfristige Investition, die nicht einfach rückgängig zu machen ist, denn die Kunden gewöhnen sich schnell an die angebotenen Zusatzleistungen. Ein Rückzug der Kundenkarte könnte bei dem Kunden Fragen provozieren, wie z. B. „Bin ich dem Unternehmen nichts mehr wert?" oder „Geht es dem Unternehmen schlecht?".

Folgende Ziele werden anvisiert:

- *Marktforschung*

  Durch Kundenkarten können Informationen über die individuellen Bedürfnisse und Gewohnheiten der Kunden erhoben werden, um sie dann besser und gezielter befriedigen zu können. Bei Kundenkarten mit Zahlungsfunktion oder Treuefunktion können z. B. Einkäufe der Kunden, Umsätze, Einkaufsfrequenz und Zeitpunkte und eine Warenkorbanalyse in Verbindung gebracht werden mit soziodemographischen Variablen.

  Daraus können wertvolle Informationen gewonnen werden, die Rückschlüsse auf das Kaufverhalten der einzelnen Gruppen zulassen.

- *Individualisierte Kundenansprache*

  Aufgrund der erhobenen Daten ist es möglich, eine gezielte individuelle Kundenansprache zu realisieren. Man spricht vom richtigen Angebot zur richtigen Zeit an den richtigen Kunden. Die Transparenz des Kunden nimmt mit steigender technischer Entwicklung und sich somit verbessernden Auswertungsmöglichkeiten zu. Maßgeschneidert und bedarfsgerecht kann der Kunde zu einem umsatzstärkeren und oder hochfrequentierenderen Kunden sowie der potentielle Kunde zu einem tatsächlichen Käufer gemacht werden. Daraus resultieren zudem erhebliche Kostensenkungspotentiale aufgrund des Streuverlustes, wie z. B. bei Print- oder Fernsehwerbung.

- *Differenzierung vom Wettbewerb*

  Insbesondere auf Märkten mit einem vergleichbaren und damit austauschbaren Produktangebot kann die Kundenkarte mit auf die Bedürfnisse des Kunden zugeschnittenen Service-Leistungen einen Beitrag leisten, um sich von Mitbewerbern zu differenzieren.

- *Cross-Selling*

  Durch die Analyse der Daten besteht die Möglichkeit, Cross-Selling-Potentiale zu erkennen und zu nutzen. So können z. B. im Handel Sortimentsbereiche mit niedriger Kundenfrequenz von Bereichen mit hoher Kundenfrequenz profitieren.

- *Kundentreue*

  Mit der Anerkennung und Belohnung von Kundentreue kann die Kundenbindung aktiv erhöht werden.

- *Erhöhung des Umsatzes durch Kunden*

  Mit Kundenkarten können Stammkunden fester an das Unternehmen gebunden werden. Ihre Besuchsfrequenz und ihre durchschnittlichen Einkaufsbeträge sind höher als die von Nichtkartenkunden.

- *Kundenorientierte Ausrichtung des Marketing-Mix*

  Durch die erhobenen Informationen ist es langfristig möglich, den gesamten Marketing-Mix noch kundenorientierter auszurichten.

2.3 Erfolgsfaktoren

Erfolgsfaktoren für die Erreichung der Marketing- und Kommunikationsziele durch das eingesetzte Instrument Kundenkarte, die u. a. aufgrund des intensiveren Einsatzes von Kundenkarten in der Praxis und der damit einhergehenden Flut von Karten für die einzelnen Kunden erforderlich werden, sind:

- *Attraktivität*

  Der angebotene Zusatznutzen muß für die Zielperson attraktiv sein. Optimale Kundenbindung kann nur durch attraktive Leistung und aktive Kommunikation erreicht werden. Eine Konzentration der Leistungen auf die Kernkompetenzen des Unternehmens erscheint sinnvoll.

- *Kundenerwartungen treffen*

  Das Unternehmen muß die Kundenkarte und alle damit verbundenen Leistungen und Kommunikationsangebote permanent auf den Prüfstand stellen, insbesondere hinsichtlich der Frage, ob die angebotenen Services noch aktuell sind und den Kundenerwartungen entsprechen.

- *Marketing statt Technikorientierung*

  Der Kunde erwartet keine technischen Spielereien, sondern unternehmensnahe und kundenorientierte Dienstleistungen und Vorteile.

- *Volles Commitment des Gesamtunternehmens*

  Ohne die permanente Unterstützung und Verpflichtung vom Topmanagement bis zur Verkäuferin am Point of Sale ist die Zielerreichung fraglich.

- *Verankerung im Unternehmen*

  Das erfolgreiche Management einer Karte setzt Markt- und Karten-Know How voraus. Ohne eine entsprechende organisatorische Verankerung im Unternehmen kann ein solches Instrument nicht adäquat betreut werden.

  Die Einführung von Kundenkarten hat unmittelbare Auswirkungen auf die Unternehmensbereiche Marketing, EDV, Finanzen und Organisationen.

- *Investition in die Kundenpflege*

  Die Einführung einer Kundenkarte ist eine Investition, die zumindest zu Beginn erhebliche Ressourcen erfordert (Personal, Konzeption, Produktion, Kosten für Serviceleistungen, Kommunikationskosten etc.).

- *Outsourcing*

  Wenn eigene Kapazitäten nicht vorhanden sind oder nicht ausreichen, bietet sich die Möglichkeit, sich das erforderliche Know How durch Outsourcing an einen kompetenten Partner zu sichern. Ein solcher externer Partner kann dem Unternehmen unnötigen administrativen und systemtechnischen Ballast abnehmen.

Eine Karte als Instrument zum Datenbank-Aufbau bzw. -Ausbau dient dem Zweck, möglichst viele (Kauf) Daten über möglichst viele Kunden aus wichtigen Zielgruppen zu sammeln. Hinter dieser Aussage verbergen sich drei Aspekte, die es zu optimieren gilt:

1. „Möglichst viele (Kauf) Daten"

   Zunächst bietet vor allem der Kartenantrag die Möglichkeit, eine Reihe wichtiger Kundeninformationen abzufragen. Die Kaufdaten können natürlich nur erfaßt werden, wenn sich der Kunde beim Kauf mit seiner Kundenkarte ausweist, also in der Regel mit der Karte bezahlt. „In der Regel" deshalb, weil auch reine Identifikationskarten ohne Zahlungsfunktion, die allein dazu dienen, den Kundennamen mit einer getätigten Transaktion zu verbinden, ein sinnvolles und vor allem „schlankes" Instrument darstellen können. Es geht also darum, den Karteneinsatz zu maximieren, d. h. Karteninhaber sollten die Karte möglichst bei jedem Einkauf nutzen.

   Diese Maximierung des Karteneinsatzes gelingt vor allem dann, wenn der Einsatz der Karte aus Kundensicht attraktiv ist, wenn sich also die Kartenzahlung auch bei jedem noch so kleinem Kauf, aus individueller Sicht des Kunden lohnt.

2. „Möglichst viele Kunden"

   Eine Kundenkarte ist zweifellos ein aufwendiges Marketing-Instrument. Es ist daher schnell einsichtig, daß es wenig Sinn macht, diesen Aufwand nur für eine kleine

Gruppe von Kunden zu betreiben. Damit die Wirkungen wie Mehrumsätze und Kundenbindung nicht nur einen „Tropfen auf den heißen Stein" darstellen, sondern auf breiter Kundenfront eine signifikante Wirkung erzeugen, und damit die Datenbank auch quantitativ ergiebig wird, bedarf es einer möglichst hohen Penetration der Karte. Es gilt also, die Kartenanzahl zu maximieren.

Zweifellos macht eine Kundenkarte eines Warenhauskonzerns, die von nur wenigen zehntausend Kunden aktiv genutzt wird, im Vergleich zu den Millionen täglicher Transaktionen an mehreren tausend Kassen unter dem Database-Aspekt nur wenig Sinn: Eine solche Veranstaltung ist zu klein, um auf breiter Front etwas über den Kunden zu erfahren und um Marketing und Kundenansprache mit breiter Wirkung auf eine höhere Individualisierung und Personalisierung umzustellen. Erfolgsfaktoren für die Maximierung der Kartenanzahl sind zum einen die Teilnehmerakquisition und zum anderen die Attraktivität des Kartenprogramms aus der Sicht des Kunden. Denn eine Karte ist keine Zwangsveranstaltung, wie z. B. ein Kundenkontaktprogramm, in das man z. B. beim Neuwagenkauf automatisch hineinrutscht. Der Kunde muß eine selbständige, eigene Aktivität entwickeln, in dem er mindestens einen Teilnahmeantrag ausfüllt und unterschreibt. Diese Hürde ist keineswegs zu unterschätzen. Sie wird noch größer, wenn der Kunde eine jährliche Kartengebühr entrichten muß. Der Aspekt des Kundenbeitritts ist nicht zu unterschätzen, denn es bedarf erstens einer aktiven und sorgfältig konzipierten Mitgliederakquisition, zweitens muß die Karte einen erkennbaren Nutzen für den Kunden beinhalten. Nur wenn der Kunde erkennt und wirklich überzeugt ist, daß ihm die Karte Vorteile bietet, wird er diese beantragen und auch tatsächlich nutzen.

3. „Aus wichtigen Zielgruppen"

Auch wenn die Kartenzahl grundsätzlich zu maximieren ist, sollte stets beachtet werden, die Karte möglichst auf bestimmte Zielgruppen zu fokussieren. Es macht nicht unbedingt Sinn, eine Kundenkarte jedem „Passanten" anzubieten. Wichtig ist hier auch die Frage der Einsatzanlässe. Kunden, die z. B. einen Fachmarkt nur einmal im Jahr besuchen, eignen sich nicht unbedingt als Kartenkunden. Eine gewisse Frequenz an Filialbesuchen sollte gegeben sein. Der Zielgruppenentscheid ist somit unternehmensspezifisch durchzuführen.

Instrument zur Fokussierung einer Kundenkarte ist die Kartengebühr. Man geht davon aus, daß diese Gebühr als Filter funktioniert. In diesem Sinne sollte auf eine Gebühr verzichtet werden, wenn alle bestehenden oder sogar neuen Kunden mit der Karte angesprochen werden sollen. Eine Fokussierung des Programms auf gewisse Kundengruppen, z. B. auf besonders affine Kunden oder auf gute Kunden mit einem bestimmten Umsatz, macht dagegen eine gewisse Gebühr sinnvoll.

Als Beispiel mag hier die Douglas-Card dienen. Ein Jahresbeitrag hält die Zielgruppe der pflegebewußten, kaufkräftigen Kunden nicht davon ab, die Karte zu zeichnen. Andererseits ist diese Gebühr dazu geeignet, „Trittbrettfahrer" weitgehend abzuhalten. Fazit: Je höher die Gebühr, desto geringer die Zahl der „Karteileichen".

2.4 Umsetzungsmöglichkeiten

In den vorangegangenen Ausführungen wurden drei Erfolgsfaktoren für eine Kundenkarte herausgearbeitet, die nun sukzessive in Bezug auf ihre optimale Ausgestaltung vertieft werden sollen:

- Attraktivität Karteneinsatz

  Aktuelle Erfahrungen weisen darauf hin, daß bargeldlose Zahlung heutzutage nicht mehr als entscheidender Kundenvorteil ausreicht. Kunden setzen eine Karte nicht allein wegen des sogenannten Convenience-Aspektes ein, da ihnen diese Möglichkeit heute bereits durch die klassischen Formen des bargeldlosen Bezahlens geboten ist (EC-Cash, Kreditkarte etc.) und die Kundenkarte hier keinen signifikanten Vorteil bietet. Kunden verlangen „mehr", damit sie eine Kundenkarte beantragen und dann auch bei möglichst vielen Einkäufen einsetzen. Dieses „mehr" kann vor allem in einer attraktiven Rabatt- oder Bonusfunktionalität bestehen.

  Es ist davon auszugehen, daß diejenigen Karten, die jeden Einkauf mit einem Rabatt/Bonus (meist mit einer Punktzahl) bewerten, sowohl hoch penetrieren als auch häufig eingesetzt werden. Nach Erreichen einer festgelegten Bonusschwelle (meist in Form einer Rückvergütung oder einer Reduktion einer folgenden Bonsumme) kann der Rabatt/Bonus eingelöst werden.

  Kundenkarten z. B. aus dem angelsächsischen Bereich, die mit einer derartigen „Frequent Shopper"-Funktionalität ausgestattet sind, zeichnen sich auch durch beeindruckende Stückzahlen und Umsatzanteile aus (z. B. Tesco, Sainsburry etc.). Dagegen kommen klassische Barzahlkarten kaum auf vergleichbare Werte.

- Teilnehmerakquisition

  Das beste Kundenkartenkonzept scheitert, wenn es nicht aktiv an die Zielgruppe herangetragen wird. In der Praxis überrascht häufig eine unsorgfältige Realisierung, die offensichtlich von der Vorstellung ausgeht, ein am Point of Sale (POS) stehender Dispenser reiche aus. Vielmehr gilt es, eine Kundenkarte als ein eigenständiges Produkt zu vermarkten. Folgende sechs Instrumente haben sich hier bewährt:

  - Aktive Akquisition am POS:

    Ansprache durch das Verkaufspersonal, Durchführung interner und externer Promotions. Wobei externe Promotions weniger Gefahr laufen, Umsätze zu rabattieren, die wahrscheinlich auch ohne diesen Rabatt getätigt worden wären. Das würde zwar im Sinne der langfristigen Kundenbindung Sinn machen, nicht aber um kurzfristige Erfolge zu erzielen.

Die Betreiber jeder Kundenkarte stehen vor einer schwierigen Aufgabe, die es zu lösen gilt.

3. Die Daten aus der Kundenkarte und CRM

Auch der Handel muß sich neuen Herausforderungen des Wettbewerbes stellen. Jedes Jahr werden neue IT-Trends vorgestellt, auf welche die Handelsunternehmen reagieren müssen, um sich im harten Wettbewerb zu positionieren. Optimierungsprozesse, Kostensenkungen und Umsatzsteigerungen können erfolgreich präsentiert werden. Doch trotz aller Bemühungen, kostengünstige und qualitativ hochwertige Produkte und Dienstleitungen zu vertreiben, wird auch dem Handel klar, daß der entscheidende Aspekt aller wirtschaftlichen Bemühungen nicht aus dem Fokus zu verlieren ist: Der Kunde.

Durch die Einführung einer Kundenkarte und den darauf aufbauenden CRM Tools und Prozessen können Kunden erfolgreich an das Unternehmen gebunden werden. Eine große Portion Kreativität muß jedoch mit in die Kundenbindungsmaßnahmen mit einfließen, denn mit ausgeklügelten Kampagnen und Rabatten allein ist es nicht getan. Der Kunde muß aktiv an den Aktionen beteiligt werden und so das Gefühl bekommen, er erhielte einen echten nachweisbaren Mehrwert durch seinen Karten-Einsatz. Hierzu gehören u. a. Anlaß-/themenorientierte Aktionen oder eine spielerische Interaktion zwischen Gutscheinen, Kassenbons und Guthabenkonto der Karte.

Die Kundenkarte dient zum einen zur Erweiterung des Service-Spektrums und bietet darüber hinaus viele Identifikationspunkte mit der eigenen Marke. Es wird das Gefühl einer VIP-Karte kommuniziert: der Besitzer dieser Karte genießt hier exklusiv besondere Vorzüge.

Die Filialen einer Handelsorganisation haben die Möglichkeit, ihre besten Kunden genauer zu identifizieren und den Kundenkontakt zu intensivieren. Ohne CRM ist dies nahezu unmöglich. Ziel eines CRM im Handel ist es, mit Hilfe einer modernen Informations-, Analyse- und Kommunikationstechnologie auf lange Sicht (für beide Seiten) profitable Kundenbeziehungen durch ganzheitliche Marketing-, Vertriebs und für den Handel unentbehrliche Servicekonzepte aufzubauen. Alle Geschäftsprozesse, die einzelnen Bereiche des Handels betreffen, müssen auf den Kunden neuausgerichtet werden (Vgl. Hippner, Wilde 2001).

Was früher Tante Emma für eine Handvoll Kunden in ihrem eigenen Gedächtnis speichern konnte, besorgen heute modernste CRM Suites mit umfangreichen Data Mining Algorhythmen mit operativen Daten im Terrabyte Bereich.

3.1 Analytisches CRM

Grundsätzlich unterscheidet man im analytischem CRM zwischen:

- Data Warehouse Systemen
- OLAP, (ROLAP und MOLAP) (OnLine Analytical Processing, bzw. **R**elationales oder **M**ultidimensionales OLAP) und
- Data Mining.

Während OLAP Tools mehr bei operativen Fragestellungen eingesetzt wird, sind die Vorzüge des Data Minings in den Antworten zu strategischen Fragestellungen zu finden.

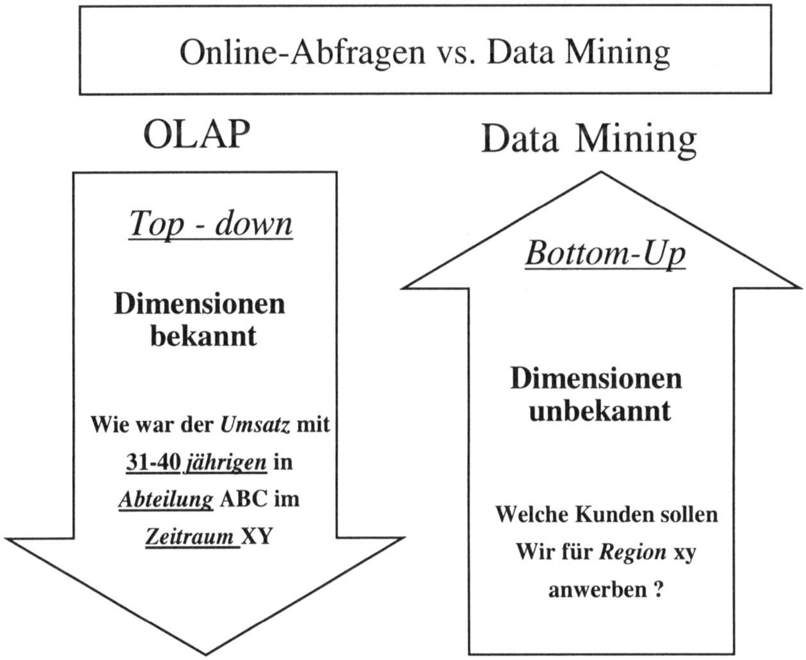

Abbildung 2: Verfahrensvergleich

Neben den kollaborativen (Synchronisierung sämtlicher Kommunikationskanäle) und operativen (Zentralisierung aller Geschäftsprozesse) CRM Komponenten sind die analytischen Komponenten im Handel durch die gesammelten Daten der Kundenkarte die strategisch wichtigsten. Doch nur ein optimales Zusammenwirken der integrierten Datenflüsse, des Data Warehouses, der OLAP Tools und der Mining Werkzeuge kann ein

CRM entscheidend erfolgreich vorantreiben. Als Kernprozeß sollte ein geschlossener Regelkreis („Closed-Loop-Marketing“) definiert sein. Nur so kann sichergestellt werden, daß ein ständiger Ergebnisaustausch zwischen den operativen und strategischen Bereichen vorherrscht. Nebeneffekt dieses Prozesses: Eine stetige Optimierung dieser Bereiche.

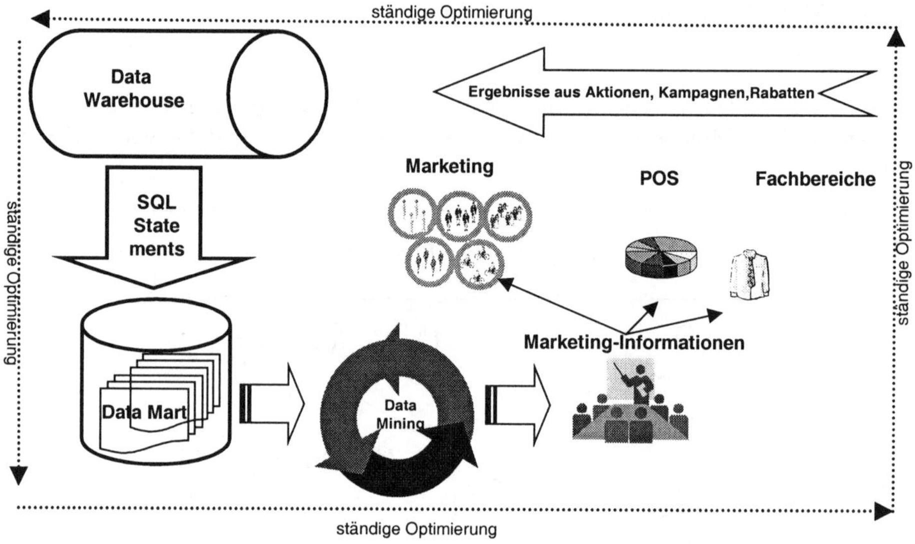

Abbildung 3: Der analytische CRM-Kreislauf

3.1.1 Data Warehouse

Mit dem Begriff Data Warehouse i. e. S. wird generell eine von den operationalen DV-Systemen isolierte Datenbank umschrieben, die als unternehmensweite Datenbasis für alle Ausprägungen managementunterstützender Systeme dient. Weiterhin ist sie durch eine strikte Trennung von operationalen und entscheidungsunterstützender Daten und Systemen gekennzeichnet (Mucksch, Brehme, Das Data Warehouse Konzept, S. 6).

Das Konzept eines zentralen Data Warehouses ist in den letzten Jahren immer mehr in den Mittelpunkt der CRM Überlegungen des Handels gerückt. Im Zusammenhang mit dem Einsatz einer Kundenkarte nimmt das Data Warehouse eine zentrale Funktion ein. Für ein erfolgreiches CRM sollte jede Information über eine Transaktion des Kunden im Data Warehouse hinterlegt sein:

- Artikel (Nr., Menge, Marketingaktion, Saison- bzw. Postenwarenbezeichnungen)
- Kaufpreis (EK, VK, Nachlaß, Rabatt)
- Datum und Uhrzeit (Wochentag, Aktionszeitraum)
- Kasse (Stockwerk, Abteilung)
- Filiale (Stammfiliale, Vertriebslinien)

In der Praxis bedeutet dies, daß in dem Data Warehouse jeweils die Kundenstammdaten und Bondaten zusammengeführt und jeweils aktualisiert gehalten werden müssen. Bei der Auswahl des Data Warehouses ist besonders auf eine skalierbare Lösung zu achten, da in der Praxis bei einem großen Handelsunternehmen und einem mittelfristigen Zeitraum leicht einige Millionen Bondaten zusammen kommen können.

3.1.2 OLAP

In der Praxis hat sich das ROLAP Prinzip bei Datenbankabfragen durchgesetzt, da dieses Prinzip auf zweidimensionalen relationalen Tabellen aufsetzt und die immer besser werdenden SQL Prozessoren (Such- und Zugriffmechanismen) unterstützt.

Für alle gängigen OLAP Tools wie z. B. Business Objects oder MicroStrategy sind diese Daten wie geschaffen für komplexe Abfragen. Kernpunkt sind die vorher zu definierenden Attribute, die per Online-Abfrage auszuwerten sind. Unter einem Attribut versteht man eine verdichtete bzw. per Metrik hergestellte Information. Dies kann z. B. sein:

- Geburtsdatum → Attribut „Gegenwärtiges Alter des Kunden“
- Fam.Stand verheiratet, hat Kinder → Attribut „Familie“
- Umsätze der Käufe der letzten 4 Wochen → Attribut „∅ Umsatz pro Kalenderwoche“

Im Prinzip lassen sich alle denkbaren und sinnvollen Verknüpfungen zwischen den Dimensionen Zeit, Vertrieb, Artikel und Kundeninformationen (Soziodemografie) herstellen.

Verschiedene Bereiche des Handels können auf diese Art und Weise Ihre Fragen beantwortet bekommen. Der Einkauf für seine Sortimentssteuerung (Wie alt sind die Kunden, die in Abt. Trendkleidung kaufen ?), die Werbung für die Streuung (Aus welchen PLZ Gebieten kommen die neu geworbenen Kunden ?), der Verkauf für seine Kundschaft (Welche Kunden werden aufgrund hoher Erträge zu einem Event eingeladen ?).

Ausgangspunkt ist hier die spezifische Fragestellung. Für weitreichende und somit strategische Fragen wird sich im Handel des Data Minings bedient.

3.1.3 Data Mining

Data Mining kann in allen Bereichen angewendet werden, in denen Daten systematisch erhoben werden. Im Data Mining sollen „allgemein verwendbare und effiziente Methoden gefunden werden, die autonom aus großen Datenmengen die bedeutsamsten und aussagekräftigsten Muster identifizieren und sie dem Fragesteller als interessantes Wissen präsentieren“. Basis sind hierfür Grundlagen aus Statistik, Künstlicher Intelligenz, Maschinellem Lernen und Mustererkennung (Vgl. Hippner H. Wilde, D., Data Mining im CRM).

Data Mining Werkzeuge verfolgen im Gegensatz zur Top-Down Strategie des OLAP einen explorativen Ansatz, d. h. sie benötigen zur Durchführung keine explizite Fragestellung sondern eher eine exakte Zieldefinition. Der Data Mining Prozeß kann in folgende Schritte unterteilt werden:

- Definition der Ziele
- Selektion der Daten
- Datenpräparation
- Auswahl der Data Mining Methode
- Data Mining Läufe
- Visualisierung und Entscheidungsunterstützung

Im Handel kommen bevorzugt Assoziations-, Segmentierungs-, Klassifizierungs-, Prognose- und Scoringalgorhythmen zum Einsatz. Diese Algorthythmen bilden die eigentlichen Einsatzgebiete eines Data Mining Werkzeuges (Michels, Data Mining Analysen im Handel, 2001).

In den Assoziationsanalysen wird versucht, Abverkaufszusammenhänge in den jeweiligen Kassenbons des Kunden zu erkennen, in den Segmentierungsanalysen bzw. Klassifizierungen werden Kundenprofile erstellt, bei der Erstellung von Prognosemodellen und beim Scoring wird versucht, Ereignisse vorherzusagen, mit dem Ziel, diese zukünftigen Ereignisse proaktiv begegnen zu können.

Beispiele für Zieldefinitionen im Handel können sein:

- Steigerung und Optimierung von More-, Cross- und Upselling-Aktivitäten mittels Analyse der Bondaten (Warenkorbanalyse).

- Identifikation und Vermeidung des Abwanderns von profitablen Kunden, Prognose einer Wahrscheinlichkeit und eines Zeitpunktes dieses Abwanderungsvorgangs
- Erstellung von genauen Kunden- bzw. Käuferprofile mittels Segmentierungsanalysen und somit gezielte Evaluierung von Absatz- und Umsatzprognosen.

3.2 Kundensegmentierung

Der erste Schritt einer strategischen Marktbearbeitung im Handel besteht aus einer eingehenden Analyse der internen und externen Situation des Handelsunternehmens . Vor allem das Auffinden und das Analysieren der Kundensegmente steht bei der zielgruppenorientierten Marktbearbeitung im Mittelpunkt.

Im Bereich der Kunden- bzw. Käuferprofilerstellung werden hauptsächlich Segmentierungsanalysen eingesetzt. Mit Hilfe von Clustering-Algorhythmen werden Kunden, die sich ähnlich verhalten, zu homogenen Segmenten zusammengefaßt. Diese Segmente soll sich wiederum zu anderen gefunden Segmenten möglichst heterogen verhalten, um sie klar voneinander trennen zu können.

Folgende Eigenschaften sollten die gefunden Segmente aufweisen:

- Ansprechbar (Bekannte Kunden mit Namen und Adressen)
- Nachhaltig gegenüber dem Wettbewerb (Segmente müssen für den gesamten Markt gelten)
- Relevant (für alle Unternehmensbereiche)
- Hinreichend groß (für Marketingaktionen)
- Innerhalb des Segmentes möglichst homogen, zu anderen Segmenten heterogen (Hohe Güte der Ergebnisse)

Geografische Kriterien sind für den Handel interessant, da eine dezentrale Filialorganisation gegeben ist. Hier ist es interessant, wie groß der Einzugsbereich ist, welches Ausgabenbudget zur Verfügung steht und welche Bevölkerungsstruktur eine Region charakterisiert. Zum Einen sind diese Informationen nur kombiniert von Aussagewert, zum anderen sind personenorientierte Marktaufteilungen nur auf Stichprobenbasis zu ermitteln und deshalb im Gesamtmarkt nicht eindeutig wiederaufzufinden. Sind psychografische Kriterien nur mittels ausgeklügelter Marktforschung (z. B. Befragungen) nur mit Unschärfen ermittelbar (Absichtserklärung oder „hard facts“ ?) so sind verhaltensorientierte Kriterien z. T. relativ leicht beobachtbar und erfaßbar. Aufgrund gesammelter Daten der Kundenkarte und ausgeklügelter Warenwirtschaftssysteme können prägnante Merkmale wie z. B. Einkaufstättentreue, Preisverhalten oder eine Schwerpunktmäßige Einkäufe in best. Abteilungen leicht erkannt werden, um hieraus eigene Strategien abzuleiten (Vgl. Schmitz, Kölzer, S. 3, S. 159). Diese verhaltensorientierte (einkaufsorientierte) Analyse ist für den Handel unabdingbar. Zum einen, um die einzelnen Kundentypen identifizieren, die sich atypisch verhalten (z. B. Besitzer einer Luxuslimousine, der sich im Billig-Discount mit Lebensmitteln eindeckt), zum anderen ist Flexibilität gewährleistet, um z. B. auf geänderte Rahmenbedingungen (z. B. Fall Rabattgesetz) zu reagieren, und es besteht keine Abhängigkeit gegenüber Drittanbietern, die Ihre Studien, Ergebnisse oder neuesten Erkenntnisse alle paar Jahre veröffentlichen.

Die Informationen, die benötigt werden, um das (Kauf-)Verhalten zu untersuchen und zu verstehen, kommen aufgrund der per Kundenkarte erfaßten Transaktionen. So ergeben sich z. B. Aufschlüsse über eine Preissensibilität des Kunden durch die im Data Mart festgelegten und im Data Mining als aktive Variablen „Anzahl gek. Artikel in Werbung", „Anzahl Bons in best. Preisgruppen" oder „Anzahl Besuche an Rabatt-Aktionen". Eine Loyalität zum Unternehmen läßt sich anhand Einkaufsbedingter (z. B. Σ Anzahl Bons, Σ Anz. besuchter versch. Filialen) und monetärer Variablen (Σ Umsatz, mtl.Umsatz im ∅, ∅ Umsatz/Bon , ∅ Anzahl Artikel/Bon, Σ Umsatz je Zeitraum der Kundenbeziehung) erkennen.

Ein wichtiges strategisches Ziel im Handel kann eine Generierung von Neukunden sein, die mittels Kundensegmentierung und Geografischer Informationssysteme durchgeführt werden kann: Die hauseigenen Kundenkarten-Adressen werden bis auf die Straßeneinheit mittels einer „digitalen Landkarte" geocodiert. So wird sichtbar gemacht, in welchen Regionen, Städten und Straßen sich die Kunden befinden. Hinter diesen codierten Informationen hinterlegt man nun statistisch relevante Merkmale wie Kaufkraft, Einkommensklassen, Alter, Wohnumfeld bzw. Regiotypen. So erhält man Informationen darüber, welche soziodemografischen Werte überproportional beim eigenen Kundenstamm aufzufinden sind. Diese Werte beschreiben das Kundenumfeld und bilden somit eine sinnvolle Ergänzung des Kundenprofils: Die Karten-Kunden wohnen eher in der Innenstadt oder in Einfamilienhäusern, eher in kaufkräftigen Vierteln oder eher in ländlichen Gemeinden... Dabei stellt sich die Frage, in welchen Gebieten sich gleiche oder ähnliche Strukturen finden. Mithilfe der „digitalen Landkarte" wird die regionale Verteilung entsprechend des erstellten Profils aufgezeigt. Gut erkennbar wird nun, in welchen attraktiven Regionen oder Gebieten die eigenen Kunden nicht vorhanden oder unterrepräsentiert sind. Das sind die ungenutzten Potentiale, die es anzugehen gilt (Vgl. o.V. „Wegweiser für effiziente Marktbearbeitung", in Direkt Marketing 09/2001).

4. Ausblick

Der Handel hat mit der strategischen Entscheidung, eine Kundenkarte zur Kundenbindung einzusetzen gute Voraussetzungen, die Ziele eines CRM zu erreichen. Persönliche und individuelle Kundenbeziehungen zum einzelnen Kunden (oder einzelnen Segmenten) können aufgebaut und gepflegt werden. Weitreichende Kenntnisse über den Kunden, sein Verhalten, seine Bedürfnisse und Präferenzen kommen über die Kundenkarte und werden zentral in den Systemen eines Handelsunternehmen gespeichert und per Data Mining analysiert.

Doch gehen viele Absichtserklärungen der Unternehmen meist im Alltagsstreß unter. Oft stehen kurzfristige Einzelmaßnahmen, die zwar schnelle Resultate liefern, im Vordergrund, fehlt doch in der Praxis oftmals ein durchgängiges strategisches Gesamtkonzept, in dem sich die vielen unterschiedlichen Bereiche eines Handelsunternehmen wiederfinden. Um dies zu vermeiden, dürfen Kommunikations-, Distributions- und Einkaufspolitik nicht losgelöst voneinander betrachtet werden. Regelmäßiger Informationsaustausch der einzelnen, an den CRM Prozessen beteiligten Bereichen ist unabdingbar. Der Handel besitzt eine einzigartige Nähe zum Kunden, er sollte sie mittels CRM zu nutzen wissen. Ein erfolgreiches CRM läßt sich nur mit der Berechnung des Customer-Lifetime-Value und der Kundenzufriedenheit messen, beides sind Indikatoren für einen langfristigen Wert eines Unternehmens. Gute CRM-Tools sind wichtig, ein Einsatz unbestreitbar. Bei allen Diskussionen darf es jedoch nicht bei den üblichen Lippenbekenntnissen bleiben, den Kunden in den Mittelpunkt allen Geschehens zu stellen. CRM und der Einsatz der Kundenkarte muß aus Sicht des Kunden betrachtet, für beide Seiten profitabel sein und vor allen Dingen auch gelebt werden.

Literatur

HIPPNER, H, KÜSTERS, U, MEYER, M., WILDE, K.D. (Hrsg.): Handbuch Data Mining im Marketing, Braunschweig 2001.

MUCKSCH, H., BEHME, W.: Das Data Warehouse Konzept, Wiesbaden 2000.

SCHMITZ, C., KÖLZER, B.: Einkaufsverhalten im Handel, München 1996.

MICHELS, E., THEISEN, F.: Handelscontrolling, Neue Ansätze aus Theorie und Praxis zur Steuerung von Handelsunternehmen, Hamburg 2000.

HIPPNER H., WILDE, K.D.: Data Mining im CRM, aus Effektives Customer Relationship Management, Wiesbaden 2001

O.V.: „Wegweiser für effiziente Marktbearbeitung", in: Direkt Marketing 09/2001.

Uwe Kalyta

Ein Data Warehouse ist unverzichtbar - Wie sich Investitionen in Business Intelligence bezahlt machen

1. Einleitung

Data Warehousing und CRM gehören mittlerweile scheinbar zum Standardrepertoire von Unternehmen. Doch nicht immer halten die Programme, was die Begriffe versprechen. Dieser Beitrag stellt dar, welche Weichen im Unternehmen gestellt werden müssen, um das Business Intelligence-System eines Unternehmens in der Praxis zu dem Profit-Treiber zu machen, der es in der Theorie aller Anbieter ist.

Es hat sich herumgesprochen: Mit Informationen über Kunden, gewonnen aus dem „Rohstoff" digitaler Daten, die Unternehmen heute in oft fast unüberschaubar komplexen IT-Umgebungen lagern, lassen sich die Beziehungen zu Kunden strategisch entwickeln – mit dem Ergebnis, daß Customer Relationship Management sich zum Hoffnungsträger all jener Unternehmen entwickelt hat, die an den Unwägbarkeiten moderner Massenmärkte verzweifeln. Denn deren Kennzeichen sind anonyme und instabile Kundenbeziehungen geworden. Dabei ist Customer Relationship Management – ketzerisch betrachtet – gar nichts Neues, sondern eine grundlegende, althergebrachte Handelsmaxime. Kaufleute wissen von jeher, daß ein guter Verkäufer die Eigenheiten seiner Klientel kennen und verstehen muß, damit er ihr Angebote machen kann, die ihren Wünschen ent- und deshalb Erfolg versprechen. Für den Händler an der Ecke bleibt die funktionierende Beziehung zu seinen Kunden das zentrale Element seiner Marketingstrategie und seiner Kundenbindung. Sein Angebot richtet sich an den individuellen Bedürfnissen aus. Die Kunden danken es ihm durch regelmäßigen Einkauf. Nicht nur der Umsatz steigt: Mit der Vermeidung von Streuverlusten durch irrelevante Angebote wächst auch die Profitabilität der Kundenbeziehung. Nichts anderes meint Customer Relationship Management. Wird ein solches Projekt von Anfang an konsequent geplant und umgesetzt, rechnen sich die durchaus nicht unerheblichen Investitionen in einem erstaunlich kurzen Zeitraum. Die für Manager alles entscheidende Frage nach dem Return on Investment ist also keine fiktive, sondern eine berechenbare Größe.

2. Rohstoffveredelung im Data Warehouse: Von Rohdaten zu entscheidungsrelevanten Informationen

Alter Wein in neuen Schläuchen also? Nicht ganz, denn die Bedingungen des Handels haben sich radikal verändert: Dank moderner Informationstechnologie können Kunden- und Transaktionsdaten elektronisch erfaßt werden. In fast allen Unternehmen wachsen Datenbestände mit Kundeninformationen ins Unermessliche. Doch muß dieser Schatz auch gehoben werden. Denn allen Datenbergen zum Trotz nimmt das Wissen um den nehmen eine Alleinstellung in seiner Beziehung zu jedem speziellen Kunden: Alle Angebote und Leistungen sind derart individuell auf die Situation des Kunden zugeschnitten, daß dieser die Beziehung nur unter hohen Wechselaufwand und Serviceverlust beenden kann. Wettbewerbsvorteile werden insbesondere bei einer hohen Marktmacht der Nachfrager und einer weit fortgeschrittenen technologischen Infrastruktur erzielt.

CRM-Unternehmen sind lernende Organisationen (vgl. Swift, 2001). CRM will durch kontinuierliche Kommunikation das Verhalten der Kunden verstehen und beeinflussen. Das gesamte Unternehmen wandelt sich dabei zur permanent lernenden Organisation. Informationen werden fortlaufende gesammelt, aufbereitet, analysiert und fließen dann in den Dialog mit dem Kunden ein. Sämtliche Transaktionen, die ein Kunde tätigt – Bezahlen mit der Kreditkarte, Abheben am Geldautomat, ein Gespräch mit dem Call-Center Agenten – sorgen für einen reichhaltigen Pool von Informationen über seine Präferenzen. Durch Verknüpfung mit externen Daten, zum Beispiel demographischen Erhebungen, entsteht ein aussagefähiges Profil. Auf dieser Basis kann ein Unternehmen den Dialog mit dem Kunden aufnehmen und neue Transaktionen und Informationen generieren.

CRM fängt beim CEO an. Customer Relationship Management muß als Teil des Business-Plans in allen Managementebenen implementiert und in die gesamte Unternehmensstrategie eingepasst werden. Sämtliche Prozesse des Unternehmens sind darauf ausgerichtet. Zielvorgaben für die Arbeit mit dem Kunden gelten für alle Mitarbeiter – gleich ob sie im Vertrieb, im Marketing oder in der Finanzabteilung tätig sind. Dazu muß selbstverständlich ein einheitlicher Informationspool zur Verfügung stehen, der es jedem Mitarbeiter an der entsprechenden Stelle ermöglicht, den gezielten und erwarteten Dialog mit dem Kunden zu führen. Auf diese Weise zeigt man nach außen ein umfassendes Kundenverständnis und ein einheitliches Bild vom Unternehmen. Intern sorgt man damit für eine höhere Motivation und eine bessere Einbindung der Mitarbeiter.

CRM ist schnell und interaktiv auf Basis eines hochperformanten Data Warehouses. Ein Beispiel hierfür gibt die Bank of Australia. Die Teradata Data Warehouse-Applikation wurde so konfiguriert, daß sie anhand vordefinierter „Ereignisse" bei Transaktionen, die ein Kunde tätigt, das Marketing in Aktion versetzt. Wird von einem Kunden beispielsweise eine außergewöhnlich hohe Summe auf ein Konto überwiesen, erhält er daraufhin ein passendes Anlageangebot, mit dem er eine höhere Rendite erzielen kann. Grundsätzlich gilt: jeder Kundenkontakt muß zum Element des One-to-One-Dialogs mit dem Kunden gemacht wird. Der amerikanische Einzelhandelsriese Wal-Mart erfaßt in seinem Teradata Data Warehouse sämtliche Transaktionen an den Ladenkassen seiner Supermärkte. Sie werden umgehend ausgewertet, die Informationen über das Internet mit Produzenten und Lieferanten ausgetauscht. So können Angebot und Lagerhaltung optimiert und immer genauer auf Kundenbedürfnisse ausgerichtet werden. Jede Wal-Mart Niederlassung entspricht dadurch exakt den Bedürfnissen der Menschen eines jeweiligen Stadtteils.

4.1 Die IT-Systeme müssen „beziehungsfähig“ sein

An irgendeinem Punkt im Geschäftsprozess gibt der Faktor Mensch den Ausschlag. Dann kommt es darauf an: Wie engagiert kümmern sich Mitarbeiter um Anfragen von Kunden? Können sie ihnen das Gefühl vermitteln, daß ihre Anliegen mit hoher Priorität gehandhabt wird? Wie hoch sind die Reaktionszeiten auf Anfragen, ganz gleich über welchen Kommunikationskanal? An diesen Fragen führt keine noch so moderne Informationstechnologie vorbei, denn an irgendeinem Punkt treffen Menschen aufeinander. Dennoch gilt: Ohne die entsprechenden, „beziehungsfähigen“ Systeme können auch hochmotivierte und kundenorientierte Mitarbeiter unter den Bedingungen modernen Wirtschaftens den an sie gestellten Anforderungen nicht gerecht werden. Durch die Vielzahl an Schnittstellen, über die ein Unternehmen heutzutage mit seinen Kunden kommuniziert, kann der einzelne Mitarbeiter nur noch technologiegestützt an jedem Punkt eines Geschäftsvorgang kompetent und kundenorientiert arbeiten. Bei Teradata haben wir für die Gesamtheit der Komponenten, aus denen unser Portfolio besteht, deshalb den Begriff „Relationship Technology“ geprägt. Sämtliche Anwendungen stellen sich in den Dienst der Beziehung zum Kunden. Dabei ist CRM niemals eine Einbahnstraße. Wie im Kundenbeispiel über die Royal Bank of Canada dargestellt wird, entsteht Profitabilität auch in der Abschätzung von Potenzialen der Kunden. Service ist eine knappe Ressource, die optimal eingesetzt werden muss. Nicht nur für den Kunden ist es unangenehm, mit Angeboten belästigt zu werden, die für ihn keinen Nutzen erkennen lassen – auch für das Unternehmen, respektive den entsprechenden Servicemitarbeiter – ist es natürlich unerquicklich, beispielsweise Zeit und Mühe in ein völlig unergiebiges Verkaufsgespräch zu investieren. Und es muß um die Profitabilität des vollständigen Customer Lifecycle gehen, von der Gewinnung neuer Kunden über Art und Umfang ihrer Betreuung bis zur Aufrechterhaltung bestehender Kundenbeziehungen. Im Geschäft mit Unternehmenskunden kommt durch den Baseler Akkord (Basel II) eine neue Verantwortung im Rahmen der Bonitätsprüfung bei der Kreditvergabe auf die Banken zu. Wesentlich genauer als bisher müssen die Finanzinstitute in der Lage sein, die Ausfallwahrscheinlichkeit eines Kredits zu prognostizieren, denn daran soll zukünftig die notwendige Eigenkapitalunterlegung bemessen werden. Das bedeutet, die Anforderungen an das Risiko-Management werden erheblich steigen. Es genügt nicht mehr, anhand der Bilanzen, dem „Schnee von gestern“, Finanz- und Ertragskraft eines Unternehmens zu bewerten. Es kommt vielmehr darauf an, anhand der laufenden Transaktionen Stärken und Schwächen eines Unternehmens zu analysieren und sie zusammen mit anderen, vielleicht extern erhobenen Marktdaten im Sinne des Balanced Scorecard-Ansatzes zu bewerten. Überdurchschnittlich geratete Kunden könnten dann beispielsweise Kredite zu günstigeren Konditionen erhalten – und würden damit wiederum enger an die Bank gebunden. Die klassische Win-win-Konstellation ist hergestellt.

4.2 Unternehmen und IT-Lösungsanbieter: Eine Zugewinngemeinschaft

Ein Data Warehouse mit seiner 360°-Gradsicht der Kundenbeziehung ist für eine solche Strategie das ideale Instrument. Allerdings muß dazu die informationstechnische Isolation der Unternehmensbereiche aufgehoben werden. Eine weitreichende und sehr grundlegende Entscheidung. Die notwendige Erschließung sämtlicher Wissensquellen in einem Unternehmen um zur ganzheitlichen Kundensicht zu gelangen, muß strategisch von der Unternehmensspitze her eingeleitet werden, darf aber nicht Chefsache bleiben, sondern muß alle Unternehmensbereiche mit einbeziehen. Der Technologiepartner eines solch komplexen Reengineering-Prozesses sollte deshalb auch über fundierte Branchenkenntnisse verfügen. Es ist ein völlig anderes Geschäft, die digitalen und zunächst völlig anonymen „Besucher" eines Online-Reisebüros kennen zu lernen und zu analysieren, oder im Unterschied dazu das Verhalten von Bankkunden zu beurteilen, zu denen aufgrund einer bereits langjährigen Kundenbeziehung ein weitreichendes Profil zur Verfügung steht. Auf diese Unterschiede muß mit einer adäquaten Lösungsarchitektur reagiert werden. Nur so können Data Warehouse, Analyse- und CRM-Tools zu den entscheidenden Erkenntnissen verhelfen, die das Unternehmen im erforderlichen Umfang unterstützen. Branchenkenntnis ersetzt aber nicht beraterisches Know-how. Verständnis für die individuellen Gegebenheiten des jeweiligen Unternehmens, seine Ziele, Strategien und Probleme sind ebenso unverzichtbar wie das Branchenwissen. Ein kleines, dediziertes Beraterteam für die Analyse- und Planungsphase, eventuell erweitert um zusätzliche Mitglieder für den Implementationszeitraum arbeitet dabei crossfunktional mit den Mitarbeitern des Unternehmens. Im übertragenen Sinne ist die entstehende Systemlösung dann das gemeinsame „Baby" von Unternehmen und Lösungsanbieter, in dem die jeweiligen „genetischen" Informationen zu einer neuen, sehr individuellen und letztlich einzigartigen Lösung verschmelzen. Das „Baby"-Bild hat aber noch eine weitere Entsprechung: Eine der häufigsten Fragen, die sich Unternehmen beim Einstieg in ein Data Warehouse-Projekt stellen, ist die nach der Größe. Und da ist es wie bei Kindern: Am Anfang sind sie immer klein. Aber sie werden wachsen. Darauf muß man sich einstellen.

5. Datenschutz: Vertrauen als Basis der Kundenbeziehung

„Um das Vertrauen der Kunden zu gewinnen, muß man ihre Privatsphäre respektieren. Jenseits der unterschiedlichen Ansichten über Selbstregulierung und Gesetzgebung zeigen unsere und andere Umfragen, daß die Menschen sich um Datenschutz sorgen – sei es im Internet oder offline. Sie wollen, daß Unternehmen aktiv eine Vertrauensbasis aufbauen."

Werner Sülzer, Vice President Teradata Europe, Middle East & Africa

Die technischen Möglichkeiten von Data Warehousing, Business Intelligence oder Customer Relationship Management sind faszinierend – und wie bei den meisten faszinierenden Entwicklungen stellen sich Menschen die Frage nach möglichen Schattenseiten. Im Falle von Data Warehousing und CRM drehen sich die Sorgen der Kunden um den Schutz ihrer Privatsphäre. Gerne geben Kunden Informationen preis, wenn sie davon profitieren, und lassen sich für ein maßgeschneidertes Angebot auch Geheimnisse entlocken. Laut einer Untersuchung amerikanischer Marktforscher waren immerhin 56 Prozent der befragten Deutschen und sogar 80 Prozent der amerikanischen Teilnehmer bereit, persönliche Informationen preiszugeben, wenn sie dafür individuellere Services erhielten. Doch sind Verbraucher unsicher, wie ein Unternehmen mit sensiblen Daten wie der Kreditkartennummer oder Einkommensverhältnissen umgeht, dann werden sie verschwiegen. In Deutschland sind es überwältigende 84 Prozent, die "beim Surfen viel an den Schutz ihrer persönlichen Daten denken", und bei den Amerikanern zwei Drittel (67 Prozent) der Befragten. Auch wenn bei der Bewertung der Frage, ob nun Staat oder Markt für den Datenschutz verantwortlich seien, jeweils die typischen nationalen Sichtweisen zum Vorschein kommen – mehr als zwei Drittel der Deutschen bauen beim Datenschutz auf den Gesetzgeber und etwa der selbe Prozentsatz spricht sich bei den Amerikanern für Selbstregulierung aus – kann für Unternehmen nur der Grundsatz gelten: Wer Geheimnisse kennen will, muß verschwiegen sein. Immerhin waren bei der Umfrage 44 Prozent der Deutschen und vergleichbare 40 Prozent der Amerikaner besorgt darüber, daß Unternehmen zuviel über sie wüssten. Gerade im E-Business gilt: Wer das Vertrauen seiner Kunden gewinnen will, muß ihre Privatsphäre respektieren. Denn letztlich trifft auf den Einkauf im Netz die gleiche Grundregel zu wie auf den Einkauf an der Ladentheke: Das Unternehmen und sein Name müssen vertrauenswürdig sein. Und dafür sind Beweise nötig: Zwar lesen – trotz aller Bedenken – nur magere 19 Prozent der Amerikaner und 28 aller Deutschen den Datenschutzhinweis auf Websites. Auffällig jedoch: 75 Prozent der Befragungsteilnehmer sind der Meinung, daß Mitteilungen über den Datenschutz von Unternehmen das Vertrauen der Verbraucher steigern.

Wer ein ökonomisches Interesse an Kundendaten hat, sollte ebenso großes Interesse am Datenschutz zeigen. Die Schadensumme übersteigt sonst schnell erhoffte Einsparungen. Datenschützer und Bürgerrechtler wehren sich zusehends gegen den Missbrauch persönlicher Daten. Und von staatlicher Seite steigen die Anforderungen: Im Bundesdatenschutzgesetz sind ausgeweitete Informationspflichten der Unternehmer und Informationsrechte der Bürger festgeschrieben. Innerhalb der Europäischen Union ist der Schutz von Daten und Privatsphäre Gegenstand formeller Gesetzgebung (Richtlinie 95/46/EC). Alle 15 Mitgliedstaaten implementieren diese Richtlinie über die jeweilige nationale Datenschutz-Gesetzgebung. Sie gilt für jedes Unternehmen, das in Europa Geschäfte betreibt. Nicht zuletzt kommt darin auch die legitime Einstellung der Bevölkerung zum Ausdruck. Schon allein aus diesen Gründen ist es dringend geboten, Sicherheitshinweise auf der Homepage mit einer technischen Privacy-Strategie zu untermauern. Customer Relationship Management kann mit einem „dirty secret" nicht funktionieren.

Für das Data Warehousing bietet der Privacy Protector von NCR Teradata eine umfassende Lösung zum Schutz der Privatsphäre von Verbrauchern. Die Produkte und Services, die auf CRM-Lösungen von NCR und der Datenbank Teradata fußen, schaffen die Voraussetzung für einen verantwortungsvollen Umgang mit Kundendaten und tragen auf diese Weise dazu bei, die Beziehungen zwischen Kunde und Unternehmen langfristig zu verbessern. Da es sich bei einer technischen Privacy-Strategie um eine sehr anspruchsvolle Angelegenheit mit politischen, sozialen, und natürlich technischen Aspekten handelt, sollte der Lösungsanbieter auch diese Dimensionen abdecken können. Die Strategie zum Datenschutz sollte dann folgende Elemente umfassen:

1. Notice: Der Kunde wird über die Speicherung von Daten unterrichtet.
2. Choice: Jederzeit muß die Wahl getroffen werden können, ob Daten überhaupt gespeichert werden dürfen.
3. Access: Das Unternehmen gewährt dem Surfer individuellen Zugang zu den über ihn gespeicherten Informationen.
4. Security: Die Daten müssen vor dem Zugriff Unbefugter geschützt sein.

Werden diese Bedingungen erfüllt, dann sind Konflikte mit dem Verbraucherschutz kaum zu befürchten. Und das Unternehmen kann seine technische Privacy-Strategie als Grundlage für die Kommunikationsstrategie nutzen.

6. Die Qualität des Data Warehouses – eine Frage der Architektur

Data Warehouses bilden heute die Grundlage für jede CRM Strategie. Doch wird mit dem Begriff häufig etwas leichtsinnig umgegangen. Nicht jede Datensammlung darf sich den stolzen Namen Data Warehouse an die Brust heften.

Das *Teradata Data Warehouse* ist der Datenpool des Unternehmens. Hier fließen sämtliche entscheidungsrelevanten internen und externen Quelldaten ein – ob aus Vertrieb, Marketing, oder Produktion. Aus vielen partiellen Eindrücken entsteht so eine „single version of the truth", die ganz- und einheitliche Betrachtung der Kundenbeziehung. Der Knackpunkt bei jedem Data Warehouse-Projekt ist die Verarbeitung unbeschränkter Datenmengen. Manche Unternehmen starten mit Datenvolumen von wenigen Gigabyte und dehnen den Umfang dann schnell bis in den Terabyte-Bereich aus. Oberstes Ziel muß sein, den Endbenutzer in die Lage zu versetzen, auf all seine Fragen Antworten zu erhalten – und zwar auf der Basis sämtlicher verfügbarer Unternehmensdaten und in angemessener Zeit. Die Frage der Größe eines Data Warehouses sollte erst dann gestellt werden, wenn es um die Konfiguration der Systemumgebung geht, sofern die Größe der Datenbank nicht bereits relevant für die Kosten-/Nutzenanalyse ist.

Bei der *Analyse und Modellierung* wird aus Datensätzen Wissen gewonnen. Dabei können beispielsweise Kundenprofile für Controlling, Risk Management, Marketing oder Vertrieb generiert werden. Operative Systeme bedienen Lagerhaltung, Bestellwesen oder Personalmanagement. Analytische Data Warehouse-Lösungen, sogenannte Decision-Support-Systeme, liefern hingegen Kriterien für strategische und taktische Entscheidungen im Unternehmen. Ziel des Teradata Data Warehouses ist eine rundum erfolgreiche Unternehmensführung. Deshalb sollten auch sämtliche entscheidungsrelevanten Daten hier zusammenfließen.

Ein Teradata Data Warehouse ist in der Lage auf Veränderungen einzugehen. Neue Kunden, neue Produkte oder neue Märkte erfordern neue Entscheidungen. Die Datenbasis muß dementsprechend erweitert und verändert werden. Das kann ein enorm steiler Wachstumspfad sein. Alle Teradata Data Warehouses basieren deshalb auf hoch performanten, skalierbaren Datenbanktechnologien. Dies ermöglicht ihnen gegenüber konventionellen OLTP Datenbank- und Statistiksystemen nicht nur Fragen der Art *„Was geschah“* zu beantworten, sondern ebenso die Lösung analytischer Fragen wie *„Warum geschah es?“* sowie der prognostischen Frage *„Was wird geschehen“*, im Rahmen der Operationalisierung *„Was geschieht im Moment“* und darüber hinaus *„Was soll geschehen“* (siehe Abbildung 1).

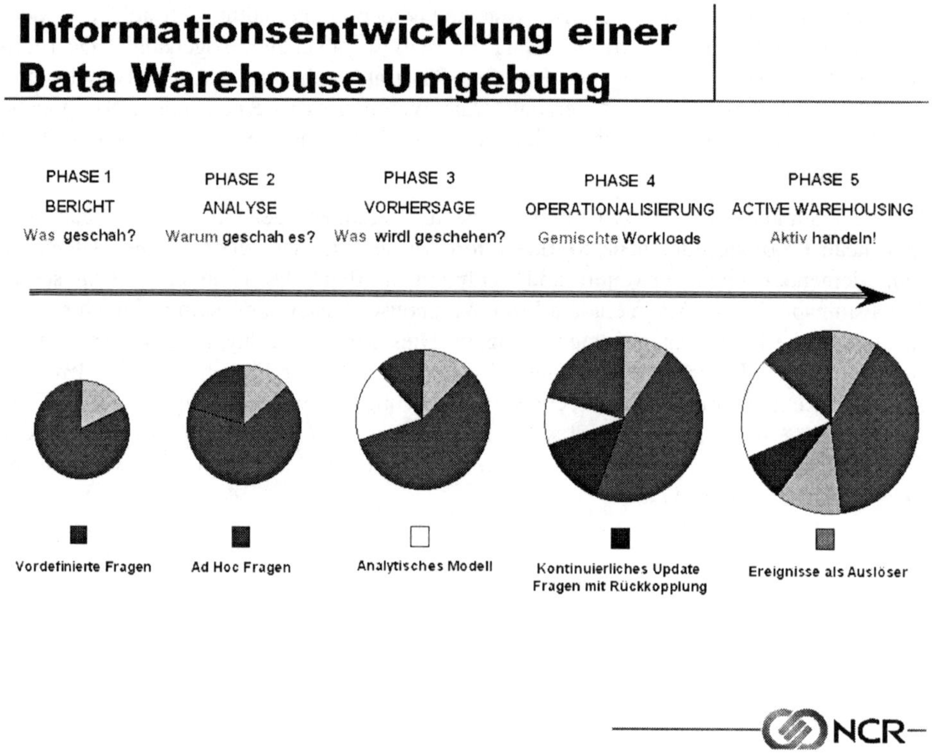

Abbildung 1: Informationsentwicklung einer Data Warehouse-Umgebung

In Abbildung 2 ist die Architektur eines NCR Teradata Warehouses dargestellt. Sie verdeutlicht das Zusammenspiel verschiedener Komponenten, wie von zentralem Datenbank-Engine, Data Marts, OLAP-Würfel und statistischen bzw. Auswertungstools. Dieses Modell zeigt das logische Schema eines vollständigen Data Warehouses. Unabhängig von den ausgewählten Produkten oder Werkzeugen pro Ebene ist die Ebene an sich wichtig für eine vollständige Implementierung. Alle Einzelanwendungen müssen dabei uneingeschränkten Zugriff auf den unternehmensweiten Datenspeicher oder auf daraus abgeleitete, inhaltlich abhängige Data Marts haben, denn ansonsten wird das Data Warehouse in seiner Anwendung so stark beschränkt, daß der Wert für den Endanwender drastisch sinkt.

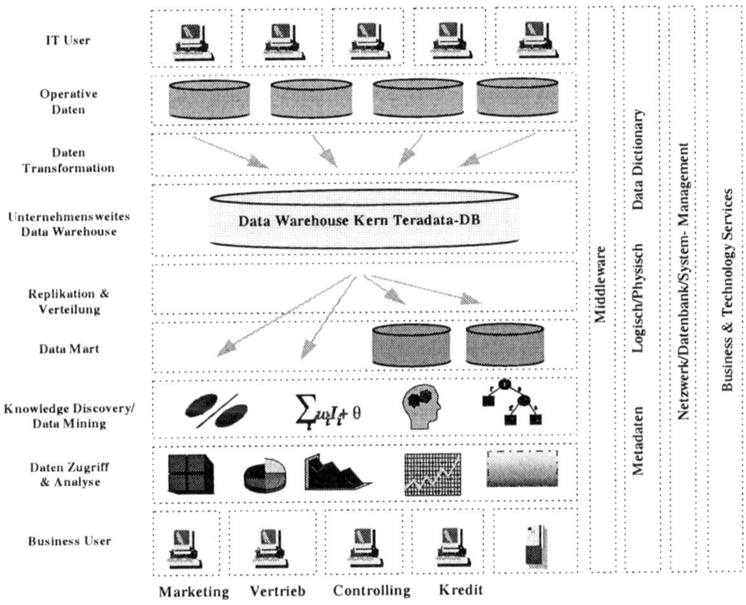

Abbildung 2: NCR Teradata Data Warehouse-Architektur

Wie in jeder Kosten/Nutzen-Betrachtung zahlt es sich auch beim Aufbau eines Data Warehouses aus, mittel- und langfristig wirksame Faktoren zu berücksichtigen, um der Unternehmung auf lange Sicht Rentabilität und Investitionsschutz zu garantieren. Die unten dargestellte Checkliste liefert zentrale Anhaltspunkte bei der Planung eines Data Warehouses. Zweifelsohne birgt der Aufbau zunächst ein hohes Investitionsvolumen, das sich jedoch im Zeitverlauf nachweislich durch Rückflüsse amortisiert und schließlich zu einem Mehrwert führt. Eine Studie der IDC (IDC, 1996) spricht von einem durchschnittlichen Return on Investment (ROI) von mehr als 400 Prozent über drei Jahre. Bereits in der Planungsphase ist es unumgänglich, vor allem angesichts der Größenordnung der Investition, sich konsequent am ROI auszurichten. „Think big – start small!" ist das Motto von NCR Teradata, das sich konsequent daran orientiert. Die Kosten für Anwendungsentwicklung, Systemintegration, laufende Unterstützung und Wartung sind oftmals schwer einzuschätzen und dementsprechend wird die Total Cost of Ownership (TCO) schnell unterschätzt. Im Vergleich zu anderen Datenbanken weist NCR Teradata eine überaus geringen TCO auf. Entscheidend dafür sind folgende Punkte:

- Automatische Hash-Verteilung statt manueller Partitionierung der Daten

- Dynamisches Disk-Management anstelle manueller Zuordnung von Tabellen/Indizes zu Tablespaces/DB Spaces
- Automatische Rekonfiguration nach Knotenausfall
- Automatische Rekonfiguration bei Systemerweiterung
- Zahlreiche Referenzen

7. Existenziell: Welcher Kunde ist profitabel? Wo sind meine Kostentreiber?

Die Existenzfragen des Unternehmens sind die treibenden Faktoren für die Entwicklung der geeigneten Data Warehouse-, Business Intelligence- oder CRM-Lösung. Je nach Branche und Ausgangssituation können diese Fragen sehr unterschiedlich lauten. Beispielhaft sollen hierzu die *Royal Bank of Canada* zum Thema Profitabilitätsmessung, sowie der *Bundesverband der Betriebskrankenkassen* für Controlling und Kundenmanagement vorgestellt werden.

7.1 Königliche Strategie: Das Beispiel Royal Bank of Canada

Gerade Banken haben den Wandel vom Anbieter- zum Nachfragermarkt in den letzten Jahren schmerzhaft zu spüren bekommen. Fusionen und Übernahmen sind Zeichen eines tiefgreifenden Strukturwandels der Branche. Kunden erwarten nicht nur das Mögliche, sondern auch das eigentlich Unmögliche, ja sogar, daß man ihren Bedürfnissen zuvorkommt. Und sie gehen davon aus, daß man sie kennt – beim Online-Banking, am Geldautomaten, am Telefon oder in der Filiale. Gesetzliche Regelungen und technologische Entwicklungen tun ein Weiteres, um den Druck zu erhöhen. Erfolg wird zur Frage der Beziehung. Wer seine Wettbewerbsvorteile ausbauen will, braucht umfassendes Kundenwissen, das sich gleichermaßen aus allen Vertriebskanälen speist.

Die Royal Bank of Canada (RBC) (vgl. Computerwoche, 2001), das erste global agierende Finanzdienstleistungsunternehmen des Landes, begann bereits Anfang der 90er Jahre mit Data Warehouses Profitabilitätsprofile von Kunden zu erstellen. Durch Einsatz des Teradata Value Analyzers wurde die Effizienz des Data Warehouses weiter erhöht. Der Teradata Value Analyzer basiert auf einem verhaltensorientierten Modell. Transaktionsdaten von Kunden werden genutzt, um die Wirtschaftlichkeit ihrer Konten zu bewerten. Damit ein Konto entweder einem Produkt, einem Kunden oder einem Vertriebskanal zugeordnet werden kann, aggregieren sogenannte "Identifikatoren" die ökonomischen

Kennzahlen. Aus einzelnen Datensätzen entsteht ein Gesamtbild von der Profitabilität eines Kunden. Und dieses Bild wird fortlaufend den aktuellen Entwicklungen angepasst.

Profitabilitätsmessungen tragen primär nichts zur Wertschöpfung bei. Erst die Konsequenzen, die aus einem verbesserten Kundenverständnis gezogen werden, bringen den Zusatznutzen. Der Teradata Value Analyzer wurde beispielsweise eingesetzt, um die Segmentierung des Kundenportfolios zu optimieren. Insgesamt neun Millionen Retail-Kunden wurden neu „vermessen". Je nach Einstellungen, Verhaltensweisen, derzeitiger und potenzieller Profitabilität ordnete die Bank sie verschiedenen Segmenten zu. Für jedes Segment wurde eine eigene Strategie entwickelt, die wiederum in Teil- und Ministrategien mündete, bis man schließlich beim One-to-One-Marketing angekommen war. 100.000 zusätzliche Kunden mit einem durchschnittlichen Mehrumsatz von 100 Dollar pro Kunde soll dieses Instrument der Bank gebracht haben. Als CRM auf das Automatengeschäft ausgeweitet wurde, stellte das Bankhaus fest, daß 86 Prozent der Retail-Kunden in einem ehedem als wenig profitabel eingestuften Segment wichtige Kunden waren. Diese Klientel wurde daraufhin mit dem Value Analyzer neu bewertet, höher segmentiert und erhielt neue Angebote. Nach Schätzungen der Bank erhöhte sie ihren Umsatz damit um rund 21 Mio. Dollar.

CRM ist keine isolierte Initiative, sondern integraler Bestandteil des Tagesgeschäfts. Die Bank handelt täglich mit Beziehungen und schafft sich damit neuen Handlungsspielraum. Permanent werden Kundendaten und Profile aktualisiert. Verändert sich die Lebenssituation eines Kunden, kann die Bank sofort reagieren. Der langfristige Kundenwert, ihr Lifetime Value, wird mit der historischen Evaluierung von Kundenbeziehungen transparent. Beispielsweise fand die Royal Bank of Canada – ganz im Gegensatz zur Einschätzung verschiedener anderer Geldinstitute – heraus, daß sich Studentenkredite durchaus rechnen. Unterstützt man dieses Kundensegment in unprofitablen Zeiten, wird es einem später gelohnt. Mittlerweile hat die RBC vollständig den Paradigmenwechsel von der Marktanteils- zur Kundenwertberechnung vollzogen, die letztlich für den Geschäftserfolg aussagekräftiger ist.

7.2 BKK – ist die Kasse gesund, freut sich der Mensch

Jede Medaille hat zwei Seiten. Im Gesundheitswesen stehen seit Jahren der erfreulichen Tendenz zu medizinischem Fortschritt, längerer Lebenserwartung und grundsätzlich verbesserter Gesundheit der Nachteil drastisch steigender Kosten der Gesundheitsversorgung gegenüber – ein Ende scheint nicht in Sicht. Kundenorientierung und Kostenbewusstsein sind in diesem Markt von gleich existenzieller Bedeutung. Das Gesundheitssystems gehört zu den politischen Dauerbrennern und der politische Druck auf die Kassen ist entsprechend hoch. Verschiedene neue Gesetze zur Gesundheitsstrukturreform müssen umgesetzt werden. So geben das Gesundheitsreformgesetz von 1989 und das Gesundheitsstrukturgesetz von 1993 vor, daß alle Abrechnungsdaten elektronisch erfaßt und verarbeitet werden. Die Daten bilden die Grundlage für Wirtschaftlichkeitsprüfungen (vgl. IT-Management, 1999).

Die hiesigen Betriebskrankenkassen (BKK) betreuen insgesamt mehr als 10 Millionen Versicherte. Damit gehören sie zu den größten Krankenkassen in Deutschland. An der Spitze von rund 370 eigenständigen Betriebskrankenkassen und neun Landesverbänden steht der Bundesverband der Betriebskrankenkassen (BKK Bundesverband). Auf ihn kommt mit der neuen Wirtschaftlichkeitsprüfung eine Aufgabe von wahrhaft titanischen Ausmaßen zu: Pro Jahr stellen mehr als 280.000 Leistungserbringer bei der BKK rund zwei Milliarden Einzelabrechnungen. Bislang konnte der Bundesverband den Wald vor lauter Bäumen nicht sehen. So lagen den Krankenkassen zwar sämtliche Daten über Angebot, Nachfrage und Kosten im Gesundheitswesen vor. Auch die einzelnen Kassen konnten ihre Daten analysieren. Relevante Informationen für den Gesamtüberblick ließen sich daraus jedoch nicht gewinnen – denn die Daten waren nicht miteinander vernetzt.

Um die Informationen für die gesetzlich vorgeschriebenen Wirtschaftlichkeitsprüfungen rationell und zentral zusammenstellen zu können, entschloss sich der Verband zur Einführung eines NCR Teradata Data Warehouses. Dort werden die Daten zusammengeführt und aggregiert, so daß nun die relevanten Daten für eine Wirtschaftlichkeitsprüfung und die geeigneten Schlüsse für ein effizientes Versorgungsmanagement gezogen werden können. Zusätzlich erhält der Bundesverband für seine Vertragsverhandlungen die notwendigen Informationen über den Gesamtumfang der Leistungen. Die BKK wurde mit Data Warehousing in die Lage versetzt, aus alltäglichen Geschäftsvorgängen Informationen für die strategische Planung zu ziehen. Eine optimierte Ablauforganisation und ein effizienteres Kundenmanagement sind die Folge: „Mit der zentralen Bereitstellung der genannten Daten auf Worldmark-Parallelrechnern (...) von NCR und auf einem Datenbanksystem vom Typ Teradata kann jetzt zum ersten Mal in großem Maßstab effizientes Kosten- und Versorgungsmanagement durchgeführt werden." (vgl. IT-Management, 1996). Schon allein durch den Wegfall der aufwendigen Abfrage- und Auswertungsprogramme amortisiert sich die Millionen-Investition. Die Betriebskrankenkassen erreichen eine neue Qualität beim Kosten- und Versorgungsmanagement. Die Auswertungsmöglichkeiten bei BKK InfoNet sind jetzt wesentlich flexibler und lassen sich in drei Gruppen einteilen. Automatisch werden gesetzlich vorgeschriebene und vertraglich vereinbarte Auflistungen erstellt, etwa Auswertungen zum Arznei- und Heilmittelbudget oder die Arzneikostenstatistik. Eine zweite Gruppe von Auswertungen kann einfach durch Eingabe von Parameterwerten (beispielsweise Kassennummer, Arztnummer, Versichertennummer) gestartet werden. Die dritte Gruppe bilden diejenigen Auswertungen, die in beliebiger Weise vom Anwender vorgegeben und über die benutzerseitige Abfragesprache GQL vorgenommen werden (vgl. IT-Management, 1999). Ein wichtiger technologischer Schritt, um die Kostenexplosion im Gesundheitswesen künftig in den Griff zu bekommen.

Literatur

IDC: The Foundation of wisdom: A study of the financial impact of Data Warehousing, Toronto, Ontario, Canada, 1996.

O. V.: Handelsblatt, Nr. 203, S. 60, 21.10.98.

O.V.: Computerwoche, 19.01.2001

O.V.: Mehr Durchblick bei den Gesundheitskosten, IT-Management, 01/1999

SWIFT, RONALD S.: Accelerating Customer Relationships, Pentice Hall PTR, Upper Saddle River, 2001

Tanja S. Kade

Mehr Durchblick im CRM-Zeitalter - Produktivitätssteigerungen mit analytischen CRM-Lösungen

5. Web-basierte, integrierte CRM-Lösung in der Biotechnologie - Serono vereinheitlicht weltweit Informationen über Kundenbasis

6. Optimiertes Budget- und Kostenmanagement bei Geschäftsreisen
   6.1 Groß im Reisegeschäft: BTI Euro Lloyd
   6.2 Antworten auf alle wichtigen Fragen
   6.3 Mehrdimensionale Auswertungen

7. CRM in der Getränkeindustrie - Racke läßt die Informationen fließen

8. Praxisleitfaden Analytisches CRM - Vier Schritte für bessere Kundenbeziehungen

Einführung

CRM ist nicht erst seit dem Siegeszug des Internet und dem Entstehen von E-Business ein strategisch bedeutendes Thema. Erfolgreiche Unternehmen haben schon immer ihre Kundenbeziehungen besser gemanagt als ihre Wettbewerber. Mit dem Internet hat CRM jedoch eine zusätzliche Dimension bekommen. Zum ersten Mal besteht die Chance, jeden Kunden sofort individuell anzusprechen und mit ihm zu kommunizieren. Unternehmen können durch eine stetige, dynamisch angepaßte Kommunikation mit ihren Kunden ihre Wettbewerbsposition im herkömmlichen Absatzmarkt ebenso verbessern wie beim E-Commerce. Gleichzeitig besteht natürlich auch die Herausforderung, die Infrastruktur des Internet in die relevanten Geschäftsaktivitäten und damit auch in CRM-Prozesse nahtlos zu integrieren.

Das Verbessern von Kundenservice und -zufriedenheit und damit die Steigerung der Kundenbindung zählt zu den Top-Zielen der meisten CRM-Projekte. Ferner gehören Kosteneinsparungen, die CRM-Initiativen mit sich bringen, laut Analysten zu den wichtigsten Vorteilen. Die sinkenden Kosten können sich auch als Nebeneffekte von CRM-Maßnahmen ergeben, wenn Unternehmen ihre Kernprozesse automatisieren und Ressourcen von „weniger wertvollen" Kunden zugunsten wertvoller Kunden umverteilen können (Erin Kinikin (2001), „CRM: A Benefits Primer", Giga Information Group, IdeaByte, 10. April 2001, www.gigaweb.com).

CRM ist eine Geschäftsstrategie, die Unternehmen abverlangt einiges zu überdenken und zu ändern: ihre Positionierung, Organisationsstrukturen, Geschäftsprozesse, Personalpolitik sowie die Informations- und Kommunikationssysteme im Umgang mit den Kunden. Im Grunde stellt CRM einen in sich geschlossenen Prozeß (closed-loop) dar, der einen wechselseitigen Informationsfluß zwischen operativen, analytischen und kollaborativen Systemen, also inner- wie zwischenbetriebliche Interaktionen, erlaubt.

Den vielbeschworene 360-Grad Blick auf den Kunden technisch umzusetzen, ist keine triviale Angelegenheit. Hierzu ist eine robuste, analytische Infrastruktur notwendig. Darin integriert sind ein Data Warehouse und analytische Lösungen, mit denen die Anwender die Kundendaten direkt auswerten können.

Unternehmen aus unterschiedlichen Branchen, wie der Unterhaltungsindustrie, dem Automobilbereich oder der Fertigungsindustrie, dem Bankwesen sowie aus den Bereichen Chemie, Touristik oder Lebensmittel haben mit CRM-Anwendungen sehr unterschiedliche Erfahrungen gesammelt, wie in den folgenden Fallstudien zu lesen ist. Im Anschluß an die Fallstudien folgt ein Leitfaden für analytisches CRM, der in vier Schritten den Weg zu verbesserten Kundenbeziehungen aufzeigt.

1. CRM-Analysen entlarven Mythen über Kundenverhalten in der Casinobranche

Für wegweisend in der Branche und gleichwohl finanziell erfolgreich darf ein CRM-Konzept gelten, wenn ein Unternehmen in einem bislang fragmentierten Markt für sich eine Markenidentität aufbaut, nachdem es IT-Lösungen und Marketingstrategie zu einem geschlossenen Kreislauf integriert hat. So wie im Fall der US-amerikanischen Spielcasino-Kette Harrah's Entertainment, die mit maßgeschneiderten Kampagnen die Kundenbindung steigern und binnen zwei Jahren ihre Gewinne mehr als verdoppeln konnte.

1.1 Harrah's Entertainment etabliert neue Spielregeln

Harrah's Entertainment, seit mehr als 60 Jahren ein Begriff in der Unterhaltungsindustrie, betreibt 21 Casinos und 17 Märkte in den USA unter den Marken Harrah's, Showboat, Rio und Players. Das Unternehmen besitzt Daten von über 19 Millionen Kunden, die es für die gezielte Kundenansprache und -betreuung einsetzt.

Harrah's CRM-Strategie ist das Schlüsselinstrument, um eine führende Position in der Glücksspiel-Branche zu erringen. Das Wesentliche dieser Strategie, die durch den intelligenten Einsatz von Informationstechnologie möglich wird, besteht darin, gut über die Kunden Bescheid zu wissen, ihnen einen hervorragenden Service zu bieten und ihre Treue zu belohnen, so daß sie sich immer für ein Harrah's Casino entscheiden, wenn sie spielen.

Im Jahre 1993 erlaubte eine Änderung der Glücksspiel-Gesetze die Expansion von Harrah's in neue Märkte. Dies geschah durch den Bau neuer Anlagen und die Übernahme verschiedener Casinos, wie der Showboat Casinos, dem Rio All-Suite Casino und Players International. Im Sinne des größten Nutzens für die Aktionäre (Shareholder Value) entschied sich das Harrah's-Management, alle Casinos unter einer Marke zu führen und in einer einheitlichen, integrierten Weise zu betreiben, statt als separate Einrichtungen.

1.2 Analyse und Auswertung der Kundenprofile

Um den Besuchern ein konsistentes „Harrah's"-Erlebnis zu bieten, unabhängig davon, an welchem Ort sie spielen, sowie zum möglichst häufigen Besuch der verschiedenen Einrichtungen zu animieren, mußte die Firma eine Vielzahl von Informationen über die Besucher zusammentragen und auswerten. Dazu zählt, wo die Kunden gespielt haben, wie oft sie spielten, welche Spiele sie bevorzugten, wie oft sie gespielt haben, die Profitabilität eines jeden Kunden sowie Angebote, die den Besucher animieren, auch ein anderes Harrah's Casino zu besuchen (cross-selling).

Beispielsweise haben solche Cross-Market-Analysen ergeben, daß die Spieler, entgegen der ursprünglichen Annahme, nicht besonders loyal sind sondern sehr gerne durch mehrere Spielbanken Standorte „touren". Dadurch ergaben sich neue Chancen für spezielle Angebote für diese Zielgruppe.

Mit den gewonnenen Informationen konnte Harrah's die einzelnen Kundenzielgruppen besser identifizieren, auf die Präferenzen der Besucher eingehen und die Profitabilität der verschiedenen Casinos maximieren. Zur Umsetzung dieser Geschäftsstrategie investierte Harrah's erheblich in Informationstechnologie und schuf WINet. WINet sammelt die Daten der Harrah's Casino-, Hotel- und Event-Systeme. Diese Daten werden dann in eine Haupt-Datenbank integriert, eine Informix-Datenbank, die als operationaler Datenspeicher (ODS = Operational Data Store) dient. Der ODS wird zur Unterstützung verschiedener kundenbezogener Operationen genutzt, wie zum Beispiel dem Einchecken in den Harrah's Hotels oder auch für Marketingaktivitäten, zum Beispiel Angebote und Anreize zum Besuch der Harrah's Casinos.

Die Haupt-Datenbank unterstützt außerdem Total Rewards, das Harrah's-Programm zur Förderung der Kundenbindung. Damit sammeln die Kunden einlösbare Guthaben auf der Basis ihrer Spiel- oder sonstigen Aktivitäten in jeder der Harrah's-Einrichtungen. Diese Guthaben können in Form von Barauszahlungen, Gutscheinen oder Preisnachlässen auf Hotelübernachtungen, Mahlzeiten und Shows eingelöst werden.

Die Daten aus der Haupt-Datenbank werden in eine „Marketing Workbench" geladen, die als das Harrah's Data Warehouse fungiert. Die Marketing Workbench unterstützt verschiedene Analyse-Aufgaben, wie die Segmentierung und das Profiling von Kunden sowie das Entwickeln von Marketingaktionen, in deren Rahmen den Kunden Angebote zugesandt werden. Harrah's setzt die Teradata-Datenbank von NCR sowie Analyselösungen von Cognos ein, um die Marketing Workbench zu nutzen und kurze Antwortzeiten bei Analyseabfragen zu erreichen. WINet bildet außerdem die Basis für das „Closed Loop Marketing". Mit diesem Daten-orientierten Ansatz werden Aktionen entwickelt sowie getestet und die Ergebnisse für eine zukünftige Nutzung bereitgehalten.

1.3 Vorteile, die sich rechnen

Harrah's kreatives Marketing, die innovative Nutzung von Informationstechnologie sowie eine hervorragende operationale Umsetzung haben zu zahlreichen Verbesserungen und Vorteilen geführt. Dazu zählen eine Verdoppelung der Antwortrate auf die Harrah's Angebote, konsistente Vergünstigungen und Anerkennungen für die Gäste in allen Einrichtungen, eine Markenidentität der Harrah's Casinos sowie eine Verbesserung der Kundenbindung, die mehrere Millionen Dollar wert ist. Die Zahl von Kunden, die in mehr als einer Harrah's Einrichtung spielen, stieg um 72 Prozent und die Profitabilität wuchs um mehr als 50 Millionen US-Dollar. Ferner erzielte Harrahs eine interne Amortisationsrate von 62 Prozent in Bezug auf die Informationstechnologie-Investitionen, die sich damit sehr schnell ausgezahlt haben.

1.4 Zukunftspläne

Harrah's derzeitige IT-Umgebung und die Analysefähigkeiten bieten die Basis dafür, die CRM-Strategie des Unternehmens weiter umzusetzen und einen nachhaltigen Wettbewerbsvorteil zu erzielen. Auf dieser Basis plant Harrah's für die Zukunft die Einführung eines Erlös-Managementsystem in den Harrah's Hotels einzuführen. Damit soll sichergestellt werden, daß dem jeweiligen Kunden Hotelzimmer zu den jeweils richtigen Preisen angeboten werden. Als neues Marketinginstrument bietet sich die Nutzung des Internets an, um vorhandene Kunden über einen zusätzlichen Weg zu erreichen und neue Kunden zu gewinnen. Darüber hinaus beabsichtigt Harrah's das Data Warehouse auszuweiten, um eine einzige Quelle für unternehmensweite Informationen über Kunden, Produktangebote, Finanzergebnisse sowie Arbeitskosten/Mitarbeiter bereitzustellen.

2. Bessere Kundenbindung im Sales Folgegeschäft - CRM bei DaimlerChrysler

(Erstveröffentlichung: Computerwoche 44, 2001, S. 70, Verfasser: Dr. Bernd Gräber, DaimlerChrysler Vertriebsorganisation Deutschland, Berlin; mit freundlicher Genehmigung des Computerwoche Verlags)

Inwieweit können Business Intelligence-Lösungen im Rahmen von CRM-Maßnahmen sinnvoll eingesetzt werden - insbesondere dort, wo das Zurückspielen von Informationen erforderlich ist? Die DaimlerChrysler Vertriebsorganisation Deutschland (DCVD) hat ihre Niederlassungen und Vertragshändler in das CRM-Konzept miteinbezogen. Das Unternehmen liefert seinen Händlern auf elektronischem Wege die Daten für multidimensionale Analysen und Berichte in den Bereichen Services und Teilesortiment. Die bereitgestellten Daten aus der Service-Marktdaten-Börse verwenden die Händler und Niederlassungen für ihre Marketingplanung und CRM-Maßnahmen bei den Endkunden.

2.1 Optimale Marktausschöpfung

Die Kundenbindung ist die Meßlatte jedes CRM-Konzepts. Nur wer seine Marktausschöpfung kennt, kann im Marketing effektiv planen, die eingeleiteten Maßnahmen überprüfen und anhand der Erkenntnisse ein erfolgreiches Kundenmanagement betreiben. Ist das Konzept unternehmensübergreifend ausgelegt, wie in der Automobilbranche das After Sales Geschäft von Hersteller und Händlern, dann spielen beim Umsetzen der Lösung neben der richtigen technischen Infrastruktur auch organisatorische Fragen und die sogenannten „weichen", personellen Faktoren eine bedeutendere Rolle. Zu solchen Lösungen zählt die Service-Marktdaten-Börse der DaimlerChrysler Vertriebsorganisation Deutschland. Die Lösung basiert auf der Business Intelligence Plattform von Cognos. Damit können Händler und Niederlassungen ihr Marktpotential hinsichtlich Service und Ersatzteilbedarf bezogen auf den Fahrzeugbestand individuell und differenziert analysieren und für ihre Marketingplanung und CRM-Maßnahmen bei den Endkunden nutzen.

Vom optimalen Ausschöpfen der einzelnen Marktsegmente im Fahrzeug-Folgegeschäft profitieren Händler wie Hersteller gleichermaßen. Die Niederlassungen, Händler und Vertragswerkstätten erhalten durch die Auswertung detaillierte Informationen über ihren After Sales-Marktanteil, heruntergebrochen auf die einzelnen Fahrzeugbaureihen und differenziert nach Fahrzeugalter im Service Informationsgebiet. Je nach den Gegebenheiten lassen sich Stärken und Defizite identifizieren, um die Marketingaktivitäten dann auf die jeweils lukrativen und wenig ausgeschöpften Segmente konzentrieren zu können. DaimlerChrysler wiederum kann durch die optimierte Vermarktung des Teilesortiments und der Werkstattdienstleistungen seine Ertragskraft stärken und Erkenntnisse über seine Marktanteile im After Sales Bereich gewinnen. Zudem erhöhen verbesserte Marketingmaßnahmen die Bindung der Kunden an die Vertriebsorganisation.

Um die Grundidee zu realisieren, den verkauften Fahrzeugbestand detailliert in jedem Gebiet auswerten zu können, hat die DCVD die After Sales Daten der Fahrzeuge entsprechend der Klassen PKW, Transporter und LKW differenziert und die einzelnen Klassen wiederum nach Baureihen und Fahrzeugalter eingeteilt. Die regionale Differenzierung gliedert sich in 26.000 Bezirke, was der kleinsten demografischen Einheit entspricht. Mit der Service-Marktdaten-Börse kann jeder Händler zum Beispiel den Markt an fünf Jahre alten A-Klasse Fahrzeugen oder sieben Jahre alten E-Klasse Limousinen in seinem Service Informationsgebiet auswerten.

2.2 Ermittlung der Marktanteile

Für jede Baureihe und jedes Fahrzeugalter lassen sich der eigene Marktanteil oder das Umsatzpotential hinsichtlich Ersatzteilbedarf und Werkstattservice ermitteln. Ferner können mit Hilfe dieser dynamischen Lösung die unübersichtlichen und statischen Papierlisten vermieden werden, die noch vielfach in der Branche anzutreffen sind. Bei der Mercedes-Benz-Produktlinie ist diese Datendifferenzierung bereits komplett umgesetzt, die Marken Chrysler, Jeep und Smart werden in der kommenden Ausbaustufe des Projekts hinzukommen.

Das Ziel der Service-Marktdaten-Börse ist es, den DaimlerChrysler Händlern eine Datenauswahl über ihr Servicegebiet strukturiert bereitzustellen. Die Inanspruchnahme der Dienstleistung und der Software ist kostenpflichtig und für die Händler freiwillig, so daß diese von der DaimlerChrysler Vertriebsorganisation dafür gewonnen werden müssen. Jeder Teilnehmer erhält den seinem Service Informationsgebiet entsprechenden Ausschnitt in Form eines multidimensionalen Datenwürfels.

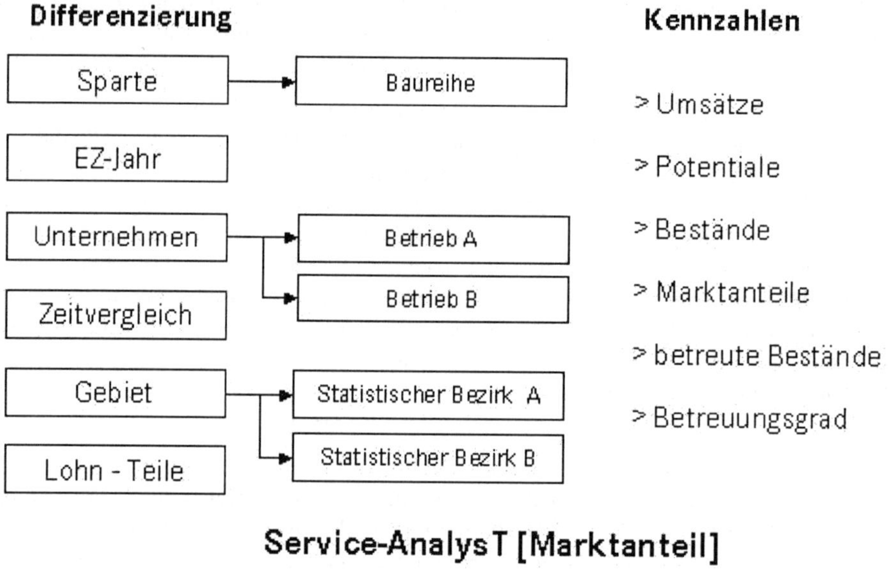

Abbildung 1: Die Konzeption der händlerspezifischen Datenwürfel

Darüber hinaus berücksichtigt die Konzeption detaillierte Regeln für die Zugriffsrechte des Herstellers und schützt umfassend die Datenschutzbelange der Teilnehmer.

Bei der Umsetzung des Systems entschied sich die DaimlerChrysler Vertriebsorganisation für den Einsatz einer zentralen, internen Data Warehouse Lösung. Als Full Line Systemlieferant fungiert T-Systems, in der die ehemalige Konzerntochter debis Systemhaus aufging. T-Systems ist aus zahlreichen Projekten mit der heterogenen Systemlandschaft der Automobilhändler in Deutschland bestens vertraut. Bei den Auswertungstools erhielt Cognos den Zuschlag, unter anderem weil der Business Intelligence-Anbieter konzernweit als Standardlieferant für solche Lösungen gilt. Das Know-how von T-Systems hinsichtlich heterogener Systeme war ausschlaggebend für die Entscheidung, die beiden anderen Implementierungsalternativen zu verwerfen. Zur Wahl standen zum einen die externe Lösung mit Standardtools von US-Anbietern für die Automobilbranche, bei der jedoch die Implementierung angesichts der spezifischen Systemanforderungen auf der Händlerseite mehr Schwierigkeiten bereitet hätte. Die andere Alternative, eine dezentrale Implementierung der Lösung in den Händlersystemen, wurde nicht verwirklicht, da die Wartung und Aktualisierung aller Systeme zu aufwendig und zu teuer gewesen wäre. Zudem wies die dezentrale Lösung Schwächen bei der Performance und einen geringeren Funktionsumfang auf.

Bei T-Systems ist die komplette Abwicklung ausgelagert. Die DCVD setzt lediglich je einen Spezialisten für die Weiterentwicklung des Konzepts und das Roll-out bei den Händlern ein. Zur Outsourcing-Leistung zählen das Bereitstellen von Rechnerleistung und Servern, die Entwicklungssoftware, der Datentransfer-Prozess sowie die komplette Schulung der Händler.

Die DCVD startete die Service-Marktdaten-Börse vor anderthalb Jahren bei Niederlassungen und Händlern mit einem Pilotprojekt, das ein halbes Jahr dauerte. Im Mai 2001 begann der Produkt-Roll-out bei den Händlern und im Juli wurden die ersten Datenwürfel an die Händler ausgeliefert, die sich am schnellsten zur Teilnahme entschlossen haben. Die Architektur des Systems umfaßt vier Ebenen: die Servicesysteme der Händler, die Cleansing-Datenbank, das Data Warehouse der Service-Marktdaten-Börse und die multidimensionalen PowerCubes (Datenwürfel) mit den aufbereiteten Händlerdaten.

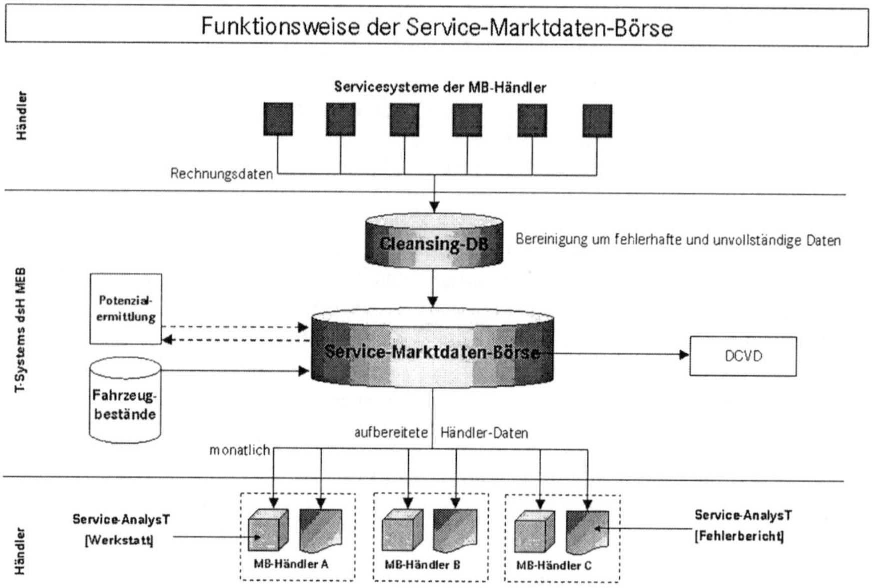

Abbildung 2: Funktionsweise der Service-Marktdaten-Börse der DaimlerChrysler Vertriebsorganisation Deutschland

Aus den Servicesystemen der Händler werden sämtliche Rechnungsdaten über eine standardisierte Schnittstelle in die Cleansing-Datenbank gespielt. Diese Rechnungsdaten zu Werkstatt- und Serviceleistungen, dem Ersatzteil- und Thekenverkauf werden dort auf Vollständigkeit überprüft. Die sauberen Daten gelangen in das Data Warehouse. Für die Händler werden die Daten monatlich aufbereitet und als multidimensionale Datenwürfel online verschickt. Neben den PowerCubes erhalten die Händler auch einen Fehlerbericht mit den nicht analysierbaren Daten, die beim Cleansing-Prozess durchgefallen sind. Fehlerhafte Rechnungen sind zum Beispiel ohne Datumsangabe oder lassen sich keinem Fahrzeug zuordnen.

2.3 Geschlossener CRM-Prozeß

Die Händler können die Cubes nun individuell analysieren und ihre Erkenntnisse über die Kundensegmentierung, die Marktsituation und -potentiale bei der Marketingplanung und den zukünftigen Aktionen berücksichtigen. Der CRM-Prozeß ist geschlossen und beginnt von neuem, wenn die Ergebnisse der eingeleiteten Maßnahmen dann in Form von Rechnungsdaten vorliegen und vom Controlling in einem aktualisierten Datenwürfel ausgewertet werden können.

Die Hürden bei der Implementierung der Service-Marktdaten-Börse sind weniger technisch bedingt, da die technischen Herausforderungen beherrschbar sind. Vielmehr spielt die motivationale Komponente eine zentrale Rolle, nicht zuletzt weil die Teilnahme der Händler freiwillig und die Dienstleistung kostenpflichtig ist. Es gilt, die Händler davon zu überzeugen, daß sie ihre Daten zur Verfügung stellen. Als vertrauensbildende Maßnahme wurden mit den entsprechenden Händlerverbänden Vereinbarungen getroffen. Demzufolge fließen in die Datenbank nur die unsensiblen Datenelemente. Die Erfahrung im Zuge der fortschreitenden Implementierung zeigt zudem eine wachsende Akzeptanz bei den Händlern, die durch Lerneffekte im Umgang mit der Lösung und bei auftauchenden Fragestellungen während der Analyse gefördert wird.

2.4 Erweiterung der Auswertungsmöglichkeiten und Web-basierte Analyse

Als einen der nächsten Schritte im Zuge der Erweiterung der Lösung beabsichtigt die DCVD die anderen Marken Chrysler, Jeep und Smart in das System mit einzubeziehen. Ferner sollen die Händler künftig auch Standardreports bei den Datenwürfeln abrufen können. Dieses Einstiegspaket für die Auswertungen ergänzt dann die bislang praktizierten individuellen Marktanalysen. Aus der Service-Marktdaten-Börse sollen auch weitere PowerCubes mit zusätzlichen Informationen für die Händler generiert werden. Darüber hinaus ist geplant, das Verteilen der Cubes über einen Web Server abzuwickeln, so daß die Händler ihre Informationen dann via Intra- oder Internet auswerten können.

Auf der Oracle 8.1.6 Datenbank bei der Daimler Chrysler Vertriebsorganisation setzt der Cognos PowerPlay Transformation Server 6.5 auf, mit dessen Hilfe die Datenwürfel für multidimensionale Analysen, sogenannte PowerCubes, erstellt werden. Ein PowerCube besteht aus einer Datei (oder mehreren), in der für OLAP-Abfragen optimiert alle Daten eines OLAP-Cube gespeichert sind. Für die Analyse bei den Händlern ist die Client Version von Cognos PowerPlay installiert.

3. Integrierte Analyse von Click Stream-Daten bei Otis Elevator

Für zahlreiche Unternehmen, die über das Web mit ihren Kunden interagieren, ist die Integration von Click Stream-Daten in eine analytische CRM-Lösung sowie die dabei gewonnenen Erkenntnisse ein entscheidendes Differenzierungsmerkmal gegenüber dem Wettbewerb.

Jeden Tag benutzen Millionen von Menschen die Aufzüge von Otis Elevator Co., dem weltweit größten Hersteller von Fahrstühlen. Auf der ganzen Welt betreten Menschen einen Aufzug, drücken den Knopf für ihr Stockwerk, und verlassen den Lift wieder, wenn sie am Ziel angekommen sind. In vielerlei Hinsicht spiegelt diese tägliche Fahrt im Aufzug die Art und Weise wieder, wie sich Kunden auf der Otis Website bewegen: Sie gehen auf die Homepage, klicken auf den Button zur gewünschten Seite, und verlassen sie, wenn sie ihr Ziel erreicht haben.

Um die Bedürfnisse seiner Online-Kunden besser zu verstehen, hat Otis vor kurzem eine Business Intelligence-Lösung implementiert. Das US-Unternehmen aus Conneticut kann so bei jedem Aufruf seiner Seite www.otis.com die entsprechenden Daten gewinnen und analysieren.

Der Start von www.otis.com hat die Art und Weise, wie das Unternehmen seinen weltweiten Kundenstamm betreut, verändert und neue Herausforderungen für die Informationsverarbeitung mit sich gebracht: Otis erfaßt strategisch relevante Click Stream-Daten, um die Bedürfnisse und Anforderungen seiner Online-Kunden zu verstehen. Anhand der gewonnenen Erkenntnisse kann Otis seine Kundenbindungen verstärken und seinen Kundenservice verbessern.

Das besondere auf der Otis-Website sind ausgeklügelte Optionen für die Personalisierung, wie beispielsweise CAD-Konstruktionspläne von Aufzügen: Diese kann der Kunde Online verändern und konfigurieren, um sie seinen spezifischen Anforderungen für einen bestimmten Aufzug anzupassen. Die Otis Website ist in 26 Sprachen abrufbar und verzeichnet mehr als 1.800 Besucher am Tag, was die Herausforderung noch größer macht.

3.1 Umfassende Customer Intelligence-Lösung

Mit 23.000 registrierten Nutzern und täglich neuen zusätzlichen Web Logs, mußte Otis einen Weg finden, um diese Daten zusammenzufügen und herauszufinden, wo die Bedürfnisse der Kunden liegen. Das Unternehmen integrierte Cognos BI-Lösungen und eine Web-Analysesoftware von Sane Solutions zu einer umfassenden Customer Intelligence-Lösung. Mit dieser Lösung kann Otis eine aussagekräftige Zuordnung zwischen einem bestimmten Kunden und einem bestimmten Web Content herstellen sowie Trendanalysen durchführen, die den Kundenservice verbessern. Das umfassende Volumen an Click Streams wird dabei von Cognos PowerPlay zu multidimensionalen Datenwürfeln (OLAP) aufbereitet. Der Bestand an Web-Daten, die rund um die Uhr gesammelt werden, ist so auf vielschichtige Weise analysierbar.

3.2 Einheitliche Sicht auf Kundenbasis bei gleichzeitig reduzierten IT-Kosten

Das Ziel von Otis lautet: So nah wie möglich an die Kunden und ihre Tätigkeiten heranzukommen. Mit der Cognos-Lösung können die Mitarbeiter von Otis Information über den Website Traffic mit Kundendaten aus anderen Geschäftsbereichen zusammenführen und erhalten so eine umfassende Analyse und ein einheitliches Bild des Kundenstamms. Da diese Informationen allen Otis-Niederlassungen weltweit rund um die Uhr zugänglich sind, wird die IT des Unternehmens entlastet. Die Anzahl der Anfragen nach Status-Reports ist bei Otis erheblich gesunken, so daß die Abhängigkeit von internen IT Ressourcen reduziert wurde.

3.3 Web-Auftritt und Marketingkampagnen als Differenzierungsmerkmale

Mit den durch Business Intelligence erschlossene Informationen können die Otis-Mitarbeiter den Web-Auftritt selbstständig optimieren. Die Auswertungen mit PowerPlay unterstützen sie dabei, die Firmenwebsite zu konfigurieren und zu verändern sowie E-Mail und andere Kampagnen zu erleichtern. Nicht zuletzt deshalb zählt diese Vorgehensweise für Otis als ein entscheidender Faktor, um sich vom Wettbewerber abzuheben.

4. Optimierter Marketingkreislauf - Analytische CRM-Lösung bei der BW-Bank AG

Banken profilieren sich in immer stärkerem Maße über ihre Beratungs- und Betreuungsleistungen. Der Massenmarkt von standardisierten Leistungen und Produkten, wie Autokredite, Anschaffungsdarlehen, Reisedevisenbeschaffung etc., bringt vielfach nur noch unzureichende Deckungsbeiträge. Zukunftsorientierte Finanzmanager haben deshalb schon früh auf 1-to-1-Marketing gesetzt und den Beratungs-/Betreuungsansatz ihres Geschäftsmodells in den Vordergrund gestellt. So wurde beispielsweise aus der Bank mit dem „grünen Band der Sympathie" die „Beraterbank". Aber nicht nur die Bank mit dem grünen Logo verfolgt diese Strategie, sondern eine Reihe von Instituten, die schon vor dem Internet-Zeitalter die individuelle Kundenbetreuung groß geschrieben haben.

Zu diesen Instituten zählt auch die Baden-Württembergische Bank AG, kurz BW-Bank, mit Sitz in Stuttgart. Sie ist die größte private Geschäftsbank in Baden-Württemberg, mit einem Geschäftsstellennetz von 53 Niederlassungen, einem Börsenbüro in Frankfurt sowie Niederlassungen in Guernsey und Hongkong. Die Aktien der BW-Bank befinden sich im Besitz des Landes Baden-Württemberg, namhafter Unternehmen sowie privater Anleger. Sie werden an den Börsen in Stuttgart, Frankfurt und Berlin gehandelt. Das Geschäft der BW-Bank konzentriert sich auf mittelständische Unternehmen und vermögende Privatkunden. Eine besondere Prägung erhält es durch die individuelle und persönliche Kundenbetreuung. Die Bank hat insgesamt etwa 165.000 Kunden, davon 150.000 Privatkunden und 15.000 Geschäftskunden.

4.1 CRM-Konzept für Privatkunden

Die BW-Bank startete 1997 ein neues CRM-Konzept für Privatkunden. Das wesentliche Ziel bestand darin, die Betreuungsleistungen differenziert auf die Kundenbedürfnisse auszurichten. Mit „BW Privat" und „BW Plus" hat die Bank zwei deutlich identifizierbare Leistungsmarken geschaffen. BW Privat bündelt alle Leistungen für die Zielgruppe der vermögenden Privatkunden. Anders als zum Teil beim Wettbewerb wurde die Betreuungskompetenz und -kapazität in der gesamten Organisation verstärkt. Durch den Einsatz hochentwickelter Analysesysteme bietet die BW-Bank dem Privatkunden eine neuartige Beratungsqualität, die durch Verzahnung von Vermögensanlage, Altersvorsorge, Finanzierungen, Vermögensnachfolge bis hin zur Stiftungsberatung gekennzeichnet ist. Der Privatkunde wird dabei vor Ort von einem persönlichen Vermögensmanager betreut. Demgegenüber steht die Leistungsmarke BW Plus, die auf Kunden zugeschnitten ist, die einerseits Basisleistungen rund um das Girokonto erwartet und sich andererseits rechtzeitig um einen systematischen Vermögensaufbau kümmert. Hier spielt nicht die individuelle Beratung die Hauptrolle, sondern eine faire Preis-Leitungsrelation. BW Plus bietet beispielsweise standardisierte Vermögensanlagen und Homebanking.

4.2 Proaktive, bedürfnisgerechte Betreuung und Beratung

Die Kunden der BW-Bank werden von persönlichen Betreuern in den Filialen vor Ort beraten. Im Bereich BW Plus entfallen auf einen Betreuer im Durchschnitt 1.000 Kunden, während im Bereich BW Privat ein Betreuer höchstens 300 Kunden im Portfolio hat. Die Nutzung von Daten, Informationen und Analysen auf allen Ebenen ist ein zentrales Element des Beratungs- und Betreuungskonzeptes der Bank. In der Betreuung der Kunden soll nichts dem Zufall überlassen bleiben, sondern im Rahmen eines gesteuerten Prozesses eine proaktive, bedürfnisgerechte Kundenansprache gewährleistet werden. Dieser Vertriebsprozeß ist in einem umfassenden Marketing-Kreislauf organisiert: Analyse, Selektion, Kundenkontakt, Kundenreaktion, Controlling.

Abbildung 3: Der Marketing-Regelkreis ... und die Fragestellungen

4.3 Integriertes Gesamtkonzept

Die BW-Bank hat ein integriertes Gesamtkonzept von Zielvereinbarungen und leistungsorientierter Vergütungen eingeführt. Die Ziele werden mit den Vertriebsmitarbeitern individuell vereinbart. Dabei geht es um die Akquisition von Neukunden, die Entwicklung bestehender Kunden, Bruttoerlöse aus Provisions- und Zinsgeschäften sowie qualitative Faktoren. Die Vermögensmanager und Kundenberater sind weitgehend von administrativen Aufgaben entlastet und es werden auf Basis dieser Zielvereinbarungen in regelmäßigen Zyklen Zielergebnisgespräche durchgeführt. Das dafür konzipierte Reporting schließt alle wesentlichen Kenngrößen auf der Führungs- und der operativen Ebene ein.

Das CRM-Konzept, wie auch das Controlling im Rahmen dieses Konzeptes, erforderte eine integrierte Datenbasis, die sowohl Stamm- als auch operative Daten vereint. Die Realisierung dieser Datenbasis war mit verschiedenen Anforderungen verbunden: komplett, zeitnah, verständlich, kostengünstig und ohne Störung des Bankbetriebs durch Belastung der operativen Systeme. Führungskräfte und Entscheidungsträger sollten die Informationen unabhängig von einer direkten Unterstützung durch die EDV-Abteilung nutzen können. Je nach Fachbereich oder Fragestellung sollte es möglich sein, die Daten nach Themen strukturiert zu analysieren. Der Aufbau eines Data Warehouse nach diesen Maßgaben erfolgte auf der Basis heterogener operativer Systeme unter Einsatz des relationalen Datenbank-Verwaltungssystems Oracle 7.3. Die Größe des Data Warehouse beträgt rund 200 Gigabyte. Der Daten-Download erfolgt im Monatsrhythmus mit einem Datenvolumen von etwa 1,5 Gigabyte.

Die Analysewerkzeuge für das Data Warehouse wurden in enger Zusammenarbeit mit den Fachabteilungen ausgewählt. Die Möglichkeit, am Client-Arbeitsplatz per grafischer Bedieneroberfläche, ohne Programmierung, die Parameter für Analysen selbst zu definieren, war eines der entscheidenden Kriterien für den Einsatz der Business Intelligence-Lösung in Form von Cognos PowerPlay für multidimensionale Analysen (OLAP = Online Analytical Processing) sowie Cognos Impromptu, für den Datenzugriff und das Reporting. Im Zusammenhang mit einem effizienten CRM ist es wichtig, den Mitarbeitern und Führungskräften eines Unternehmens keine Programmierumgebung bereitzustellen, sondern eine Endanwender-Lösung, die kein IT-spezifisches Fachwissen erfordert. Nur auf diese Weise läßt sich sicherstellen, daß die Möglichkeiten des analytischen CRM tatsächlich genutzt werden. Bei der BW-Bank-Anwendung erwies sich, daß 80 Prozent der Analyse- und Entscheidungskriterien aus den Fachabteilungen stammen.

Abbildung 4: Der Marketingregelkreis ... und ein konkretes Beispiel

4.4 Stetig wachsender Bedarf nach Analysen

Die Data Warehouse-Lösung der BW-Bank ist seit 1997 operativ. Während derzeit vor allen Dingen das Privat- und Firmenkunden-Marketing die Auswertungs- und Analyseoptionen nutzen, soll der Anwenderkreis auch auf das Rechnungswesen und das zentrale Kreditbüro erweitert werden. Auch die Rechtsabteilung nimmt in einem erweiterten Sinne Einfluß auf die Kundenbeziehungen und kann deshalb Nutznießer einer analytischen CRM-Lösung sein. Bei der BW-Bank wurden die Auswertungen und Analyseergebnisse von Anfang an konsequent in Aktionen und Entscheidungen umgesetzt: Auf der Basis der im Data Warehouse selektierten Kunden werden beispielsweise mehrstufige Marketingkampagnen umgesetzt, deren Erfolge im Anschluß analysiert und die daraus gewonnenen Erkenntnisse in zukünftige Kampagnen integriert werden. Somit wird sichergestellt, daß die bedarfsorientierte Kundenansprache sukzessive optimiert wird. Der Erfolg des Konzeptes wird auch darin dokumentiert, daß die Fachabteilungen den stetig wachsenden Informationsbedarf nahezu vollständig aus dem Data Warehouse decken.

5. Web-basierte, integrierte CRM-Lösung in der Biotechnologie - Serono vereinheitlicht weltweit Informationen über Kundenbasis

Das Ziel, weltweit über die Kunden einheitliche Informationen zu erhalten, um diese für strategische Auswertungen nutzen zu können, stellt Unternehmen vor eine dreifache Herausforderung: Bei einer Kombination von operativem und analytischem CRM gilt es, die zugrundeliegenden Daten zunächst zu harmonisieren, individuell anzupassen und mit bestehenden CRM-Anwendungen zu verbinden. Der Biotechnologie-Konzern Serono hat bisher als erstes Unternehmen seiner Branche den Schritt getan, eine komplett integrierte, vereinheitlichte Reporting-Umgebung für die weltweite Vertriebsorganisation aufzubauen. Nun profitiert Serono von Informationsvorsprüngen beim Kampf um den Kunden und Produktivitätssteigerungen im Großkundengeschäft.

Serono, das drittgrößte Biotechnologie-Unternehmen der Welt, entwickelt und vermarktet Therapeutica für die drei Bereiche Reproduktive Gesundheit, Wachstum und Stoffwechsel sowie Multiple Sklerose. Das Unternehmen erzielte im Jahr 2000 einen Umsatz in Höhe von 1,24 Milliarden US-Dollar. Pro Jahr fließen 20 Prozent des Konzernumsatzes in Forschung und Entwicklung. Serono hat seinen Hauptsitz in Genf und unterhält Tochtergesellschaften in 45 Ländern mit insgesamt 4.300 Mitarbeitern. Die Produkte von Serono werden in mehr als 100 Länder vertrieben.

Vor einigen Jahren stellten die Marketingverantwortlichen von Serono fest, daß sie Kundenprofile und Auswertungsmethoden benötigen, die weltweit harmonisiert sind. Daraufhin begann man, ein Key Account Management (KAM) Projekt zu entwickeln. Das Ziel des KAM Projekts ist es, der Vertriebsmannschaft von Serono über das Web sämtliche Kundendaten maßgeschneidert bereitzustellen. Darüber hinaus soll der Vertrieb dabei unterstützt werden, Zielvorgaben festzulegen und die Beziehung zu den Großkunden auszubauen. Dafür entwickelt das Unternehmen Managementreports auf der Basis von Kundendaten, die in der bereits vorhandenen CRM-Plattform Siebel ePharma erfaßt sind.

Die Lösung bei Serono umfaßt zwei integrierte Komponenten, bestehend aus einer Siebel-Plattform für die CRM-Anwendungen und einer Reporting-Lösung von Cognos. Die Integrationslösung erlaubt den Power Usern im Unternehmen, Berichte auf einfache Weise zu erstellen. Vertriebsbeauftragte, die den Kontakt mit Ärzten, Kliniken und Forschungsinstituten pflegen, werden durch Impromptu Web Reports mit Standardberichten versorgt. Per Online-Zugriff auf Reports und Analysen erhalten sie die notwendigen Informationen für Gespräche und Verhandlungen mit den Kunden. Zum Beispiel sehen die Vertriebsmanager nun das gesamte Profil eines Kunden im Intranet und können mittels Reporting den potentiellen Wert jedes Kunden prognostizieren und analysieren.

Die Implementierung durchläuft zwei Phasen. Nachdem die individuelle Reporting-Umgebung an die Vertriebsmanager ausgeliefert worden ist, erfolgt die Implementierung beim Außendienst. Besonders vom einheitlichen Reporting für die breite Masse an Mitarbeitern verspricht sich Serono eine positiven Schub für die Unternehmenskultur: Entscheidungen basieren vermehrt auf fundierten Informationen.

6. Optimiertes Budget- und Kostenmanagement bei Geschäftsreisen

BTI Euro Lloyd bietet seinen Kunden außer Tickets auch einen umfassenden Informations- und Beratungsservice auf Business Intelligence-Basis.

Das Budget für Dienst- und Geschäftsreisen schlägt in vielen Unternehmen und Organisationen erheblich zu Buche. Kostensparende Maßnahmen, wie Abkommen mit Leistungsanbietern und organisationsinterne Reiserichtlinien, wirken sich aber nur dann positiv aus, wenn die Reisekosten transparent sind. Mit Hilfe einer analytischen CRM-Lösung verschafft BTI Euro Lloyd als Dienstleister für Geschäftsreisen seinen Kunden einen umfassenden Durchblick bei den Reisekosten.

6.1 Groß im Reisegeschäft: BTI Euro Lloyd

BTI (Business Travel International) Euro Lloyd, mit Sitz in Köln, wickelte im vergangenen Jahr ein Reisevolumen von mehr als 1,4 Mrd. DM ab und gehört damit zu den drei größten Dienstleistern im Markt für Geschäftsreisen. Das Unternehmen ist eine Tochtergesellschaft der schweizerischen Kuoni-Gruppe, mit einem weltweiten Umsatz von 4,1 Mrd. SFR. BTI Euro Lloyd bietet einen umfassenden Geschäftsreise-Service, einschließlich Reiseplanung, Hotel- und Mietwagenreservierung, Abrechnung, Kostenanalyse und Beratung. Zu den Kunden gehören Unternehmen aller Größen und Branchen. Sie werden über das Internet, Call Center, Implants (Reisebüros beim Kunden) oder gemeinsame Tochtergesellschaften betreut.

„Kunden bekommen heute von uns Tickets UND Informationen, wobei die Informationen ständig wichtiger werden“. So lautet bei BTI Euro Lloyd die Quintessenz aus der Entwicklung des Geschäfts mit Dienstleistungen rund um die Geschäftsreise. Konzentrierte sich früher das Geschäft dieser Branche auf die Organisation von Reisen und den Verkauf der Flugtickets und Fahrkarten, so stehen heute, durch den starken Wandel auf dem Reisemarkt, zunehmend Beratungs- und Informationsdienstleistungen im Vordergrund. Das neue Geschäftsmodell verlangt einen höheren Grad an Kundennähe sowie ein ausgefeiltes Informationsmanagement, um für jeweils völlig unterschiedliche Kunden optimale Ergebnisse zu erzielen.

6.2 Antworten auf alle wichtigen Fragen

An Daten über Dienst- und Geschäftsreisen dürfte in kaum einer Organisation ein Mangel bestehen. Doch was nützen Daten allein, wenn es um die richtige Umsetzung der Reiserichtlinien (Policy-Kontrolle), um Reisebudget-Steuerung, Wirtschaftlichkeitskontrolle oder Angebotsvergleiche geht? Vorhandene Daten über Reisen oder zugreifbare Daten über Angebote bringen erst dann Nutzen, wenn daraus Informationen werden und mit solchen Informationen wichtige Fragen eine Antwort finden. Da ist zum Beispiel die Frage, in welchem Maße insgesamt die Reiserichtlinien eingehalten werden? Oder: Hat das Spezialabkommen mit einem Leistungsanbieter tatsächlich zu einer Kostenersparnis geführt? Interessant ist naturgemäß auch eine Antwort auf die Frage: Wo gibt es Möglichkeiten, Einsparungen bei den Reiseausgaben vorzunehmen?

BTI Euro Lloyd kann seinen Kunden auf nahezu alle Fragen eine kompetente Antwort geben. Der Schlüssel dazu heißt BTI Portico Analyser, ein Management-Informations-System (MIS) für die Reisedatenanalyse, das die Basis für ein kosteneffizientes Reisemanagement schafft. Der BTI Portico Analyser stützt sich auf fortschrittliche Methoden und Lösungen der Business Intelligence. Herzstück sind die Cognos-Lösungen PowerPlay, als Performance Measurement-(BPM-)Analyse und Reporting-Lösung für OLAP-(Online Analytical Processing-)Daten, sowie Impromptu/Impromptu WebReports, als unternehmensweit einsetzbare Abfrage- und Reporting-Lösung, die alle Informationen so aufbereitet, wie dies aus geschäftlicher Sicht sinnvoll ist.

6.3 Mehrdimensionale Auswertungen

Kleinere und mittlere Kunden nutzen vielfach Standardreports, die nach Wunsch oder in regelmäßigen Abständen erstellt werden. Große Kunden und Organisationen mit einem hohen, differenzierten Informationsbedarf, können ihre Daten direkt über das Internet abrufen und eigene Auswertungen machen. Welche Daten dabei in welcher Weise ausgewertet werden sollen, hängt lediglich von dem Wunsch und Bedarf des Anwenders ab.

Die MIS-Reisedaten-Analyse erlaubt auch online eine mehrdimensionale Auswertung und Darstellung. Der Kunde definiert die Parameter selbst und erhält dann von BTI seine individuellen Power Cubes (Datenwürfel). Damit lassen sich die Reisedaten in mehreren Dimensionen zueinander in Beziehung setzen. Eine komfortable Bookmark-Funktion speichert bevorzugte Standardstrukturen. Mit einer Drill Down-Funktion kann der Benutzer darüber hinaus auf detailliertere Daten der gerade betrachteten Dimension zugreifen. Es lassen sich zum Beispiel einzelne Flugsegmente, Reisende, Monate, Kostenstellen oder Projekte analysieren. Durch die hohe Datentiefe (bis zu einzelnen Abschnitten bestimmter Flugstrecken), frei wählbare Darstellungszeiträume, benutzerdefinierte Darstellung der Informationen, übersichtliche Diagramme, gleichzeitige Betrachtung von bis zu drei Dimensionen und regelmäßige Reports stehen alle Mittel für ein optimales Reisekostenmanagement zur Verfügung. So schätzt zum Beispiel die Bundesverwaltung, daß sie mit dem Travel-Management-System von BTI Euro Lloyd und anderen Maßnahmen bei einem Budget von mehr als 350 Mio. DM pro Jahr 50 Mio. Mark an Reiseausgaben einsparen kann.

Im Sparen sehen viele Kunden jedoch nicht den einzigen Nutzen. Auch Transparenz und bessere Steuerbarkeit des Reisebudgets bringen Vorteile. Mit Hilfe von BTI Euro Lloyd hat der Kunde seine Reisekosten im Griff und kann alle Einsparmöglichkeiten nutzen.

7. CRM in der Getränkeindustrie - Racke läßt die Informationen fließen

Webbasierte Lösung verknüpft Außendienst-, operative und externe Daten in einem Data Warehouse.

Pott-Racke-Dujardin, eine mittelständische Unternehmensgruppe mit Sitz in Bingen, hat sich auf die Produktion und Vermarktung von Spirituosen, Sekt und vor allem Wein, wie die Marken Blanchet und Viala, spezialisiert. Die Unternehmensphilosophie, gekennzeichnet durch Kundennähe und Flexibilität nach außen und Transparenz nach innen, spiegelt sich auch im Informationsmanagement des Familienunternehmens wider. Mit einer Web-basierten Lösung von Cognos verknüpft Racke die Daten aus operativen und externen Quellen sowie Außendienstinformationen in einer Data Warehouse-Anwendung.

Das Ziel von Racke ist es, mit einer modernen CRM-Lösung die Kunden im Handel besser zu betreuen, wobei die Informationen ohne Medienbrüche fließen und operative Daten zeitnah verarbeitet werden. Das gesamte Projekt umfaßt ein Data Warehouse mit CRM-Anbindung sowie in der Endausbaustufe ein Extranet für den Handel, das derzeit geplant wird und 2003 für diese Kunden geöffnet werden soll.

Um die Kundenbetreuung und den Außendienst mit einer zeitgemäßen Informationsinfrastruktur zu versogen, galt es in einem ersten Schritt, die operativen Daten aus dem SAP R/3 System für Auswertungen im Data Warehouse zugänglich zu machen. Das bisher genutzte Auswertungstool CADeS war dafür nicht mehr nutzbar und ohnehin nicht mehr wartbar, zumal dessen Hersteller, die S3 AG, auch nicht mehr existiert. Racke entschied sich bei der aktuellen Lösung für Cognos, da die Produkte vor allem universell einsetzbar sind und die meisten Referenzen in der Branche haben".

Ab Februar 2002 werden die 55 POS-Manager im Außendienst komplett mit den Data Warehouse-Auswertungen auf ihren Notebooks versorgt sein. Der Außendienst erhält seine Informationen und Berichte im PDF-Format, die im Intranet abrufbar sind. Die Key Account Manager bei Racke haben zusätzlich die Option, die Daten selbst analysieren zu können.

Mit der Cognos Lösung lassen sich Vertriebsstatistiken nach Absatz, Umsatz und Dekkungsbeiträgen analysieren und die Auswertungen für die künftige Marketing- und Produktionsplanung nutzen. Für einen Abgleich der Absatzdaten sollen in Zukunft externe Quellen – dazu zählen GFK-Marktdaten und Scannerdaten von Abverkäufen im Handel – in die Cognos Lösung integriert werden. Im August 2002 wird schließlich die Anbindung der Cognos-Lösung an das CRM System, Sales Suite von der Firma CAS, abgeschlossen sein.

8. Praxisleitfaden Analytisches CRM - Vier Schritte für bessere Kundenbeziehungen

Die zunehmende Verbreitung des Internet und anderer Anwendungen und Datenquellen - wie Enterprise Resource Planning (ERP) Systeme, operationalem CRM und Sales Force Automation (SFA) Anwendungen, E-Business Anwendungen und zukaufbare Daten von externen Quellen – hat die Art und Weise enorm verändert, wie Unternehmen mit ihren Kunden kommunizieren und darüber Informationen sammeln. Dies bewirkte gleichzeitig einen drastischen Anstieg der Datenvolumina und Informationen über Kunden, mit dem die Entscheidungsträger nun konfrontiert sind.

Die Herausforderung besteht nun darin, diese Daten zu sammeln, zu verarbeiten und auszuwerten, um sie schließlich in wirkungsvolle Strategien und Maßnahmen umzusetzen.

1. Sammeln und extrahieren Sie Daten aus jedem Kontaktpunkt mit dem Kunden und jedem Geschäftskanal

Die Menge an Kundendaten, mit der Entscheidungsträger von heute kämpfen müssen, ist enorm.

- Clickstream-Daten
- Call Center-Daten
- Enterprise Resource Planning (ERP)-Systeme

- Operationale CRM-Systeme
- Sales Force Automation (SFA)-Applikationen
- E-Commerce-Applikationen
- Eingekaufte Daten
- Drittanbieter von Informationen

Die Herausforderung für Sie stellt sich wie folgt dar: Konsolidierung der Daten aus allen Quellen und anschließende Umwandlung in Informationen, mit der Ihre Strategie gefördert wird, sowie Ergreifen von Maßnahmen für verbesserte Kundenbeziehungen.

Cognos BI: viele Daten, eine Kundenansicht

Anbieter wie Cognos extrahieren Daten von allen Ihren Kontaktpunkten mit den Kunden, um einen einheitlichen Rund-um-Blick auf Ihre Kunden zu ermöglichen:

- Die Daten werden an einer einzigen Stelle in multidimensionalen funktionsspezifischen Data Marts konsolidiert; und
- Daten werden in einem gemeinsamen Kontext auf Basis einheitlicher unternehmensweiter Meta Daten und Geschäftsregeln angezeigt.

Vorteile für Entscheidungsträger

Entscheider erhalten Daten mit den folgenden Eigenschaften:

- optimiert für Analysen,
- so strukturiert, wie Entscheider denken und handeln,
- für exakte und konsistente Basis für eine unternehmensweite gemeinsame Informationsnutzung.

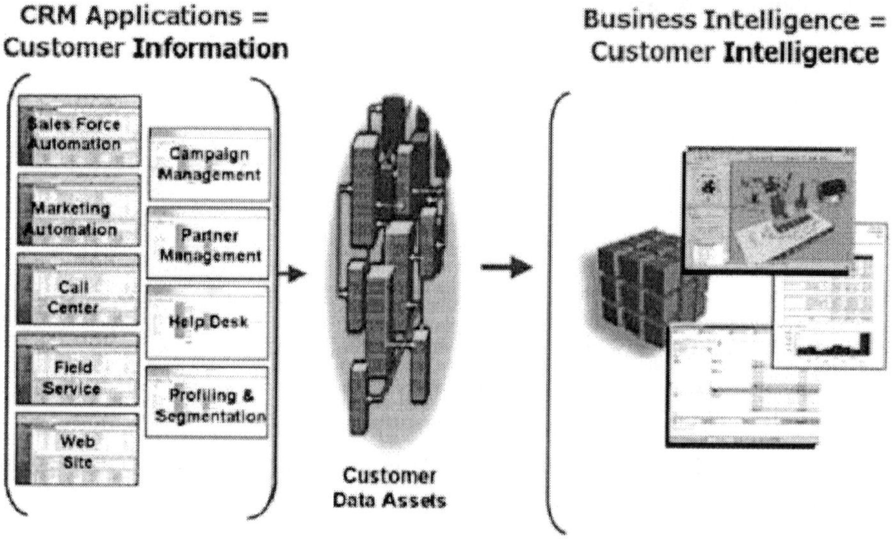

Abbildung 5: Das Web ist eine strategisch bedeutende Datenquelle für CRM

2. Analysieren Sie die Daten, um Kundenbedürfnisse und -verhalten verstehen zu können.

Umwandeln von Daten in Informationen

Bei der Umwandlung von Daten in aussagekräftige Informationen liegen den Entscheidungsträgern jene Ergebnisse vor, die sie zur klaren Beantwortung geschäftsentscheidender Fragen benötigen.

- Wer sind meine besten Kunden?
- Wie ist ihr Kaufverhalten?
- Wie ist ihr Hintergrund?
- Wie ist ihre Nutzung meiner Website?
- Wie gut zielen meine Marketingprogramme auf sie ab?

Einzigartige Analyse-Funktionalität

Cognos bietet beispielsweise eine unübertroffene Analysefunktionalität:

- Die Anwenderschnittstelle des Cognos Portals erschließt jedem Benutzer einen einzigen Web-basierten Zugangspunkt zu allen CRM-Informationen.

- Lösungen für Visualisierung und Scorecarding ermöglichen eine grafische Darstellung von Informationen, so daß sich die Anwender auf die Kundeninformationen konzentrieren können, die wirklich entscheidungsrelevant sind.
- Dank der erweiterten Analyse mit einer benutzerfreundlichen OLAP-Schnittstelle können die Anwender die für Kundenbeziehungen entscheidenden Faktoren auf Anhieb erkennen.
- Ad-hoc-Abfragen ermöglichen Anwendern den Zugang zu wichtigen Informationen im Web, so daß sie Geschäftsentscheidungen in Echtzeit treffen können.
- Lösungen für Reporting stellen eingehende Informationen über die Kunden bis hin zu den Desktops der Kunden über einen Web-Browser bereit.
- Lösungen für Data Mining decken Wirkungszusammenhänge in den Daten auf und ermöglichen das Aufspüren von verborgenen Trends , die zum Verstehen von CRM-Fragestellungen und zur erfolgreichen Umsetzung einer CRM-Strategie erforderlich sind.

Ergebnis für Entscheidungsträger?

Entscheider erhalten Informationen, die eine Entscheidungsgrundlage bilden, und zwar sowohl über ihre wertvollsten Kundenbeziehungen als auch über ihre unwirtschaftlichsten Kundenbeziehungen.

- Gesamtansicht zu Leistungsindikatoren, in der Problemfelder oder interessante Bereiche auf Anhieb zu erkennen sind.
- Besseres Verständnis über die Kaufmuster von Kunden und Käuferverhalten.
- Möglichkeit zur Bestimmung neuer wertvoller Kunden.
- Eindeutige Leistungsmessung von Vertriebs- und Marketingkampagnen nach Produkt, geographischer Region und sonstigen wichtigen Dimensionen.
- Fähigkeit zum Reporting und zur gemeinsamen Nutzung dieser Ergebnisse über ein BI Web-Portal.

3. Planen Sie effektive, kundenorientierte Strategien auf der Grundlage Ihrer Analysen.

Planung für den Erfolg von CRM

Mit Hilfe gut analysierter Kundeninformationen können Sie die wichtigen Fragen, die effektive CRM-Strategien fördern, beantworten:

- Welche Kunden sollten Ziel meiner Verkaufsmaßnahmen sein?
- Wann sollte ich mit neuen oder bestehenden Kunden in Kontakt treten?
- Wie kann ich das Verhalten der wichtigsten Kunden ändern?

- Welche Produkte sollte ich bündeln bzw. bei welchen Produkten sollte ich die Preise ändern, so daß diese den Anforderungen der Kunden entsprechen?
- Wie sollte die Allokation meines Marketing-Budgets aussehen, um optimale Ergebnisse zu erhalten?

Strategie für Resultate

- Nutzen Sie bewährte Best Practices sowie die Erfahrungen zahlreicher Fallstudien und Anwenderberichte und entwickeln Sie so aus Informationen Ihres Unternehmens Strategien, die zu schnellen Ergebnissen führen.
- Erhalten Sie umfassende Einblicke in das Kundenverhalten zur Fokussierung von Marketingaktivitäten.
- Planen Sie Investitionen in den Vertrieb, um direkt auf Kundenakquise und Kundenbindung zu wirken.
- Entwickeln Sie eine Website für maximale Effektivität und Kundenzufriedenheit.
- Rationalisieren Sie Ihre Supply Chain, um Kosten zu senken und Lieferpünktlichkeit zu gewährleisten.

Vorteile für Entscheidungsträger

Schnell umsetzbare effektive Strategien sowie Ressourcenallokation für maximale Investitionsrendite.

4. Setzen Sie Ihre Strategien für erfolgreiche Kundenbeziehungen um.

Gemeinsame Nutzung von Informationen mit Ihren Kunden über ein BI-Portal.

- Stellen Sie unmittelbaren Zugriff auf Berichte über Kontostände oder Auftragsstatus zur Verfügung.
- Stellen Sie aktuelle Informationen über Rabattgrenzen, Auslieferungen oder andere Aspekte Ihres Geschäfts bereit.
- Lassen Sie Ihre Kunden ihre Einkaufshistorie einsehen.
- Sprechen Sie Kaufempfehlungen aus, die auf die speziellen Anforderungen des Kunden zugeschnitten sind.

Verbessern Sie Ihre Website auf der Grundlage der Analyse Ihrer Clickstream-Daten.

- Stellen Sie fest, welche Merkmale Ihrer Website funktionieren und welche nicht, und handeln Sie entsprechend.
- Erkennen Sie die beliebtesten Bereiche oder Dienste und entwickeln Sie diese weiter.

- Identifizieren Sie Spitzenzeiten und stellen Sie Ressourcen dementsprechend zur Verfügung.
- Erkennen Sie Muster, Unregelmäßigkeiten und Tendenzen bei der Nutzung der Website durch Ihre Kunden und reagieren Sie darauf entsprechend.

Zielgerichteter Einsatz von Marketing-Ressourcen

- Analysieren Sie Markttendenzen und passen Sie danach Ihre Produkte oder Dienstleistungen entsprechend an.
- Messen Sie die Effektivität von Marketing-Kampagnen, richten Sie dann Ihre Strategien neu aus.
- Gewinnen Sie kritische Einblicke in die Beziehungen zwischen den Hauptkundensegmenten und den Erfolgen von Marketingprogrammen, bestimmen Sie dann die Ziele Ihrer Marketing-Kampagnen.

Christian Klein

Mit Web Mining dem Internet-User auf der Spur

1. Einleitung

Verfahren des Data Mining haben sich bereits erfolgreich im Bereich des Customer Relationship Managements (CRM) etabliert, um Muster und Trends in den an den Customer Touchpoints gesammelten Daten zu erkennen und diese Analyseergebnisse für die Optimierung weiterer Kundenkontakte zu nutzen. Doch damit nicht genug. Eine aktuelle Tendenz innerhalb des klassischen Data Minings zeichnet sich mit dem sogenannten Web Mining oder E-Mining ab. Hintergrund: Die zunehmende Nutzung des Internets führt dazu, daß Web-User mehr und mehr interessante Datenspuren hinterlassen, die wertvolle Informationen für das Marketing und den Vertrieb enthalten. Diese wurden bislang, wenn überhaupt, oft nur rudimentär ausgewertet. Mit Web-Mining eröffnen sich neue Perspektiven: Mit den gewonnen Ergebnissen können Webseiten optimiert und personalisiert werden – ein weiterer Schritt in Richtung One-to-One-Marketing.

2. Begriff Web-Mining

Web Mining - was auf den ersten Blick wie ein neues, hohles Schlagwort klingt, ist die sinnvolle Integration des Internets in das CRM-Konzept eines Unternehmens: Bei jedem Klick auf einer Webseite fallen Daten an, die Informationen über z. B. IP-Adresse des Nutzers, die bisher besuchten Seiten oder die Verweildauer enthalten. Die anonymisierten Nutzungsprofile werden mit Data Mining Algorithmen analysiert mit dem Ziel, nicht nur das bisherige Verhalten zu durchleuchten, sondern auch Aussagen über künftige Aktionen treffen zu können und Nutzerprofile zu erstellen.

Web-Mining will unter anderem folgende Fragen beantworten:

- Wer nutzt wie oft und in welchem Umfang meine Internetseite?
- Wie gut ist die Navigation, d. h. wie schnell finden Interessenten, was sie suchen?
- Welche Inhalte stoßen auf besonderes Interesse, welche auf keines?
- Aus welchem Grund greifen Nutzer auf die Web-Seite zu (Information, Kauf, Chat etc.)?
- Lassen sich die Besucher in Nutzerprofile kategorisieren?
- Gibt es wiederkehrende Muster und Trends im Surfverhalten?

Web-Mining unterscheidet sich vom klassischen Data Mining vor allem in der Datenquelle. Web-Logs dienten ursprünglich eher technischen Belangen. Informationen über

Seitenzugriffe, Reihenfolge der aufgerufenen Seiten, etc. müssen erst durch oftmals anspruchsvolle Daten- und Dateitransformationen aus dem Dschungel der einzelnen Logfiles extrahiert werden (Wilde 2001).

3. Schritte des Web-Mining

Die Annahme, daß mit Data Mining schier unglaubliche Resultate bei minimalem Aufwand erzielt werden können, gehört in das Reich der Mythen und Märchen. Dies gilt auch für Web Mining. Data und Web Mining sind vielmehr als andauernder Prozeß zu verstehen. Die Modelle veralten genauso schnell wie die Daten, aufgrund derer sie erstellt wurden. Eine permanente Überprüfung und Aktualisierung ist deshalb unabdingbar.

Deshalb entwickelten NCR, DaimlerChrysler, der niederländische Finanzdienstleister OHRA und SPSS mit Unterstützung der CRISP-DM Special Interest Group, bestehend aus Data Mining-Anwendern und –Anbietern, schon in den 90er Jahren in einem von der Europäischen Union geförderten Projekt eine standardisierte, technologieunabhängige Methodologie: CRISP-DM.

Ziel war es, Data Mining-Projekte schneller, effizienter und kostengünstiger durchführen zu können. Gleichzeitig sollten die Zuverlässigkeit und die Durchführbarkeit verbessert werden.

CRISP-DM steht für CRoss-Industry Standard Process Model for Data Mining. Der Data Mining Prozeß wird dabei in sechs Phasen eingeteilt. Die strikte Einhaltung der einzelnen Phasen ist nicht zwingend – im Gegenteil, das Vor- und Zurückspringen zwischen den einzelnen Stufen wird sogar empfohlen.

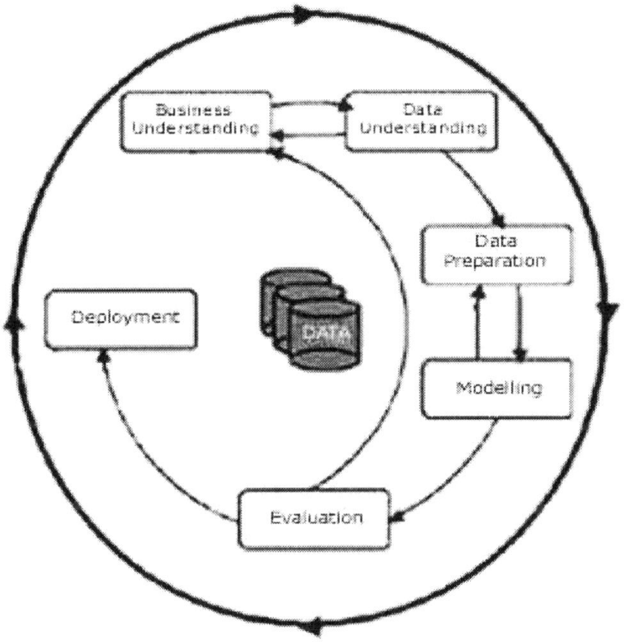

Abbildung 1: Der CRISP-DM-Prozess

3.1 Phase 1: Geschäftsverständnis

Die erste Phase fokussiert das Verständnis der Projektziele und -anforderungen aus einer geschäftlichen Perspektive. Schon vor der eigentlichen Durchführung des Projekts muß die Fragestellung klar definiert sein: „Will man die Webseite optimieren? Sollen Kunden individuell angesprochen werden?“, könnten beispielsweise Fragestellungen lauten.

3.2 Phase 2: Datenverständnis

Hier steht zunächst die Sammlung der Daten im Vordergrund. Webdaten können in zahlreichen Formaten vorliegen. Generell lassen sich aber zwei Hauptkategorien unterscheiden:

- Event data: Der User und Applikation oder Server interagieren dynamisch, um diese Daten zu erzeugen. Diese Daten sind zeitlich fixierte Aufzeichnungen von User-Aktivitäten.
- Non-event data: Diese Daten werden entweder durch die Website generiert oder anderswo gesammelt. Beispiele hierfür sind Kunden- und Transaktionsdaten oder die Architektur und Topologie der Seite.

In einem weiteren Schritt wird das Verständnis für die Daten entwickelt. Besonders wichtig sind in dieser Phase offene Standards für den Datenzugriff und Visualisierungstechniken.

3.3 Phase 3: Datenaufbereitung

In dieser Phase sind sämtliche Schritte enthalten, um aus den ursprünglichen Rohdaten einen für das Web Mining verwertbaren Datensatz zu generieren. Hier liegt auch der Schlüssel für den Erfolg des Projekts, denn: Die Güte der Ergebnisse hängt direkt von der Güte der verwandten Daten ab.

Diese Phase ist insbesondere bei Web Mining Projekten meist sehr zeitaufwendig, da mit Daten gearbeitet werden muß, die eigentlich nicht für eine Analyse konzipiert wurden. Ein Beispiel für die Aufbereitung von Webdaten ist die Identifizierung einzelner Besucher und Sessions über das Aggregieren einzelner „Anfragen" und Zeitmarker nach der IP-Adresse.

3.4 Phase 4: Erstellung des Modells

Erst jetzt beginnt die eigentliche Analyse der Daten. Oft führen mehrere Wege zum Ziel, d. h. unterschiedliche Verfahren sind zur Lösung des Mining-Problems geeignet. Verschiedene Techniken zur Erstellung der Modellen werden nun ausgewählt und angewandt. Eine typische Anwendung im Web Mining ist das Clustern einzelner Sessions, um mehr über die Nutzung der Web-Seiten herauszufinden.

Oft springen die Analysten an dieser Stelle auch wieder zurück in Phase 3, um den differenzierten Anforderungen der einzelnen Verfahren an die Datenbasis Rechnung zu tragen.

3.5 Phase 5: Evaluation

Die Evaluationsphase beinhaltet die eingehende Überprüfung der Modelle vor der Verteilung. Einer der Hauptaspekte ist dabei die Bestimmung, ob auch alle geschäftlich relevanten Gesichtspunkte ausreichend abgedeckt werden. An dieser Stelle werden zudem die Bedürfnisse der späteren Nutzer des Modells nochmals in Betracht gezogen.

3.6 Phase 6: Verteilung/Deployment

Hier sind verschiedene Formen möglich. Zum einen kann der Data Mining-Prozeß einfach nur dokumentiert werden, um einen tieferen Einblick in eine geschäftliche Fragestellung zu gewähren.

Es ist allerdings auch möglich, den ganzen Data Mining-Stream in eine weitere Applikation zu integrieren und dessen Nutzen so einer Vielzahl von Anwendern zugänglich zu machen. So kann beispielsweise ein durch Web Mining gefundenes Modell in eine Webseite integriert werden, um einen Besucher in Echtzeit aufgrund seines aktuellen Nutzungsverhaltens zu scoren, um ihm individuell Inhalte, Banner oder Produkte zu präsentieren.

4. Symbiose On- und Offline

Wie oben bereits erwähnt, verfügen heute Unternehmen über zahlreiche Datenquellen. All diese Daten, ob aus herkömmlichen Quellen oder dem Web, für das eigene CRM an allen Customer Touchpoints zu nutzen, ist die logische Konsequenz, denn: Erst durch die Analyse der Daten erhält das Unternehmen wertvolle Informationen und damit den ROI in die oft erheblichen Investitionen in Data Warehouses und Data Marts.

In einem weiteren Schritt können z. B. die Nutzertypen mit den bestehenden Informationen aus den dispositiven Database Marketing Systemen zusammengebracht werden. Auch diese werden zunächst in charakteristische Segmente unterteilt, sodass in keiner Weise die Nutzerprofile mit personenbezogenen Bestandsdaten in Verbindung gebracht werden können. Durch die wechselseitige Anreicherung der Internet-Nutzertypen mit den Informationen der Bestandsdatensegmente und der Bestandsdaten mit den Nutzertypen entsteht ein immer höher qualifizierter Datenbestand, der den Weg für ein gezielteres Database Marketing ebnet. Diese zweiseitig anonymisierte Vorgehensweise entspricht den aktuellen Datenschutzrichtlinien und ist die Basis für weitere Marketingentscheidungen und den Aufbau einer effizienten Kundenbeziehung. (Köhler/Krieger 1999).

Die bekannten Data Mining Technologien ermöglichen es, entscheidungsrelevante Informationen in den Unternehmensdatenbanken aufzuspüren, mit denen es gelingt, das Marketing auch im Internet effizienter zu gestalten. Durch die Aufzeichnung des Kundenverhaltens anhand der Tracking-Daten und einer nachfolgenden qualifizierten Segmentierung dieser Daten in Gruppen mit gleichem oder ähnlichem Verhalten wird Internet-Markting mit Hilfe von Data Mining Technologien in einer integrierten Prozesskette ermöglicht.

Da die Nutzerprofile anonymer Online-User gesammelt und online einer bestimmten Klasse zugeordnet werden, entsteht die Möglichkeit, dem Benutzer eine seinem Nutzersegment entsprechend angepaßte Web-Site einzuspielen. In der Praxis lassen sich etwa Banner zielgruppengerecht einblenden oder die Inhalte der Website anpassen.

Einen Schritt weiter geht die Analyse von Bestandskunden; hier sind die persönlichen Daten bereits bekannt und lassen sich mit den anonymisierten Bestandsdaten aus den dispositiven Systemen kombinieren. Der Vorteil: Der User läßt sich noch präziser einem Segment zuordnen. Dies ermöglicht eine noch individuellere Kundenansprache.

5. Wird der Internet-Nutzer durch Web Mining jetzt gläsern?

Bei den oben beschriebenen Gedankengängen drängt sich zurecht auch die Frage nach dem Datenschutz auf. Auf der SPSS-Anwendertagung im November 1999 stellten Susanne Köhler und Michael Krieger, beide von mindlab Krieger & Partner, Esslingen, folgendes Drei-Stufen-Modell zur Sammlung von Nutzerprofilen auf Basis der einzelnen Nutzer vor:

„Stufe 1: Die Nutzerprofile anonymer Benutzer werden gesammelt und online einer bestimmten Klasse zugeordnet. Daraufhin wird dem Benutzer eine seinem Nutzersegment entsprechend angepaßte Web-Site eingespielt.

Stufe 2: Die Nutzerprofile von authentifizierten (also mit ihren persönlichen Daten bekannten) Benutzern werden gesammelt und mit anonymisierten Bestandsdaten aus den dispositiven Systemen kombiniert. Diese Koppelung ermöglicht nun eine noch präzisere Zuordnung des Nutzers zu einem Segment innerhalb einer verfeinerten Segmentstruktur und damit eine Kundenbindung auf höherem Niveau.

Stufe 3: Die dispositiven Bestandsdaten werden mit den Nutzertypen angereichert und sind damit für die nächste Anfrage durch additives Wissen höher qualifiziert."

Die Stufe 1 ist aus datenschutzrechtlicher Perspektive unproblematisch, das der Besucher anonym bleibt und die erhobenen Daten keinerlei Rückschlüsse auf die physische Person zulassen. In Stufe 2 und 3 hingegen kommen durch die Authentifizierung weitere, persönliche Daten beim Besuch der Webseite hinzu. Hier ist es möglich, die Nutzerprofile in Verbindung mit den Bestandsdaten zu speichern. Dies aber ist nach der EU-Datenschutzrichtlinien IUKDG explizit nicht gestattet.

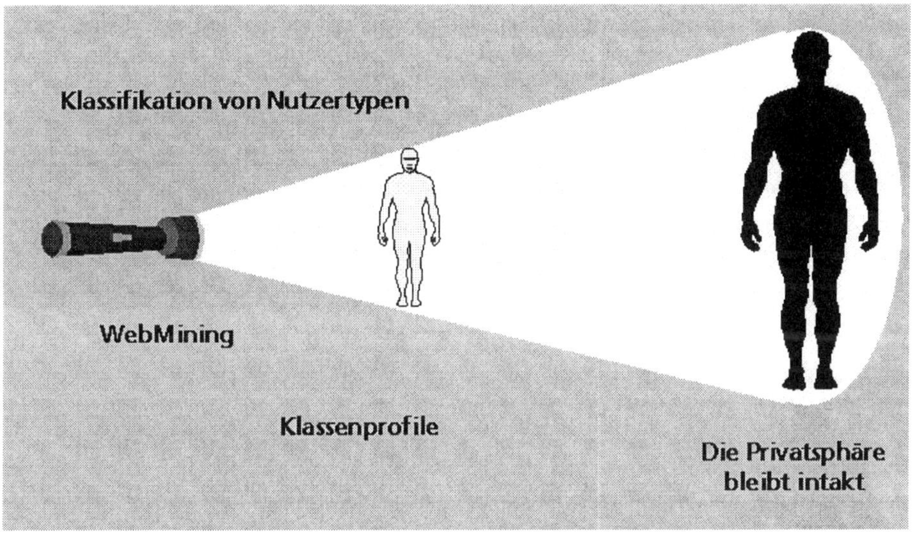

Abbildung 2: ...Konturen und Profile der „Laterna Magica“ (Köhler/Krieger 1999)

Köhler und Krieger forderten deshalb Vorkehrungen, „die zum einen sicherstellen, daß persönliche Daten nicht mit Nutzerprofilen zusammengeführt werden und zum anderen trotz allem ermöglichen, daß Aussagen auf der Basis diesen Datenmaterials zum Zwecke des individuellen Marketings generiert werden können.“ (Köhler/Krieger, 1999)

6. Web Mining – alles Zukunftsmusik?

Obwohl Web Mining eine noch sehr junge Disziplin ist, gibt es schon einige erfolgreiche Anwendungen. Zwei davon seien an dieser Stelle exemplarisch vorgestellt:

Beispiel 1: Sofmap Inc. (http://www.sofmap.com), ein führender japanischer Computerhändler, konnte seine Gewinne aus seinen Online-Verkäufen verdreifachen. Sofmap benutzte SPSS Clementine, um mit Data Mining Techniken eine sogenannte „Recommendation Engine“ zu entwickeln, das Besuchern der Web-Site individuell Produkte vorschlug. Seit dem Start der Recommendation Engine im November 2000 hat sich zudem die durchschnittliche Verweildauer auf der Sofmap-Seite verdoppelt.

Beispiel 2: Dänemarks größtes Internetportal Jubii (http://www.jubii.dk) verzeichnet derzeit weit über 750.000 Besuche unterschiedlicher Personen und über 2 Millionen Sessions pro Woche. Das Angebot von Jubii ist für die Nutzer kostenlos. Das Portal finanziert sich aus den Einnahmen aus Bannerschaltungen, Sponsoring, Net events, Newslettern etc..

Schon seit der Gründung in 1995 legte man bei Jubii großen Wert darauf, so viele relevante Informationen über seine Besucher zu bekommen als möglich. „Data Mining hilft uns in erster Linie, das enorme Datenaufkommen zu systematisieren und exakt definierte Userprofile zu generieren“, so Kasper Larsen, Sales Manager von Jubii. „In einem späteren Stadium verwenden wir Data Mining in einem mehr operativen Kontext, beispielsweise, um Banner nach den Interessen des Besuchers einzublenden“, so Larsen weiter.

Literatur

WILDE, KLAUS D.: Web Mining – Kundeninformationen aus dem Web, Vortrag auf der SPSS-Summit am 4. April 2001, Hamburg

KÖHLER, SUSANNE, KRIEGER, MICHAEL: Der Weg zum WebMining – Data Mining als Werkzeug für individuelles Marketing und Electronic Customer Care, Vortrag auf der SPSS-Anwendertagung 1999 in München

O.V.: Gaining a competitive edge with Web mining, White Paper – Technical Report, SPSS Inc., Chicago 2001

http://www.spss.com/spssatwork

http://www.crisp-dm.org

Peter Gentsch

Potentiale des CRM im Internet: eMarketing und Personalisierung in der Praxis

Einleitung

Jeden einzelnen Kunden mit seinem individuellen Kundenwert an das Unternehmen zu binden und persönlich individuell zu betreuen, erscheint sowohl in der traditionellen wie auch in der „eWelt“ der Königsweg zu sein, um Wettbewerbsvorteile zu erreichen.

Insbesondere im Internet ist die Bedeutung der Kundenbindung als noch größer einzuschätzen als in traditionellen Bereichen, da im Internet der nächste Wettbewerber mit seinen attraktiven Angeboten immer nur einen „Mausklick“ entfernt ist. Darüber hinaus schafft das Internet eine ganz neue Markttransparenz mit zahlreichen Vergleichsmöglichkeiten, so daß der Konsument sich leicht das günstigste Angebot heraussuchen kann, um dann letztendlich das Angebot auszuwählen, das ihm den höchsten Nutzen stiftet. Unter den beschriebenen Umständen scheint nicht gerade viel dafür zu sprechen, daß sich Internetkunden an einen Anbieter binden lassen könnten. Dennoch ist es im Internet möglich, ein hohes Maß an Loyalität bei den Kunden zu erzeugen.

Das elektronische Zeitalter hat zu einem Überfluß an Informationen und Reizen geführt, die nur noch zu einem Bruchteil wahrgenommen werden können. Laut der Unternehmensberatung McKinsey sind 98 Prozent der Massenmarketing-Aktionen für den einzelnen Nutzer uninteressant. Genau hier können Personalisierungsansätze Verbesserungen in der Angebotswahrnehmung erreichen. Durch die Personalisierung von Informationen kann die „Awareness“ für diese erhöht und damit auch das Bedürfnis nach Individualität und nutzergerechter Information befriedigt werden.

Die vorliegende Ausführungen zeigen an konkreten Praxisbeispiel die Möglichkeiten von One-to-One-Marketing- und Personalisierungsansätzen zur erfolgreichen Kundengewinnung und -bindung im Internet auf.

1. eCRM: „eNorm“ für die Kundenbindung im Internet

eCRM (Electronic Customer Relationship Management) ist die Übertragung des CRM-Konzepts auf das Internet. Die Erweiterung des CRM zum eCRM bedeutet den Schritt zum elektronischen Kundenbeziehungsmanagement. Zusätzlich zu herkömmlichen CRM-Lösungen erlauben eCRM- Lösungen auch die Einbindung des Internets als Interaktionskanal in das Kundenbeziehungsmanagement.

Im Unterschied zum traditionellen CRM geschieht die rechnergestützte Kundenpflege ohne persönlichen Kontakt, d. h. ohne zwischenmenschliche Relation. Abbildung 1 zeigt die Besonderheiten und Potentiale des eCRM auf.

Die grundlegende Gemeinsamkeit beider Ansätze besteht in der Zielsetzung durch eine systematische Kundengewinnung und -bindung die Bereiche „share of wallet", „share of life" und „share of segment" zu erhöhen. Unabhängig von der Unterscheidung in CRM und eCRM ist damit die Tatsache, daß der Erfolg eines Unternehmens im erheblichen Masse von der Fähigkeit abhängig ist, Informationen über Kunden zu gewinnen und diese für kommerzielle Zwecke zu nutzen.

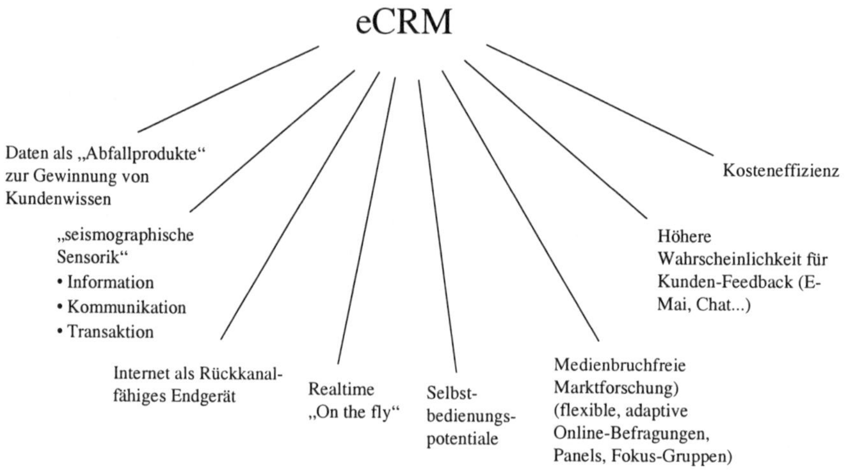

Abbildung 1: eCRM: The Digital Opportunity

Für ein Internetunternehmen ist es essentiell, einen Kunden längere Zeit an sich zu binden, da die Gewinnung eines Kunden gerade im Internet mit enormen Kosten verbunden ist, ein Onlinekunde aber auch einen vergleichsweise viel höheren Customer Lifetime Value hat. Dies liegt daran, daß sich höhere Cross- und Up- Selling Potentiale ergeben, da sich das Sortiment eines Online-Stores schnell und leicht erweitern läßt. Web Kunden neigen auch dazu, ihre Einkäufe auf einen Haupt-Anbieter zu konsolidieren, dessen virtueller Besuch Teil der täglichen Routine wird.

Auch die Wirkung von Weiterempfehlungen ist im Internet viel größer. Eine Empfehlung, die z. B. in ein Diskussionsforum oder eine Newsgroup eingestellt wird, wird von Tausenden potentieller Kunden gelesen; dadurch könnte ihre Kaufentscheidung beeinflußt werden.

In Zukunft wird die Bedeutung von Kundenbindung mit der zunehmenden Verbreitung des Internets zu einem Massenmedium weiter in den Mittelpunkt rücken und bei stagnierendem Marktwachstum die Neukundengewinnung fast vollständig substituieren.

Aber in der Anonymität des Internet, wo sich Anbieter und Kunden nicht persönlich kennen, die Geschäfte teilweise über große Entfernungen getätigt werden und Risiken und Unsicherheiten höher sind, wird Vertrauen - in einem solchen Umfeld schwer zu erzeugen - zur Voraussetzung für Kundenbindung.

Es ist daher notwendig, die individuellen Kommunikationspotentiale des Internets zum Aufbau einer dauerhaften Kundenbeziehung zu nutzen. An das ideale Direktkommunikationsmedium wird die Anforderung gestellt, daß es individuell adressierbar ist, eine Kommunikation in beide Richtungen ermöglicht und so billig ist, so daß es auch von kleineren Anbietern eingesetzt werden kann.

Die traditionellen Massenmedien adressieren immer Gruppen, nie Individuen. Die Kommunikation erfolgt dabei immer nur in einer Richtung vom Anbieter zum Kunden. Eventuelle Antwortmöglichkeiten sind umständlich und nur über einem Medienbruch zu erreichen. Telefongespräche sind zwar individuell adressierbar und erlauben eine Zwei-Wege-Kommunikation, bieten aber nicht die Möglichkeit Bilder zu zeigen; Katalogen fehlt wieder die Möglichkeit der direkten Antwort ohne Medienbruch. Außerdem sind Telefongespräche wegen der hohen Personalkosten teuer für das Unternehmen und daher als individuelle Massenansprache ungeeignet.

Das Internet hingegen scheint wie geschaffen zur direkten und individuellen Kommunikation, obwohl es, aufgrund der Vielzahl von Personen die es erreicht, eigentlich ein Massenmedium darstellt. Dennoch lassen sich Informationen über das Internet direkt adressieren und die Kommunikation kann individualisiert werden, so daß der Kunde je nach seinen persönlichen Präferenzen angesprochen werden kann. Zusätzlich bieten sich zahlreiche Interaktionsmöglichkeiten, sogar die Integration von Transaktionen ist ohne Medienbruch möglich. Zudem ist die Informationsübertragung im Internet sehr kostengünstig und auch effektiv, da Informationen ständig aktualisiert werden können und stets verfügbar sind. Der Nutzer kann sich die Informationen gezielt abholen (Selbstbedienungspotentiale im Internet), wenn er es wünscht, und wird nicht durch unnötige Werbemaßnahmen belästigt.

Insgesamt stellt das Internet eine ausgezeichnete Plattform dar, um die Konzepte des eMarketings und der Personalisierung zur nachhaltigen Kundengewinnung und -bindung ganzheitlich digital umzusetzen. Die Einsatzmöglichkeiten erstrecken sich dabei auf den gesamten digitalen CRM-Cycle. Von der systematischen Kundengewinnung, über der Verkauf von Produkten und Dienstleistungen bis hin zu „After-Sales-Betreuung“ (Abbildung 2).

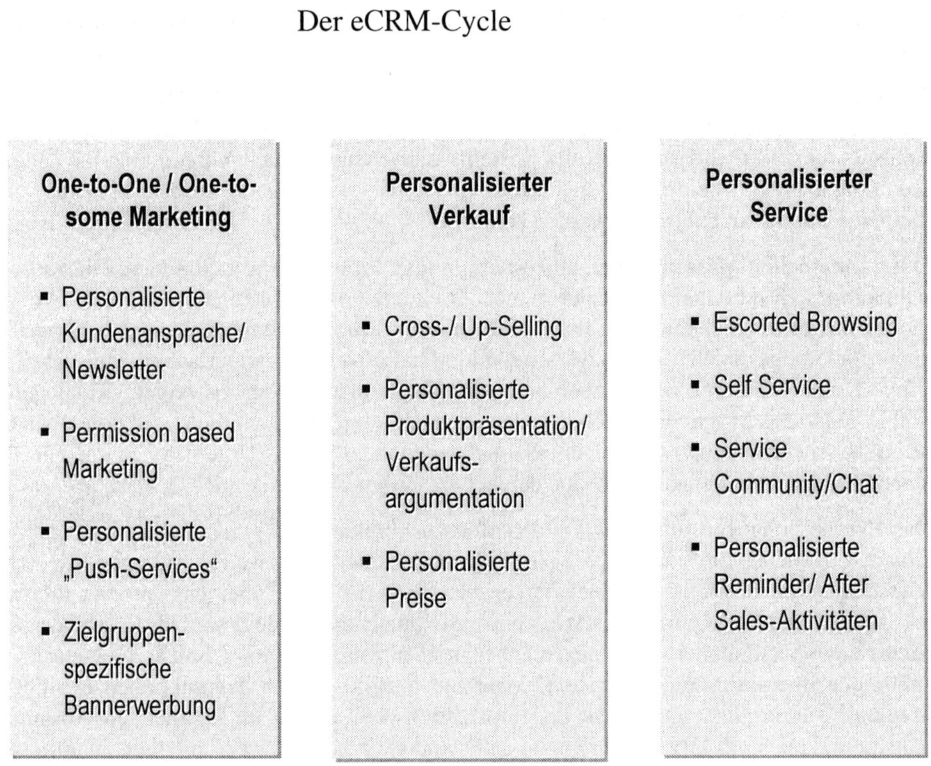

Abbildung 2: Der eCRM-Cycle

2. Systematische Gewinnung von Kundenwissen für das eMarketing

Die systematische Sammlung, Aufbereitung, Analyse und Interpretation von Daten über Märkte und deren Beeinflussungsmöglichkeiten ist angesichts der nachhaltigen Markt-Veränderung ein wichtiges Thema im Marketing. Vor dem Hintergrund der Informationsflut in internet-basierten Commerce- und Business-Anwendungen ist es offensichtlich, daß das Thema eCRM eng mit der Fähigkeit große Datenmengen zu managen und zu analysieren und damit mit dem Thema Data Mining respektive Web Mining verbunden ist.

Die besonderen Unterstützungspotentiale des CRM für das Marketing im Internet hängen unmittelbar mit den Möglichkeiten der Datengewinnung in diesem Medium ab: „It all begins with data“. Eine besondere Eigenschaft des Internet ist die Möglichkeit der einfachen und kostengünstigen Datengewinnung auf allen drei Interaktionsebenen:

- Informationsebene: Logfiles, Cookies, Session-Ids, Logins
- Kommunikationsebene: E-Mails, Check-Boxes, Eingaben in Suchmasken, Chatinhalte
- Transaktionsebene: Bestell- und Kaufprozesse

Diese Daten fallen größtenteils automatisch als eine Art „Abfallprodukt“ an, so daß kein großer zusätzlicher Erhebungsaufwand entsteht. Außerdem beschreiben diese Daten Beobachtungsfakten und sind daher meist nicht verfälscht oder verzerrt (wie z. B. Interviewer-Bias). Dadurch, daß die Daten bereits in elektronischer Form vorliegen, können sie relativ einfach in Analysetools überführt werden oder in Echtzeit verarbeitet werden. Durch die besonderen Eigenschaften des Internets bieten sich optimale Voraussetzungen, um durch den Einsatz von Data Mining-Anwendungen ein umfassendes Bild über das Verhalten einzelner Kunden zu liefern.

Aus Sicht des Marketing ermöglicht Data Mining die kundengruppen-spezifische Analyse von Warenkörben, das Aufzeigen von Navigationsmustern, die Prognose des Kundenverhaltens sowie das Aufdecken von Cross- und Up-Selling-Potentialen. Diese Data Mining-Ergebnisse stellen einen wichtigen Input für das zielgruppengerechte Ansprache dar.

Das Internet stellt somit eine ideale Plattform zur Schaffung von Kundenbindung und deren Ausgestaltung über das CRM dar. Insbesondere die Kombination aus umfangreicher Online-Datenbasis und leistungsfähigen Analyse-Werkzeugen ermöglicht die systematische Gewinnung von validem und umfangreichem Wissen über Kunden und Märkte zur Planung, Steuerung und Kontrolle der Marketingstrategie und Internetaktivitäten eines Unternehmens.

3. Personalisierte Kundenbeziehungen im Internet

Aufgabe der Personalisierung im Internet ist es, einem an sich anonymen Distanzmedium wie dem Internet, persönliche Beziehungen einzuhauchen. Für eine Personalisierung reicht es allerdings keinesfalls aus, daß nach einem Login des Kunden nur dessen Name, Anschrift und Bankverbindung bekannt ist. Diese Funktionalitäten leisten auch die ERP-Systeme. Wesentliches Charakteristikum der Personalisierung muß die antizipierenden Aspekte („wissen was Kunden wollen werden“) sein, die durch entsprechende Data Mining-Verfahren als Kern des Closed Loop-Ansatzes des analytischen CRM prognostiziert werden können: Insgesamt läßt sich der Personalisierungsprozeß in die Phasen „Profiling" sowie „Match Making" einteilen (Abbildung 3). In der Phase des Profiling erfolgt die Erstellung der Kundenprofile. Dies kann zum einen durch explizite Eingabe von Interessen und Präferenzen durch den User (Check-Box-Personalisierung) erfolgen. Da die Bereitschaft hierzu erfahrungsgemäß relativ gering ist, können die Userprofile komplementär durch die sogenannte implizite Profilierung verfeinert werden. In der Offline-Welt kann man sich dies wie eine Beobachtung oder Beschattung des Nutzers mit anschließender Protokollierung vorstellen. Die Ergebnisse der Beobachtung werden nun verwandt, um Rückschlüsse von dem Verhalten des Nutzers auf seine Person bzw. Präferenzen zu ziehen. Der Erfassung der Logfiles kommt im Zusammenhang mit passiven Datenerhebungsmethoden eine zentrale Bedeutung zu. Aus den Daten, die im Logfile enthalten sind, lassen sich Rückschlüssen auf das Verhalten der Kunden auf der Website ziehen. Als Grundanforderung ist es aber notwendig, die Verhaltensmuster der Benutzer zunächst auf Ebene eines Besuchs und in einem weiteren Schritt auch über längere Zeit hinweg auf User-Ebene zusammenzuführen.

In der Phase des „Matching" erfolgt die gezielte Zuordnung von Userprofil und Produkt-(Commerce)/ Content- und User-Profil (Community). Dabei ist der Abgleich zwischen verschiedenen Userprofilen aufgrund der gleichen Attributierung am einfachsten. Das „Matchen" von Userprofilen mit Produkt-/ und Contentprofilen erfordert zunächst eine adäquate semantische Klassifizierung der Produkte bzw. des Contents. Dies kann manuell oder automatisiert durch Verfahren des Content Mining erfolgen. Der Vorteil des Internet als rückkanalfähiges Endgerät besteht nun darin, die Kundenreaktion auf die Personalisierungsangebote zu erfassen. Das erfaßte und bewertete Feedback (Reporting/ Data Mining) schließt den Closed Loop der Personalisierung, indem die Kundenreaktion als Verfeinerung in das Profil aufgenommen wird. Durch diese Lernschleife werden die Kundenprofile sukzessive geschärft und führen so zu immer treffenderen Empfehlungen.

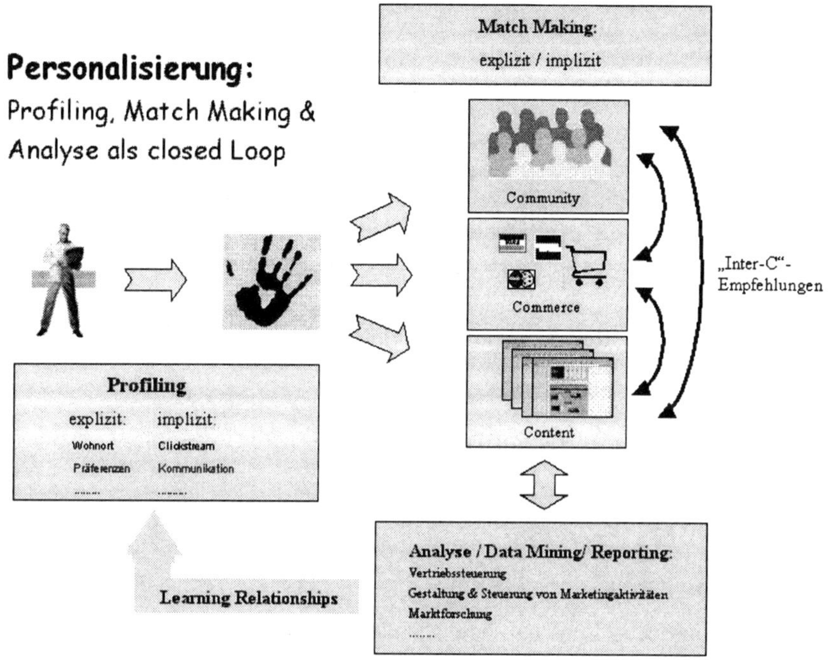

Abbildung 3: Closed-Loop-Ansatz der Personalisierung

Die konkreten Möglichkeiten der Personalisierung können analog zu den drei Interaktionsebenen im Internet (Information, Kommunikation und Transaktion) in drei Bereiche eingeteilt. Ein vierter Bereich, Kategorieebene, der diese zusammenfaßt, wird hinzugefügt.

1. Content als Informationsebene
2. Community als Kommunikationsebene
3. Commerce als Transaktionsebene
4. Category als zusammenfassende Kategorie („Inter-C“-Empfehlungen)

Abbildung 4 stellt den Zusammenhang zwischen den Interessen des Kunden und den oben erwähnten Interaktionsebenen dar, wobei die Interessenebene eine besondere Stellung einnimmt. Das individuelle Interesse des Kunde ist der Initiator der jeweiligen Personalisierungsmaßnahmen. Die Personalisierungsmaßnahme ist also eine Reaktion des Unternehmens auf das Kundeninteresse.

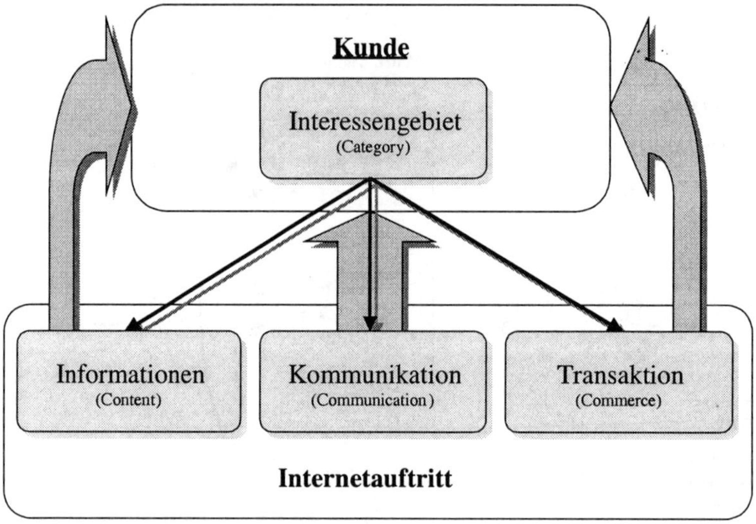

Abbildung 4: Die vier „Cs“ bei der Personalisierung

Content

Auf der Informationsebene kann der Inhalt personalisiert werden. So könne in einem Internet-Portal beispielsweise Leitartikel so ausgewählt werden, daß sie den individuellen Interessen des jeweiligen Nutzers entsprechen. Zu diesen Artikeln können zudem u. a. personalisierte Nachrichten, Veranstaltungshinweise und Hinweise auf neu erschienene Bücher, CDs, etc. referenziert werden.

Community

Viele Menschen haben das Bedürfnis, sich über ihre Interessen mit anderen gleich interessierten Menschen auszutauschen. Das geschieht in der Offline- Welt z. B. durch Vereine, Diskussionsrunden, etc. In der Online- Welt gibt es sogenannte Communities (siehe vorheriges Beispiel), die sich zu bestimmten Themengebieten austauschen. Portale versuchen zunehmend entsprechende Communities aufzubauen, damit sich die Kunden unter gleich Interessierten wohl fühlen und so persönliche Kontakte innerhalb des Portals knüpfen. Dies bindet sie wiederum an das Portal, indem es ihre individuellen Wechselkosten erhöht.

Commerce

Personalisiert können insbesondere Waren und Dienstleistungen angeboten werden. Der Vorteil ist, daß auf diese Weise die Streuverluste der Werbung verringert werden und dadurch die Wahrscheinlichkeit steigt, daß der Kunde einen Kauf tätigt. Aus Kundensicht bringt diese Personalisierung große Vorteile. Die Suchzeiten werden verringert und die Kundenzufriedenheit steigt an. Das Prinzip des Tante-Emma-Ladens im Internet umzusetzen wäre ein Erfolgsziel, denn je besser die Internetseite den Kunden kennt, desto besser können die Angebote auf die individuellen Wünsche des Kunden zugeschnitten sein; und je besser die Kundenwünsche befriedigt werden, desto weniger ist der Kunde geneigt den Anbieter zu wechseln.

Weiterhin bestehen im Warenhandel sogenannte Cross- Selling- Potentiale. Das Ziel von Cross- Sales ist es, Verkaufsaktivitäten horizontal und/oder vertikal innerhalb eines bestehenden Kundenstammes zu diversifizieren. Durch Assoziationsanalysen können Produkte/ Content identifiziert werden, die von bestimmten Kundengruppen nachgefragt werden. Dadurch können Kunden zielgruppen-adäquat Produktempfehlungen/ -angebote unterbreitet werden.

Category

Als übergeordnete Ebene kann die Kategorie angesehen werden. Unter einer Kategorie im Sinne der Personalisierung fällt eine Vorliebe des Kunden, auf die das Unternehmen durch mehrere Interaktionsebenen im Internet reagieren kann. Der Kunde soll durch maßgeschneiderte Bandel angesprochen und gebunden werden. Ein Beispiel hierfür wäre die Vorliebe eines Kunden für klassische Musik. Weiß der Betreiber eines entsprechenden Internet-Portals von dieser Vorliebe, so können dem Kunden auf der Content- oder Informationsebene z. B. personalisierte Veranstaltungstips unterbreitet werden. Auf der Community- oder Interaktionsebene kann der Kontakt zu anderen Personen hergestellt werden, die sich ebenfalls für klassische Musik interessieren. Diese Kunden können dann gemeinsam über ihr Interessengebiet Informationen und Meinungen austauschen. Auf der Commerce- oder Transaktionsebene können dem Kunden personalisierte Angebote z. B. von CDs oder Konzertkarten unterbreitet werden.

Diese Form der personalisierten Informations- und Produkt-Bandel adressiert insbesondere auch „Convenience“ als wichtige Kundenbindungsdeterminante. Da die meisten Online-Shopper im Internet einkaufen, weil sie Bequemlichkeit suchen, und nicht unbedingt den niedrigsten Preis, ist Convenience ein weiterer Einflußfaktor der Kundenbindung. D. h. die meisten Kunden wollen, daß das Einkaufen im Internet schnell und unkompliziert vonstatten geht. Das individuelle Maßschneidern über alle vier „Cs“ hinweg kann die Bequemlichkeit beim Internetkonsum deutlich erhöhen.

4. Praxisbeispiele

4.1 Aufbau einer User-Typologie zur Unterstützung des One-to-One-Marketing einer Community

Das folgende Beispiel resultiert aus einem Projekt, das die Aufgabe hatte das Marketing bei einer der größten Europäischen Communities zu unterstützen. Ziel war es, trotz der Anonymität - bzw. in der Community-typischen „Pseudonymität" - CRM-relevante Aussagen über die Mitglieder der Community gemacht werden können. Auf Basis der gesammelten Registrierungs- und Verhaltensdaten sollte eine Kunden-/ User-Typologie aufgebaut werden, die als Basis für One-to-One- bzw. genau genommen für One-to-Many-Marketingaktivitäten genutzt werden sollte. Ziel des Data Mining-Ansatzes war, es mehr Wissen über die Community-Mitglieder zu generieren, so daß diese durch das Zuspielen passenden Contents und Empfehlungen sowie durch das Zusammenführen ähnlicher („like-minded") Mitglieder stärker an die Community gebunden werden. Abbildung 5 zeigt die auf Basis von Data Mining entwickelte User-Typologie.

1. power-user (activ in real life)
2. academics
3. technically oriented user
4. social and health oriented user
5. rockmusic and alternative user
6. business oriented user
7. music-consumers (fun oriented)

Abbildung 5: User-Typologie einer großen europäischen Online-Community

Die Analyse hat deutlich gemacht, daß es im wesentlichen sieben unterschiedliche „Mindsets“ gibt, die in sich relativ homogen und untereinander heterogen sind. Auf Basis dieser User-Topologie konnten nun zielgruppenadäquate Inhalte, URL-Empfehlungen sowie Bannerwerbungen eingespielt werden. Zudem hat diese Usersegmentierung dazu beigetragen, daß ähnlicher User schneller identifiziert wurden und in Kontakt treten konnten. Mit der intensivierten Userbeziehungen ging die erhöhte Bereitschaft der Mitglieder Informationen von sich Preis zu geben, einher. Auf Basis dieser zusätzlichen Informationen konnten jetzt auf Basis des Data Mining noch differenziertere Profile erstellt werden, was wiederum die Community-Bindung und damit auch wieder die Bereitschaft zur Informationspreisgabe erhöht hat. Es entstand damit eine sich selbst speisende Spirale, die sukzessive das Kunden-Wissen und damit auch die Bindungsmöglichkeiten erhöht hat.

4.2 Umsatzsteigerung durch Personalisierung bei einem Musik-Portal

Das folgende Beispiel ist Teil eines Projektes, das zur Aufgabe hatte, die Kundenbindung in einem Musik-Portal durch das gezielte Anzeigen von personalisiertem Angebot zu erhöhen. Das Musik-Portal ermöglicht das Anhören von Musikstücken sowie das kostenslose als auch das gebührenpflichtige Herunterladen von Musikstücken (MP3-Files). Ziel des Projektes war es, neben dem allgemeinen Content (70%) Usertyp-spezifische Inhalte und Empfehlungen (30%) anzubieten. Die für die Personalisierung notwendigen Daten wurden dabei zum einen durch die optionale explizite Abfrage von Interessen und Musikpräferenzen erhoben. Da die Bereitschaft der User zum Ausfüllen der angebotenen Registrierungsformulare gering war (Check-Box-Personalisierung), wurden die Userprofile komplementär auf Basis der impliziten, verhaltensbasierten Profilierung aufgebaut.

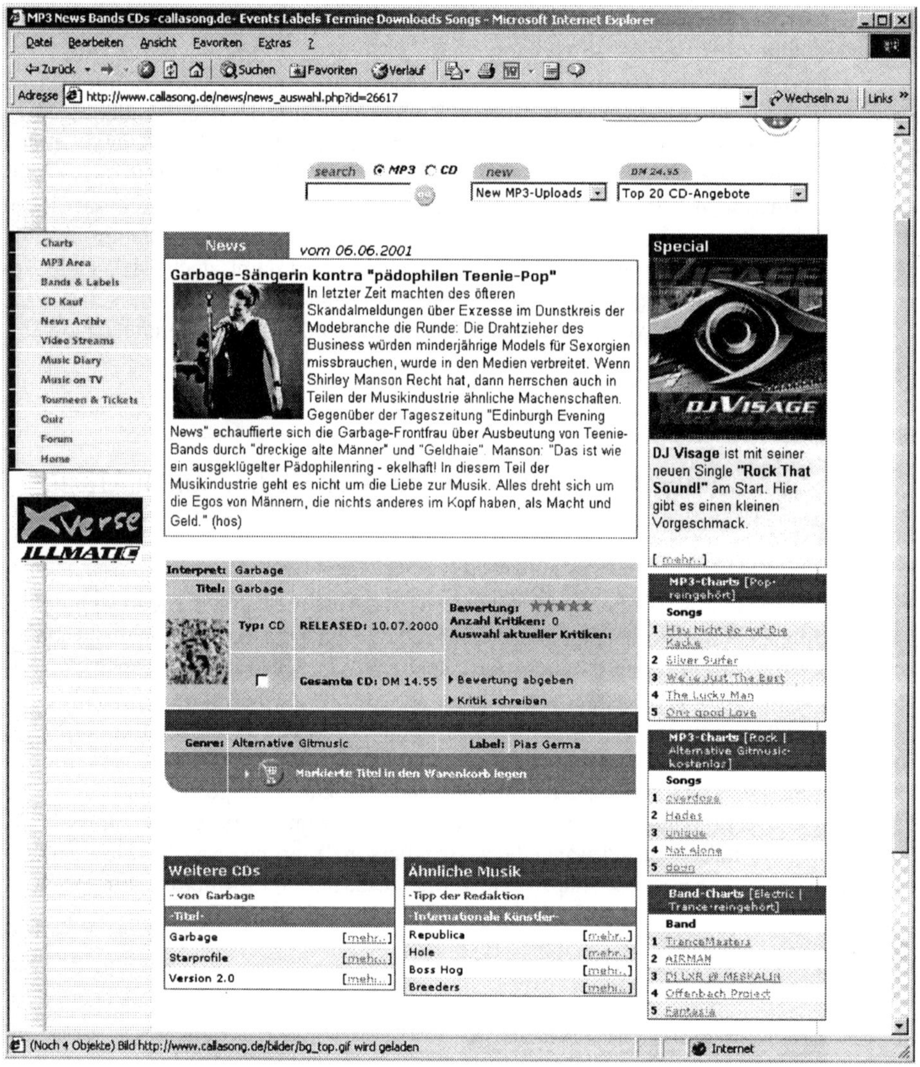

Abbildung 6: Das Musikportal „Callasong“

Abbildung 6 zeigt eine Seite des Musikportals. In der Mitte der Seite befindet sich der allgemeine, nicht individualisierte Content, auf der rechten Seite wird hingegen profilabhängig personalisierter Content eingespielt. Abbildung 7 zeigt das korrespondierende Back-End. Die Online-Redakteure können für verschiedene Content-Container (z. B. CD der Woche, Konzert-Tip, Song des Tages...) personalisierte Inhalte definieren (linke Abbildung). Des weiteren existiert ein Regeleditor mit dessen Hilfe sich die jeweiligen Regeln formulieren lassen (rechte Abbildung): Z. B. User, die sich für die Gruppe X interessieren, bekommen Empfehlung die aktuellen Tourdaten der Gruppe sowie als CD-Tip ein Album angezeigt, das mit der Musik der Gruppe X vergleichbar ist. Das Erstellen bzw. Verfeinern der Profile erfolgt automatisch durch ein adaptives User-Tracking; die Erstellung der Regeln erfolgt manuell durch die Online-Redakteure.

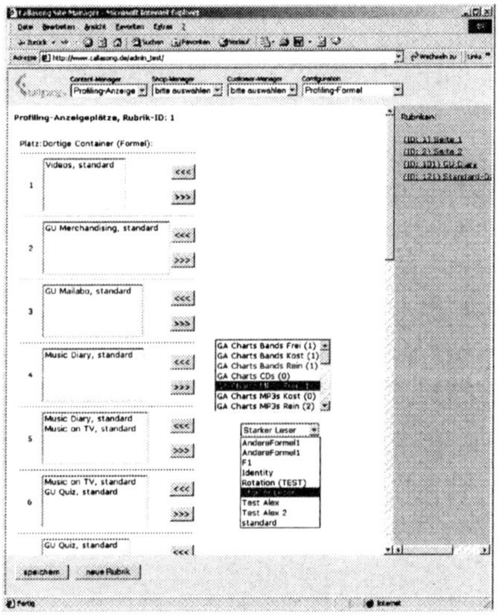

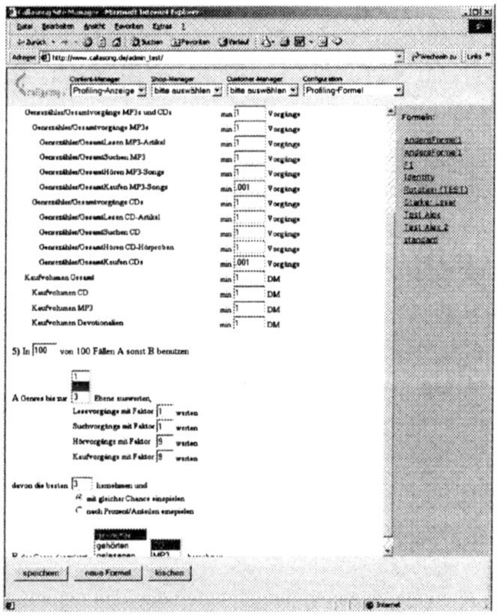

Abbildung 7: Das „Back-End“: Justierung der Personalisierungsregeln

Als Ergebnis der Personalisierung konnte eine signifikante Umsatzsteigerung festgestellt werden. So ist der Umsatz innerhalb eines Quartals nach Implementierung signifikant gestiegen, dabei wurden die Erkenntnisse aus den Analysen noch nicht für Veränderungen des Produktmixes und Anpassungen des Contents eingesetzt. Aus Sicht des CRM ist insbesondere auch die Steigerung der Customer Conversion Rate zu nennen: Die Relation der kaufenden Besucher zu den Usern hat sich im ersten gemessenem Quartal um absolut 3% verbessert. Ebenso aussagekräftig für die Wirkung der Personalisierung für das CRM ist die Steigerung des New Repeat-Customer-Momentum; so ist der Anteil der neuen Wiederholungskäufer innerhalb des Quartals um 6% gestiegen. Als weiterer Indikator für die erhöhte Kundenbindung läßt sich die Tatsache nennen, das sich die durchschnittliche Nutzungsdauer je Visit im gleichen Zeitraum um 18% verlängert hat.

4.3 Analyse des Kundenverhaltens in einem E-Shop zur gezielten Verkaufsunterstützung

Die folgenden Ausführungen resultieren aus einem Projekt bei einem großen Deutschen E-Shop. Ziel war es, das Kaufverhalten der Kunden transparent zu machen: Welcher Kundentypus kauft welche Waren? Welche Waren werden zusammengekauft? Welche Waren werden in einem bestimmten Zeitmuster nachgefragt? Welche Seiten besuchen Kunden typischer Weise vor und nach einem Kauf?

Beispielhaft soll letztere Frage im folgenden beantwortet werden. Auf Basis der automatisch fortgeschriebenen Navigationsdaten wurde mit Hilfe von sogenannten Sequenzanalysen das zeitliche Verhalten von Kaufprozessen analysiert. Abbildung 8 zeigt als beispielhaftes Ergebnis signifikante Navigationspfade innerhalb des Online-Shops. Es handelt sich dabei um eine sequentielle Folge von Besuchen (Click Streams) innerhalb des Shops, die besonders auffällig sind. Durch die Analysen wurden so die assoziativen Folgen mit „buy.html“, die also einen konkreten Kauf mit einschließen, transparent.

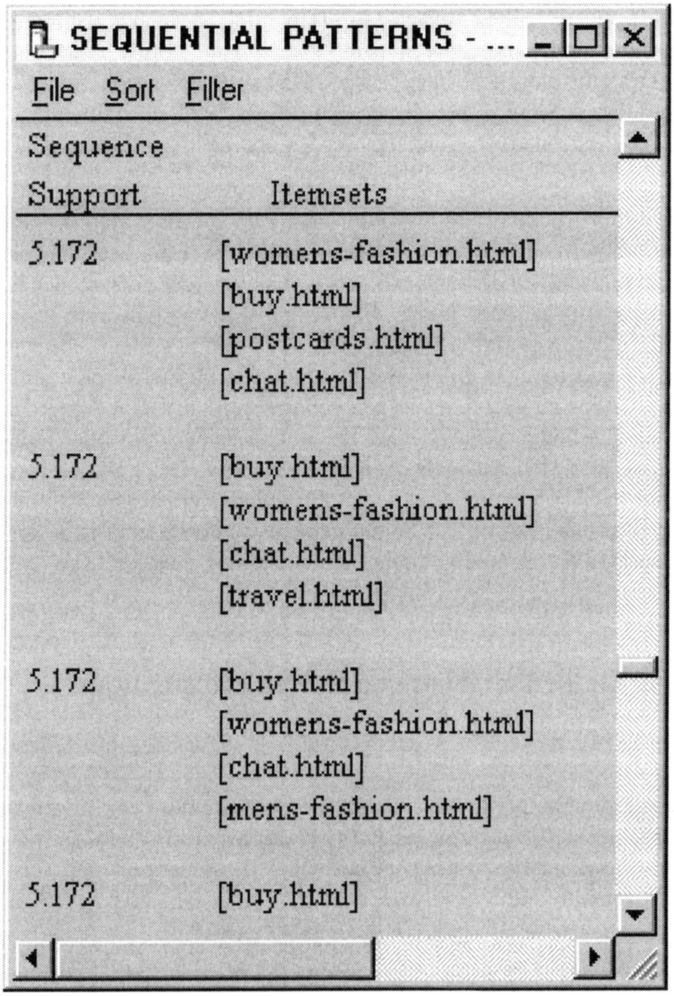

Abbildung 8: Auffällige Navigationspfade in einem Online-Shop

Interessant ist nun die Interpretation der gefunden Assoziationen: so interessieren sich 5,172% der User zunächst für verschiedene Artikel in Bereich „womens-fashion.html“, tätigen dann die eigentliche Kauftransaktion (buy.html), verschicken darauf hin eine virtuelle Postkarte (postcard.html) und beginnen dann zu chatten (chat.html). Diese Resultate sprechen dafür, daß die Shop-Besucher zunächst einkaufen und dann ihrem Kommunikationsbedürfnis durch das Versenden von Postkarten und dem Chatten in der Online-Community nachgehen.

Weitere 5,172% der Shop-Besucher kaufen zunächst ein (buy.html), besuchen dann den Modebereich (womens-fashion.html) und steuern nach dem Chatten (chat.html) und steuern den Reisebereich (travel.html) bzw. den Männermodebereich (mens-fashion.html) an. Die Kaufabsicht scheint bei diesen Shop-Besuchern im Mittelpunkt ihres Besuches zu stehen. Die informativen Bereiche werden erst nach getätigtem Kauf aufgesucht.

Auf Basis dieses differenzierten Kundenwissens wurden nun verschiedene Maßnahmen zur gezielteren Kundenansprache und Verkaufsförderung diskutiert. Eine Möglichkeit besteht darin, das Angebote je nach Kundentypus zu personalisieren oder entsprechende Restrukturierungen des Shops vorzunehmen (siehe Praxisbeispiel „Personalisierte Kundenbeziehungen für ein Informations-Portal"). Ebenso können Fragen des Shop- und des Produktdesigns wie auch Sortimentsfragen gelöst werden, indem z. B. zielgerichtet einzelne Medien innerhalb des Shops zu Akzeptanzfragen genutzt werden: Beim Angebots virtueller Postkarten können Produktvorschläge bzw. Designbausteine direkt oder indirekt plaziert werden. Die am stärksten nachgefragten Produkt- bzw. Designvorschläge werden dann für das zukünftige Shopsortiment bzw. das Produktdesign ausgewählt und können darüber hinaus zur Personalisierung der Seiten genutzt werden. Dabei ist schon innerhalb des Postkartenangebots Kundenindividuelle Differenzierung möglich.

4.4 Personalisierte Kundenbeziehungen für ein Informations-Portal

Das im folgende beschriebene Internetportal hat sich auf die Bereitstellung von Informationen im weitesten Sinn spezialisiert. Im Sinne eines Informationsportals bietet es, vergleichbar mit einer Online-Enzyklopädie, zahlreiche, kostenlose Informations- und Wissensbestände im Bereich Allgemein- und Spezialwissen an.

Neben digitalen Lexika, Wörterbüchern und Chroniken besteht eine Online Lern-Funktion und ein umfassender Online-Ratgeber, der praktische Tips zu Alltagsfragen, von Geldanlagen und Bewerbungen bis zu Trendsportarten, Gesundheitstips und Kochrezepten bereithält. Im Community-Bereich können sich die User mit Experten über verschiede, themenbezogene Chats und Diskussionsforen austauschen.

Die Plattform finanziert sich zur Zeit primär aus der Vermarktung von Werbebannern. Langfristig besteht allerdings das Ziel, neben dem bereits bestehenden Online-Store, vor allem über die Vermarktung der Informationsinhalte über Contentsyndication, zusätzliche Einnahmequellen zu erschließen. Ein vorrangiges Ziel des e-Portals ist es, die User langfristig an die Seite zu binden und den Lifetime Value seiner Kunden zu maximieren.

Für die Personalisierung ist es zuerst wichtig, verschiedene Besucherklassen zu identifizieren und herauszufinden, welche unterschiedlichen Bedürfnisse und Interessen sie haben. Mit diesen Informationen lassen sich individuelle Angebote erstellen und für den

Kunden interessante Inhalte selektieren. Auch die Performanz einer Seite, also die technische und strukturelle Qualität (Usability), ist ein entscheidendes Merkmal einer Web-Site, das einen Mehrwert darstellt. Denn die Internet-Nutzer bevorzugen Seiten, die als angenehm und leicht zu bedienen wahrgenommen werden und gleichzeitig ein hohes Maß an Intuitivität beinhalten. Daher sollte die Navigation durch die Seiten an den individuellen User angepaßt werden.

Auf Basis einer Data Mining-Analyse wurden vier signifikante User-Cluster gefunden. Auffällig war dabei, daß die Interessensgebiete die Hauptkristallisationspunkte boten; also von besonderem Gewicht bei der Bildung der Usergruppen waren, während, abgesehen vom Geschlecht, die demographischen Merkmale wie Alter und Wohnort nur eine untergeordnete Rolle bei der Einteilung der Cluster spielten.

Exemplarisch soll hier das Ergebnis des Cluster 3 dargestellt werden. Dieses Cluster stellt 22,7% der Grundgesamtheit dar. Besonderes Interesse besteht für Wirtschaft und Politik. Aber auch an Technik und Geschichte ist ein überdurchschnittliches Interesse zu verzeichnen. Die User dieses Clusters sind fast ausschließlich Männer.

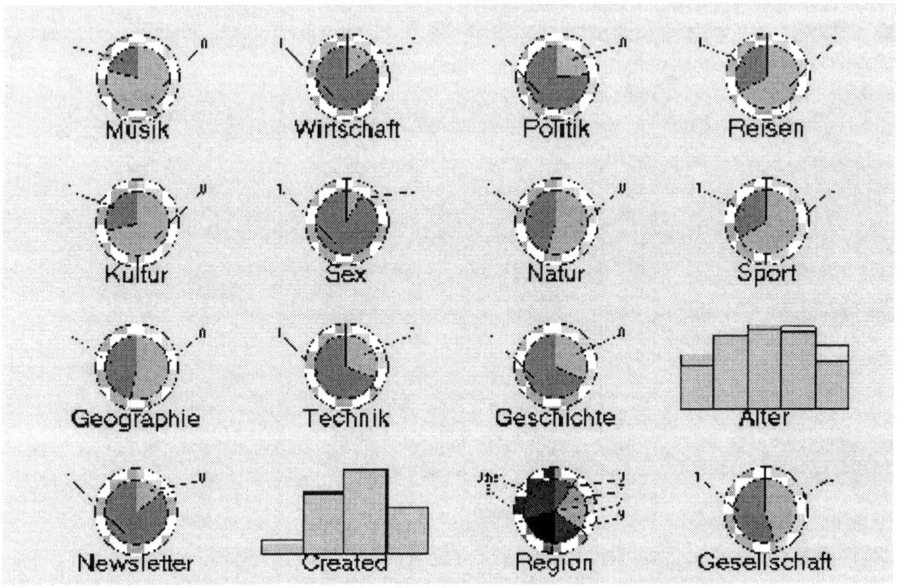

Abbildung 9: Cluster 3 – „Politisch-wirtschaftlich interessierte Männer“

Durch die Identifikation unterschiedlicher Besuchergruppen, wurde es möglich, gezielt personalisierte Maßnahmen durchzuführen, indem für bestimmte Kampagnen die Zielgruppenprofile auswählt wurden, die für die anstehende Kampagne besonders empfänglich waren. Diese Zielgruppen konnten dann individuell angesprochen werden. Auf diese Weise wurden sowohl die direct-mail Aktionen als auch die Bannerauslieferungen optimiert. Auch im Hinblick auf die kommerzielle Contentsyndication ist es wichtig, die Kernzielgruppe des jeweiligen Contentpartners innerhalb der Usern identifizieren zu können und festzustellen, welche Contentseiten diese Gruppen vorzugsweise verwendet haben.

Die Segmentierung der Kundentypologien hat bereits gezeigt, daß bestimmt Interessensgebiete, wie z. B. „Wirtschaft" und „Politik" häufiger zusammen auftreten als andere. Mit Hilfe einer Assoziationsanalyse können zudem auch auffällig selten vorkommende Interessenkombinationen und unerwartete Interessenverknüpfungen identifiziert werden. Solche Informationen können dann dabei helfen, zusammengehörige Interessengebieten auch bei der Seitengestaltung zu berücksichtigt und es zu vermeiden, den Usern irrelevante Inhalte aber auch Werbungen zu präsentieren.

Unter den generierten Regeln wurde so z. B. eine Gruppe häufig zusammen auftretender Interessensgebieten gefunden, welche die Bereiche Natur, Geschichte, Geographie und Technik umfaßt (siehe Abbildung 10).

Association Rules - "Untitled"

File View Sort Filter Format

Support	Confidence	Type	Lift	Rule		
49.253	73.6	+	1.2	[Technik]	==>	[Natur]
49.253	78.8	+	1.2	[Natur]	==>	[Technik]
46.320	69.3	+	1.1	[Technik]	==>	[Geschichte]
46.320	71.5	+	1.1	[Geschichte]	==>	[Technik]
46.025	73.7	+	1.1	[Natur]	==>	[Geschichte]
46.025	71.1	+	1.1	[Geschichte]	==>	[Natur]
45.720	70.6	+	1.3	[Geschichte]	==>	[Geographie]
45.720	82.0	+	1.3	[Geographie]	==>	[Geschichte]
44.892	71.8	+	1.3	[Natur]	==>	[Geographie]
44.892	80.5	+	1.3	[Geographie]	==>	[Natur]
43.502	78.0	+	1.2	[Geographie]	==>	[Technik]
43.502	65.0	+	1.2	[Technik]	==>	[Geographie]
43.454	67.1	+	1.2	[Geschichte]	==>	[Gesellschaft]
43.454	77.8	+	1.2	[Gesellschaft]	==>	[Geschichte]
38.341	85.4	+	1.3	[Geographie] AND [Natur]	==>	[Geschichte]
38.341	83.9	+	1.3	[Geschichte] AND [Geographie]	==>	[Natur]
38.341	83.3	+	1.5	[Geschichte] AND [Natur]	==>	[Geographie]
38.199	82.5	+	1.3	[Geschichte] AND [Technik]	==>	[Natur]
38.199	83.0	+	1.2	[Geschichte] AND [Natur]	==>	[Technik]
38.199	77.6	+	1.2	[Natur] AND [Technik]	==>	[Geschichte]
37.989	84.6	+	1.3	[Geographie] AND [Natur]	==>	[Technik]
37.989	77.1	+	1.4	[Natur] AND [Technik]	==>	[Geographie]
37.989	87.3	+	1.4	[Geographie] AND [Technik]	==>	[Natur]
36.942	79.8	+	1.4	[Geschichte] AND [Technik]	==>	[Geographie]
36.942	80.8	+	1.2	[Geschichte] AND [Geographie]	==>	[Technik]
36.942	84.9	+	1.3	[Geographie] AND [Technik]	==>	[Geschichte]
33.314	87.2	+	1.6	[Geschichte] AND [Natur] AND [Technik]	==>	[Geographie]
33.314	90.2	+	1.4	[Geschichte] AND [Geographie] AND [Technik]	==>	[Natur]
33.314	87.7	+	1.4	[Geographie] AND [Natur] AND [Technik]	==>	[Geschichte]
33.314	86.9	+	1.3	[Geschichte] AND [Geographie] AND [Natur]	==>	[Technik]

Abbildung 10: Assoziationen zwischen den Interessensgebieten

Die Suche nach aussagekräftigen und relevanten Regeln kann durch die Visualisierung der Ergebnisse unterstützt werden, indem die gefundenen Assoziationen graphisch darstellen werden. Abbildung 11 zeigt beispielhaft die Darstellungsweise von zweielementigen Regeln für die Interessensgebiete Wirtschaft und Politik.

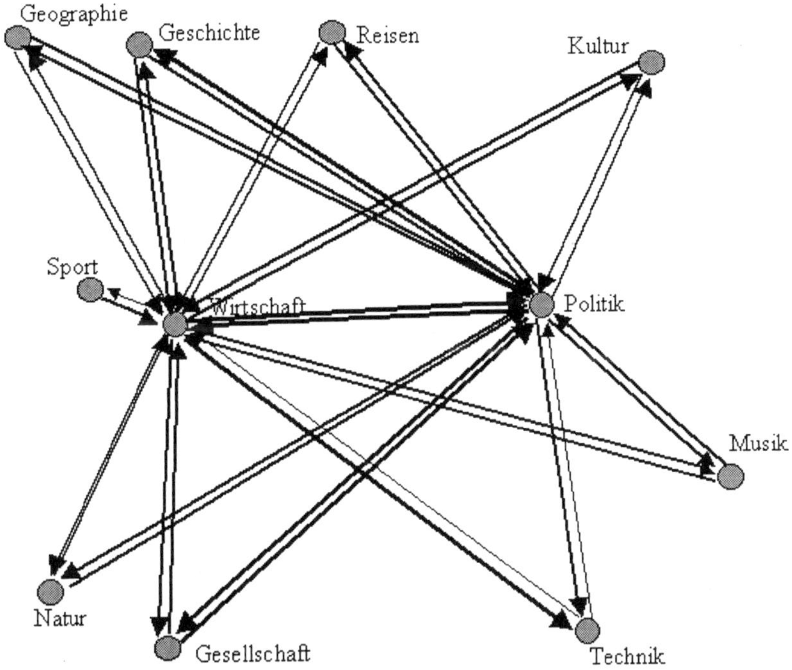

Abbildung 11: Visualisierung von Assoziationsregeln

Interessensgebiete, zwischen denen ein Zusammenhang besteht, sollten auch im Angebot des Informationsportals zusammen behandelt werden. Dies wurde durch entsprechende direkte Links zwischen den jeweiligen Gebieten umgesetzt. Zu einem geschichtlichen Artikel werden jetzt optional geographische Hintergründe mit technischen Details ergänzend eingeblendet sowie auf entsprechende Links verwiesen.

5. Fazit und Ausblick

Die gezeigten Praxisbeispiel haben das Potential des CRM im Internet deutlich gemacht. Dabei war das Internet für die betrachteten Unternehmen die oder eine weitere Schnittstelle zum Kunden. Zukünftig wird für Unternehmen das Kanalübergreifende Beziehungsmanagement wichtig werden. So wird für zukünftige CRM-Lösungen neben dem kanalübergreifendem Erfassen und der Analysieren von Daten insbesondere auch die kanalübergreifende Distribution der personalisierten Inhalte an Bedeutung gewinnen. Welcher Kommunikationskanal ist für welche Zielgruppe der richtige? Wie sollte die „Personalisierungsansprache“ erfolgen? Wie lassen sich unterschiedliche Kanäle wie Web-Pads, Internet, Telefon usw. untereinander verbinden und koordinieren? Wie läßt sich eine Multi-Channeling-Personalization planen und steuern? Auf diese Fragen müssen CRM-Lösungen zunehmend Unterstützungsleistung bieten. Dies gilt insbesondere auch für die Integration von Online- und Offline-Welt (CRM + eCRM = iPersonalisierung). Allerdings zeigt die Praxis, daß solch ein integrierter Cross-Media-Ansatz noch in den Kinderschuhen steckt. Langfristig wird sich jedoch die Aufteilung in CRM und eCRM auflösen. Es wird einen CRM-Begriff geben, das schlicht ohne zusätzliche Attributierungen einen kanalübergreifendes Kundenbeziehungsmanagement zum Ausdruck bringt.

Data Mining wird zunehmend wichtiger werden für leistungsstarke CRM-Technologien. Das intelligente und effiziente Gestalten und Managen von Internet-basierten Kunden- und Geschäftsbeziehungen erfordert zunehmend die systematische Analyse der zugrundeliegenden Daten. Aufgrund der immensen Datenfülle kommen konventionelle, ‚manuelle‘ Analysen schnell an ihre Grenzen. Genau hier bietet sich der intelligente Einsatz des Computers an: Durch den Einsatz des Data Mining lassen sich trotz Datenflut Strukturen und Muster finden, die wichtigen Input sowohl für die strategische Ausrichtung des E-Business als auch für die konkrete Gestaltung der Personalisierung liefern können. Der hohe Automatisierungsgrad des Mining ermöglicht zudem die relativ einfache Erfassung von Veränderungen. Die Berücksichtigung der Dynamik in Kundenbeziehungen ist von großer Bedeutung. So verändern sich z. B. Kundenpräferenzen, das Nachfrageverhalten oder die adressierte Zielgruppe. Ein leistungsfähiges und flexibles Customer Relationship Management muß diese Veränderungen schnell aufnehmen, um dann mit einem angepaßten Angebot kundengerecht reagieren zu können.

Neben der Generierung von Kundenwissen durch nicht-reaktive Verfahren (wie die hier beschriebenen Data Mining-Verfahren) wird in Zukunft die Verbindung reaktiver Verfahren (klassische Online-Marktforschung) mit nicht-reaktiven Verfahren eine immer wichtigere Rolle bei der Gewinnung von Kundenwissen spielen. Um personalisierte Inhalte und Produkte bedarfsgerecht liefern zu können, benötigen Unternehmen differenziertes Wissen über ihre Kunden: Welche Interessen haben sie? Welche Kommunikationsform präferieren sie? Wie unterscheiden sich bestimmte Kundengruppen? Die Antworten hierzu kommen in der traditionellen Offline-Welt in der Regel aus der

Marktforschung. Das Internet bietet eine einzigartige Vielzahl von Informationen, die es ermöglichen, den Puls des Kunden in Realtime zu messen. Den Puls des Kunden zu messen, heißt aus Sicht des Data Mining, zu beobachten und zu messen, was der Kunde tatsächlich in der Vergangenheit gemacht hat und aktuell gerade macht. Welche Inhalte interessieren ihn? Welche Produkte präferiert er? Damit kann die Frage beantwortet werden, was er macht oder gemacht hat. Die Fragen nach seiner Intention, nach seinen Wünschen, Sehnsüchten und Ängsten bleiben jedoch weitgehend unbeantwortet. Um wirklich fundiertes und differenziertes Wissen über Kunden und Märkte zu erhalten, sollten zukünftig stärker die Verhaltensebene und die Motivebene miteinander verbunden werden (siehe Abbildung 12). So kann der datengetriebene Ansatz des Data Mining zum Einen helfen, im Rahmen der Marktforschung auf Basis des tatsächlichen Verhaltens die richtigen Fragen zu stellen. Zum anderen lassen sich durch das tatsächlich erfasste Verhalten Aussagen validieren, die durch die Marktforschung gewonnen wurden.

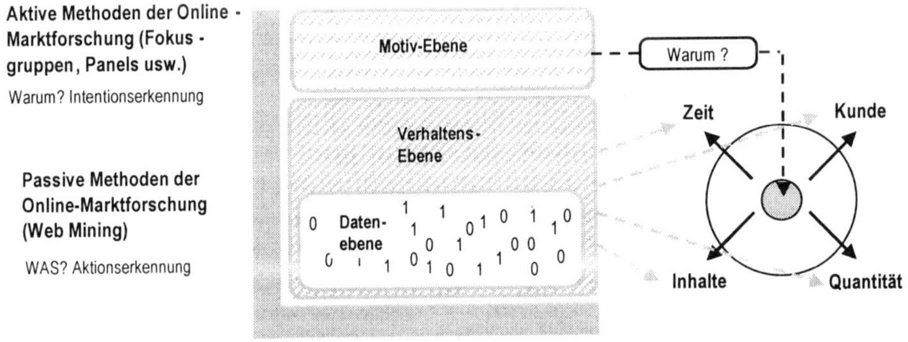

Abbildung 12: Verhaltensebene und Motivebene als Basis für die Personalisierung

Im Rahmen des eCRM wird sich zunehmend auch die Diskussion um den gläsernen Kunden verschärfen. Dies betrifft in erster Linie die zugrunde liegende vertragliche Basis für die Sammlung und Nutzung von Daten für die Online Marktforschung und Personalisierung. Gibt es im Internet eine vertragliche Tradition? Impliziert bereits der Besuch einer Website einen „mündlich" formlosen Vertrag des Einverständnisses zur Speicherung des Clickstreams, oder bedarf es explizit einer schriftlichen Vereinbarung? Wie ausdrücklich müssen Nutzungsvereinbarungen über Daten sein, die im Internet erfaßt werden? Und folglich, wie ausdrücklich muß eine regelnde Politik sein, um die Privatsphäre schützen zu können?

Die Unternehmen werden sich auf die Entwicklung der zunehmenden Sensibilität hinsichtlich personenbezogener Daten weiter einstellen müssen, um sich das Vertrauen der Konsumenten zurückzugewinnen und persönliche, langfristige Kundenbeziehungen aufbauen zu können. Vertrauensmanagement muß dem Konsumenten Klarheit darüber verschaffen, daß seine Daten ihm gehören, welchen Gegenwert er für die Preisgabe seiner Daten erhält und daß seine Daten vor dem Zugriff Dritter geschützt sind.

Literatur

GENTSCH et al.: Data Mining: 12 Tools im Vergleich OXYGON VERLAG, 2000.

GENTSCH, P., GROTHE, M.: Business Intelligence „Aus Informationen Wettbewerbsvorteile gewinnen, ADDISON-WESLEY, 2000.

GENTSCH, P, ROTH, M., FAULHABER, N.: Data Mining in der Online-Marktforschung – Auf dem zu gläsernen Märkten und Kunden? in: Theobald/ Dreyer/ Starsetzki (Hrsg.): Online-Marktforschung – Theoretische Grundlagen und praktische Erfahrungen Gabler, 2001.

GENTSCH et al.: Web-Personalisierung und Web-Mining für eCRM: 12 Tools im Vergleich OXYGON VERLAG, 2001.

KAUFFELS, F.: Web selling : von der Präsenz zum Profit im Internet; 1. Aufl. Bonn: MITP-Verlag, 1999.

SCHOMMER, C., MÜLLER, U.: Data Mining im E-Commerce – ein Fallbeispiel zur erweiterten Logfileanalyse, HMD 04/2001.

Winfried Felser, Matthias Hahn und Stefan Kolbeck

Erfolgreiche Kundenakquisition im B2B-Bereich durch „intelligente“ Online-Werbung

Vorbemerkung

In Krisenzeiten bzw. in Zeiten stagnierender Budgets gewinnt die Akquisition neuer Kunden eine große Bedeutung im Kundenbeziehungsmanagement. Einen effektiven und effizienten Ansatz für die Kundenakquisition im B2B-Bereich stellt „intelligente" Online-Werbung dar. An die Stelle einfacher, unfokussierter Banner-Kampagnen treten bei intelligenter Online-Werbung neue Werbeformen, die Informationstiefe und Informationsbreite, Multimedialität und Vernetzung nutzen, sowie fachspezifische Portale als Medien ohne Streuverluste. In diesem Beitrag wird als Beispiel für diesen Ansatz das Sponsoring von Virtuellen Kompetenzzentren vorgestellt, durch eine verallgemeinerte Fallstudie verdeutlicht und anhand von Erfahrungswerten evaluiert.

1. Die Wiederentdeckung der Kundenakquisition

In den vergangenen Jahren haben Unternehmen entdeckt, daß die Verbesserung des Kundenbeziehungsmanagements ein wichtiges Mittel zur Steigerung des Unternehmenswerts darstellt (Stichworte: Customer Relationship Management/CRM, Customer Equity, Customer Lifetime Value). Das Interesse von Forschung und Praxis galt im CRM-Bereich bisher allerdings mehr der Kundenbindung als der Neukundengewinnung. Diese Fokussierung wurde dadurch gerechtfertigt, daß durch die Bindung von Kunden und die Intensivierung der Beziehung vielfach schneller und kosteneffizienter Wertsteigerungen als durch die mühsame Akquisition neuer Kunden realisierbar waren. Die Neukundengewinnung sollte dennoch nicht völlig vernachlässigt werden, da durch Kundenbindung alleine in Wachstumsmärkten keine Steigerung der Marktanteile möglich ist. Sind zudem bei sinkenden Budgets der Kunden irgendwann die Potentiale existierender Kundenbeziehungen erschöpft bzw. sogar rückläufig, muß zwangsläufig der mühsamere Weg der Neuakquisition beschritten werden.

Dabei steht in Krisenzeiten die Neuakquisition von Kunden – wie auch alle anderen Maßnahmen – nicht nur unter einem enormen Erfolgs-, sondern zugleich auch unter einem hohen Kostendruck. So klingt es zunächst einmal erstaunlich, daß dieser Beitrag für Online-Werbung in Krisenzeiten plädiert.

2. Misserfolgsstory Online-Werbung?

Die Mißerfolgsstory der „Online-Werbung“ wird allgemein als so eindeutig dargestellt, daß Online-Werbung nicht als Hoffnungsträger für effektive und kosteneffiziente Akquisition im B2B-Bereich geeignet zu sein scheint. Online-Werbung wurde in den vergangenen Monaten vor allem kritisiert, weil die Click-Through-Raten von 234x60-Bannern auf den großen Portalen unbefriedigend waren und kontinuierlich noch weiter sanken. Das Bedauerliche daran ist, daß das „Scheitern“ des prominentesten Vertreters der Online-Werbung, des 234x60-Banners, zum Imageschaden der gesamten Online-Werbung führte. Derartige Banner auf großen, allgemeinen Portalen haben aber zwei wesentliche Nachteile:

- Werbung auf allgemeinen Portalen leidet grundsätzlich unter hohen Streuverlusten, unabhängig von der konkreten Werbeform.
- 234x60-Banner sind zwangsweise wenig informativ.

Online-Werbung auf zielgruppenspezifischen Portalen kann den Nachteil der Streuverluste vermeiden. So wie B2B-Offline-Werbung in Fachzeitschriften (und nicht in Fernsehzeitschriften oder Tageszeitungen) geschaltet wird, sind Fachportale das geeignetere Umfeld, um spezifische Communities bzw. Kundengruppen erfolgreich zu erreichen.

Der entscheidendere Fortschritt ist aber, die enormen Potentiale des Online-Mediums – Informationstiefe und Informationsbreite, Multimedialität, Interaktivität und Vernetzung – in der Online-Werbung auch tatsächlich möglichst optimal bzw. intelligent zu nutzen. Die Absurdität lag in der Vergangenheit darin, daß die Unfähigkeit der sehr einfachen 234x60-Banner, dieses Potential zu nutzen, auf die Online-Werbung insgesamt ausstrahlte. Neue Bannerformate weisen hier teilweise bereits in die richtige Richtung, jenseits der Banner existiert aber eine Vielzahl von weiteren, oft noch ungenutzten und attraktiveren Alternativen. Eine besonders erfolgreiche Online-Werbeform, gerade für das B2B-Marketing in Krisenzeiten, stellt das Sponsoring von B2B-Portalen dar, vor allem dann, wenn es mit anderen Online- und Offline-Akquisitionsmaßnahmen vernetzt wird.

3. Erfolgreiche Online-Werbung durch das Sponsoring von B2B-Portalen

Unter Sponsoring als „intelligenter“ Werbeform verstehen wir eine komplexe Form des Online-Marketings, bei der Sponsoren verschiedene Online-Werbeformen kombiniert auf der von ihnen gesponserten Site plazieren können.

Zu den Werbeformen gehören neben Klassikern wie Bannern, Skyscrapern und Logos vor allem Nicht-Standardformate wie z. B. Micro-Sites, die Integration von Content (Success Stories, Fachbeiträge, Interviews) oder Online-Promotions (Verlosungen, kostenlose Online-Beratung, Online-Chats). Der Kreativität des Sponsoringgebers und des Sponsoringnehmers ist dabei keine Grenze, vor allem keine 234x60 Pixel große Grenze, vorgegeben.

Eine konkrete Ausprägung des Sponsoring von B2B-Portalen wird nachfolgend anhand des Beispiels der Virtuellen Kompetenzzentren der Competence Site (s. Abbildung 1) skizziert. Die dabei dargestellten Vorteile gelten allerdings in gleicher Weise auch für ähnliche Portale und Werbekonzepte.

Virtuelle Kompetenzzentren sind themenspezifische B2B-Communities, die ihren Nutzern für den jeweiligen Kompetenzbereich kostenlos oder kostenpflichtig die drei „C" (Content, Community und Commerce) bieten. Die Competence Site ist eine Online-Plattform für Manager, Fachexperten und Nachwuchskräfte, die zahlreiche Virtuelle Kompetenzzentren in den Bereichen Management, IT-Systeme, Recht und Branchen anbietet. Eine ausführliche Darstellung der Competence Site findet sich u. a. in Abb. 1.

Abbildung 1: Screen-Shot der Competence Site

Das Sponsoring im Rahmen Virtueller Kompetenzzentren hat – wie oben bereits allgemein für spezifische Sites erwähnt – den Vorteil, daß in einem derartigen Kontext die Ansprache potentieller Kunden mit sehr geringen Streuverlusten erfolgt und zudem Nutzer erreicht werden können, deren Informationsbedarf ganz oder überwiegend dem Angebot in der Online-Werbung entspricht.

Ein Kompetenzzentrum für CRM-Systeme beispielsweise wird nur derjenige besuchen, der sich für CRM-Systeme interessiert, und er wird vielfach informative Online-Werbung nicht von vorneherein als störend, sondern im Gegenteil als zusätzliche Informationsquelle empfinden.

Neben dem Werbe-Umfeld sind aber auch die vielfältigen Werbeformen des Sponsorings Virtueller Kompetenzzentren wesentlich attraktiver als dies bei „klassischer" Online-Werbung bzw. Banner-Kampagnen der Fall ist. Die Attraktivität der Sponsoring-Werbeformen wird nachfolgend anhand des Fallbeispiels der fiktiven E-Strategy Group verdeutlicht, in das die Erfahrungen und die kreativen Lösungen verschiedener Partner der Competence Site eingeflossen sind.

4. Fallbeispiel E-Strategy Group

Die E-Strategy Group ist ein Beratungs- und Trainings-Unternehmen, das in den Feldern E-Business, CRM, SCM und – neuerdings – EAI aktiv ist (SCM: Supply Chain Management; EAI: Enterprise Application Integration).

Neben Beratung und Schulung existiert zudem der kleinere Geschäftsbereich Management Reports, der die regelmäßigen Veröffentlichungen (E-Management Report) des Hauses sowie Studien etc. betreut. Für 2002 setzt sich die E-Strategy Group folgende Ziele für die Kundenakquisition:

a) Neue Abonnenten sind für den Management Report über diverse Kommunikationskanäle zu gewinnen.

b) Im Geschäftsbereich Beratung/CRM sollen neue Kunden im Mittelstand akquiriert werden.

c) Im neuen Geschäftsbereich Beratung/EAI ist es wesentlich, sich nachhaltig als kompetentes Beratungshaus für EAI-Projekte zu positionieren.

d) Die offenen Seminare in allen Kompetenzbereichen sind noch breiter am Markt zu positionieren.

Aus diesem Grund entscheidet sich die E-Strategy Group dafür, als Online-Kommunikations- bzw. Akquisitionskanal die Competence Site mit den Virtuellen Kompetenzzentren E-Business, CRM, SCM und EAI und den globalen Angeboten Veranstaltungskalender, Anbieterverzeichnis und Pressemitteilungen sowie den Newsletter zu nutzen.

In Abbildung 3 des Anhangs ist nun dargestellt, über welche Kommunikations- bzw. Akquisitionspfade die gewünschten Ziele A bis D erreicht und welche Maßnahmen dabei genutzt werden. Ohne Anspruch auf akademische Genauigkeit wurden dabei diese Pfade mit ihren Maßnahmen in die Bereiche „Attention“, „Interest“, „Desire“ und „Action“ strukturiert. Anhand dieser vier Beispiele wird deutlich, was mit Informationsbreite, Informationstiefe, Multimedialität, Interaktivität und Vernetzung beim Sponsoring gemeint ist.

Um für den Management Report zu werben (Ziel A: „mehr Abonnenten“), werden auf der Homepage der Competence Site ein Skyscraper und im Newsletter eine Online-Anzeige prominent platziert. Dabei wird bei beiden Maßnahmen auf die Möglichkeit eines Probe-Abonnements und eine Verlosung verwiesen, um so neben einer breiten Aufmerksamkeit auch eine möglichst hohe Anzahl an Kontakten zu generieren. Skyscraper und Online-Anzeige im Newsletter werden mit einer entsprechenden Informationsseite und einem Online-Bestellformular verknüpft, die entweder in die Competence Site oder in die Seiten der E-Strategy Group integriert werden können. Zusätzlich stellt die E-Strategy Group Fachbeiträge des Management Reports für eine Zweitverwertung auf der Competence Site zur Verfügung. Bei diesen Beiträgen wird auf die Möglichkeit von Downloads ähnlicher Fachbeiträge auf den Seiten der E-Strategy Group verwiesen, die allerdings nur für Abonnenten zugänglich sind bzw. bei Wahrnehmung eines Probeabonnements zur Verfügung gestellt werden. Während also zuvor über Skyscraper und Online-Anzeige Nutzer erreicht werden, die für Verlosungen offen sind, überzeugt bei den Beiträgen alleine die Qualität dieser kostenlosen „Leseproben“.

Im Geschäftsbereich Beratung/CRM (Ziel B: „Akquisition Mittelstand“) ist die entscheidende Offline-Akquisitionsmaßnahme eine Reihe von CRM-Workshops für potentielle Kunden aus dem Mittelstand. Alle Kommunikationspunkte der Competence Site werden nun genutzt und mit Hinweisen zu diesen Veranstaltungen vernetzt, um potentielle CRM-Kunden zu erreichen und bis zum Teilnahmeformular informationsintensiv zu begleiten. So platziert die E-Strategy Group einen Verweis auf die Veranstaltungsinformationen in einer prominent positionierten „Sponsoren-Box“ des Kompetenzzentrums CRM. Ebenfalls integriert werden in dieser Box Links auf Vortragsfolien und Online-Videos früherer Veranstaltungen, die dann wiederum mit den Hinweisen zu den aktuellen Workshops verknüpft werden können. Auch im Newsletter und im Veranstaltungskalender wird auf die Workshops hingewiesen.

An diesem Beispiel wird das Potential des Sponsoring deutlich. Man erreicht über unterschiedliche Pfade umfassend alle potentiell interessierten Nutzer der Competence Site, überzeugt diese mit Hilfe von Informationstiefe, Informationsbreite und Multimedialität (Fachbeiträge, Folien, Videos, ...) und vernetzt die Einstiegspunkte über verschiedene Pfade bis hin zu den Transaktionsangeboten („Action!“).

Bei den Werbemaßnahmen für den Geschäftsbereich Beratung/EAI (Ziel C) wird zusätzlich deutlich, wie Interaktivität beim Sponsoring integriert wird. Um in diesem neuen Geschäftsbereich umfassende Kompetenz zu signalisieren, beschließt die E-Strategy Group im Kompetenzzentrum EAI nicht nur Erfolgsstories und Pressemitteilungen regelmäßig zu platzieren, sondern in einem eigenen Forum Experten für die Beantwortung von Nutzer-Fragen bereitzustellen. So wird dem Fachpublikum die Möglichkeit geboten, mit den Experten des eigenen Hauses in einen ersten Dialog zu treten. Derartige Maßnahmen können bis zu einem kostenfreien oder kostenpflichtigen Online-Consulting ausgeweitet werden.

Zuletzt (Ziel D: Offene Seminare bewerben) werden schließlich alle Veranstaltungen der E-Strategy Group im Veranstaltungskalender aufgenommen und die wichtigsten über Top-Seite, Veranstaltungskalender und Newsletter als Top-Veranstaltungen des Partners E-Strategy Group hervorgehoben präsentiert.

Das Beispiel der E-Strategy Group verdeutlicht, wie weit Online-Werbung über Banner hinausgehen und ein wesentlicher Bestandteil vernetzter, informationsintensiver Online-Kommunikation im Rahmen der Kundenakquisition werden kann. Da derartige Online-Sponsoring-Maßnahmen auf spezifischen Portalen wie der Competence Site nicht nur effektiv, sondern im Vergleich zu vielen Banner-Kampagnen, Messen oder Anzeigen vielfach auch kostengünstiger sind, bilden sie insgesamt gerade in Krisenzeiten eine attraktive Option für die Kundenakquisition (so bewegt sich ein Sponsoring auf der Competence Site monatlich im dreistelligen bis niedrigen vierstelligen Euro-Bereich, ein Premium-Sponsoring kostete z. B. zum 31.12.2001 monatlich 1.400 EURO, ein Basis-Sponsoring 400 EURO).

5. Erfahrungswerte

Die Erfahrungswerte von Partnern der Competence Site verdeutlichen konkret die Attraktivität des Sponsoring auf themenspezifischen Sites. In Abbildung 2 sind realisierte Erfahrungswerte von Sponsoren der Competence Site wiedergegeben. Dabei hängt der Erfolg der Sponsoring-Maßnahmen allerdings stark vom Engagement und der Kreativität des Sponsoringgebers ab.

„Phase“	Erfahrungswert	Anzahl pro Monat	Im Verhältnis zu den erreichten Besuchern (in %)
„Attention“	Besucher der Competence Site	40.000 – 50.000	
	Erreichte Abonnenten des Newsletters	5.000	
	Erreichte Besucher je Sponsor	5.000	100%
„Interest“	Betrachtete Teaser	?	?
„Desire“	Betrachtete Beiträge (Success Stories, Pressemitteilungen, Fachbeiträge)	500 – 1000	10 – 20%
“Action”	Click-Throughs auf die eigene Site	100 – 500	2 – 10%
	Kontakte je Aktion (Verlosung)	50 – 100	1 – 2%

Abbildung 2: Sponsoring-Kennzahlen

Die Competence Site verzeichnet monatlich ca. 140.000 Besuche und 40.000 bis 50.000 Besucher. Ein Sponsor erreicht über „seine“ Kompetenzzentren und den Newsletter im Durchschnitt ca. 10 % dieser Besucher. Auf dieser Basis realisieren erfolgreiche Sponsoren der Competence Site monatlich zwischen 500 und 1000 Sichtungen auf ihre Beiträge (Success Stories, Pressemitteilungen etc.). Die Zahl der Click-Throughs auf die eigene Seite liegt dann zwischen 100 und 500 pro Monat, die Anzahl der Kontakte bei Verlosungen etc. bei bis zu 100. Die Relation von Click-Throughs zu erreichten Besuchern beträgt bis zu 10% (gegenüber Werten unter 1% bei der klassischen Bannerwerbung). Damit ergeben sich z. B. bei erfolgreichem Sponsoring Preise von unter 3 EURO pro Click-Through und von unter 14 EURO pro Kontakt, was in einem derartigen B2B-Kontext besonders attraktiv ist. So nennt z. B. [2] bereits 10 DM als durchschnittlichen Click-Through-Preis für „normale“ Sites.

6. Ausblick

An diesen Zahlen zeigt sich die Attraktivität des Sponsoring von Fachportalen, die vor allem auf das Zusammenwirken von professionellem, spezifischem „Context“ und informativem Werbe-„Content“ zurückzuführen ist.

Online-Werbung durch Sponsoring geht so in seiner Wirkung weit über einfache Banner hinaus und stellt eine effektive und kosteneffiziente Maßnahme im Rahmen der Kundenakquisition dar. Dies gilt nicht nur für die Competence Site, sondern allgemein auch für ähnliche Angebote.

Dabei wurden im Rahmen der Competence Site die Maßnahmen zur Vermarktung von Sponsoren kontinuierlich weiterentwickelt. Weitere Optimierungen sind für die Zukunft geplant. So sollen z. B. die Sites von Sponsoring-Partnern in die Suche der Competence Site integriert werden, was die Click-Through-Raten noch wesentlich ansteigen lassen wird. Zudem werden Promotion-Aktivitäten noch prominenter auf der Site platziert, was die Anzahl von Kontakten je Aktion wesentlich beeinflußt.

Insgesamt ist damit aber noch nicht das kreative Ende des Sponsoring erreicht. In Zukunft werden voraussichtlich noch eine Vielzahl weiterer Maßnahmen konzipiert werden, um Online-Werbung noch „intelligenter“ zu gestalten und die Potentiale des Mediums auszureizen.

Literatur

FELSER, W.: Virtuelle Competence Center: Neue Formen der unternehmensübergreifenden Kundenakquisition und -bindung im Internet, in: Helmke, S., Dangelmaier, W.: Effektives Customer Relationship Management, Gabler, Wiesbaden 2001, S. 176 - S. 187.

http://www.promotionwelt.de/online_marketing/online_marketing_glossar.html, Stand 1.1.2002.

Anhang

Ziel	„Attention“	„Interest“	„Desire“	„Action“
A	Top-Seite	Skyscraper “Verlosung Probe-Abo”	Informations-Seite “Verlosung“	Online-Formular „Verlosung“
	Newsletter	Online-Anzeige “Verlosung Probe-Abo”		
	CC EAI, CRM, ...	Titel von Fachbeiträgen im Wissenspool	Fachbeiträge aus EMR, Hinweis auf weitere Beiträge	Downloads weiterer Beiträge über Online-Formular “Probe-Abo“
B	CC CRM	Sponsoren-Box mit Teasern zu Veranstaltungshinweisen, beispielhaften Vortrags-Folien, Online-Videos, Fachbeiträgen, ...	Fachbeiträge “Checkliste“, „Vorgehensmodell“, …, beispielhafte Vortragsfolien, Online-Videos, jeweils mit Hinweisen auf „Workshop CRM“ und Link auf Online-Formular	Online-Formular “Teilnahme“
	Newsletter	Teaser zu Veranstaltungshinweis	Veranstaltungshinweis „Workshop CRM“ mit Link auf Online-Formular	
	Modul Veranstaltung	Eintrag unter Top-Veranstaltung		

C	CC EAI	Sponsoren-Box mit Teasern auf Fachbeiträge, Fach-Interviews, Online-Forum	Fachbeiträge, Fach-Interviews	Kontakt-Email
			Betreuung Online-Forum	Online-Anfrage
	Modul Pressemitteilungen	Teaser zu Pressemitteilungen	Pressemitteilungen zu EAI-Projekten, EAI-Mitarbeitern, ...	Kontakt-Email
	Modul Anbieter	Eintrag Top-Anbieter bei EAI-Anbietern	Anbieter-Informationen mit diversen Downloads	Kontakt-Email
D	Modul Veranstaltung	Einträge unter Top-Veranstaltung	Veranstaltungshinweise, beispielhafte Vortrags-Folien, Online-Videos	Online-Formular "Teilnahme"
	Top-Seite	Teaser Top-Veranstaltungen E-Strategy Group		
	Newsletter	Teaser zu Top-Veranstaltungen		

Abbildung 3: Sponsoring-Maßnahmen der E-Strategy Group

Hagen J. Sexauer und Marc Wellner

Electronic Customer Relationship Management (eCRM) in deutschen Unternehmen

1. Einleitung

Vor dem Hintergrund der Erringung strategischer Wettbewerbsvorteile kommt dem Online Marketing im Rahmen des electronic Customer Relationship Management (eCRM) eine besondere Bedeutung zu (vgl. *Hildebrand* 2000). Im Gegensatz zum klassischen Marketing liegen die Besonderheiten des Online Marketing „...in der globalen und zeitlich unbegrenzten Medienverfügbarkeit seitens des Senders und des Empfängers, in der (potentiellen) Aktualität des Mediums, in Datenmächtigkeit, tendenzieller Interaktivität und Simultaneität sowie Kontrollierbarkeit darauf basierender Kommunikation" (*Hünerberg* 1998, S. 110). Online Marketing bietet sich insbesondere für Kommunikationsaufgaben an, die im Zusammenhang mit Werbung, Public Relations, Verkaufsförderung sowie auch beim Einsatz aller weiteren Marketinginstrumente auftreten. Ferner unterstützen Online Marketing-Systeme die selbständige Abwicklung einzelner Schritte eines Beratungs- und Verkaufsgespräches (sog. Aktionszyklus) im Sinne eines elektronischen Verkäufers (vgl. *Link* 1998). Dieser Aktionszyklus umfaßt neben der interpersonellen Kommunikation und dem Datenaustausch, auch die Produktpräsentation und -konfiguration, Angebotskalkulation, Einsatzberatung sowie die Auftragserfassung, Auslieferung und Marktforschung.

In Anbetracht dessen wurde in einer Studie der Johann Wolfgang Goethe-Universität Frankfurt am Main der Anwendungstand der Online Marketing-Systeme bei den 1.650 umsatzstärksten Unternehmen Deutschlands untersucht (vgl. *Sexauer* 2001). Die Rücklaufquote der Erhebung betrug, bezogen auf die auswertbaren Fragebögen, 9,5 %, was die Repräsentativität der Ergebnisse durchaus gewährleistet.

Ohne nun auf wesentliche Ergebnisse vor greifen zu wollen, kann bereits an dieser Stelle festgehalten werden, daß zwar das Bewußtsein für die Implementierung dieser Komponente des CRM in deutschen Grossunternehmen vorhanden ist, jedoch mitunter beträchtliche Defizite, sowohl in der informationstechnologischen als auch in der marketingstrategischen Umsetzung dieses Konzepts, zu verzeichnen sind. Die wichtigsten Erkenntnisse dieser Untersuchung werden im Folgenden vorgestellt.

2. Allgemeine Merkmale und Anwendungsstand in den Unternehmen

2.1 Allgemeine Unternehmensmerkmale

Der durchschnittliche Umsatz der an der empirischen Untersuchung teilnehmenden Unternehmen lag bei etwas über 3 Mrd. Euro. Hinsichtlich der Verteilung der Mitarbeiterzahl auf fünf Größenklassen ergab sich folgendes Bild (s. Abbildung 1): Jeweils 25% der Unternehmen befanden sich in den beiden Größenklassen "bis zu 500 Mitarbeiter" und "500 bis 1000 Mitarbeiter". Mit 33% ist die Größenklasse "1.000 bis 5.000 Mitarbeiter" am stärksten repräsentiert, während sich in der Gruppe "5.000 bis 10.000 Mitarbeiter" 10% bzw. in der Klasse mit mehr als 10.000 Mitarbeiter 6% der befragten Unternehmen befanden.

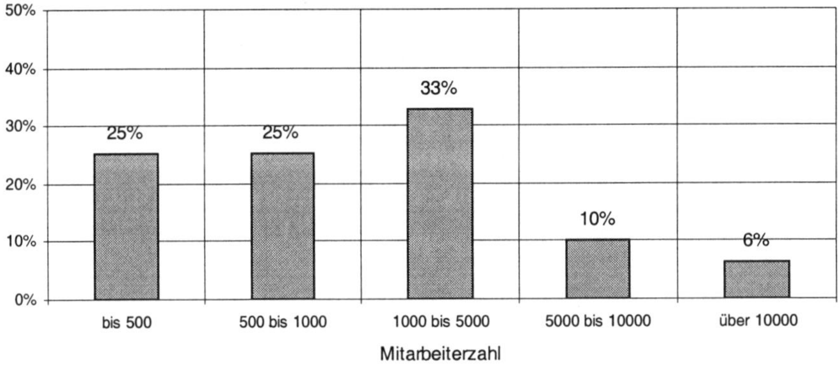

Abbildung 1: Größe der Unternehmen nach Mitarbeiter

Im Branchendurchschnitt beschäftigen die antwortenden Unternehmen 7.040 Mitarbeiter, wobei sich folgende branchenspezifischen Durchschnitte ergaben: Im Finanzdienstleistungsbereich wurden innerhalb der Stichprobe 1.675, im Handel 7.321, im Sonstigen Dienstleistungsbereich 2.245, im Transport und Verkehr 1.943 und im Versicherungsbereich durchschnittlich 3.722 Mitarbeiter beschäftigt. Die Herstellerbetriebe wiesen in diesem Zusammenhang mit durchschnittlich 13.883 Beschäftigten die meisten Mitarbeiter auf.

Eine Differenzierung der antwortenden Unternehmen nach Branchen ergibt folgende Aufteilung: Finanzdienstleistung (F), Hersteller (H), Handel (HA), Sonstige Dienstleistung (SD), Transport-/Verkehr (T) und Versicherung (V). Die Herstellerbetriebe machen 39% der Stichprobe aus, gefolgt von den Finanzdienstleistungsunternehmen (22%) und den Sonstigen Dienstleistungsbetrieben (18%). Während die Handels- und die Versicherungsunternehmen jeweils 13% der Stichprobe umfassen, liegt der Anteil der Unternehmen aus dem Transport/Verkehrssektor bei lediglich 5% (s. Abbildung 2).

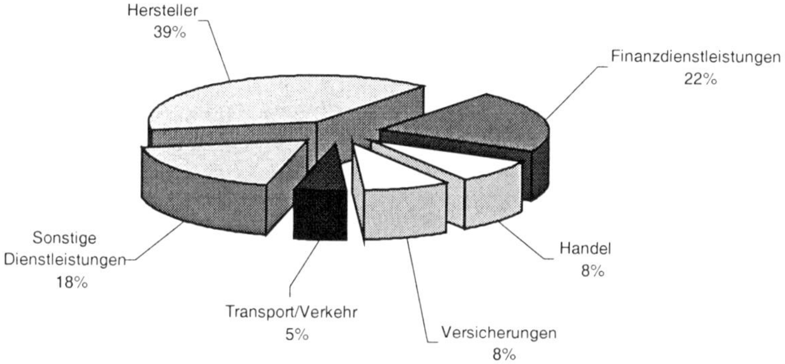

Abbildung 2: Verteilung der Unternehmen auf Branchen

Ferner wurde die Stichprobe nach Kundengruppen aufgeteilt. Der größte Teil der antwortenden Unternehmen, nämlich 30%, bedienen ausschließlich Geschäftskunden, während 22% der Firmen angaben, ausschließlich Konsumenten als Endverwender zu haben. Die restlichen 48% Unternehmen verteilten sich – relativ ausgewogen – auf die in Abbildung 3 dargestellten Kundengruppen.

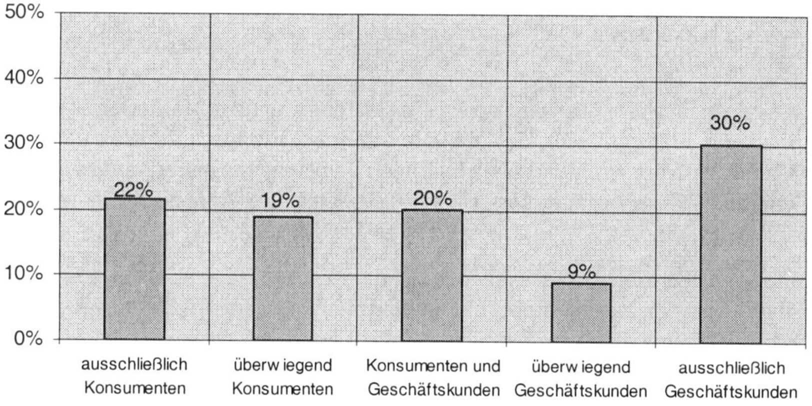

Abbildung 3: Verteilung der Unternehmen nach Endverwendern

2.2 Anwendungsstand

Erstaunlicherweise ist die Anzahl der Unternehmen, die sich noch nicht mit Online Marketing-Systemen auseinander gesetzt haben, weitaus größer (31%), als die Anzahl derjenigen, die diese Konzeption bereits einsetzen (24%). Erstaunlich deshalb, weil heute kaum ein Tag vergeht an dem erklärt wird, daß Electronic Commerce mit besonderer Priorität angegangen wird. Dieser niedrige Verbreitungsgrad der Online Marketing-Systeme läßt sich vermutlich auf die noch relativ junge Internettechnologie zurück führen, die bekanntlich eine Grundlage für das interaktives Marketing über elektronische Netzwerke darstellt (vgl. *Link* 1998).

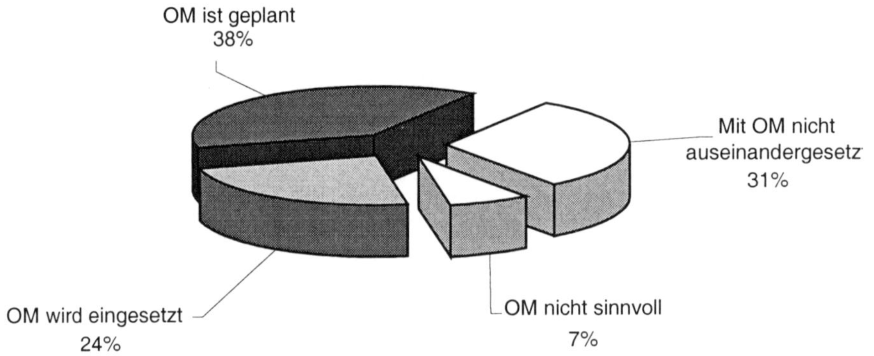

Abbildung 4: Anwendungsstand von Online Marketing-Systemen

Jedoch planen 38% der Befragten bereits den Einsatz eines Online Marketing-Systems, was durchaus darauf schließen läßt, das zukünftig dieser Systemtechnologie eine hohe Relevanz zu kommen wird. Während bis heute noch keine Implementierung gescheitert ist, lehnen lediglich 7% der Unternehmen auch in Zukunft die Nutzung einer solchen Systemkonzeption ab.

Eine Betrachtung differenziert nach Branchen zeigt, daß überwiegend Handelsbetriebe (54%), sonstige Dienstleistungsbetriebe (33%) und Versicherungsunternehmen (31%) Online Marketing-Systeme einsetzen, gefolgt von den Finanzdienstleistungsunternehmen (24%), den Transport-/Verkehrs- (14%) und den Herstellerbetrieben (11%).

3. Determinanten des Einsatzes von Online Marketing-Systemen

Mittels einer Korrelationsanalyse wurde untersucht, welche Unternehmensmerkmale wichtige Determinanten des Einsatzes von Online Marketing-Systemen darstellen. Mit anderen Worten wird dabei der Frage nachgegangen, durch welche Merkmale sich Unternehmen auszeichnen, die bereits Online Marketing-Systeme einsetzen.

Es zeigte sich, daß insbesondere solche Unternehmen derartige Systemkonzeptionen einsetzen, die den Wettbewerbsmerkmalen *Schnelligkeit der Reaktion auf Kundenanfragen* ($r = 0.15$; $p = 0.05$) (siehe [1]), der *Preisgünstigkeit* ($r = 0.16$; $p = 0.05$) sowie der *Produkt- und Leistungsqualität* ($r = 0.21$; $p = 0.01$) eine überdurchschnittlich hohe Bedeutung beimessen.

Im Hinblick auf die im Einsatz befindlichen Distributionskanäle ist ersichtlich, daß vor allem Unternehmen, die ihre Produkte über das *Call Center* vermarkten, verstärkt auch Online Marketing-Systeme nutzen ($r = 0.16$; $p = 0.05$). Demgegenüber setzen Unternehmen, die im hohen Maße über ihre *eigene Niederlassung* Produkte vertreiben, unterdurchschnittlich Online Marketing-Systeme ein ($r = -0.23$; $p = 0.004$).

Darüber hinaus lassen die Ergebnisse erkennen, daß Online Marketing-Systeme insbesondere bei Unternehmen dann zum Einsatz kommen, wenn sie überwiegend Endverwender (Business-to-Consumer) bedienen. Im Umkehrschluß ist der Anwendungsstand dieser innovativen Systemkomponente demnach im Business-to-Business-Bereich noch unterdurchschnittlich ($r = 0.16$; $p = 0.05$) ausgeprägt. Unternehmen, die sowohl dem unpersönlichen als auch dem World-Wide-Web-bezogenen Kundenkontakt eine hohe Relevanz zuerkennen, sind ebenfalls durch eine überdurchschnittlich hohe Nutzung von Online Marketing-Systemen gekennzeichnet ($r = 0.16$; $p = 0.04$ bzw. $r = 0.17$; $p = 0.04$).

Abschließend wurde im Rahmen der Korrelationsanalyse der Frage nachgegangen, welche mit dem CRM verbundene Ziele die Nutzung von Online Marketing-Systemen besonders beeinflussen. Dabei zeigte sich, daß vor allem die *Gewinnung neuer* ($r = 0.18$; $p = 0.02$), die *Beziehungsverlängerung* bereits bestehender Kunden ($r = 0.25$; $p = 0.002$) sowie die *Erringung strategischer Wettbewerbsvorteile* ($r = 0.16$; $p = 0.05$) durch derartige Systeme angestrebt werden.

4. Beurteilung von Online Marketing-Systemen

Gemessen mittels einer siebenstufigen Ratingskala (1 = höchste Bedeutung bis 7 = keine Bedeutung) ergaben sich folgende branchenübergreifenden Einschätzungen zu möglichen Verwendungszwecken von Online Marketing-Systemen.

In ihrer Bedeutung dominierten mit Abstand *schnelle, interpersonelle Kommunikation* (2,55) (siehe [2]), *Produktpräsentation* (2,69) gefolgt von *Online-Public-Relations* (2,80) und *Online-Werbung* (2,94) (siehe [3]).

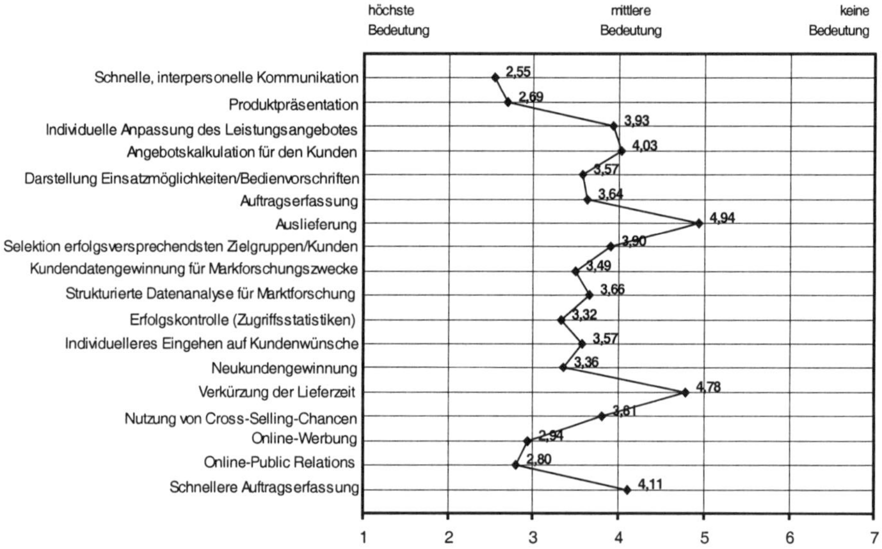

Abbildung 5: Verwendungszwecke des Online Marketing (siehe [4])

Demgegenüber werden die *Verkürzung der Lieferzeit* (4,78) sowie die *Auslieferung* (4,94) mittels eines Online Marketing-Systems als relativ unbedeutend eingestuft. Die Ergebnisse im Einzelnen werden in Abbildung 5 dargestellt.

Während die oben aufgeführten Ergebnisse zu den Verwendungszwecken die *operativen* Aspekte des Online Marketing bewerten, interessierte aus *marketingstrategischer* Sicht insbesondere die den Verwendungszwecken zu Grunde liegenden Kernziele dieser CRM-Komponente. Mittels einer Faktorenanalyse konnten in diesem Zusammenhang insgesamt vier Kernziele ermittelt werden:

- **Marktforschung/Kundenselektion** umfaßt solche Aspekte, die sowohl in einem direkten Zusammenhang mit der Identifikation von Kundenbedürfnissen als auch mit der systematischen Auswahl ertragsversprechender Kunden stehen.
- **Effektive Auftragsabwicklung** bündelt insbesondere auftragsbezogene Aktivitäten des Online Marketing (z. B. schnellere Auftragserfassung, Auslieferung).
- **Mediale Werbung** bezieht sich dabei auf die in der klassischen Literatur dominierende Form der (hier medialen) Markt- und Kundenkommunikation im kommerziellen Kontext – d. h. auf die Werbung im weiteren Sinne (siehe [5]).
- **Profitabilitässteigerung** soll insbesondere erreicht werden über effizientere Angebotskalkulationen sowie über umsatzsteigernde Maßnahmen (Cross Selling, Neukundengewinnung).

Hinsichtlich der Bedeutung dieser generierten Kernziele des Einsatzes von Online Marketing-Systemen messen die Unternehmen der *mediale Werbung* die höchste Relevanz bei (2,81) (siehe [6]). Im Gegensatz dazu stufen die befragten Unternehmen diese Systemkonzeption für eine *effektive Auftragsabwicklung* als weniger geeignet ein; darauf läßt zumindest der unterdurchschnittlich niedrige Mittewert des vierten Faktors schließen (4,23). Die beiden Faktoren *Marktforschung/Kundenselektion* (3,59) und *Profitabilitätssteigerung* (3,73) werden in diesem Zusammenhang lediglich als durchschnittlich wichtig eingestuft (vgl. Abbildung 6).

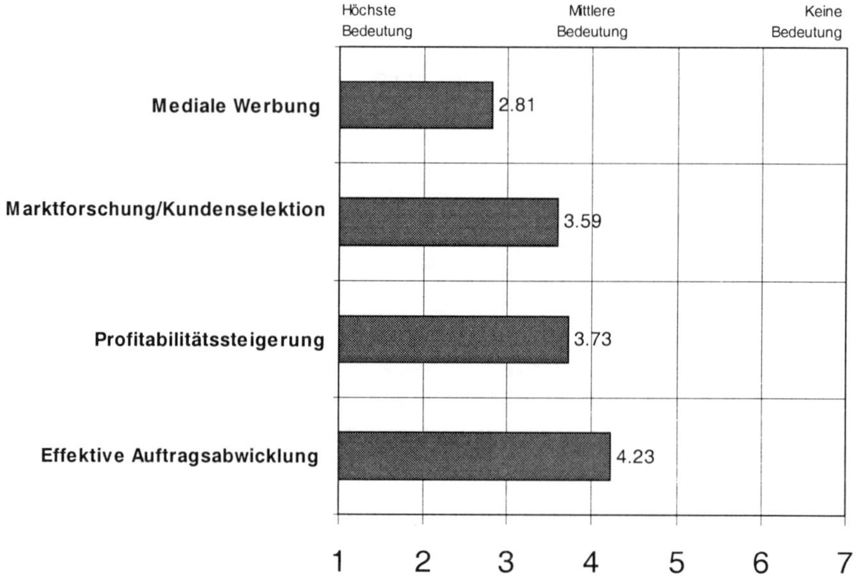

Abbildung 6: Kernziele von Online Marketing-Systemen und deren Bedeutung

5. Bedeutung und Realisationsgrad der Verwendungszwecke

In einer weiteren Betrachtung wurde untersucht, in wie weit die bereits oben artikulierten Verwendungszwecke in ihrer Umsetzung der unternehmerischen Bedeutung entsprechen. Die Zusammenführung der Ergebnisse werden im Folgenden plakativ in einem Einsatzfeld-Portfolio veranschaulicht, wobei die Diagonale den bereits schon heute besser als der Bedarf realisierten Bereich (rechts unten) von dem mit Umsetzungsdefiziten behafteten Bereich (links oben) trennt (vgl. Abbildung 7).

Im Rahmen dieser Analyse wird deutlich, daß nahezu das gesamte, hier abgefragte Leistungsspektrum der Online Marketing-Systeme nicht in dem Umfang verwirklicht wird, das seiner Bedeutung entspricht.

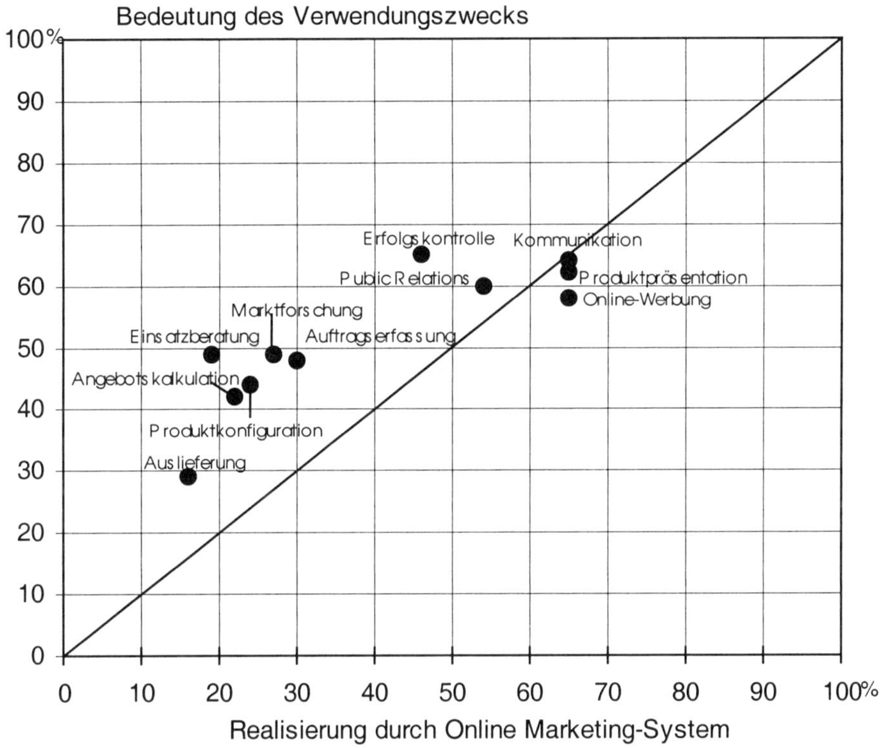

Abbildung 7: Bedeutung und Realisierung von Verwendungszwecken durch Online Marketing-Systeme

Eklatante Umsetzungsdefizite weisen insbesondere die Einsatzfelder *Einsatzberatung*, *Marktforschung* sowie die *Erfolgskontrolle* auf. In etwas abgeschwächter Form ist dieses Defizit ebenfalls für die Merkmale *Angebotskalkulation*, *Produktkonfiguration* sowie für die *Auftragserfassung* zu beobachten. Während die *interpersonelle Kommunikation* und die *Produktpräsentation* in etwa den Ansprüchen der befragten Unternehmen entsprechen – diese befinden sich nahe der Diagonalen – übersteigt die momentane Realisierung die Bedeutung der *Online-Werbung*.

6. Schnittstellen von Online Marketing-Systemen zu EDV-Systemen

6.1 Integration mit CRM-Komponenten

Im Hinblick auf Schnittstellen zu weiteren CRM-Komponenten (Database Marketing-, Computer Aided Selling- und Call Center-Systeme) weisen die Online Marketing-Systeme relativ geringe Anbindungsquoten auf: Etwa drei Viertel der Unternehmen (73%) die ein Online Marketing-System in Betrieb haben, geben an, dieses mit keinem anderen kundenorientierten Informationssystem integriert zu haben. Lediglich 5,4% verfügen über eine Schnittstelle zu allen Komponenten aus Marketing, Vertrieb und Service. Insgesamt ergibt sich somit eine durchschnittliche Anbindung zu 0,4 anderen CRM-Komponenten (vgl. Abbildung 8).

Anzahl der OM-Schnittstellen zu anderen CRM-Komponenten	*vorhanden*	*geplant*
0	73.0%	51.4%
1	18.9%	18.9%
2	2.7%	21.6%
3	5.4%	8.1%
Anzahl durchschnittlicher Schnittstellen	***0.4***	***0.9***

Abbildung 8: Online Marketing-Schnittstellen zu anderen CRM-Komponenten

Während etwa jedes zweite Unternehmen (51,4%) das eingesetzte Online Marketing-System auch in Zukunft nicht stärker integrieren möchte, planen lediglich weitere 8,1% eine (Voll-) Integration mit allen CRM-Grundkomponenten.

6.2 Anbindung zu anderen EDV-Systemen

Branchenübergreifende Ergebnisse zu den Schnittstellen der Online Marketing-Systeme zu weiteren EDV-Systemen anderer Unternehmensbereiche liefert Abbildung 9. Die überwiegende Anzahl der Unternehmen, die ein Online Marketing-System einsetzen, geben an, vor allem die Informationssysteme aus den Bereichen Marketing/Marktforschung (32%), Service/Kundendienst (30%) sowie Vertrieb (24%) bereits integriert zu haben. An vierter Stelle folgt die Integration des Online Marketing-Systems mit den Informationssystemen der Fakturierung und dem Managementinformationssystem (jeweils 19%), wobei kein Unternehmen eine direkte Schnittstelle zu dem Bereich Forschung & Entwicklung aufweist. Erschreckend ist jedoch folgendes Ergebnis: Insgesamt verfügen 38% der eingesetzten Online Marketing-Systeme über keine Anbindung zu anderen unternehmensinternen Informationssystemen und sind somit – ohne integrative Anbindung – als Insellösung in Betrieb.

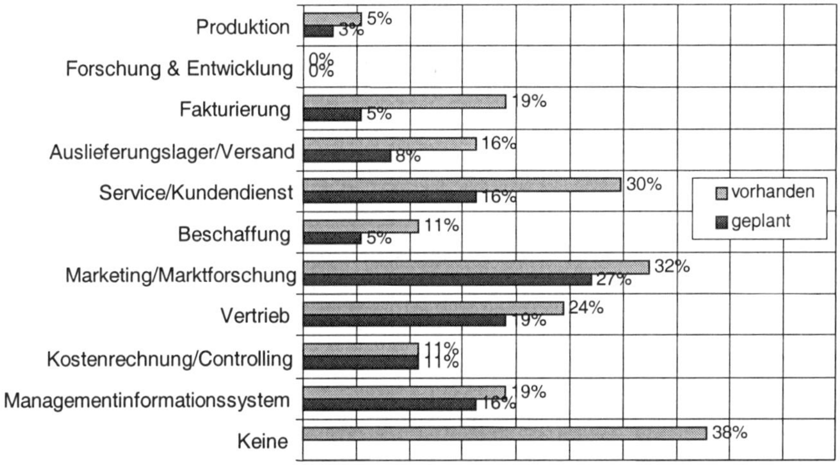

Abbildung 9: Schnittstellen von Online Marketing-Systemen

Im Rahmen der Planung der zukünftigen Integration des Online Marketing-Systems mit anderen EDV-Systemen bevorzugen die Befragten die Bereiche Marketing/Marktforschung (27%) und Vertrieb (19%). Mit einer Planungsquote von jeweils 16% folgen in diesem Zusammenhang die Management- bzw. Service- und Kundendienstinformationssysteme.

Innerhalb der Branchen ist auffällig, daß die Integration von Marketing, Vertrieb und Service bei den Herstellerbetrieben und bei den Transport-/Verkehrsbetrieben sehr weit vorangeschritten ist. Jedes Online Marketing-System dieser Branche verfügt bereits über eine direkte Schnittstelle zu den Informationssystemen aus Marketing, Vertrieb und Service. Während die Finanzdienstleistungsunternehmen eine Anbindung zu dem Unternehmensbereich Marketing/Marktforschung (63%) sowie zu dem Managementinformationssystem (50%) bevorzugen, gibt jedes zweite Versicherungsunternehmen (50%) an, den Bereich Service/Kundendienst bereits an ihr Online Marketing-System angebunden zu haben. Die Handelsbetriebe legen ihre Integrationsschwerpunkte auf die Bereiche Fakturierung sowie Auslieferungslager/Versand (Anbindungsquote jeweils 43%).

7. Zusammenfassung

Abschließend lassen sich die wichtigsten Erkenntnisse der Untersuchung zusammenfassend darstellen:

- **Geringe Einsatzquoten innovativer Systemtechnologien:** Die Untersuchung hat gezeigt, daß nicht einmal jedes vierte Unternehmen ein Online Marketing-System im Einsatz hat. Dieser geringer Anwendungsstand war gerade in Anbetracht hoher E-Commerce-Aufwendungen in den Unternehmen nicht unbedingt zu erwarten. Es wurde aber auch deutlich, daß der Einsatz von Online Marketing-Systemen oftmals mit spezifischen Unternehmensmerkmalen verbunden ist. Bspw. werden diese Systemtechnologien vorrangig im Business-to-Consumer- und weniger im Busisness-to-Business-Bereich eingesetzt.
- **Umsetzungsdefizite:** Zudem muß konstatiert werden, daß die marketingstrategischen Nutzenpotentiale der Systemkonzeptionen nicht voll ausgeschöpft werden. So werden die Online Marketing-Systeme fast immer noch ausschließlich für Präsentationszwecke genutzt. Hierbei ist zu empfehlen, diese verstärkt für die Einsatzberatung, Produktkonfiguration, Angebotskalkulation sowie für die Online-Marktforschung einzusetzen, da hier die größten Defizite identifiziert werden konnten.

Vor diesem Hintergrund kann festgehalten werden, daß die deutschen Unternehmen die Leistungspotentiale des Online Marketing für ein systematisches Customer Relationship Management noch nicht gänzlich ausschöpfen. Zwar haben viele Unternehmen die Bedeutung des eCRM erkannt, in Anbetracht der angesprochenen Defizite besteht hier jedoch noch einenormes Aufholpotential. Dies gilt insbesondere vor dem Hintergrund des immer stärker werdenden Wettbewerbs und der Intention der Erringung strategischer Wettbewerbsvorteile.

Anmerkungen

[1] r = Korrelationskoeffizient; p= Signifikanzniveau

[2] Dies entspricht dem arithmetischen Mittel dieses Items.

[3] Auch die Untersuchung von Kurbel/Szulim/Teuteberg kommt zu dem Ergebnis, daß im Rahmen der WWW-Angebote insbesondere die marketingstrategischen Aspekte "Public Relations" und "Online-Werbung" den befragten Unternehmen von Bedeutung sind (vgl. Kurbel/Szulim/Teuteberg 1999).

[4] Das arithmetische Mittel aller Items beträgt 3.61.

[5] Die Werbung im weiteren Sinne umfaßt die Instrumente des Kommunikationsmix, der Verkaufsförderung und Öffentlichkeitsarbeit sowie die dazugehörigen Einzelaktivitäten (vgl. Mayer 1993, S. 212).

[6] Zur Berechnung des arithmetischen Mittels wurden die auf den jeweiligen Faktor hoch ladenden Items herangezogen.

Literatur

HILDEBRAND, V. G.: Kundenbindung und Electronic Commerce – Electronic-Customer Relationship Management, in: Wamser, Ch. (Hrsg.): Electronic Commerce: Grundlagen und Perspektiven, München 2000, S. 71-95.

HÜNERBERG, R.: Bedeutung von Online-Medien für das Direktmarketing, in: Link, J. (Hrsg.): Wettbewerbsvorteile durch Online Marketing: die strategischen Perspektiven elektronischer Märkte, Berlin et al. 1998, S. 107-133.

KURBEL, K., SZULIM, D., TEUTEBERG, F.: Internet-Unterstützung entlang der Porter'schen Wertschöpfungskette - innovative Anwendungen und empirische Befunde, in: HMD, 36. Jg. (1999), Nr. 207, S. 79-94.

LINK, J.: Zur zukünftigen Entwicklung des Online Marketing, in: Link, J. (Hrsg.): Wettbewerbsvorteile durch Online Marketing: Die strategischen Perspektiven elektronischer Märkte, Berlin et al. 1998, S. 1-34.

MAYER, H.: Wirkungen der Kommunikationspolitik, in: Berndt, R./Hermanns, A. (Hrsg.): Handbuch Marketing-Kommunikation, Wiesbaden 1993, S. 209-224.

SEXAUER, H. J.: Customer Care Management in Deutschland – Eine empirische Analyse, in: Engelbach, W./Meier, R. (Hrsg.): Customer Care Management, Wiesbaden 2001, S. 191-215.

Jürgen Zirke, Angelika Wiersgalla

e-CRM im Partnervertrieb - Abbildung von B2B Prozessen in indirekten Vertriebskanälen

1. Einleitung

“We believe the next stage of growth in the enterprise applications software business will be collaborative commerce. This will occur as companies look to close the loop on the product value chain, from product design and partner relationship management to the procurement of raw materials, to sale of the final product.” (Quelle: The Birth of Collaboration, SalomonSmithBarney,2001)

Dabei ist Customer Relationship Management (CRM) ein wesentliches Instrument. Wir verstehen darunter einen automatisierten Prozeß zur Prognose des Kundenbedarfs und des Kundenverhaltens. CRM wird angewandt, um den Kunden eine seinen spezifischen Bedürfnissen angepasste Betreuung anbieten zu können und auf diese Art die Kundentreue zu erhöhen. Rein technisch gesehen bedeutet CRM den Einsatz von Software-Systemen, die Unternehmen bei der Verwirklichung von mehr Kundenorientierung und Kundenbindung unterstützen. Sie integrieren dabei Anwendungen und Funktionen aus den Bereichen Vertrieb, Marketing und Service, so daß alle Mitarbeiter auf die gleichen Kundendaten Zugriff haben.

CRM wird zunehmend als strategische Aufgabe betrachtet, die üblicherweise technologische Unterstützung erfordert. Zu vermeiden gilt das sogenannte Kundenopfer (Customer Sacrifice), d. h. die Lücke zwischen dem, womit sich der Kunde abfindet und dem, was er wirklich will. Erfolgreiche Unternehmen ersparen ihren Kunden dieses Opfer , indem sie Lernbeziehungen zu ihnen eingehen. Je mehr das Unternehmen von seinen Kunden lernt, desto eher kann es ihnen genau das liefern, was sie wollen – und desto schwieriger wird es für die Konkurrenten, die Kunden abzuwerben (Quelle: Die e-Business Bibliothek, 2001).

Diese Sichtweise wird dadurch ergänzt, daß es neben den direkten Kundenbeziehungen (B2C) den indirekten Vertrieb (B2B) gibt, also den Vertrieb über Partner. Nur durch eine intensive Partnerbeziehung läßt sich auch in stagnierenden Märkten noch Wachstum erzielen. Partnerzufriedenheit, Partnerloyalität und Partnerbindung werden primär von der Qualität des Partnermanagements bestimmt.

Die Prozesse des Partnermanagements und der Partnerbeziehungen beschleunigen sich über das Medium Internet aber auch über den Telekommunikationsbereich ganz erheblich. Darüber hinaus schafft das Internet auch und gerade bei Geschäftstätigkeiten eine enorme Transparenz. Der Partner kann sich also alle Informationen, die er von Herstellern im Wettbewerb benötigt schnell und reibungslos beschaffen und verarbeiten.

Das Internet eröffnet den Unternehmen die Möglichkeiten, Dienstleistungen und Kommunikation in einem nie da gewesenen Ausmaß zu personalisieren. Service findet in Realtime statt, die bisher sehr aufwändigen Betreuungsprozesse werden extrem verschlankt. Fragen, Wünsche, Vorstellungen und Lösungsangebote können dem Partner damit umgehend übermittelt werden.

Das Internet ist ein zentrales Medium, um die komplexen und intensiven B2B Beziehungen zu steuern. Ziel muß sein, die Möglichkeiten des Internet so zielgerichtet einzusetzen, daß eine Win-Win-Situation zwischen dem Partner und dem Unternehmen entsteht.

Die Verschmelzung von CRM und eBusiness-Technologien erschließt den Unternehmen völlig neue Kommunikationsmöglichkeiten Aus einem geschlossenen CRM-Kreis entsteht über eCRM ein Anwendungsfeld, das über die Unternehmensgrenzen verläßt und Kunden, Partner sowie Lieferanten mit einbezieht. Aus dieser Tatsache leitet das CRM-Forum folgende Forderung ab: „CRM-Systeme müssen daher als Internet-, Intranet- oder Extranet-Anwendungen Kunden und andere Geschäftspartner aktiv in das Beziehungsmanagement einbeziehen."

2. eCRM im Partnervertrieb bei Symantec – ein Kundenprojekt

Bei dem Auftraggeber Symantec handelt es sich um ein führendes IT Unternehmen, das wie viele das Internet sowohl als Bedrohung als auch als Möglichkeit begreift:

- als Bedrohung wegen der zunehmenden Herausforderung an das Kerngeschäft, die sich als äußerst schnell und unberechenbar zeigt.
- als Möglichkeit, weil man dadurch in einem Bereich tätig werden konnte, der für die Anwendung von B2C und B2B Internet Commerce von Bedeutung war. Außerdem war anzunehmen, daß ein eingeführter und angesehener Markenname vom Markt positiv aufgenommen werden würde. Der Kunde war sich darüber im Klaren, daß die Entscheidung für die Internetlösung ihm größere Vor- als Nachteile bieten würde; und gleichzeitig verhieß eine solche Lösung einen radikalen Umbau der bisherigen Unternehmenspraxis.

2.1 Ausgangslage

Symantec hat seine weltweite Aktivitäten in vier Regionen aufgeteilt und zwar Nord-, Lateinamerika, Europa Mittlerer Osten und Afrika (EMEA) und den Asiatisch-Pazifischen Raum. Beschlossen wurde, die eCRM Lösung zunächst im EMEA Markt einzusetzen. Die Marktforschung, die diese Einführung begleitete, brachte nun folgende Ergebnisse:

- Es gab gut positionierte Wettbewerber in den entsprechenden Segmenten des Internetmarktes.
- Die untersuchten Zielgruppen bestätigten, daß der Markenname unseres Kunden positiv besetzt war und daß folglich die potentiellen Kunden ihm vertrauen würden, auch wenn es sich künftig um ein Internetprodukt handeln würde.
- Im Normalfall werden unternehmensseitige Entscheidungen in den Zusammenhang mit der Gesamt-IT-Strategie gestellt, die gewöhnlich mit einer der großen Unternehmensberatungen konzipiert wird. Hierunter fallen auch Systemintegratoren. Die Befragung von Unternehmensberatungen und Systemintegratoren machte deutlich, daß wesentliche Gründe für Unzufriedenheit bei anderen Anbietern darin bestanden, daß die Rekrutierungsprozesse für neue Partner zu langwierig und mit Fehlern behaftet waren. Außerdem wurde die Kontraktpflege bzw. Erneuerung von Kontrakten als defizitär eingeschätzt. Berichtet wurde außerdem, daß es zu mehrfachen, also verdoppelten Anträgen auf Partnerschaftsverträge gekommen war.

Aus dem Voranstehenden zog Symantec die folgenden Schlüsse:

- die Firma identifizierte eine Marklücke, die es zu schließen galt.
- Symantec war sich bewußt, daß man starke Partner benötigen würde, um sich erfolgreich gegenüber der Konkurrenz abzuheben.
- Eine wesentliche Funktion des einzuführenden Systems müsse darin bestehen, die Unzufriedenheit der Partner zu beseitigen, was durch eine Automation der hierbei zentralen Prozesse wie Erstaufnahme als Partner und Erneuerung des Vertrages gewährleistet werden dürfte.

Danach ging Symantec daran, die entscheidenden Parameter sowie die charakteristischen Merkmale seines Partnerprogramms festzulegen.

Da der Partnerstamm ebenso wie die potentiellen Partner multinational operierten, musste das Programm entsprechend sein. Das bedeutete, daß ein einziges System die EMEA Zentrale mit den übrigen EMEA-Märkten und allen Partnern zu verbinden hatte. Die „Internet Connectivity“ würde genutzt werden für ein entsprechend erweitertes Enterprise Netzwerk oder Extranet mit dem Ziel, enge Verbindungen zwischen Symantec und seinen Partnern herzustellen.

Eine wesentliche Funktion des Systems sollte sein, den gesamten Kommunikationsfluss mit den Partnern zu steuern und zu beherrschen, nämlich vom Beginn der Partnerschaft, über den Rekrutierungsprozess bis hin zur Steuerung des langjährigen engen Partners. Da das Internet als der geeignete Zugang identifiziert wurde, bot es sich an, den Eingang für das Programm an die Website von Symantec festzumachen: Bewerber würden ihren Aufnahmeantrag dort stellen, und falls gebilligt, den Zugang zum Extranet über die Website erhalten. An dieser Stelle erscheint es wichtig zu sein, darauf hinzuweisen, daß die Prozessabläufe bei Symantec einem beständigen Wechsel unterlagen. Daher war es wichtig, eine Lösung zu erarbeiten, die es ermöglichen würde, auf diese Veränderungen schnell und leicht zu reagieren. Das kann von Symantec am besten selbst wahrgenommen werden.

2.2 Projektablauf – Von der Auftragserteilung bis zur Systemeinführung

Juni 1999: Auftragserteilung

Juli 1999: PAVONE und das Symantec-Team erarbeiten eine spezifizierte Lösung auf Grundlage von PAVONE Templates

August 1999: Pilotphase unter realen Bedingungen, d. h. Beteiligung von Symantec Partnern. Die Ergebnisse werden in den Lösungsprozess eingebunden.

September 1999: Weitere Modifikationen und Versuchsanordnungen

Oktober 1999: Einführung; der erste Markt wird online geschaltet

Dezember 1999: alle europäischen Länder unseres Auftraggebers werden an das System angeschlossen

Juni 2000: Die restlichen EMEA Staaten kommen hinzu

Verbesserungen

Die messbaren Verbesserungen, die Symantec von dem System erwartete, waren:

1. Reduzierung der Fehler beim Prozeß der Partnerselektion und Vertragsabschluß
2. Reduzierung von Fehlern bei der Partnerbestandspflege (lapsed partner status)
3. Fähigkeit zur Modifikation und Feinabstimmung von Prozessen, möglichst ohne Beteiligung von PAVONE

Symantec schätzt, daß die Fehlerquote unter (1) um 75 Prozent seit der Einführung von CRM zurückging. Zu (2) sind noch keine Informationen erhältlich. Zu (3) führt Symantec aus, daß bis jetzt sechsundzwanzig erfolgreiche Modifikationen am CRM durchgeführt wurden.

2.3 Ergebnisse und Einsichten

Updating Prozeß bei Antragsstellung

Die Kernprozesse des CRM Systems wurden ausgerichtet an dem grafischen Workflowdesign im PAVONE ProcessModeler (s. Abbildung 1).

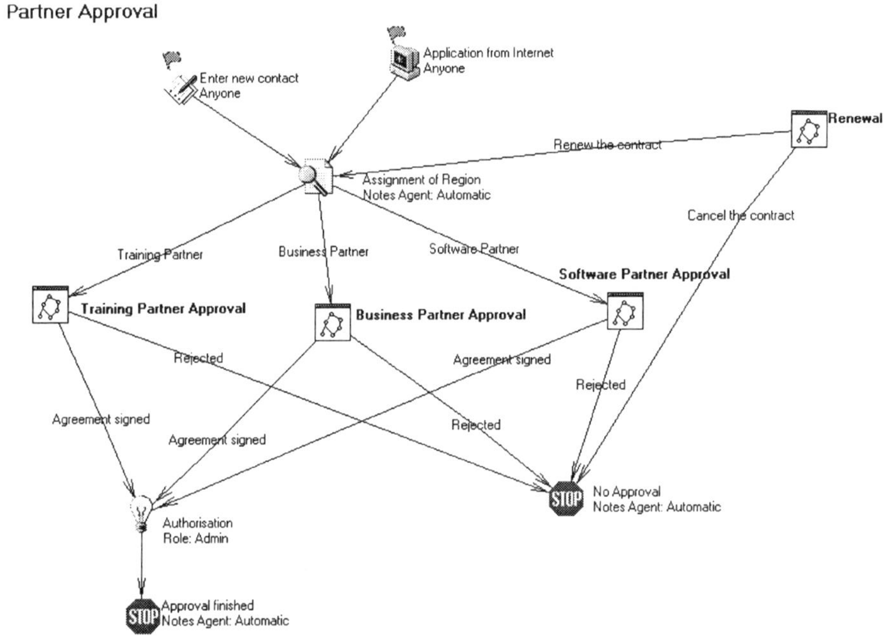

Abbildung 1: Modellierung des Partner Approval Prozesses

Änderungen bei der grafischen Darstellung eines Prozesses im ProcessModeler können als sogenannte „permanent definitions" in der PAVONE Process Engine eingestellt werden, die die realen Anträge bearbeitet. Eine Gruppe von (kundenseitigen) Anwendern aus den Bereichen IT Support und Business Partner Group wurden im Umgang mit dem ProcessModeler geschult.

Eine der ersten Aufgaben dieser Gruppe bestand darin, den Bestätigungs- und Umsetzungsprozeß nach den CRM Prozeßmodifikationen zu definieren. Dem Wunsch Symantecs entsprechend, kann jeder Endanwender eine Modifikation beantragen, die von einem Abteilungsleiter genehmigt und danach vom CRM Projektteam auf ihre Gangbarkeit überprüft wird. Ein mit der Wahrnehmungen dieser Aufgabe betrautes Mitglied des Projektteams wird anschließend die Modifikation umsetzen, sie testen vor der Übernahme im System.

Vorteile aus der Anwendung von PAVONE Workflow Tools

Symantec setzte bereits Lotus Domino als Basis seines Kommunikationssystems ein. Die Aussicht auf eine beschleunigte Rückgewinnung der Investitionskosten sowie die nachweisliche Effizienz im Workflow waren maßgeblich für die Entscheidung, eine CRM Lösung auf Grundlage von Lotus Domino vorzunehmen.

Untersuchungen haben bestätigt, daß ein verbesserter Partnerservice von potentiellen Partner gleichgesetzt wird mit der Beseitigung von Engpässen und Prozeßfehlern. PAVONE Workflow Tools leisten hier ihren Beitrag.

Das Vorhandensein einer grafisch gestalteten Umgebung bedeutete, daß PAVONE Templates schneller verstanden und modifiziert werden konnten. Sie bedeuteten außerdem eine Verkürzung der Zeitabläufe bei Prozeßmodifikation und Umsetzung.

Zusammenfassung: Anforderungen, Funktionalität, Stärken und Schwächen

CRM wird als ein Element der allgemeinen Bestrebungen der Unternehmen begriffen, ihre Dienstleistungen gegenüber den Partnern nachhaltig zu verbessern. Diese Anforderung modelliert das Funktionalitätsprofil von CRM:

1. Einheitliche Vorgehensweise, die die Bündelung der Unternehmensbereiche Verkauf, Vertrieb und Marketing gewährleistet.

2. Fähigkeit, Lösungen für die jeweiligen Teilsegmente zu erarbeiten unter Berücksichtigung der voran erwähnten Bündelung (single cohesive view). Hierzu zählen insbesondere Sales Support Prozesse, Opportunity Management und Pipeline Management.

    a) Sales-Productivity Tools

    b) Unterstützung von Marketing Kampagnen von der Planung bis zur Erfolgskontrolle

    c) Unterstützung von Customer Service und Support Operations

Hierüber leiten sich die Funktionalitätsebenen ab, nämlich die operationale, analytische und kollaborative Ebene. Die operationale Ebene erfaßt sämtliche kundenbezogenen Applikationen wie Enterprise Marketing Automation und Kundensupport. Die analytische Dimension von CRM erstreckt sich auf die Aufbereitung von Kundendaten als einer Entscheidungsgrundlage für das Business Performance Management. Unter kollaborativer Funktionalität werden hier spezifische personalisierte Leistungen in den Bereichen von E-mail, Konferenzen und webgestützte Interaktionen mit dem Partner verstanden.

Die Stärken einer CRM Anwendung sind:

- Gewährleistung eines konsistenten und vereinheitlichten Ansatzes für jeden Partner bei jeder Interaktion mit dem Partner.

- Gewährleistung, daß der Partner - unabhängig vom jeweiligen point of contact - eine Gesamtsicht des Unternehmens erhält.

- Gewährleistung einer gebündelten Teamlösung bei nachweislicher Effizienzsteigerung und Kostensenkung.

In der gegenwärtigen Anwendungswirklichkeit weisen einige CRM Lösungen drei Schwachstellen auf, die es zu beheben gilt:

- Die Instrumente zur Messung der Partnerzufriedenheit sind verbesserungsfähig.
- Mangelnde Tools bei der Datenanalyse.
- Schwächen bei der Integration bestehender Applikationen.

CRM als relativ neuartiges System hat bereits in der "Kindheitsphase" seines Lebenszyklus bewiesen, daß es große Potentiale in sich birgt. Daher besteht kein Zweifel daran, daß es in seiner Reifephase ein wertvolles Instrument bei der Bewältigung unternehmerischer Herausforderungen sein wird. Der Erfolg einer CRM-Lösung wird aber im wesentlichen von der Bereitschaft eines Unternehmens abhängen, sich kontinuierlich mit seinen Geschäftsprozessen auseinander zu setzen.

Generell ist festzuhalten:

a) die Situation vor der Einführung CRM:

  - jedes Land hatte andere Regeln.
  - keine Standards.
  - Informationen in Tabellenkalkulationsprogrammen auf den Laptops der Vertriebsmitarbeiter.

Daraus resultiert schlechtes Vertriebsmanagement. Das CRM ist das primäre Interface zur Verlinkung zwischen den verschiedenen Systemen (relationale DBs, Extranet, Intranet). Es bietet darüber hinaus ein Repository, d. h. allgemeine Regeln für die unterschiedlichen Partnerverträge sind hinterlegt (das bedeutet einen einfachen Einstieg für neue Mitarbeiter).

Als Konfigurationsmöglichkeiten im CRM sind hinterlegt:

- Antragsformular für Partner im Internet (Fragebogen)
- unterschiedliche Briefköpfe pro Land
- unterschiedliche Anreden
- Brieftemplates werden automatisch in der Sprache des Kontakts eingefügt (entsprechend hinterlegt und konfiguriert)
- Serienbriefe für gezielte Partneraktionen

b) Situation nach der Einführung: wesentlich verbesserte Zufriedenheit der Partner, schnellere Reaktionszeiten, standardisierte Vorgehensweisen in allen Ländern, Überblick über Partner nach Region, Typ, Status im Prozeß, Erneuerungsdatum.

3. Partnermanagement bei der PAVONE AG

3.1 Ausgangslage

Die gemeinsame Nutzung von Informationen ist unabdingbare Voraussetzung für das erfolgreiche Management von Partnerbeziehungen. Es ist mittlerweile eine Binsenweisheit, daß die Gewinnung eines neuen Partners vier- bis sechsmal soviel Aufwand kostet wie die Pflege eines zufriedenen Partners. Gerade darum ist es besonders wichtig, auf Anfragen schnell und qualifiziert zu reagieren, insbesondere wenn diese Anfragen aus verschiedenen Quellen (telefonisch, per Fax, über das Internet ...) kommen. eCRM in B2B Beziehungen funktioniert nur mit der entsprechenden Software sowie einer Partnerdatenbank. Der häufigste Fehler, den Unternehmen bei der Einführung von Software für CRM machen, ist die Software mit CRM gleichzusetzen. Unternehmensinterne Probleme wie eine schlechte Partnerbindung lassen sich nicht einfach durch den Kauf und die Implementierung einer Software lösen. Zunächst muß ein Problem im Unternehmen betrachtet und analysiert werden, ob und inwieweit es durch eine entsprechende CRM-Software zu lösen ist.

Ein strukturierter Workflow, der dabei hilft, alle für die Bearbeitung notwendigen Informationen auch aus ERP-Systemen oder relationalen Datenbanken zusammenzutragen, beschleunigt die Reaktion auf die Partneranfrage erheblich. Der erforderliche integrative Ansatz sowohl bei der verwendeten Hardwarebasis (durchgängig von PCs über Workstations und Midrange-Systemen bis hin zu Mainframes) als auch der erforderlichen Softwaresysteme ist die Domäne von Groupware. Die Einbindung von Niederlassungen, Home Offices und mobilen Mitarbeitern in den Steuerungsprozeß wird durch den verteilten Zugriff auf sämtliche Informationen sichergestellt. Eine zentral gepflegte Quelle für Textbausteine und -vorlagen inklusive Microsoft Office-Vorlagen gewährleistet eine einheitliche Sachbearbeitung und reduziert Routinearbeiten auf ein Minimum. Kundenanpassungen bezogen auf Dialogmasken, Prozesse und Organisation können mühelos realisiert werden.

Auch in der besten Partnerbeziehung kommt es gelegentlich zu Problemen, sei es durch falsche oder zu späte Lieferungen, Störfälle bei Hardware oder Software o. ä. Entscheidend ist, wie diese Probleme im Unternehmen behandelt werden, um zu einer schnellen Lösung zu kommen. Das Management der erforderlichen Prozesse erfordert wechselnde Priorisierungen und flexible Ausnahmebehandlung sowie ausgefeilte Eskalationsprozeduren. Letztere sind aber in der Praxis oft sehr schwer strukturiert darstellbar, so daß manches Workflowsystem diese nicht immer abbilden kann. Auch hier hilft das Information Sharing von Groupware-Systemen, eine Lösung bereitzustellen.

Die Komplexität, die solche Aufgaben mit sich bringen, wird jedoch leicht unterschätzt, insbesondere weil zahlreiche Schnittstellen im Unternehmen – aber auch außerhalb des Unternehmens z. B. zum eigenen Außendienst und zu Kooperationspartnern - berücksichtigt werden müssen. Im Vordergrund stand somit nicht die reine Software-Installation, sondern die Optimierung der organisatorischen Rahmenbedingungen und die Integration der CRM-Lösung in diese Abläufe. Die internen Arbeitsabläufe müssen straff organisiert, die Kompetenzen und Verantwortlichkeiten jeder Abteilung und jedes Mitarbeiters definiert werden. Nur mit einer „echten" Integration verfügt ein Unternehmen über ein größeres Nutzungspotential.

Die Verbreitung des Internet bietet weitere Möglichkeiten für den Einsatz von CRM Systemen. Eine Anbindung zum Internet muß dabei den direkten Partnerkontakt unterstützen, beginnend bei der Informationsbeschaffung über die Auftragsabwicklung bis hin zum Service.

CRM bietet Lösungen, die sich der Konzeption, des Aufbaus, des Ausbaus, der kontinuierlichen Pflege und Kontrolle einer individuellen Partnerorientierung widmen. Partner können dabei in unterschiedliche Kategorien aufgenommen werden.

Die umfassenden Werkzeuge und Informationen von Office-Systemen ermöglichen Vertriebsmitarbeitern die Verwaltung von Vertriebsprojekten, Vertriebskanälen, Partnerprofilen und Partnern. Die Erstellung von Produkt- und Umsatzprognosen wird unterstützt. Informationen zu Produkten, Preisen Wettbewerbern, Entscheidungsfragen und Reklamationsfragen können jederzeit an jedem Ort generiert werden. Kommunikation wird einfacher, zielgerichtete Korrespondenz und Auftragsabwicklung werden ebenso unterstützt wie die Erstellung von Angeboten und Verkaufspräsentationen. Partneranfragen können durch den Einsatz von solchen Officelösungen schnell und genau bearbeitet werden. Die Betreuung von Bestandspartnern kann durch das Angebot weiterer Produkte und Dienstleistungen intensiviert und damit die individuelle Partnerlösung erweitert werden.

Branchenunabhängige, gruppenbasierte, sofort einsatzfähige Lotus Domino Lösungen sind die Basis für Prozeßorientiertes Partnermanagement. Die Office Komponente unterstützt anfallende Arbeiten im Büroumfeld wie die Adreßverwaltung, das Korrespondenz- und Dokumentenmanagement. Vorgangskategorisierung und Referenzierung machen die zeitaufwendige Suche nach Dokumenten, Vorgängen und Informationen überflüssig. Gleichzeitig werden die Kosten für die Verteilung und Archivierung erheblich reduziert.

Alle Dokumente werden in einer zentralen Datenbank abgelegt, die bei Bedarf durch Replikation auf beliebige Standorte verteilt werden kann. Damit eröffnet sich die Möglichkeit, mobile Mitarbeiter bzw. Telearbeiter problemlos in das System zu integrieren. Die Sicherheitsmechanismen von Lotus Domino garantieren dabei höchste Datensicherheit.

Zusammenfassend wird erreicht:

- Gezieltes Kontaktmanagement
- Umfangreiche Partnerinformation
- Partnerbezogene Vorgangsverfolgung und -protokollierung

- Integriertes Lead Management
- Charakteristische Partnerhistorien

Aussagekräftiges Berichtswesen

- Zentral gepflegte Partnerdatenbank sortiert nach Kategorien und Stichworten
- Einfacher Zugriff auf alle Lead-Informationen
- Übersichtliche Angebotsauswertungen
- Forecast-Export nach Microsoft-Excel für aussagefähige Pivot-Tabellen und Statistiken

Effiziente Vertriebssteuerung

- Persönliche Aufgabenlisten
- Automatische Emailbenachrichtigung bei der Zuweisung neuer Aufgaben
- Terminbezogene Wiedervorlage
- Reibungslose Integration strukturierter und dynamischer Workflows

3.2 Das PAVONE Customer Support System (CSS)

Den Partnern der PAVONE AG steht ein spezielles Customer Support System (CSS) zur Verfügung. Hier können Partner - neben den bekannten Kommunikationswegen Telefon und E-Mail - das Internet nutzen, um Supportanfragen an ein eigenes Supportteam zu stellen. Eine Freischaltung erfolgt via Benutzername und Paßwort. Auf diese Weise haben die Partner die Möglichkeit, ihre Anfragen mittels Webbrowser direkt einzugeben, damit diese von dem Supportmitarbeitern bearbeitet werden können. Unabhängig davon, ob die Anfrage telefonisch an PAVONE gerichtet wird oder in das Customer Support System eingetragen wird, gibt das CSS jederzeit Auskunft über den aktuellen Status der Bearbeitung der Supportanfrage. Lösungen mit den entsprechenden Beschreibungen erhalten die Partner ebenfalls direkt im Customer Support System. Weiterer Bestandteil dieses Systems ist ein ständig wachsender Knowledge-Pool. Hier werden häufig gestellte Fragen und bereits bekannte Probleme mit den entsprechenden Lösungshinweisen hinterlegt.

Funktionen des CSS-Customer Support System

- Servicezugang übers Internet:

  Partneranfragen einfach und optimiert handhaben.
- Das Customer Support System (CSS) ist ein sowohl für Notes-Clients als auch direkt für den Zugang über das Internet konzipierter Servicezugang für Partner.

- Partner können über das Web-basierte Frontend direkt auf für sie zugeschnittene Informationen zugreifen und Kontakt mit dem Unternehmen aufnehmen.
- Sie können Anfragen stellen und deren Bearbeitung transparent jederzeit verfolgen. In brisanten Fällen ist ein Sperren von Dokumenten für den Partner möglich.
- Eine Knowledge Base ermöglicht das gezielte Suchen nach ähnlich gelagerten Problemfällen. Diese basiert auf bereits abgeschlossenen, anonymisierten Anfragen.
- Weitere interessante Links werden dem Partner im Portal angeboten, wo er zum Beispiel weitergeleitet werden kann zum Bereich "Download" oder ähnlichem.
- Abgerundet wird das Portal mit einer Hilfe zu den einzelnen Funktionen in der Umgebung.

4. PDA Anbindung an ein CRM System – ein Diplomarbeitsprojekt

Im Rahmen eines Diplomarbeitsprojektes zwischen der Universität Paderborn und den Industriepartnern PAVONE AG und Symantec Ltd. wurde in England ein Prototyp für die PDA Anbindung an die Lösung PAVONE Sales entwickelt, der im Folgenden kurz vorgestellt werden soll.

Ziel war eine praktische Lösung für die Integration von PDAs in ein prozeßgetriebenes unternehmensweites Sales System zu ermöglichen. Symantec ist ein internationales Softwareunternehmen mit einem breitgefächerten Warenangebot von Sicherheitssoftware bis hin zu PC Support Software. Das oberste Ziel des Projektes war die Entwicklung eines Verkaufsinformationssystems, basierend auf der PAVONE Espresso Technologie und deren Integration in die bestehende IT-Umgebung von Symantec. Die prototypische PDA Integration wurde dabei zu einem zusätzlichen Bestandteil des Projektes. Aufgrund des mehrheitlichen Gebrauchs von Palm OS-basierte PDAs für das persönliche Informationsmanagement durch die Vertriebsmitarbeiter der Symantec wurde der Prototyp ausschließlich für diese Art von PDA entwickelt. Bei der Wahl der Komponenten für den Prototyp wurde eine mögliche Erweiterung zu anderen PDA Typen jedoch als wichtigster Entscheidungsfaktor ausschlaggebend.

4.1 Das PAVONE Sales System

PAVONE Sales ist ein prozeßgesteuertes Sales Informationssystem, das auf der PAVONE Espresso Technologie basiert. Es dient dazu Vertriebsvorgänge zu optimieren, um die Chancen des Verkaufs früh zu erkennen und gleichzeitig mehr Kundenzufriedenheit zu schaffen. Dieses Vertriebsinstrument ist dabei vorwiegend auf die Bedürfnisse der folgenden drei Benutzergruppen ausgerichtet.

- Sales Mitarbeiter benutzen die Datenbank hauptsächlich für den Bereich Customer Relationship Management. Sie legen somit ihre Lead Informationen, Korrespondenz, Quoten, Prognosen und Bestellungen zentral in einer Lotus Domino Datenbank ab. Mittels der Process Engine von Espresso können sowohl strukturierte Prozesse für das Kennzeichnen der Leads als auch Ad-hoc Prozesse für das Zuweisen von leadbezogenenen Aufgaben erstellt werden.
- Sales Manager benutzen diese Datenbank, um ihre Sales Teams zu verwalten. Durch die Schnittstelle zum Business Intelligence Modul ShowBusiness Cuber u. KAS können übersichtliche Berichte und Diagramme für eine regelmäßige Messung und Überwachung des Erfolgs des Verkaufspersonals erstellt werden.
- Die Marketingabteilung benutzt diese Datenbank als Datenpool für gezielte Marketing-Kampagnen und als Führungsinstrument, um die Leistungsfähigkeit ihrer Kampagnen messen zu können. Kontaktinformationen und Bestellinformationen können mit den relationalen Datenbanken der Warenwirtschaftssysteme ausgetauscht werden.

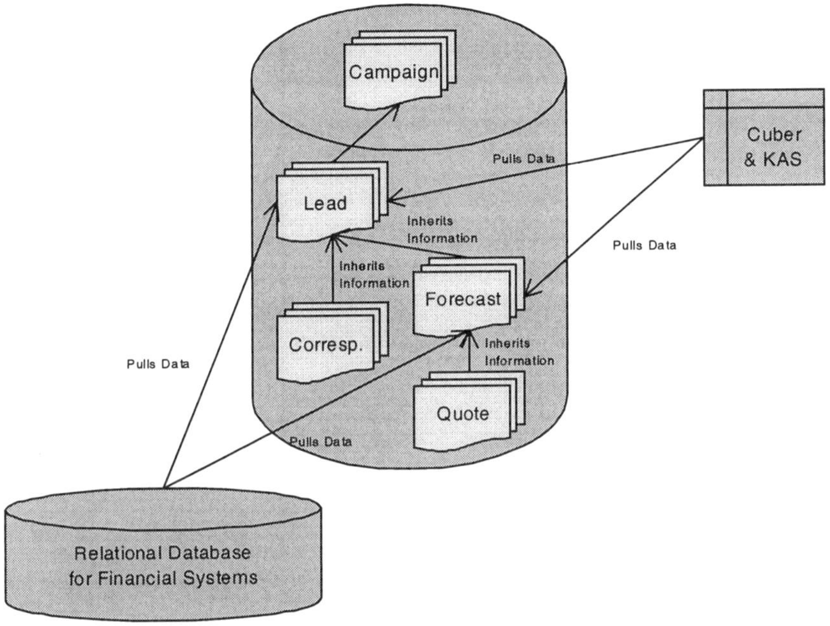

Abbildung 2: Architektur der PAVONE Sales Database

PAVONE Sales besteht aus vier Datenbanken und zwei externen grafischen Werkzeugen:

- Die PAVONE Sales Database dient dabei als zentrale Datenbank für alle Benutzer. In dieser Datenbank werden alle verkaufsbezogen Dokumente verwaltet: Leads, Prognosen, Protokolle, Briefe und Kampagnen. Diese Dokumente können durch vordefinierte Prozesse geroutet werden, oder, als Basisinformationen für das Zuweisen Ad-hoc Aufgaben genutzt werden.
- In der PAVONE Organization Database wird die Organisationsstruktur verwaltet. Hier werden Ressourcen, Personen und Sachressourcen, den Gruppen bzw. Abteilungen mit entsprechenden Rollen zugeordnet. Die Process Engine benötigt diese Informationen, um zum richtigen Zeitpunkt dem richtigen Mitarbeiter die richtige Aufgabe zuweisen zu können.
- Die PAVONE Settings Database enthält Schlüsselwortlisten, Briefköpfe, Dokumentvorlagen und Preislisten. Sie dient als Container für die Anwendungsdatenbank, die Bestandteile während eines Ablaufs vererbt.
- Die PAVONE Process Database dient auch als Container. Dieser Behälter enthält die Routing Struktur für alle vorbestimmten strukturierten Prozesse, die in der Anwendungsdatenbank verwendet werden, z. B. der Lead Qualifikationsprozeß.

- Der PAVONE OrganizationModeler ist ein externes grafisches Tool, das die Darstellung und das Anlegen der Organisationsstruktur intuitiv und benutzerfreundlich ermöglicht.
- Der PAVONE ProcessModeler ist ein externes grafisches Werkzeug für die Darstellung und Modellierung von vordefinierten strukturierten Prozessen, die in der PAVONE Process Database gespeichert werden. Es dient auch der Simulation von neu definierten Prozessen sowie zur Identifizierung von möglichen Fehlern und Engpässen dieser Prozesse.

Abbildung 3: Die PAVONE Sales Architektur

4.2 Tools und Architektur

Folgende Tools wurden für die Einführung des Prototyps gewählt:

- PDA Frontend Entwicklung:

  Metrowerks Codewarrior für Palm OS, Release 6
- PDA Backend Datenbank:

  IBM DB2 Everywhere, Version 1.2
- PDA für Lotus Domino Synchronisation:

  Extended Systems XTNDConnect Server, Release 2.4

Es gibt drei Hauptgründe, warum diese Kombination gewählt wurde:

- Der erste Grund ist die Fähigkeit, das System zu irgendeiner PDA Art mit möglichst geringem technischem Aufwand zu erweitern. XTNDConnect 2,4 kann als Synchronisierungsserver mit Palm-OS , Windows und EPOC basierten PDAs genutzt werden. DB2 ist auch für Palm-OS und Windows CE vorhanden. Dies heißt, daß nur das PDA Frontend für jeden PDA Typ neu entwickelt werden muß, aber es ist keine Entwicklungsplattform vorhanden, die von allen drei PDA Arten benutzt werden kann.
- Als zweiter Grund steht die Möglichkeit im Vordergrund, mit geringstem administrativen Aufwand eine benutzerbestimmte Datenauswahl einzuführen. XTNDConnect 2.4 ist das einzige Tool, das eine Flexibilität in diesem Maße ermöglicht. Als weiterer Vorteil erweist sich die Möglichkeit, die persönlichen Einstellungsdokumente der Anwendungsdatenbank als ein Datenauswahlprofil zu nutzen, so daß in diesem Themengebiet keine zusätzliche Einarbeitung notwendig ist.
- Der dritte Hauptgrund betrifft den sicherheitstechnischen und administrativen Bereich. XTNDConnect ist das einzige Tool, das eine End-to-End Sicherheit liefert, unabhängig davon ob die Synchronisierung mit einem LAN, einem Modem-Anschluss oder dem Internet erfolgt. Eingeplante Datenbackups und eine einfache Aktualisierung der Softwarebausteine auf den PDAs erweisen sich als weitere Vorteile.

Die Kombination der gewählten Tools bildet demzufolge eine flexible und erweiterbare Lösung. Das Resultat ist eine Architektur wie in Abbildung 4 dargestellt.

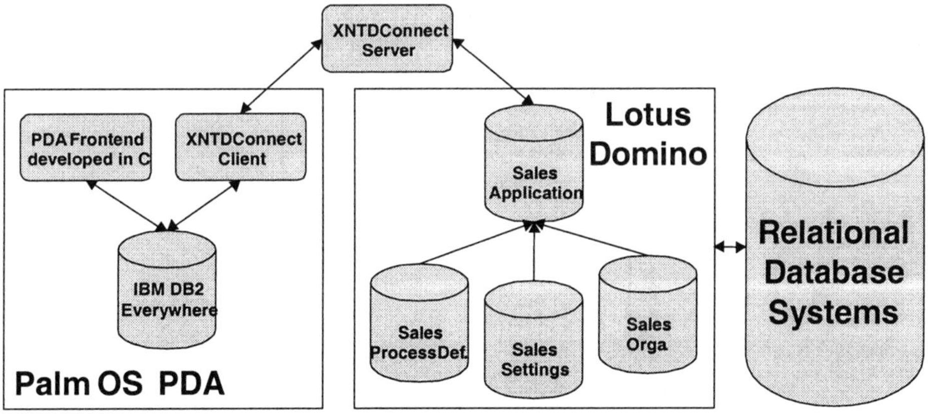

Abbildung 4: Architektur des Prototyps

4.3 Das PDA Backend

Die Backend Datenbanken auf dem PDA wurden durch IBM DB2 Everywhere implementiert und bestehen aus sechs unterschiedlichen Tabellen:

- ES_Address enthält die Kontaktdaten.
- ES_Corresp enthält alle Arten von Korrespondenzinformationen, wie Memos, Briefe und Empfangsdokumente. Alle Daten beziehen sich auf eine bestimmten Datensatz von ES_Address
- ES_Forecast enthält die Prognoseninformationen. Die Daten beziehen sich auch auf bestimmte Datensätze von ES_Address
- ES_Orga verwaltet die Informationen der Organisationsstruktur, die für das Zuweisen von Ad-hoc Aufgaben benötigt werden.
- ES_Process enthält Informationen, die für die Initialisierung eines neuen Prozesses notwendig sind.
- ES_Setting enthält Informationen über die Schlüsselwortlisten, die durch das Frontend benutzt werden.

Die ersten drei Tabellen enthalten die Informationen, mit denen der Benutzer arbeitet. Er kann die Daten lesen, bearbeiten und auch neue Daten in diesen Tabellen hinzufügen. Zusätzlich enthalten alle Daten, die in eine der ersten drei Tabellen gespeichert werden, Informationen über den aktuellen Workflowstatus des in Verbindung stehenden Dokumentes in Lotus Notes. Dies ist erforderlich, um die Workfloweigenschaften auf dem PDA Frontend zu implementieren. Die letzten drei Tabellen werden nur durch das System gelesen und können nicht auf dem PDA vom Benutzer geändert werden.

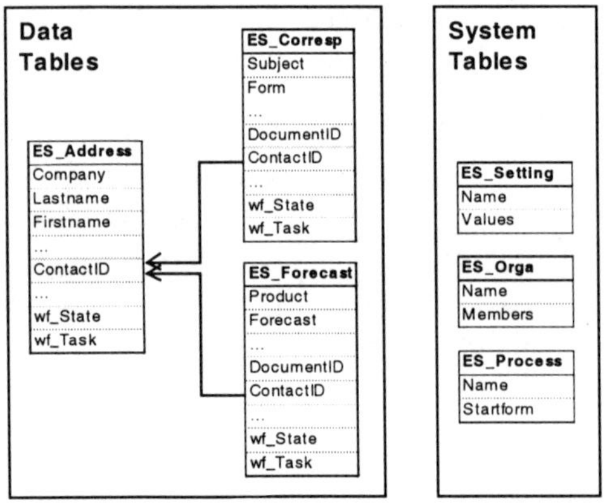

Abbildung 5: DB2 Everywhere Daten Struktur

4.4 Das PDA Frontend

Das PDA Frontend, wurde native in der Programmiersprache C mit Metrowerks Codewarrior 6 entwickelt. Der Gebrauch eines nativen PDA Entwicklungswerkzeugs war die einzige Möglichkeit die unten beschriebenen Features zu implementieren und darüber hinaus die Möglichkeit beibehalten mit zusätzlichen Tools zu erweitern.

- Kontakt- und Korrespondenzmanagement

  Der Benutzer neue kann neue Kontaktdaten auf seinem PDA lesen, bearbeiten und erstellen. Er kann die Korrespondenzhistorie seiner Kontakte ansehen, wobei die folgenden Dokumenttypen unterstützt werden: Memos, Briefe und Empfangsdokumente. Er kann jedes dieser Dokumente bearbeiten und darüber hinaus neue Dokumente erstellen.

- Forecast Management

  Der Benutzer kann Prognosen lesen, bearbeiten und erstellen, die entweder in der Korrespondenzhistorie eines Kontaktes oder zusätzlich als separate persönliche Prognosenübersicht erscheinen.

- Workflow Management

  Es wird ein Überblick über die aktuellen Aufgaben und die Dokumente angezeigt. Diese Aufgaben können entweder durchgeführt werden, oder mit einem neuen Bearbeitungsdatum versehen werden Auf der Grundlage von allen Dokumententypen können sowohl Ad-hoc Vorgänge initialisiert als auch vordefinierte Prozesse gestartet werden.

5. Ausblick

Die entstehende ‚Digitale Ökonomie‘ verändert die ökonomische Leistungserstellung fundamental: Strukturen und Prozesse, aber auch Produkte und Leistungen unterliegen einem teils drastischen Wandel. Dabei kommt dem eCRM einen besondere Bedeutung zu: Einerseits stellen die Entwicklungen im Umfeld der Informations- und Kommunikationstechnologien neuartige Werkzeuge zur Verfügung, welche im Rahmen des Managements der Kundenbeziehungen eingesetzt werden können. Damit kann das CRM sowohl effizienter als auch intensiver gestaltet werden. Andererseits verändert die Digitale Ökonomie aber auch grundsätzlich die Art und Weise der Interaktion zwischen allen am Wirtschaftsgeschehen Beteiligten und somit auch die Anbieter – Kunde Beziehungen. Die Rolle des ‚Kunden‘ unterliegt in diesem Zusammenhang einer Veränderung, wie dies beispielsweise die Diskussionen in Wissenschaft und Praxis um Themen wie ‚Virtual Communities‘, ‚Customer Behaviour‘ oder ‚Reverse Marketing‘ deutlich machen. Dadurch ergeben sich auch für das eCRM neuartige Herausforderungen jenseits der Nutzbarmachung neuartiger Technologien. (Quelle: Workshop im Rahmen der „Verbundtagung Wirtschaftsinformatik Siegen 2000 / WKWI-2000“, Track „E-Com-2000“ 11.Oktober 2000, Universität - Gesamthochschule Siegen)

Literatur

BALZER, V.: Personal Digital Asssitants in Process Driven Enterprise Sales Systems: Concepts, Solutions, Business Value, Diplomarbeit an der Universität GH, Paderborn, FB5, 2000.

O.V.: PAVONE CRM Produktunterlagen, 2000.

O.V.: Nur der Kundenerfolg zählt, Siebel Systems, Inc Produktunterlagen 1999.

O.V.: Unterlagen zum Workshop im Rahmen der „Verbundtagung Wirtschaftsinformatik Siegen 2000 / WKWI-2000“, Track „E-Com-2000“ 11.Oktober 2000, Universität - Gesamthochschule Siegen.

ZIRKE, J.: Kundenbeziehungen mit Workflow pflegen, in Groupware Magazin 03/00, April/Mai 2000, S. 20 – 22.

ZIRKE, J.: Prozeßmanagement für reagible Unternehmen, in: Dangelmaier/Felser (Hrsg.) Das reagible Unternehmen, S. 309 – 315, ALB-HNI-Verlagsschriftenreihe, 2000.

ZIRKE, J., WIERSGALLA, A.: Informationsprozesse im Kundenmanagement, in: Helmke/Dangelmaier (Hrsg.): Effektives Customer Relationship Management, S. 357 - 376, Gabler Verlag 2001.

MIDDLETON, J.: Die E-Business-Bibliothek, Econ Vlg. 2001.

SALOMON SMITH BARNEY, The Birth of Collaboration, June 2001.

Bernhard Kölmel und Peter Weiß

Kundenmanagement in virtuellen Organisationen

1. Zusammenfassung

Die zunehmende Konzentraten vieler Unternehmen auf ihre Kernkompetenzen verursacht eine immer stärker werdende Virtualisierung der Betriebe, sei es die Ausgliederung in Tochterunternehmen oder die Zusammenarbeit über Unternehmensgrenzen hinweg (Arnold, Faisst, Härtling, Sieber 1995). Dieses Phänomen verursacht vor allem erhöhte Anforderungen an die zwischenbetriebliche Koordination und das Kundenmanagement.

Am Beispiel der Infranet Partners werden die konkrete Umsetzung und die Möglichkeiten eines groupwarebasierten Kundenmanagementsystems für virtuelle Organisationen geschildert.

2. Virtuelle Organisationen

In den letzten Jahren sind durch die stark voranschreitende Globalisierung der Märkte, den erhöhten Wettbewerbsdruck und die verkürzten Produktlebenszyklen Rahmenbedingungen entstanden, welche neuer Organisationsformen bedürfen (Picot, Reichwald 1994). Neue Organisationsformen unterscheiden sich von den traditionellen, hierarchisch geprägten Strukturkonzepten, indem sie sich als „[...] offene und flexible, fließfertige aber auch einfache Systeme mit flachen Hierarchien" (Pribilla, Reichwald, Goecke 1996, S. 10) charakterisieren.

Um wettbewerbsfähig zu bleiben, müssen Unternehmungen vermehrt über die notwendige Flexibilität und Reaktionsschnelligkeit verfügen, um auf die veränderten Wettbewerbsbedingungen reagieren zu können. Hierzu sind sie gefordert, ihre Komplexität zu reduzieren und sich auf ihre eigentlichen Stärken, ihre Kernkompetenzen zu konzentrieren, indem sie Geschäftsaktivitäten mit Hilfe von Informationstechnologie auslagern. Vor dem Hintergrund dieser Entwicklungen kann festgestellt werden, daß die klassischen Grenzen von Unternehmen, wie sie bislang existierten, nicht mehr eindeutig definiert werden können. Die Unternehmensgrenzen beginnen zunehmend zu verschwimmen, sich stetig zu verändern und teilweise sogar aufzulösen.

Organisationsvisionäre wie Malone sagen für die Organisation des 21. Jahrhunderts unter anderem ein Szenario voraus, indem kleine Unternehmen in großen Netzwerken agieren und sich für Projekte zu „virtual organisations" zusammenschließen.

Organisationsstrukturen werden dann als virtuell bezeichnet, wenn rechtlich unabhängige Unternehmen, Institutionen und/oder Einzelpersonen, die gegenüber Dritten als ein Unternehmen auftreten, kooperieren, um gemeinsame Geschäftsinteressen zu verfolgen. Die Kooperation kann sowohl auf einem stabilen (statischen) als auch auf einem dynamischen Netzwerk basieren. Charakterisierendes Merkmal ist ein massiver Einsatz von Informations- und Kommunikationstechnologie (IuK) zur Unterstützung innerbetrieblicher bzw. zwischenbetrieblicher Koordination und Kooperation zur Kompensation der fehlenden zentralen Managementfunktionen des Unternehmens. Ziel dieser Kooperation ist die Optimierung der Wertschöpfungskette durch Einbringen von Kernkompetenzen, sowie der Teilung von Risiko, Kosten und Wissen der einzelnen Partner und das Auftreten gegenüber dem Kunden als eine kompetente und zuverlässige Einheit.

Um nun bei zunehmender Komplexität der zwischenbetrieblichen Schnittstellen eine weitere Flexibilisierung erreichen zu können, ist eine unternehmensübergreifende Geschäftsprozeß-Betrachtung unumgänglich. Die Gestaltung dieser Prozesse erfordert zum einen betriebswirtschaftliche Konzepte, die den Besonderheiten der unternehmensübergreifenden Betrachtungsweise Rechnung tragen. Zum anderen ist für die Erfüllung der Gestaltungsaufgabe und zur Kontrolle des zeitlichen Ablaufs eine effiziente informationstechnologische Unterstützung mit einem benutzerfreundlichen System für das Informations- und Kundenmanagement unerläßlich.

Eine mehrstufige empirische Untersuchung in der schweizerischen Wirtschaft zur Kooperationsthematik Mitte der 80er Jahre ergab, daß vor allem auf der Ebene des Vertriebes und bei der Abstimmung des Produktprogramms häufig kooperiert wird. Ähnlich ist es auch bei der arbeitsteiligen Fertigung. Endres sieht die Kooperation auf den Gebieten Beschaffung, Vertrieb, Marketing, Marktforschung und Informationstechnologie als am weitesten fortgeschritten. „Hier sind die Erfolge im Gegensatz zur Zusammenarbeit beispielsweise auf dem Gebiet der Produktentwicklung auch besonders schnell zu sehen." (Endres 1991, S.25) Die Ergebnisse der Studien belegen damit, daß die Bildung Virtueller Organisationsstrukturen mit dem Ziel verfolgt wird, die eigene Wettbewerbsposition zu festigen bzw. zu verbessern.

Insbesondere für eine Kooperation auf der Ebene des Vertriebes und des Marketings ist die Kommunikation mit und die Beziehung zum Kunden von zentraler Bedeutung für den Erfolg. Ein erfolgreiches Customer Relationship Management (CRM) ist somit zur Erreichung des Kooperationszieles und damit zur Realisierung von Kooperation auf Basis Virtueller Organisationsstrukturen absolut notwendig.

3. Bedeutung von Kundenmanagement in virtuellen Organisationen

Kundenmanagement wird in Bezug auf virtuelle Organisationen als ein Konzept zur Gestaltung von Beziehungen zwischen einem Unternehmensnetzwerk und seinen Kunden aufgefaßt. CRM umfaßt dabei die systematische Akquisition, Aufrechterhaltung und Intensivierung langfristiger Beziehungen. Ziel des Kundenmanagement ist es, aus Unternehmenssicht den Ertragswert von Kundenbeziehungen (Customer Lifetime Value) zu maximieren, wobei zugleich aus Kundensicht eine hohe Zufriedenheit anzustreben ist. Gemäß Henry Ford ist „der Verkauf eines Autos [...] nicht der Abschluß eines Geschäftes, sondern der Beginn einer Beziehung".

Für virtuelle Organisationen ist Kundenmanagement ein ganzheitlicher Ansatz zur jeweils spezifischen Unternehmensführung. Er integriert und optimiert unternehmensübergreifend alle kundenbezogenen Prozesse in Marketing, Vertrieb, Kundendienst, Rechnungsstellung und Entwicklung.

Dies geschieht im allgemeinen auf der Basis einer entsprechenden Customer Relationship Management Software und anhand eines vorher definierten Kundenmanagementprozesses. Das Customer Relationship Management System ist dabei das entscheidende Mittel zur praktischen Umsetzung von unternehmensübergreifenden Konzepten in die Praxis. Dabei kommen gemäß Lindner (Lindner 2001) zusätzliche Problemstellungen auf virtuelle Unternehmen zu. Es muß eine spezifische Strategie bei der CRM-Einführung zum Einsatz kommen, die unter anderem die folgenden Voraussetzungen von virtuellen Unternehmen berücksichtigt.

- Geringere Arbeitsteiligkeit in virtuellen Unternehmen. Call Center sind in mittelständischen Unternehmen selten anzutreffen, oft wird diese Aufgabe von der Telefonzentrale übernommen. Technische Anfragen werden in der IT-Branche oft von der Produktentwicklung beantwortet, die damit Helpdesk und Presales "nebenbei" miterledigt. Vielfach gibt es pro Kunde auch nur einen Ansprechpartner.
- Geringere Standardisierung. Die geringere Arbeitsteiligkeit in kleineren Unternehmen vermindert den Druck im Unternehmen selbst und damit auch in der virtuellen Organisation, Geschäftsabläufe zu standardisieren und dann konsequent einzuhalten. Die Mitarbeiter erledigen viele Aufgaben mit gesundem Menschenverstand von Fall zu Fall, wobei sich die Priorisierung auch nach der Aufgeregtheit eines Kunden richten kann. Das Maß an Systematik und Professionalität steht und fällt mit der Arbeitsauffassung des zuständigen Mitarbeiters.
- Durch die Dynamik des Virtuellen Unternehmens ist vorgegeben, daß neue Netzwerkpartner schnell aufgenommen und integriert werden können. Der durch die Flexibilität geforderte rasche Auf- und Abbau von Kommunikationsbeziehungen muß effizient unterstützt werden (z. B. Interoperabilität zwischen heterogenen IT-Architekturen) (Mertens, Griese, Ehrenberg 1998, S. 68f).
- Ein großes Problem von Kooperationsprojekten ist die *Integration* der meist heterogen vorhandenen Informationssysteme. Hierbei sind aufwendige Abstimmungsprozesse und zeitintensive Schnittstellendefinitionen ein großer Hemmfaktor. Dieser Umstand zeigt sich schon innerhalb einer historisch gewachsenen Unternehmung, wo meist mehrere spezialisierte Insellösungen mit isolierten Datenbeständen mitein-

ander verknüpft werden. Die hier auftretenden Probleme treten entsprechend bei unternehmensübergreifender Integration auf (Faisst, Stürken 1997, S. 4).

4. Praxisbeispiel Infranet Partners

Ein Beispiel für eine internationale Virtuelle Organisation sind die Infranet Partners (Vgl. im Internet unter http://infranet-partners.com/). Die Infranet Partners bilden einen Kompetenzverbund von kleinen und mittelständischen Unternehmen (KMU) mit dem Ziel „[...] providing innovative, interoperable end-to-end solutions, adding value to our customers by pooling our resources and expertise [...]". Hier stehen zum einen eine erhöhte Flexibilität durch das Zusammenführen von Ressourcen und Erfahrung, sowie die Art und Qualität der Produkte bzw. Dienstleistungen gegenüber dem Kunden im Mittelpunkt des Zusammenschlusses.

Abbildung 1: Gemeinsames Logo der Infranet Partners

Die Infranet Partners haben ein gemeinsames Ziel ihrer Kooperation (a specific mission). Sie stellen ein stabiles Beziehungsnetzwerk da. Mit Hilfe des Netzwerkes werden gemeinsame Projekte umgesetzt. Die Zusammenarbeit zwischen den Partnern ist langfristig angelegt und die Netzwerkpartner verfolgen ein gemeinsames Ziel: gemeinsame Kunden europaweit mit maßgeschneiderten Produkten und Dienstleistungen zu bedienen. Damit sind die Infranet Partners in der Lage ihre Produkte und Dienstleistungen auch in Konkurrenz zu großen, multinationalen Konzernen anzubieten.

Das Geschäftsverständnis zwischen den Netzwerkpartnern basiert auf Vertrauen, ohne schriftlich fixierte vertragliche Regelungen. Die Unternehmen kommen in der Regel einmal im Monat zusammen, um aktuelle Probleme, und die weitere Strategie zu besprechen und sowie die persönliche Bindung zu stärken. Nach Aussage der Infranet Partners wäre es das Ende ihrer Kooperation, wenn ein Rechtsanwalt notwendig wäre, um aufkommende Differenzen und Unstimmigkeiten zu klären. Die Unternehmen streben nach einer Optimierung der Wertschöpfungskette durch Einbringen Ihrer Kernkompetenzen.

Diese werden nach Bedarf kombiniert, um gemeinsame Projekte zu realisieren.

Die Infranet-Partner treten gegenüber Dritten als ein Unternehmen (one corporate identity) auf. Dies ist ein sehr wichtiges Merkmal für die Partner. Ein gemeinsame Internetseite präsentiert alle Partnerunternehmen als gemeinsame Marke (http//www.infranet-partners.com). Der Slogan des Netzwerkes lautet: "Each country, one partner" und unterstreicht die bereits vorhandene "corporate identity".

Bisher sind keine zentralen Managementfunktionen im Netzwerk der Infranet-Partner vorhanden. Alle wichtigen Entscheidungen werden auf den gemeinsamen Partnertreffen gefällt. Im Moment organisiert eine Art „zentrales Büro" abwechselnd bei unterschiedlichen Partnern gemeinsame Treffen, verteilt und schreibt Protokolle, Dokumente und Informationen und koordiniert auf diese Weise das Netzwerk.

Nur mit Hilfe eines massiven und effizienten Einsatzes von Informations- und Kommunikationstechnologie zur Unterstützung innerbetrieblicher bzw. zwischenbetrieblicher Koordination und Kooperation vor allem gegenüber dem Kunden kann ein solches Netzwerk erfolgreich umgesetzt werden. Das Projekt INFRANET (Vgl. im Internet: http://www.infranet-web.org) unter der Leitung des FZI Forschungszentrum Informatik, paßt eine geeignete Softwarelösung auf die Bedürfnisse der virtuellen Organisation an. Die identifizierten Schwachstellen werden durch eine geeignete IT-Lösung unterstützt. Aufgrund der Anforderungen und der Mission des Netzwerkes wurde die CRM-Groupware genesisWorld der CAS Software AG in Karlsruhe ausgewählt und implementiert. Die Softwarelösung unterstützt insbesondere die unternehmensübergreifenden Geschäftsprozesse im Netzwerk und erhöht deren Effizienz. Häufig wird allerdings die zentrale Zielsetzung heutiger Kooperationen, nämlich die Verbesserung von Vertrieb und Marketing sowie die Beziehung zum Kunden vernachlässigt. Doch genau dort liegt die große Herausforderung für den Erfolg virtueller Organisationsstrukturen. Die Fähigkeit, Kunden schnell und umfassend zu bedienen – sprich ein erfolgreiches Customer Relationship Management – ist für diese Kooperationsform der Schlüssel zum Erfolg.

5. Umsetzung von Kundenmanagement in einer virtuellen Organisationen

Wegen der starken Verzahnung der einzelnen Mitglieder des Netzwerkes von kleinen und mittelständischen Unternehmen muß die eingesetzte CRM-Lösung die wichtigsten Leistungsmerkmale eines Groupware-Systems (Adreß-, Termin- und Dokumentmanagement) aufweisen und gut mit mittelstandstypischen Warenwirtschaftssystemen zusammenarbeiten. Isoliertes Customer Relationship Management macht keinen Sinn:

- Eine Terminvereinbarung mit einem Kunden betrifft CRM- und Groupware-System;
- zur Kundenakte gehören Angebote aus der Warenwirtschaft, aber auch Beschwerdeschreiben aus dem Dokumentmanagement der Groupware.
- Der Kundenbetreuer muß ohne Applikationswechsel auf alle Daten aus CRM-, Warenwirtschafts- und Groupware-System Zugriff haben, Schnittstellen alleine (wie in Großunternehmen üblich) reichen nicht aus.

Im Rahmen des Projektes Infranet wurde das Produkt genesisWorld als Schaltzentrale für das Customer Relationship Management (CRM) in der virtuellen Organisation der Infranet Partners etabliert. Das Kundeninformationssystem bietet eine breite Funktionalität mit Adreß-, Termin-, Dokumenten- und Projektmanagement. Das im Projekt eingesetzte Produkt genesisWorld basiert auf einer modernen, dreischichtigen Client-Server-Architektur und ermöglicht hohe Integrierbarkeit und Skalierbarkeit. Auf dieser technologischen Grundlage deckt genesisWorld alle Bereiche des Kunden- und Informationsmanagements ab, bettet sich nahtlos in die Office-Welt ein und bietet verschiedene mobile Zugriffsmöglichkeiten. Die CRM-Groupware schlägt Brücken zwischen den Software-Inseln der einzelnen Mitglieder der virtuellen Organisation und integriert spezifische ERP-Systeme sowie weitere Drittapplikationen.

Mit der ERP-Anbindung kann der Mitarbeiter der virtuellen Organisation in der Adreßhistorie von genesisWorld Angebote, Auftragsbestätigungen, Lieferscheine, Rechnungen sowie offene Posten einsehen. Auf diese Weise lassen sich, ein integriertes ERP vorausgesetzt, an jedem Arbeitsplatz der virtuellen Organisation alle Schritte von der Angebotserstellung über die Auftragsbearbeitung bis zur Rechnungsstellung im gesamten Netzwerk nachvollziehen.

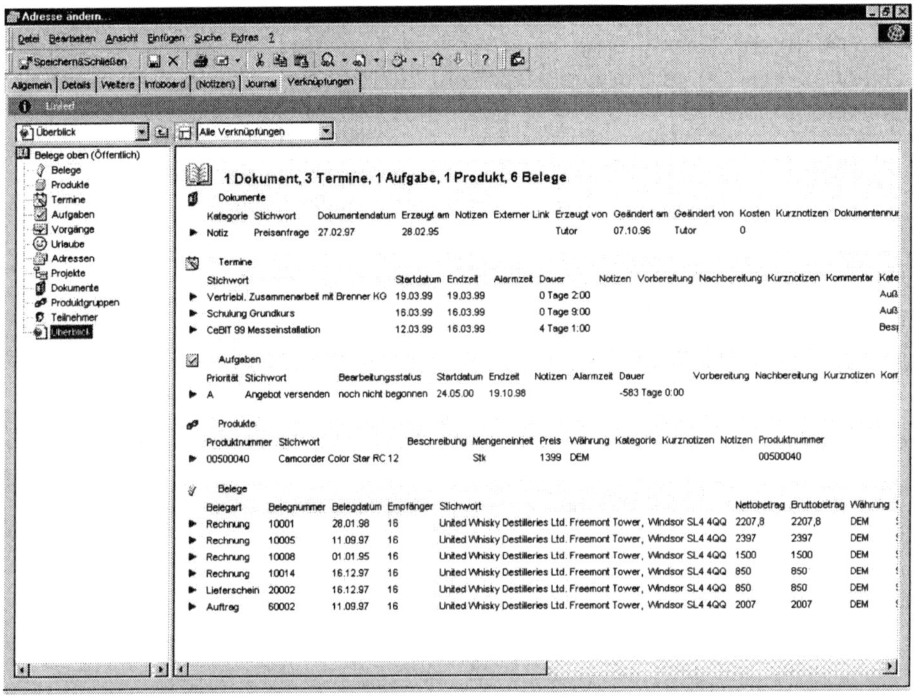

Abbildung 2: Projekthistorie über Unternehmensgrenzen

Für die virtuelle Organisation ist es wichtig, daß die Daten nicht mehr doppelt gepflegt werden müssen und der Adreßabgleich zwischen den einzelnen genesisWorld Installationen und dem jeweiligen Warenwirtschaftssystem automatisch erfolgt. Produkt- und Preiskataloge können zudem mit Informationstexten und Bildern direkt aus genesisWorld in die Internet- und Intranet-Seiten des einzelnen oder virtuellen Unternehmens eingebunden werden.

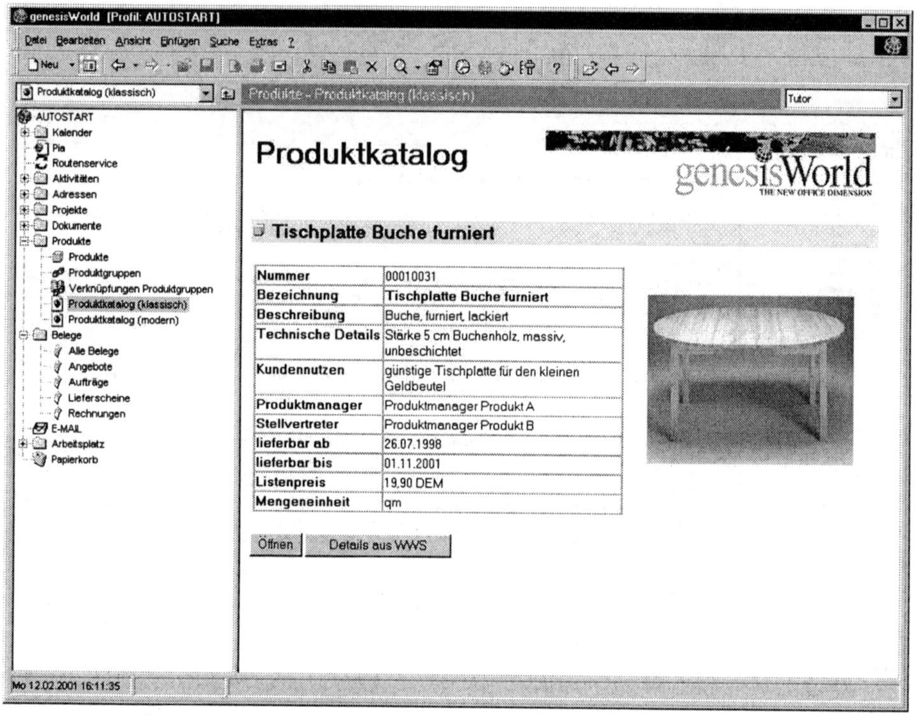

Abbildung 3: Übersicht über die Produktkataloge des Netzwerkpartners

Der Personal Information Assistant (PIA) informiert den Netzwerkmitarbeiter, egal wo er im virtuellen Unternehmen sitzt, selbständig bei jeder Kontaktaufnahme eines Kunden. Die activePIA übernimmt Aufträge zur Statusüberwachung von Kunden- und Projekthistorien und informiert den Anwender über jede Veränderung. Wenn zum Beispiel Kunden mit dem Netzwerkpartner aus Deutschland oder dem Kooperationspartner aus England Kontakt hatten, werden diese Informationen übersichtlich protokolliert.

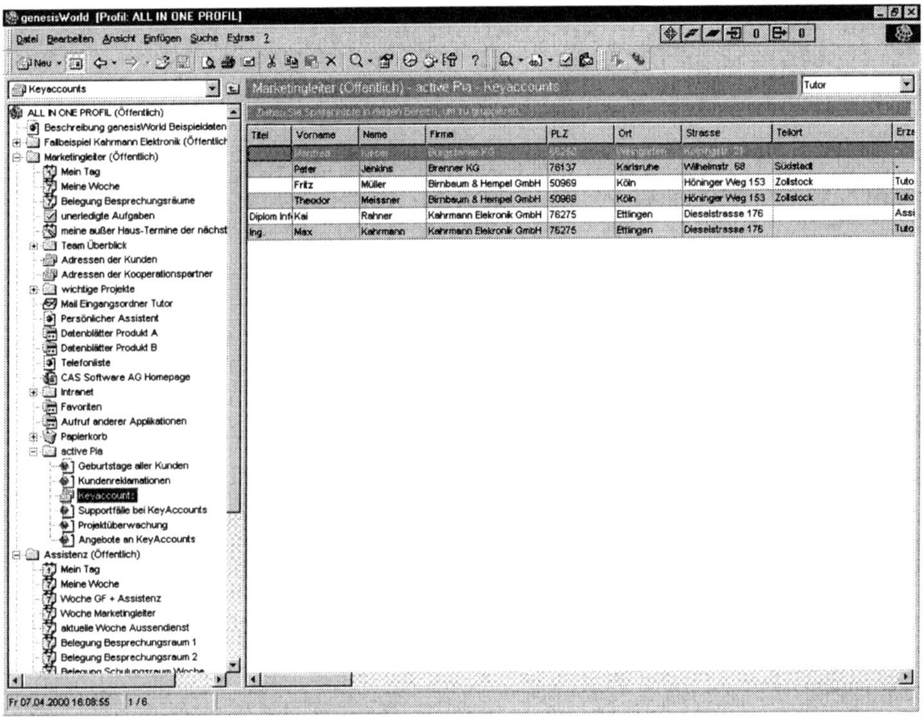

Abbildung 4: Automatische Information bei Statusänderungen

Die Smart Replikation bietet dem virtuellen Unternehmen oder den mobilen Mitarbeitern einen personalisierten Datenabgleich auf Notebooks oder zwischen den einzelnen Netzwerkpartnern. Damit können die Unternehmen genau jene Daten, die sie ihrem Netzwerkpartner zur Verfügung stellen wollen, individuell auswählen und abgleichen.

Mobile Außendienstmitarbeiter können mit jedem Internet-fähigen PC oder Notebook auf den HTML- oder ActiveX-Client von genesisWorld zugreifen. Auf diese Weise ist die gewohnte genesisWorld-Arbeitsumgebung zu jeder Zeit verfügbar. Weitere Schnittstellen mit der eingeschränkter Browser-Funktionalität eines schlanken Client stehen für fast alle Personal Digital Assistants (PDA) zur Verfügung.

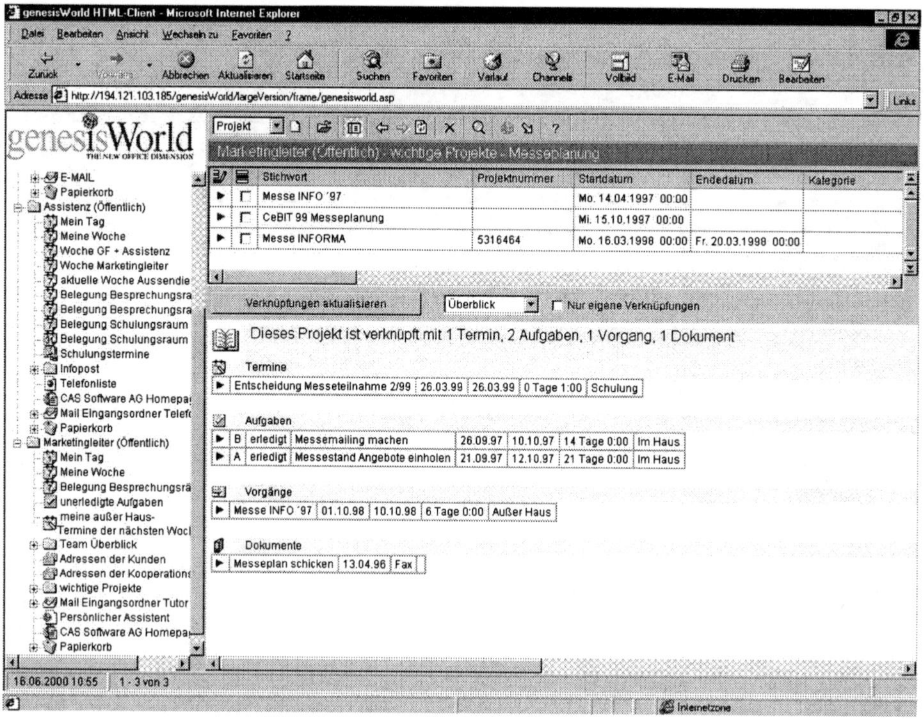

Abbildung 5: Zugriffmöglichkeit auf das Kundenmanagementsystem über das Internet

6. Fazit

Im Rahmen des Infranet Projektes konnten die Anforderungen einer virtuellen Organisation an einem Praxisprojekt erfolgreich umgesetzt werden. Dem geringeren Maß and Arbeitsteilung und Standardisierung wurde durch die Kombination von Groupware und Customer Relationship Management Rechnung getragen. Auch die IT-basierten Anforderungen nach Interoperabilität zwischen den heterogenen IT-Architekturen der einzelnen Netzwerkpartner und die Integration existierender mittelstandstypischer Altsysteme (z. B. Warenwirtschaftssysteme) konnten zufriedenstellen erfüllt werden. Durch Möglichkeit einer intelligenten Replikation wurde es den einzelnen Unternehmen ermöglicht, nur unkritische Daten und Informationen in die virtuelle Organisation einzuspeisen. Letztendlich wird auch der zunehmenden Mobilität im Wirtschaftsleben Rechnung getragen. Es kann sowohl über das Internet, als auch über mobile Datenkommunikation, sowie intelligente PDA bzw. Notebookreplikation jederzeit auf die notwendigen Informationen zu gegriffen werden.

Damit kommen die Infranet Partners ihrem Ziel, der netzwerkinternen Loyalität und der Kundenloyalität gemäß dem Zitat von Henry Ford ein großes Stück näher.

Zusammenkommen ist ein Anfang.

Zusammenarbeiten ist ein Fortschritt.

Zusammenbleiben ist Erfolg.

Literatur

ARNOLD, O., FAISST, W., HÄRTLING, M., SIEBER, P.: Virtuelle Unternehmen als Unternehmenstyp der Zukunft? HMD – Theorie und Praxis der Wirtschaftsinformatik (1995), S. 8 – 23.

ENDRES, R.: Strategie und Taktik der Kooperation : Grundlagen der zwischen- und innerbetrieblichen Zusammenarbeit. 2. überarb. Aufl.. Berlin : Erich Schmidt Verlag, 1991.

FAISST, W., STÜRKEN, M.: Daten-, Funktions- und Prozeß-Standards für Virtuelle Unternehmen – strategische Überlegungen, Arbeitspapier der Reihe „Informations- und Kommunikationssysteme als Gestaltungselement Virtueller Unternehmen". Nr. 12/1997 (herausgegeben von Ehrenberg, D., Griese, J., Mertens, P.), Bern, Leipzig, Nürnberg 1997.

LINDNER, T.: Der Mittelstand braucht spezielle Lösungen – Computerwoche 38/2001.

MERTENS, P., GRIESE, J., EHRENBERG, D. (Hrsg): Virtuelle Unternehmen und Informationsverarbeitung. Springer Verlag 1998.

PICOT, A., REICHWALD, R.: Auflösung der Unternehmung? In: Zeitschrift für Betriebswissenschaft, Gabler Verlag, Wiesbaden, 1994.

PRIBILLA, P., REICHWALD, R., GOECKE, R.: Telekommunikation im Management – Strategien für den globalen Wettbewerb, Stuttgart: Schäffer-Poeschel Verlag, 1996.

Relevante Internetlinks

CAS Software AG	http://www.cas.de
CAS/CRM Competence Center	www.crm-systeme.de/
CRM Überblick	http://www.crmforum.de/
FZI Forschungszentrum Informatik Karlsruhe	http://www.fzi.de
genesisWorld Produkt-informationen	http://www.genesisworld.de
Infranet Partners Webauftritt	http://www.infranet-partners.com
Kundenmanagement Zitate	http://www.kundenbeziehungen.com/downl/dl.html
Projektpräsentation INFRANET	http://www.infranet-web.org

Michael Zapf und Katja Storch

Praktische Erfahrungen beim Einsatz von Simulation für die Gestaltung von Communication Center-Prozessen

1. Communication Center und Simulation

Viele Organisationen setzen Communication Center ein, um eine effiziente und effektive Interaktion mit ihren Kunden zu erreichen. 1999 gab es in Europa bereits 12.750 Communication Center. Es wird erwartet, daß sich diese Zahl bis 2006 auf 28.000 erhöht (Frost und Sullivan 2000).

Ein grundlegendes Ziel des Communication Center-Managements ist die Abwicklung eingehender Kundenanfragen bei Einhaltung des gewünschten Service Levels auf einem hohen Qualitätsniveau (Cleveland und Mayben 1997). Dabei ergeben sich die meisten Herausforderungen für den Entwurf von Communication Centern aus der Umweltdynamik, insbesondere dem unvorhersehbaren Verhalten der Kunden. Dieses schlägt sich beispielsweise in einer schwankenden Anzahl von eingehenden Anfragen, unterschiedlichen Nutzung von Kommunikationskanälen, schwankenden Durchlaufzeiten und Auflegequoten nieder (Zapf 2001a).

Somit müssen viele „zufällige" (stochastische) Schwankungen bei der Prozeßgestaltung berücksichtigt werden. Diskrete Ereignisfolgesimulation ist in diesem Zusammenhang ein wichtiges Werkzeug (Law und Kelton 1991), mit dessen Hilfe eine Leistungsbewertung von Prozeßdesigns erfolgen kann. Dadurch kann für die gegebenen Anforderungen das beste Design ausgewählt werden.

Um Simulation erfolgreich in der Communication Center-Praxis einsetzen zu können, müssen vor allem zwei kritische Erfolgsfaktoren berücksichtigt werden: die Verfügbarkeit geeigneter Analysedaten und das Einhalten von engen Projektzeitplänen.

Insbesondere für die Planung neuer Communication Center ist es aufgrund fehlender Vergangenheitswerte in der Regel schwierig, gute Ausgangsdaten zu ermitteln. Außerdem stehen häufig für den gesamten Analysevorgang nur wenige Tagen zur Verfügung. Dies stellt insofern eine besondere Herausforderung dar, weil in diesem Zeitraum zahlreiche Datenkonstellationen simuliert und analysiert werden müssen, um aussagekräftige Ergebnisse erzielen zu können.

2. Simulation in der Praxis einsetzen

Um mit den oben genannten Herausforderungen für das Prozeßdesign in Communication Centern umgehen zu können, haben sich folgende Strategien als hilfreich erwiesen:

- Die Berücksichtigung vieler Umweltsituationen, um die Effekte von veränderten Umweltbedingungen einplanen zu können und
- die Automatisierung des Analysevorgangs mit Hilfe eines Simulationssteuerungssystems, um die engen Zeitpläne einhalten zu können.

Die systematische Analyse vieler Umweltsituationen kann in folgenden Schritten ablaufen (Heinzl und Zapf 2000):

1. Identifiziere sinnvolle Prozeßdesigns, relevante Kennzahlen für die Leistungsbewertung, relevante Einflußfaktoren mit entsprechenden Durchschnittswerten und kritischen Werten.
2. Simuliere
   a) alle Designs unter normalen Bedingungen (Durchschnittswerte) und
   b) alle Designs unter Worst Case-Annahmen (kritische Werte).
3. Verdichte und visualisiere die Ergebnisse.

Für die Automatisierung dieses Vorgangs wurde das Simulationssteuerungssystem SimControl entwickelt (Zapf 2001b). Alle relevanten Parameter und Ergebnisse können in einer Simulationsdatenbank gespeichert und die Simulationsexperimente automatisch durchgeführt werden. Das System wurde als Microsoft Access-Anwendung implementiert und verwendet ARENA als Simulationsprogramm (Kelton et al. 1998).

Der aufgezeigte Analysevorgang wurde bei verschiedenen Fragestellungen in der Praxis angewendet (Zapf 2001b, Storch 2000). Im nächsten Abschnitt werden davon zwei ausgewählte Praxisprojekte detailliert erläutert.

3. Das Back Office-Projekt

3.1 Beschreibung

Das ersten Projekt werden verschiedene Weiterleitungsstrategien für das Communication Center eines Wasserversorgungsunternehmens analysiert. Das Communication Center besteht aus einem Front Office und einem Back Office. Die Geschäftsprozesse werden mit Hilfe von Petri-Netzen modelliert (Van der Aalst 2000), die in Abbildung 1 dargestellt sind.

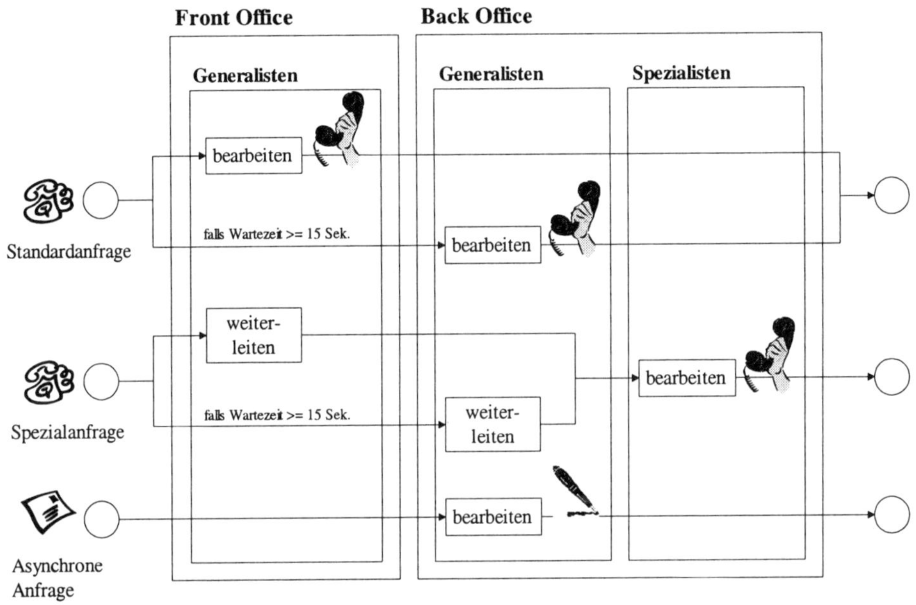

Abbildung 1: Prozeßmodell für das Back Office-Projekt

Die meisten eingehenden Kundenanfragen sind Standardanfragen, die Fragen zu Wasserabrechnung, Forderungen, An- und Abmeldungen, Zählerstandsangaben, Bankverbindungen und allgemeine Informationen beinhalten. Diese Anfragen werden normalerweise von Mitarbeitern mit breitem Basiswissen (Generalisten) im Front Office bearbeitet. Wenn der Kunde jedoch länger als 15 Sekunden auf einen Generalisten warten muß, wird der Anruf automatisch ins Back Office weitergeleitet.

Der erste Teil des Prozesses gilt auch für sogenannte Spezialanfragen, die Probleme zu Zählern, defekter Technik oder komplizierten Stammdatenänderungen behandeln. Der Generalist, der eine Spezialanfrage entgegennimmt, leitet diese nach einer kurzen Klassifizierungszeit zu einem Mitarbeiter mit dem erforderlichen Spezialwissen (Spezialist) ins Back Office weiter. Asynchrone Anfragen werden als Brief, Fax oder E-Mail gesendet und gehen direkt ins Back Office.

Im Back Office-Projekt wird untersucht, ob es sinnvoll ist, außergewöhnliche Standardanfragen mit langer Bearbeitungszeit von einem Generalisten im Front Office zu einem Generalisten im Back Office weiterzuleiten. Diese Weiterleitungsstrategie hat zwei offensichtliche Effekte:

1. Die Gesprächszeiten im Front Office können reduziert werden, wodurch mehr Mitarbeiter zur Verfügung stehen, um Anrufe entgegenzunehmen.

2. Es entsteht zusätzlicher Aufwand durch das Klassifizieren und Weiterleiten von außergewöhnlichen Standardanfragen.

3.2 Simulationsmodell und Daten

Die Basisstruktur des Simulationsmodells A ohne Weiterleitung außergewöhnlicher Anfragen ist in dem Prozeßmodell von Abbildung 1 zu sehen. Modell B ergibt sich durch Unterteilung der Standardanfragen in häufige und außergewöhnliche Anfragen. Häufige Anfragen werden wie eine Standardanfrage in Modell A behandelt. Außergewöhnliche Anfragen werden von Generalisten im Front Office entgegengenommen und nach einer kurzen Gesprächszeit zur Klassifizierung der Anfrage an einen Generalisten im Back Office weitergeleitet.

Beide Modelle werden mit dem ARENA-Simulationspaket implementiert, welches eine graphische Benutzerschnittstelle zur Generierung eines SIMAN-Programms bereitstellt (Kelton et al. 1998).

Die Ausgangsdaten sind für die verschiedenen Anfragetypen in Abbildung 2 zusammengefaßt. Die Triangulärverteilung wird zur Modellierung der Gesprächs- und Nachbearbeitungszeit herangezogen, da hierfür keine exakten Verteilungsformen bekannt sind, jedoch Schätzungen für Minimum, Maximum und Mittelwert existieren (Kelton et al. 1998, 512).

Anfragetyp		***Volumen*** *Anfragen pro Woche*	***Gesprächszeit*** *in Minuten*	***Nachbearbeitungszeit*** *in Minuten*
Standardanfrage	*häufig*	*3450*	*triangulär (2.5, 3.6, 4.5)*	*triangulär (1, 1.95, 3)*
	außergewöhnlich	*300*	*triangulär (3.5, 4.6, 5.5)*	*triangulär (3, 4, 5)*
	gesamt	*3750*	*triangulär (3, 4.3, 6)*	*triangulär (2, 3, 5)*
Spezialanfrage		*20*	*triangulär (2, 3.7, 5)*	*triangulär (13, 16, 19)*
Asynchrone Anfrage		*5913*	*triangulär (7, 8.88, 10)*	*./.*

Abbildung 2: Simulationsdaten für unterschiedliche Anfragetypen im Back Office-Projekt

Zusätzliche Simulationsdaten bzgl. der Anzahl von Mitarbeitern, der Wartetoleranz von Kunden und der Weiterleitungszeit sind in Abbildung 3 zusammengefaßt.

Parameter		***Wert***	***Dimension***
Agent	*Generalisten Front Office*	*10*	*Anzahl Agenten*
	Generalisten Back Office	*18*	*Anzahl Agenten*
	Spezialisten	*1*	*Anzahl Agenten*
Warte-toleranz	*Wartezeit bis zum Auflegen*	*triangulär (0.5, 1, 1.5)*	*Minuten*
	Rückruf %	*70*	*%*
	Wartezeit bis zum Rückruf	*triangulär (1, 5, 10)*	*Minuten*
Weiterlei-tungszeit	*außergewöhnliche Anfra-gen*	*20*	*% Gesprächszeit*
	Spezialanfragen	*20*	*% Gesprächszeit*

Abbildung 3: Zusätzliche Simulationsdaten im Back Office-Projekt

3.3 Beschreibung der Experimente

Beide Prozeßdesigns werden unter fünf verschiedenen Umweltbedingungen getestet. Ausgehend von der normalen Situation mit den Ausgangsdaten aus Abschnitt 3.2 werden folgende Parameter geändert:

- Die Überlastungssituation resultiert aus einer Zunahme von 50% des durchschnittlichen Anfragevolumens. So erhöht sich z. B. die Anzahl der Standardanfragen auf 5625.
- Beim Mitarbeiterausfall verringert sich die Anzahl der Mitarbeiter im Front Office um einen Generalisten und im Back Office um 3 Generalisten.
- Bei der geringen Wartetoleranz wird eine Wartetoleranz von nur triangulär (0.1, 0.5, 1) Minuten angenommen.
- In der Situation langer Klassifizierungszeiten für außergewöhnliche Anfragen wird diese Zeit verdoppelt auf 40% der Gesprächszeit.

Die einzelnen Experimente werden als mehrfach terminierende Simulationsläufe durchgeführt (Kelton et al. 1998). Der Planungshorizont beträgt eine Woche mit unterschiedlichen Öffnungszeiten pro Tag. Um aussagekräftige Ergebnisse zu erhalten, werden 100 Läufe pro Experiment durchgeführt. Jeder dieser Läufe repräsentierte eine Arbeitswoche.

3.4 Ergebnisse

Die Leistungsfähigkeit der verschiedenen Prozeßdesigns wird anhand von zwei Kennzahlen gemessen: der durchschnittlichen Auflegequote für Standardanfragen und der durchschnittlichen Durchlaufzeit asynchroner Anfragen.

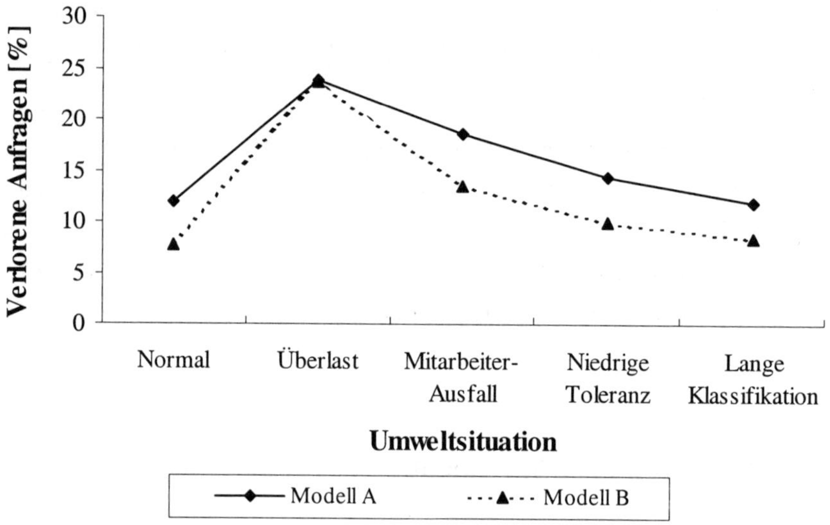

Abbildung 4: Durchschnittliche Auflegequote im Back Office-Projekt

Abbildung 4 zeigt die durchschnittliche Auflegequote für Standardanfragen in verschiedenen Umweltsituationen. In den meisten Fällen führt die Weiterleitung von außergewöhnlichen Standardanfragen (Modell B) zu einer besseren Leistung und führt zu einer geringeren Auflegequote. Nur bei Überlastung führen beide Modelle zu gleich schlechten Ergebnissen.

Die durchschnittliche Durchlaufzeit asynchroner Anfragen ist in Abbildung 5 festgehalten. Die Entlastung des Front Offices in Modell B führt damit zu einer Verschlechterung der Situation im Back Office. Besonders in einer Überlastungssituation und bei Mitarbeiterausfall kommt es zu einem großen Leistungsunterschied zwischen den beiden Prozeßdesigns.

Zusammenfassend kann festgestellt werden, daß die Weiterleitung außergewöhnlicher Anfragen in allen untersuchten Umweltsituationen zu einer niedrigeren Auflegequote führt. Dieser Vorteil geht aber immer zu Lasten der Mitarbeiter im Back Office und ist verbunden mit höheren Durchlaufzeiten asynchroner Anfragen. Das gilt besonders in Situationen mit hohem Anrufaufkommen oder beim Ausfall von Generalisten im Back Office.

Umweltsituation	*Modell A*	*Modell B*	*Differenz (A-B)*
Normal	*11,95*	*12,38*	*-0,43*
Überlast	*821,95*	*849,82*	*-27,87*
Mitarbeiterausfall	*30,75*	*81,23*	*-50,48*
Niedrige Wartetoleranz	*11,73*	*12,69*	*-0,96*
Lange Klassifikationszeit	*11,89*	*12,44*	*-0,55*

Abbildung 5: Durchschnittliche Durchlaufzeit für asynchrone Anfragen in Minuten im Back Office-Projekt

4. Das Vernetzungs-Projekt

4.1 Beschreibung

Das zweite Projekt beschreibt vernetzte Communication Center in der Energieindustrie. Zwei Communication Center A und B unterteilen ihre eingehenden Kundenanfragen in Presales- und Aftersales-Anfragen. Diese können als Anruf, Brief, Fax oder E-Mail eingehen. Beide Communication Center haben die gleiche interne Prozeßstruktur, die in Abbildung 6 für den Bereich von Aftersales-Anfragen dargestellt ist. Standard- und Spezialanfragen werden entweder vom Front Office oder nach einer Wartezeit von 15 Sekunden vom Back Office entgegengenommen. Standardanfragen werden von demselben Mitarbeiter bearbeitet, der den Anruf entgegengenommen hat. Dagegen werden Spezialanfragen zu einem Spezialisten weitergeleitet, der über das erforderliche Wissen verfügt. Ein ähnlicher Ablauf gilt für asynchrone Anfragen, die vollständig im Back Office bearbeitet werden. Mit einer Ausnahme gilt dasselbe auch für Presales-Anfragen: Eine Standard Presales-Anfrage kann zu einem Aftersales-Generalisten im Front Office weitergeleitet werden, falls kein Generalist im Back Office zur Verfügung steht. Zu beachten ist dabei, daß es verschiedene Teams für Presales- und Aftersales-Standardanfragen gibt, aber nur eine gemeinsame Gruppe von Spezialisten für beide Anfragetypen.

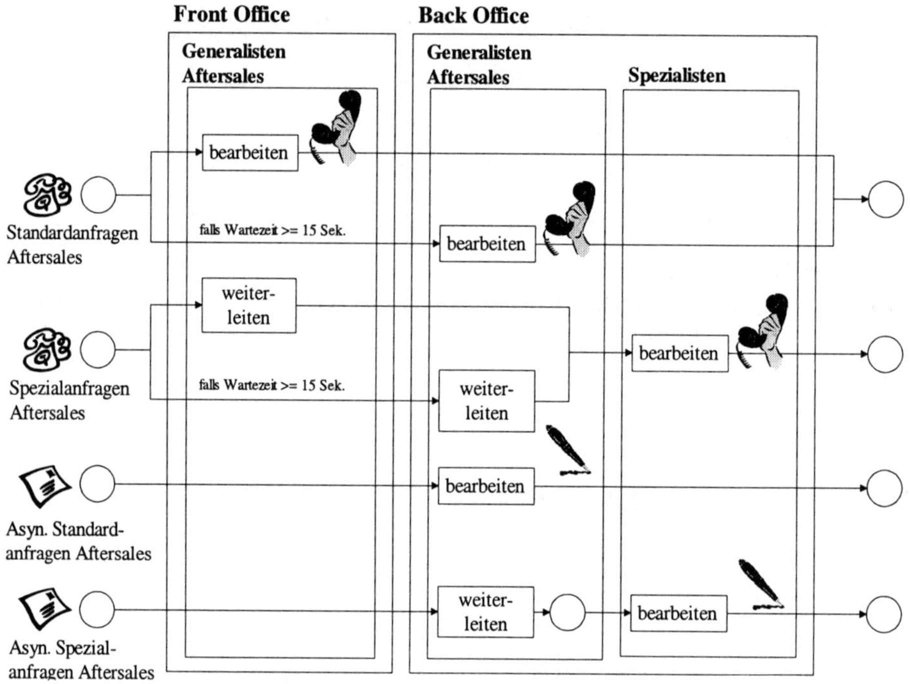

Abbildung 6: Prozeßmodell für Aftersales Anfragen im Vernetzungs-Projekt

Im Netzwerk-Projekt ist zu untersuchen, ob es im Fall von hohem Anfrageaufkommen effizienter ist, die Anfragen zwischen Communication Center A und B weiterzuleiten oder ob es besser ist, die Communication Center unabhängig voneinander arbeiten zu lassen. In der untersuchten Überlaufsituation wurde jede Anfrage von Front Office A zu Front Office B mit einer Verzögerung von 15 Sekunden weitergeleitet und vice versa. Falls nach der Weiterleitung kein freier Mitarbeiter verfügbar war, wurde der Anruf nach weiteren 5 Sekunden wieder zurückgeleitet.

4.2 Simulationsmodell und Daten

Zur Auswertung zweier vernetzter Communication Center werden zwei Simulationsmodelle erstellt. Das erste Modell stellt die Einzelstrategie ohne Anrufweiterleitung zwischen den Communication Centern dar. Das zweite Modell beinhaltet eine Überlaufstrategie zwischen den beiden Communication Centern (wie unter 4.1 beschrieben). Beide Modelle werden mit ARENA erstellt, wie bereits im Back Office-Projekt (Kelton et al.

1998). Die Ausgangsdaten für die verschiedenen Anfragetypen sind in Abbildung 7 erfaßt.

Anfragetyp		***Volumen*** *Anfragen pro Woche*	***Gesprächszeit*** *in Minuten*	***Nachbearbeitungszeit*** *in Minuten*
Anrufe	*Standard Presales*	*3015*	*triangulär (4, 4.9, 6)*	*triangulär (1, 2, 3)*
	Standard Aftersales	*5481*	*triangulär (2, 2.88, 4)*	*triangulär (1, 1.9, 3)*
	Spezial Presales	*62*	*triangulär (3, 4, 5)*	*triangulär (2, 3, 4)*
	Spezial Aftersales	*288*	*triangulär (3, 4, 5)*	*triangulär (2, 3, 4)*
Asyn. Anfragen	*Standard Presales*	*2098*	*triangulär (6, 7, 8)*	./.
	Standard Aftersales	*3933*	*triangulär (6, 7, 8)*	./.
	Spezial Presales	*110*	*triangulär (9, 10, 11)*	./.
	Spezial Aftersales	*205*	*triangulär (9, 10, 11)*	./.

Abbildung 7: Simulationsdaten für unterschiedliche Anfragetypen im Vernetzungs-Projekt

Weitere Simulationsdaten sind in Abbildung 8 zusammengefaßt. Falls eine Standard Presales-Anfrage von einem Aftersales-Generalisten bearbeitet wird, wird die Bearbeitungszeit mit dem Faktor 1,1 multipliziert. Die zusätzliche Einarbeitungszeit für Anfragen eines anderen Communication Centers wird mit einem Multiplikationsfaktor von 1,05 berücksichtigt.

Parameter		***Wert***	***Dimension***
Agenten	*Presales-Generalisten im Front Office*	*3*	*Anzahl Agenten*
	Aftersales-Generalisten im Front Office	*8*	*Anzahl Agenten*
	Presales-Generalisten im Back Office	*5*	*Anzahl Agenten*
	Aftersales-Generalisten im Back Office	*9*	*Anzahl Agenten*
	Spezialisten	*2*	*Anzahl Agenten*
Warte-toleranz	*Wartezeit bis zum Auflegen*	*triangulär (2, 4.2, 6)*	*Minuten*
	Rückruf %	*85*	*%*
	Wartezeit bis zum Rückruf	*triangulär (1, 5, 10)*	*Minuten*
Weiter-leitungszeit	*Spezialanfragen*	*20*	*% Gesprächszeit*
	Asyn. Spezialanfragen	*10*	*% Bearbeitungszeit*

Abbildung 8: Zusätzliche Simulationsdaten im Vernetzungs-Projekt

4.3 Beschreibung der Experimente

Die Vernetzungsstrategien werden unter vier verschiedenen Umweltsituationen getestet. Ausgehend von der normalen Situation mit der ursprünglichen Datensituation aus Kapitel 4.2 werden folgende Parameter verändert:

- Überlastung: Die Überlastungssituation ist die Folge einer Zunahme der Anfragen um 50%. So steigt z. B. die Anzahl der Standard Presales-Anfragen auf 4523.
- Mitarbeiterausfall: In dieser Situation wird die Abwesenheit eines Mitarbeiters pro Team angenommen.
- Lange Weiterleitungszeiten: In dieser Situation wird angenommen, daß sich die Wartezeit auf 1 Minute verlängert, bevor die Anfrage zum nächsten Mitarbeiter weitergeleitet wird.

Die einzelnen Experimente werden in Form mehrfach terminierender Simulationsläufe mit einem Planungshorizont von einer Woche durchgeführt (Kelton et al. 1998). Die Öffnungszeiten sind pro Tag unterschiedlich. Um aussagekräftige Ergebnisse zu erzielen, werden pro Experiment 100 Simulationsläufe durchgeführt, wobei jeder Lauf eine Woche darstellt.

4.4 Ergebnisse

Die Leistung der Prozesse wird wie im Back Office-Projekt anhand der durchschnittlichen Auflegequote und der durchschnittlichen Durchlaufzeit asynchroner Anfragen analysiert.

In der Ausgangssituation ist die Auflegequote für Presales- und Aftersales-Anfragen gleich groß (vgl. Abbildung 9). Dennoch ist bei Mitarbeiterausfall oder überdurchschnittlicher Belastung der Mitarbeiter die Zahl der verlorenen Anfragen bei Aftersales viel größer als bei Presales-Anfragen. Demgegenüber ist das Verhältnis der Auflegequote bei langen Weiterleitungszeiten umgekehrt. Es gehen mehr Presales-Anfragen verloren.

Daraus ist ersichtlich, daß mehr als eine Umweltsituation analysiert werden muß, um die Stärken und Schwächen unterschiedlicher Szenarien beurteilen zu können.

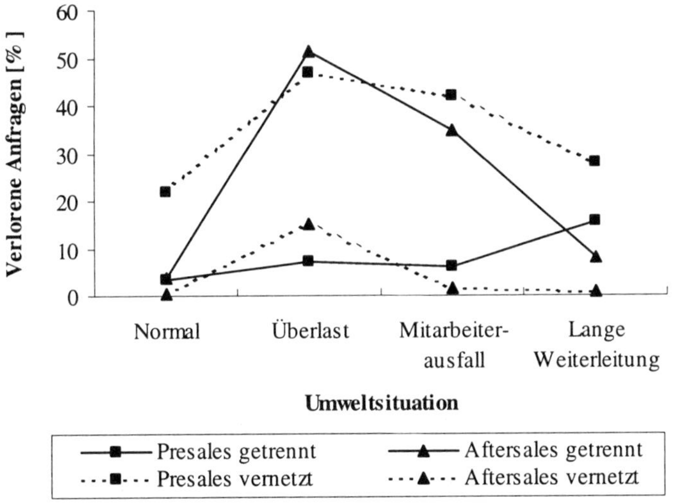

Abbildung 9: Durchschnittliche Auflegequote im Vernetzungs-Projekt

Darüber hinaus ist klar zu erkennen, daß eine Vernetzung gegenüber der Trennung zu weniger verlorenen Aftersales-Anfragen führt. Damit verglichen führt die Trennung der Communication Center im Presales-Bereich zu besseren Ergebnissen. Daraus resultiert ein Trade-Off zwischen Presales- und Aftersales-Anfragen.

Der Vorteil der Trennungsstrategie für Presales-Anfragen kann auch für asynchrone Anfragen gezeigt werden (vgl. Abbildung 10). In allen analysierten Beispielen ist die durchschnittliche Durchlaufzeit für Presales-Anfragen niedriger, wenn die Communication Center eigenständig arbeiten. Die gegenteilige Beobachtung kann bei Aftersales-Anfragen gemacht werden. Für diese führt die Vernetzung von Communication Centern zu einer kürzeren Durchlaufzeit.

Umweltsituation	*Normal*	*Überlast*	*Mitarbeiter-ausfall*	*Lange Weiter-leitung*
Presales getrennt	8,68	19,30	11,80	8,76
Presales vernetzt	12,01	26,74	18,26	10,98
Differenz Presales	**-3,33**	**-7,44**	**-6,46**	**-2,22**
Aftersales getrennt	8,42	26,69	14,30	7,81
Aftersales vernetzt	7,38	21,19	8,28	7,32
Differenz Aftersales	**1,04**	**5,50**	**6,02**	**0,49**

Abbildung 10: Durchschnittliche Durchlaufzeit für asynchrone Anfragen in Minuten beim Vernetzungs-Projekt

5. Fazit

In diesem Artikel wird der Einsatz von Simulation für die Gestaltung von Geschäftsprozessen in Communication Centern dargestellt. Besondere Herausforderungen auf diesem Gebiet werden aufgezeigt und eigene Erfahrungen anhand von zwei Praxisprojekten dargestellt. Dabei soll zum einen die Komplexität realer Geschäftsprozesse im Communication Center deutlich werden und zum anderen die Möglichkeiten der Simulation als Analysewerkzeug in diesem Bereich präsentiert werden.

Danksagung

Wir bedanken uns für die ausgezeichnete Unterstützung von Herrn Marcus Grasemann von der Prisma GmbH, Neu-Isenburg, die wir während der Durchführung der vorliegenden Projekte erhalten haben.

Literatur

FROST AND SULLIVAN: The European Web Based Call Center Market, Report 3856. Frankfurt, 2000.

CLEVELAND, B., J. MAYBEN.: Call Center Management On Fast Forward, Annapolis, Maryland, 1997.

HEINZL, A., ZAPF, M.: Zur Reagibilität von Call Center-Prozessen, in: W. Dangelmaier; W. Felser (Hrsg.): Das reagible Unternehmen, S. 233-252, Paderborn, 2000.

KELTON, W.D., R.P. SADOWSKI, D.A. SADOWSKI: Simulation with ARENA, Boston et al, 1998.

LAW, A.M., KELTON, W.D.: Simulation Modeling & Analysis, New York et al, 1991.

STORCH, K: Simulationsgestützte Evaluation von Organisationsszenarien im Call Center, Diplomarbeit, Universität Bayreuth, 2000.

VAN DER AALST, W: The Application of Petri Nets to Workflow Management, in: Journal of Circuits, Systems and Computers 8, No. 1, S. 21-66, 1998.

ZAPF, M.: Prozeßgestaltung im Communication Center, in: S. Helmke; W. Dangelmaier (Hrsg.): Effektives Customer Relationship Management, Gabler, Wiesbaden 2001, S. 341-356.

ZAPF, M.: Gestaltung flexibler Kundeninteraktionsprozesse im Communication Center: Theoretische Grundlagen und experimentelle Analyse, Dissertation, Universität Bayreuth, 2001.

ZAPF, M.; HEINZL, A.: Evaluation of Generic Process Design Patterns: An Experimental Study, in: W. van der Aalst; J. Desel; A. Oberweis (Hrsg.): Business Process Management, LNCS 1806. Springer, Berlin, S. 83-98, 2000.

Stephan Wirth

Datenschutzrechtliche Aspekte bei CRM-Systemen

1. Entwicklung der datenschutzrechtlichen Gesetzgebung

Die Erkenntnis der Notwendigkeit datenschutzrechtlicher Regelungen hat in Deutschland eine lange Tradition. Bereits im Jahre 1977 wurde das erste Bundesdatenschutzgesetz (BDSG) verabschiedet, das aufgrund der rasant fortschreitenden technologischen Entwicklung stetig weiterentwickelt wurde.

Gesetzliche Regelungen zum Datenschutz existieren sowohl auf Bundes- wie auch auf Landesebene. Während die Landesdatenschutzgesetze nur den öffentlichen Bereich der Länder regeln, gilt das Bundesdatenschutzgesetz für die öffentlichen Stellen des Bundes, aber auch für alle privaten Personen, Firmen und Gesellschaften in Deutschland.

Schnell jedoch wurde klar, daß eine rein national ausgerichtete Gesetzgebung nicht ausreicht um die datenschutzrechtlichen Erfordernisse immer globaler ausgerichteter Volkswirtschaften abzudecken. „Datenschutz macht an den Grenzen nicht halt" lautete die Erkenntnis. Gerade die wirtschaftlichen Verflechtungen und die Erfordernisse des „Transboarder-Data-Flows", insbesondere im Hinblick auf den europäischen Binnenmarkt, verdeutlichten nachdrücklich den europaeinheitlichen Regelungsbedarf. Im Jahre 1995 verabschiedete die EU-Kommission die „Richtlinie zum Schutz natürlicher Personen bei der Verarbeitung personenbezogener Daten und zum freien Datenverkehr". Die Mitgliedsstaaten wurden verpflichtet, ihr nationales Datenschutzrecht innerhalb von drei Jahren der Richtlinie anzupassen. Dieser Termin wurde in Deutschland weit überschritten. Erst im Mai des Jahres 2001 wurde die EU-konforme Fassung vom Bundestag verabschiedet. Aber auch diese neue Fassung ist nur ein weiterer kleiner Schritt hin zu einer allumfassenden Modernisierung des Datenschutzrechts, die jedoch mit der Ankündigung eines weiteren Novellierungsschrittes bereits eingeläutet wurde.

Dennoch: Auch mit der gerade erfolgten Novellierung des Bundesdatenschutzgesetzes hat das Gesetz an Umfang und Regelungsdichte deutlich zugenommen, was gerade im Hinblick auf die Verarbeitung personenbezogener Daten im Rahmen von CRM-Systemen von elementarer Bedeutung ist.

2. Grundsätzliche datenschutzrechtliche Bestimmungen

Einleitend möchte ich Sie mit den wichtigsten datenschutzrechtlichen Definitionen, Begriffsbestimmungen und Gesetzestexten im Umgang mit CRM-Systemen vertraut machen.

2.1 Anwendungsbereich des Bundesdatenschutzgesetzes

Zweck des Gesetzes ist es, den Einzelnen davor zu schützen, daß er durch den Umgang mit seinen personenbezogenen Daten in seinem Persönlichkeitsrecht beeinträchtigt wird.

Der zentrale Begriff des Bundesdatenschutzgesetzes, der personenbezogenen Daten, wird in § 3 BDSG wie folgt definiert:

„Personenbezogene Daten sind Einzelangaben über persönliche oder sachliche Verhältnisse einer bestimmten oder bestimmbaren natürlichen Person (Betroffener).“

2.2 Das Recht auf informationelle Selbstbestimmung

Die Kernaussage des Bundesdatenschutzgesetzes ist das Recht des Einzelnen auf informationelle Selbstbestimmung, das aus dem allgemeinen Persönlichkeitsrecht in Art. 2 Abs. 1 des Grundgesetzes abgeleitet wird. Der Einzelne hat das Recht autonom zu entscheiden, wann und innerhalb welcher Grenzen er Informationen über seine Person offenbart. Man spricht hier auch von einem Grundrecht auf Datenschutz.

Hierzu heißt es in § 1 Abs. 1 BDSG:

„Zweck dieses Gesetzes ist es, den Einzelnen davor zu schützen, daß er durch den Umgang mit seinen personenbezogenen Daten in seinem Persönlichkeitsrecht beeinträchtigt wird.“

Voraussetzung für die Anwendung datenschutzrechtlicher Bestimmungen ist, daß die personenbezogenen Daten unter Anwendung von Datenverarbeitungsanlagen verarbeitet werden oder die Daten in oder aus nicht automatisierten Dateien verarbeitet, genutzt oder dafür erhoben werden (§ 27 BDSG). Nicht unter das Datenschutzgesetz fallen daher Akten oder Aktensammlungen. Stammen diese Unterlagen jedoch originär aus der Verarbeitung aus Datenverarbeitungsanlagen, findet das Gesetz weiterhin Anwendung.

2.3 Zulässigkeit der Erhebung von personenbezogenen Daten

Das Datenschutzgesetz knüpft enge Bedingungen an die Zulässigkeit der Erhebung personenbezogener Daten (§ 4 Abs. 1 BDSG):

„Die Erhebung, Verarbeitung und Nutzung personenbezogener Daten sind nur zulässig, soweit dieses Gesetz oder eine andere Rechtsvorschrift dies erlaubt oder der Betroffene eingewilligt hat.“

Ergänzend hierzu heißt es in § 4a Abs. 1: "*...Die Einwilligung bedarf der Schriftform soweit nicht wegen besonderer Umstände eine andere Form angemessen ist.....*"

2.4 Zweckbindung bei der Verarbeitung personenbezogener Daten

Ein weiterer Kernpunkt datenschutzrechtlicher Beurteilung ist die strenge Zweckbindung bei der Verarbeitung personenbezogener Daten. Gerade dieser Aspekt steht im Mittelpunkt der gerade erfolgten Novellierung des Bundesdatenschutzgesetzes. Eine Zweckänderung ist nur mit Einwilligung des Betroffenen zulässig, nachdem dieser über die Tragweite der Einwilligung aufgeklärt worden ist (§4a Abs. 1):

„ ...Er (der Betroffene, d. Verf.) ist auf den vorgesehenen Zweck der Erhebung, Verarbeitung oder Nutzung sowie, soweit nach den Umständen des Einzelfalles erforderlich oder auf Verlangen auf die Folgen der Einwilligung hinzuweisen. Die Einwilligung bedarf der Schriftform, soweit nicht wegen besonderer Umstände eine andere Form angemessen ist."

Weiter heißt es in § 14 Abs. 1 BDSG:

„Das Speichern, Verändern oder Nutzen personenbezogener Daten ist zulässig, wenn es zur Erfüllung der in der Zuständigkeit der verantwortlichen Stelle liegenden Aufgaben erforderlich ist und es für die Zwecke erfolgt, für die die Daten erhoben worden sind. Ist keine Erhebung vorausgegangen, dürfen die Daten nur für die Zwecke geändert oder genutzt werden, für die sie gespeichert worden sind."

2.5 Datenvermeidung und Datensparsamkeit

Bei der Gestaltung und Auswahl von Datenverarbeitungssystemen und Programmen zur Verarbeitung personenbezogener Daten, ist streng darauf zu achten, daß keine unkontrollierte Flut von Informationen verarbeitet wird. Die Menge der erhobenen und verarbeiteten Daten soll gerade ausreichend sein, den vereinbarten Zweck zu erfüllen.

In § 3a BDSG heißt es:

„Gestaltung und Auswahl von Datenverarbeitungssystemen haben sich an dem Ziel auszurichten, keine oder so wenig personenbezogene Daten wie möglich zu erheben, zu verarbeiten oder zu nutzen. Insbesondere ist von den Möglichkeiten der Anonymisierung und Pseudonymisierung Gebrauch zu machen, soweit dies möglich ist und der Aufwand in einem angemessenen Verhältnis zu dem angestrebten Schutzzweck steht."

2.6 Besondere Arten personenbezogener Daten

Im neuen Bundesdatenschutzgesetz wurde zum ersten Mal der Begriff der sog. „besonderen Arten“ personenbezogener Daten aufgenommen. Hintergrund ist die generell zu unter-stellende Sensitivität dieser Daten, die das BDSG in § 3 Abs.9 wie folgt definiert:

„Besondere Arten personenbezogener Daten sind Angaben über die rassische und ethnische Herkunft, politische Meinungen, religiöse oder philosophische Überzeugungen, Gewerkschaftszugehörigkeit, Gesundheit oder Sexualleben.“

Diese Daten dürfen nur unter ganz bestimmten Bedingungen verarbeitet werden (§ 28 Abs. 6):

„Das Erheben, Verarbeiten und Nutzen besonderer Arten personenbezogener Daten für eigene Zwecke ist zulässig, soweit nicht der Betroffene nach Maßgabe des § 4a eingewilligt hat, wenn

1. *dies zum Schutz lebenswichtiger Interessen des Betroffenen oder eines Dritten erforderlich ist, sofern der Betroffene aus physischen oder rechtlichen Gründen außerstande ist, seine Einwilligung zu geben,*
2. *es sich um Daten handelt, die der Betroffene offenkundig öffentlich gemacht hat,*
3. *dies zur Geltendmachung, Ausübung oder Verteidigung rechtlicher Ansprüche erforderlich ist und kein Grund zu der Annahme besteht, daß das schutzwürdige Interesse des Betroffenen an dem Ausschluß der Erhebung, Verarbeitung oder Nutzung überwiegt, oder*
4. *dies zur Durchführung wissenschaftlicher Forschung erforderlich ist, das wissenschaftliche Interesse an der Durchführung des Forschungsvorhabens das Interesse des Betroffenen an dem Ausschluß der Erhebung, Verarbeitung und Nutzung erheblich überwiegt und der Zweck der Forschung auf andere Weise nicht oder nur mit unverhältnismäßigem Aufwand erreicht werden kann.“*

3. Datenschutzrechtliche Bewertung bei CRM-Systemen

Bei der datenschutzrechtlichen Bewertung von CRM-Systemen sind verschiedene Aspekte zu unterscheiden. Man kann die zu speichernden Daten einteilen in originäre Daten und reine CRM-Daten. Originäre Daten sind Daten, die im Rahmen eines bestehenden Vertragsverhältnisses generiert wurden und daher durch die Einwilligung des Vertragspartners legitimiert erhoben, verarbeitet und gespeichert wurden. Die Speicherung von Informationen, die der Betreiber eines CRM-Systems im Rahmen eines bestehenden Vertragsverhältnisses mit einem Kunden, das heißt mit seiner ausdrücklichen Einwilligung, bereits vorliegen, darf naturgemäß ohne weitere Einwilligung verarbeitet werden, soweit dies im Rahmen des vereinbarten Zweckes geschieht. Hinweisen möchte ich jedoch darauf, daß eine Weitergabe dieser Informationen an Dritte, also auch Konzerngesellschaften oder Tochterunternehmen, nicht ohne gesonderte Einwilligung des Betroffenen gestattet ist.

Für den Umgang mit reinen CRM-Daten, also Daten, die über den vereinbarten Vertragszweck hinaus verarbeitet werden sollen, fehlt die eindeutige und unzweifelhafte Einwilligung der betroffenen Person und damit die Rechtsgrundlage. Eine Legitimation der Erhebung, Verarbeitung und Speicherung muß also noch erreicht werden.

Die Speicherung von Daten zu Kontaktpersonen bei Vertragspartnern ist dabei weitaus kritischer zu betrachten, da hierbei aufgrund der fehlenden vertraglichen Grundlage die Rechtsgrundlage zur Speicherung der personenbezogenen Daten fehlt. Handelt es sich jedoch bei den zu speichernden Daten ausschließlich um Adreß- und Kommunikationsdaten, die zum Beispiel auch bei Weitergabe einer Visitenkarte in Umlauf geraten können, ist eine Speicherung durchaus als unkritisch anzusehen. Jede darüber hinausgehende Speicherung ist nicht mehr mit dem Vertragsverhältnis mit dem eigentlichen Kunden zu rechtfertigen. Weitergehende Erhebungen und Speicherungen z. B. zu Ehepartnern oder Familienangehörigen von Kunden oder Ansprechpartnern von Kunden sind selbstverständlich ebenfalls nicht ohne separate Einwilligung der betroffenen Person legitimiert.

Wie bereits bei den Ausführungen zum Bundesdatenschutzgesetz erwähnt, ist eine Verarbeitung von personenbezogenen Daten von Nicht-Kunden nur erlaubt wenn das BDSG oder eine andere Rechtsvorschrift dies erlaubt oder anordnet oder – und dies ist der entscheidende Punkt – der Betroffene eingewilligt hat.

Bei der Information der betroffenen Person sind weitere drei Kernaspekte zu beachten. Das BDSG führt hierzu in § 4 Abs. 3 aus:

„Werden personenbezogene Daten beim Betroffenen erhoben, so ist er, sofern er nicht bereits auf andere Weise Kenntnis erlangt hat, von der verantwortlichen Stelle über

1. *die Identität der verantwortlichen Stelle*
2. *die Zweckbestimmungen der Erhebung, Verarbeitung oder Nutzung und*
3. *die Kategorien von Empfängern nur, soweit der Betroffene nach den Umständen des Einzelfalles nicht mit der Übermittlung an diese rechnen muß,*

zu unterrichten."

Die Anwendung ist daher so zu gestalten, daß der Betroffene über die Art der Datenverarbeitung hinreichend unterrichtet wird. So kann er seine persönlichen Risiken jederzeit abschätzen und Maßnahmen zur Wahrung seiner Rechte ergreifen.

Es ist daher unverzichtbar, beim Design bzw. der Einführung eines CRM-Systems darauf zu achten, daß die Verwendung der personenbezogenen Daten ausschließlich unter Beachtung des Prinzips der Datensparsamkeit und der Zweckbindung durchgeführt wird. Die Legitimation zur Verarbeitung der personenbezogenen Daten muß sichergestellt sein. Zur Erhebung, Verarbeitung und Speicherung der personenbezogenen Daten ist es dringende Voraussetzung, daß die betroffenen Personen über die Verwendung der Daten und die Zugriffe darauf informiert werden und zugestimmt haben.

Ein rechtmäßiger Zugriff aller Nutzer eines CRM-Systems im Unternehmen auf die personenbezogenen Daten des Betroffenen ist daher nur dann möglich, wenn dieser darüber informiert wird, wer konkret auf seine Daten zugreift und diesem Zugriff konkret zugestimmt hat. Dies ist besonders dann dringend erforderlich, wenn Konzern- oder Tochtergesellschaften des datenverarbeitenden Unternehmens auf die Daten zugreifen sollen.

Hinweisen möchte ich an dieser Stelle noch einmal gesondert auf die, mit der letzten Novelle des Bundesdatenschutzgesetzes, neueingeführte Definition der besonderen Art personenbezogener Daten. Hier bedarf es in jedem Fall einer gesonderten schriftlichen Einwilligung des Betroffenen, da die Verarbeitung, wie bereits erläutert, an sehr strenge Bedingungen geknüpft ist und damit im Rahmen einer geschäftsmäßigen Nutzung faktisch ausgeschlossen ist.

4. Umsetzung der gesetzlichen Anforderungen

Natürlich ist es in der Praxis außerordentlich schwierig, eine schriftliche Einwilligung der betroffenen Personen zur Verarbeitung von personenbezogenen Daten, die nicht im Rahmen des Vertragsverhältnisses vereinbart worden sind, einzuholen.

Dennoch: Die Einverständniserklärung des Betroffenen über Art und Umfang der Speicherung seiner personenbezogenen Daten ist unbedingte Voraussetzung für eine entsprechende Datenverarbeitung und daher fest im CRM-System zu verankern.

Beim Design des CRM-Systems ist dringend darauf zu achten, daß eine Eingabe der originären CRM-Daten an bestimmte Bedingungen geknüpft ist. Die Vergabe von Editorberechtigungen sollte daher stark restriktiv gehandhabt werden. Entscheidend für den Erfolg des CRM-Systems ist, daß die Endbenutzer im Unternehmen frühzeitig und umfassend bereits in die Entwicklung der Applikation mit eingebunden werden.

Bei der Erstellung des Berechtigungssystems muß sehr viel Sorgfalt auf die sinnvolle Vergabe von Lese- und Editorrechten gelegt werden. Es sollten daher ausschließlich die Mitarbeiter eines Kundensegmentes eine Schreib- und Leseberechtigung auf die Kundensätze der dazugehörigen Kunden haben. Dadurch ist der Kreis derjenigen Mitarbeiter, die personenbezogene Daten einsehen und speichern können, sehr stark eingeschränkt.

Die Eingabe zusätzlicher CRM-Informationen, das heißt der Angaben, die nicht im Rahmen eines Vertragsverhältnisses gespeichert werden, muß zur Legitimation vom Betroffenen eingeholt und im System dokumentiert werden. Es empfiehlt sich hier die Einführung eines Feldes, durch dessen Markierung der Kundenbetreuer bestätigt, daß die rechtlichen Bedingungen zur Erfassung dieser Informationen im Einzelfall eingehalten wurden.

Um eine eventuelle unbeabsichtigte Erfassung der Daten zu vermeiden, empfiehlt es sich, den Kundenbetreuer durch einen entsprechenden Hilfetext auf die rechtlichen Auswirkungen seiner Handlungsweise aufmerksam zu machen. Hierzu sollte ein vom Eingebenden zu bestätigender Hinweis eingeblendet werden, der noch einmal auf die datenschutzrechtlichen Bestimmungen dieser sensiblen personenbezogenen Daten hinweist und durch einen entsprechenden Hilfetext ergänzt wird.

Ein solcher Hilfetext könnte wie folgt aussehen:

„Die Eingabe dieser Informationen setzt voraus, daß die rechtlichen Voraussetzungen zur Speicherung dieser Daten im Einzelfall erfüllt sind.“

Ergänzend können noch einmal die wesentlichen Passagen aus dem BDSG ausgeführt werden.

Zur Sicherstellung sollte als weitere „Hürde“ ein Feld in der Maske anzuklicken sein, durch das der Kundenbetreuer bestätigt, daß er diesen Hilfetext gelesen und akzeptiert hat. Erst danach können die entsprechenden Felder mit den personenbezogenen Daten des Betroffenen bestückt werden.

Nach Eingabe der relevanten Daten muß zur endgültigen Bestätigung der Eingabe ein weiteres, auch wieder vom eingebenden Kundenbetreuer zu bestätigendes Feld, eingeblendet werden.

Hier kann der Text wie folgt lauten:

„Mit der Belegung dieses Feldes bestätigt der zuständige Kundenbetreuer, daß die betroffene Person damit einverstanden ist, daß ihre privaten personenbezogenen Daten auch von Mitarbeitern in anderen Unternehmensbereichen eingesehen werden können.“

Wichtig ist, daß bei internen Schulungen und Seminaren auf die datenschutzrechtlichen Bestimmungen zur Verarbeitung personenbezogener Daten gesondert hingewiesen wird und die Mitarbeiter über rechtliche aber auch innerbetriebliche Konsequenzen bei Zuwiderhandlungen informiert werden.

5. Berichtigung und Löschung von personenbezogenen Daten

Sind personenbezogene Daten unrichtig gespeichert und wird dies vom Betroffenen oder der speichernden Stelle festgestellt, so sind diese umgehend zu berichtigen. Hierzu sagt das BDSG in § 35 Abs. 1 kurz und knapp:

„Personenbezogene Daten sind zu berichtigen, wenn sie unrichtig sind."

Entfällt die Grundlage für die Speicherung der personenbezogenen Daten z. B. durch die Beendigung des Vertragsverhältnisses oder den Ablauf der gesetzlichen Aufbewahrungspflichten, müssen die Daten gelöscht werden (§ 35 Abs. 2 BDSG):

„Personenbezogene Daten sind zu löschen, wenn

1. *ihre Speicherung unzulässig ist,*
2. *es sich um Daten über die rassische oder ethnische Herkunft, politische Meinungen, religiöse oder philosophische Überzeugungen oder die Gewerkschaftszugehörigkeit, über Gesundheit oder das Sexualleben, strafbare Handlungen oder Ordnungswidrigkeiten handelt und ihre Richtigkeit von der verantwortlichen Stelle nicht bewiesen werden kann,*
3. *sie für eigene Zwecke verarbeitet werden, sobald ihre Kenntnis für die Erfüllung des Zweckes der Speicherung nicht mehr erforderlich ist..."*

Die Einrichtung von permanenten Daten-Lagerhäusern ist somit rechtswidrig.

6. Verarbeitung personenbezogener Daten im Auftrag

Der Gesetzgeber richtet besondere Anforderungen an die Verarbeitung personenbezogener Daten im Auftrag. Wer sich eines Dienstleisters bei der Verarbeitung seiner personenbezogenen Daten bedient, ist als Auftraggeber für die Einhaltung der gesetzlichen Bestimmungen zum Datenschutz beim Auftragnehmer verantwortlich (§11 Abs. 1 BDSG):

„Werden personenbezogene Daten im Auftrag durch andere Stellen erhoben, verarbeitet oder genutzt, ist der Auftraggeber für die Einhaltung der Vorschriften dieses Gesetzes und anderer Vorschriften über den Datenschutz verantwortlich."

Entscheidend ist auch hier wieder die Zweckbindung bei der Verarbeitung der personenbezogenen Daten. Die Verwendung der Daten beim Auftragnehmer ist streng an die Weisung des Auftraggebers gekoppelt (§11 Abs. 3 BDSG):

„Der Auftagnehmer darf die Daten nur im Rahmen der Weisungen des Auftraggebers erheben, verarbeiten oder nutzen....“

Zusätzlich muß der Auftraggeber die fachliche Eignung des Auftragnehmers berücksichtigen und die technisch-organisatorischen Maßnahmen und etwaige Unterauftragsverhältnisse schriftlich festlegen. Dadurch erwächst selbstverständlich eine Prüfungspflicht des Auftraggebers (§11 Abs. 2 BDSG):

„Der Auftragnehmer ist unter besonderer Berücksichtigung der Eignung der von ihm getroffenen technischen und organisatorischen Maßnahmen sorgfältig auszuwählen. Der Auftrag ist schriftlich zu erteilen, wobei die Datenerhebung, -verarbeitung, oder -nutzung, die technischen und organisatorischen Maßnahmen und etwaige Unterauftragsverhältnisse festzulegen sind. ... Der Auftraggeber hat sich von der Einhaltung der beim Auftragnehmer getroffenen technischen und organisatorischen Maßnahmen zu überzeugen.“

7. Sanktionen bei Zuwiderhandlungen

Bei Verstößen gegen die Bestimmungen des Bundesdatenschutzgesetz sind die Bußgeld- bzw. Strafvorschriften eindeutig geregelt (§43 und 44 BDSG). Es handelt sich hierbei um eine Ordnungswidrigkeit, die entsprechend der gesetzlichen Bestimmungen strafrechtlich verfolgt wird.

Oft jedoch ist der Imageschaden, den ein Unternehmen bei allzu lascher Auslegung der gesetzlichen Bestimmungen und sorglosem Umgang mit personenbezogenen Daten erleidet, viel gravierender, als die Strafen die aus einer Verurteilung wegen des Verstoßes gegen das BDSG resultieren. Gerade der verantwortungsvolle Umgang mit den persönlichen Daten des Kunden wird von vielen Entscheidungsträgern in Unternehmen als ganz entscheidender Faktor für eine vertrauensvolle Geschäftsbeziehung angesehen. Haben Kunden erst einmal das Vertrauen in ein Unternehmen verloren, wird es sehr schwer sie als Kunden zu halten bzw. wieder zurückzugewinnen.

8. Wettbewerbsvorteil - Glaubhafter Datenschutz

Glaubhafter Datenschutz zählt heutzutage zu den wichtigsten Kriterien beim Aufbau einer Geschäftsbeziehung. Die persönlichen Daten des Kunden sind daher als wichtiges und entscheidendes Gut für den Erfolg Ihres Unternehmens zu betrachten, deren Schutz oberste Priorität hat und der gegenüber dem Kunden jederzeit zu dokumentieren sein muß.

Sie sollten daher Ihre Aktivitäten gerade im CRM-Umfeld nicht bis ins Uferlose ausarten lassen. Dabei ist dringend anzuraten die sog. „ethische Barriere“ nicht zu übersteigen. Und genau an diesem Punkt bietet Ihnen das Bundesdatenschutzgesetz eine sehr nützliche und hilfreiche Unterstützung. Durch Einhaltung der datenschutzrechtlichen Richtlinien gewährleisten Sie jederzeit einen verantwortungsvollen Umgang mit personenbezogenen Daten, der die Rechte der Betroffenen wahrt und dennoch ein Optimum an Informationen zur erfolgreichen Geschäftstätigkeit gewährleistet.

Nutzen Sie Ihr Verantwortungsbewußtsein in punkto Datenschutz als Wettbewerbsvorteil. Informieren Sie Ihre Kunden über Ihre innerbetrieblichen Maßnahmen zur Einhaltung der datenschutzrechtlichen Bestimmungen. Der Schutz von Kundendaten dokumentiert nicht nur Ihren seriösen Unternehmergeist, sondern ist zudem – richtig eingesetzt und vermarktet - ein entscheidender strategischer Wettbewerbsvorteil. Eine vertrauensvolle Beziehung zum Kunden ist wichtiger als die noch so detaillierten Erkenntnisse aus Data Mining-Aktivitäten.

Überzeugen Sie Ihren Kunden von der Notwendigkeit und Sinnhaftigkeit der Verarbeitung seiner personenbezogenen Daten und holen Sie sich stets sein Einverständnis ein.

Informieren Sie Ihre Kunden über die Sicherheitspolitik ihres Unternehmens und die Maßnahmen, die Sie zum Schutz der Privatsphäre Ihrer Kunden ergriffen haben. So stellen Sie die Glaubwürdigkeit Ihres Unternehmens unter Beweis und gewinnen das Vertrauen Ihrer Klientel.

Teil II

CRM-Branchenlösungen

Heinrich Holland

CRM bei der Lufthansa Systems Group GmbH

Vorbemerkung

Dieser Beitrag basiert auf der Diplomarbeit von Frau Iris Ruland „Die Entwicklung einer CRM-Strategie für ein IT-Unternehmen in der Reisebranche", die an der Fachhochschule Mainz verfaßt wurde.

1. Das Unternehmen

1.1 Lufthansa Systems Group GmbH

Die Lufthansa Systems Group ist aus dem Lufthansa Geschäftsfeld IT-Services hervor gegangen und wurde zum 1. Januar 2001 als Holding gegründet. Zum Unternehmensverbund, der in die drei Geschäftsbereiche Airline, Aviation und Infrastruktur gegliedert ist, gehören heute siebzehn eigenständige Tochterunternehmen.

Die Lufthansa Systems Group zählt zu den weltweit führenden Anbietern im IT- bzw. E-Business- sowie Dienstleistungsbereich in der Airline- und Aviation Branche. Ihr Aufgabenspektrum reicht von der IT-Strategie-Beratung über die Implementierung der Geschäftsprozesse bis hin zur Entwicklung der Anwendungen, der Bereitstellung und Integration der PC-Infrastruktur und dem zuverlässigen Betrieb in eigenen hochleistungsfähigen Rechenzentren. Die Teams bieten umfassende IT-Kompetenzen sowie innovative, maßgeschneiderte IT-Infrastrukturlösungen mit stark wachsenden Aktivitäten auch außerhalb der Reisebranche, wie beispielsweise der Industrie, dem Handel oder dem Finanz- und Dienstleistungssektor.

Mit der Neustrukturierung und Bündelung der Kompetenzen zielt die Lufthansa Systems Group konsequent auf eine noch stärkere Fokussierung auf die Prozesse und Bedürfnisse ihrer Kunden mit dem Ziel, effiziente und moderne Lösungen und effektive Systemintegrationen bei Hardware und Software bieten zu können.

Gemeinsam bieten die Verbundunternehmen ein komplettes Leistungs- und Serviceangebot, das den höchsten IT-Anforderungen in Hinsicht auf Gestaltung und Integration innovativer und internetgestützter Geschäftsprozesse entspricht. Darüber hinaus bietet das Unternehmen sein Servicespektrum im Infrastrukturbereich weltweit und branchenübergreifend an. Um den Kunden effiziente und moderne Lösungen, sowie effektive Systemintegration bei Hardware und Software liefern zu können, setzt die Gesellschaft auf starke Technologiepartner wie zum Beispiel Cisco Systems, Citrix Systems, Microsoft, Oracle, SAP oder Unisys.

Die Kernkompetenzen liegen vor allem in den folgenden Gebieten:

- Systemintegration
- Mobile Business
- Supply Chain Management (SCM)
- Application Service Providing (ASP)
- Business Process Outsourcing (BPO)
- IT-Outsourcing
- Global Desktop Services

Gemeinsam decken die Verbundunternehmen alle Prozesse moderner E-Business-Lösungen ab. Bei Supply Chain Management (SCM) setzt die Lufthansa Systems Group insbesondere im Bereich des Cargo- und Maintenance-Umfeldes Schwerpunkte. Als E-Business Systemintegrator verfügt die Lufthansa Systems Group über umfangreiches Know-how in den Bereichen Global Network und Communications, in der Server- und Middleware-Technologie sowie beim Desktop Support. Im Bereich Application Service Providing (ASP) bietet die Gruppe insbesondere kleineren und mittleren Airlines hochspezialisierte und kostengünstige ASP-Lösungen an. Mit Hilfe von internetbasierten Systemen können branchenspezifische Software-Anwendungen zusammen mit Rechnerkapazitäten gemietet werden. Dies ermöglicht ihren Kunden die Nutzung moderner Applikationen, ohne in die Anschaffung von Software investieren zu müssen.

1.2 Lufthansa Systems Airline Services GmbH

Die Lufthansa Systems Airline Services wurde am 1. Januar 2001 als ein Verbundunternehmen der Lufthansa Systems Group gegründet. Sie ging als eines von fünf neu gegründeten Unternehmen daraus hervor.

Die Geschäftsprozesse der Lufthansa Systems Airline Services sind an den Kundenprozessen der Lufthansa Passage Airlines ausgerichtet. Das Unternehmen bietet seinen Kunden – diversen Fluggesellschaften – gebündeltes Prozeß-Know-how sowie IT-Kompetenz für das Passagiergeschäft aus einer Hand an. Die Lufthansa Systems Airline Services zeichnet sich durch langjährige Erfahrungen der wettbewerbsspezifischen Kernprozesse von Fluggesellschaften, wie Netzmanagement oder Flight- und Ground-Operations aus.

Gemeinsam mit den anderen Lufthansa Systems Schwestergesellschaften, der Lufthansa Systems Infratec, der Lufthansa Systems Business Solutions und der Lufthansa Systems Passenger Services bietet das Unternehmen neben Standardlösungen innovative und hochwertige Produkte sowie integrierte Lösungen als Application Service Provider (ASP), Full Service Provider (FSP) und Outsourcing Provider an.

In den unternehmensstrategischen Geschäftsbereichen, wie beispielsweise der Middleware Technologie, die zur Zeit noch im Aufbau sind, arbeitet das Unternehmen mit starken Partnern zusammen. Mit innovativen Produkten und Dienstleistungen, wie etwa den Web-Lösungen und der Portierung bestehender Applikationen auf webbasierte IT-Architektur, wird das Unternehmen seine Stellung am Markt weiter ausbauen.

Lufthansa Systems Airline Services entwickelt in enger Zusammenarbeit mit den Kunden Konzepte und Lösungsstrategien, die sich an die individuellen Wünsche der jeweiligen Fluggesellschaft ausrichten. Hervorzuheben ist hier der kontinuierliche und direkte Dialog mit dem Kunden sowie die Orientierung bei Entwicklung und Umsetzung der Informationstechnologie an den spezifischen Bedürfnissen der Anwender.

Die wichtigsten Geschäftsprozesse sind:

- Network Planning, Controlling & Marketing

Das Unternehmen kann im Bereich Netzwerkmanagement folgende Kompetenzen anbieten: Modular aufgebaute Applikationen, Integration verschiedener Modulbausteine in ein System, State-of-the-Art-Technologie, „NetLine"-User-Konferenzen, fundiertes Prozeß-Know-how, Zugriffsmöglichkeit auf die Produktfamilie via Internet und mehr als dreißig Airlines weltweit.

- Sales & Distribution

Diese Business-Unit ist der Provider für IT-Lösungen in den Kundensegmenten Marketing und Vertrieb für Airlines. Das Team beschäftigt sich maßgeblich mit der technischen Abwicklung des Bonusprogrammes „Miles & More", mit einem Markt- und Wettbewerbsbeobachtungssystem für die Netzsteuerung und mit Prozessen, Software und Tools zur Unterstützung und Automatisierung des Verkaufsprozesses.

- Flight Operations

Die Kompetenzen des Unternehmens im Bereich Flugbetrieb sind unter anderem die Einsatzplanung und -steuerung des Cockpit- und Kabinenpersonals, fundiertes Know-how aller relevanten Crew-Prozesse, Crew Management Systeme mit diversen Applikationen, beispielsweise im Bereich Cockpit und Air Ground Communication.

- Ground Handling & Service Delivery

Lufthansa Systems Airline Services bietet folgende Leistungen im Bereich Ground Operations an: Bereitstellung von Verkehrsinformationen für die Verkehrszentrale und die Anwender im Stationsbereich, breites Produktwissen im Travel- und Transportationsmarkt, Consultingleistungen und Projektmanagement, innovative Software-Lösungen zur Verbindung von Hard- und Software unterschiedlicher Hersteller sowie Integration neuer Applikationen in komplexe Umgebungen.

2. Strategische Zielsetzung bei der Einführung einer CRM-Strategie

Die Einführung von CRM bei der Lufthansa Systems Group durch ein neues IT-System hat das Ziel, die Bedürfnisse der Kunden noch besser ermitteln zu können und den Kunden noch individuellere Angebote zusammenstellen zu können.

Durch die Umstrukturierung der LSYG zu Beginn des Jahres in siebzehn Unternehmenseinheiten gehört zu einem der Teilziele eine verstärkte Koordination zwischen den jeweiligen Vertriebs- und Marketingbereichen. Ein abgestimmtes Vorgehen im Vertrieb muß sichergestellt sein; die Vertriebsprozesse zu Kunden, die von verschiedenen Unternehmenseinheiten betreut werden, müssen also transparent gestaltet sein. Somit kann verhindert werden, daß Lufthansa Systems Mitarbeiter einem Kunden immer wieder ein Angebot unterbreiten, obwohl dieser bereits nach dem ersten Kontakt bereits ausdrücklich seine Ablehnung bekundet hat.

Vertriebsmitarbeiter müssen von zeitraubenden Nebentätigkeiten Abstand nehmen, um die eigentliche Verkaufstätigkeit wieder in den Vordergrund zu rücken. Ebenso soll durch gezielte Kampagnenaktionen die Kommunikation zu einem Kunden koordiniert werden. Ein weltweiter Online-Zugriff auf alle wichtigen Daten soll für sämtliche Mitarbeiter ermöglicht werden.

Durch den Einsatz einer zentralen Kundendatenbank sollen die vielen heterogenen Anwendungen und Konsolidierungen von Datenbeständen, welche zur Zeit noch bei Lufthansa Systems Group existieren, abgelöst werden. Die neue Kundendatenbank sollte sämtliche Kunden- und Kontaktdaten enthalten sowie Daten zu Opportunities und Aktivitäten. Außerdem soll sie als zentrales Dokumentenverwaltungssystem und Ablagemedium für allgemeine Vertriebs- und Marketinginformationen dienen.

Auch das Funnel-/Quota Management soll transparenter und jederzeit auswertbar werden. Im zukünftigen System soll weiterhin der sogenannte Deal Qualification Process abgebildet werden, welcher den gesamten Ablauf der Vertriebsaktivitäten widerspiegelt.

Ein weiteres Ziel des LSYG-Projektes Charisma besteht in der zielgerichteten Auswahl von Potentialkunden zu definierten Marketingaktivitäten, dazu muß das Zielkunden- und Database-Marketing aufgebaut werden.

In erster Linie steht eine Verbesserung des Servicegedankens im Vordergrund. Ebenso wird eine Erhöhung der Qualität der Produkte und Dienstleistungen angestrebt, welche die Kundenzufriedenheit steigern und welche positive Auswirkungen auf die gewünschte Vertiefung der Kundenbindung auslösen soll.

3. Vorgehensweise am Beispiel des Projektes Charisma

3.1 Projektvorstellung

„Think big – start small" – Das ist der Leitsatz, der bei der Einführung von CRM beachtet wurde. Es ist wichtig, nicht von Anfang an einen „CRM-Rundumschlag" zu beabsichtigen, sondern schrittweise in Teilprojekten vorzugehen („Start small"). Trotzdem ist gerade am Anfang einer Projekteinführung darauf zu achten, sich ganzheitlich über das Geschäftsmodell Gedanken zu machen („Think big").

Die Lufthansa Systems Group startete zu Beginn des Jahres 2001 in Partnerschaft mit dem Marktführer Siebel Systems das CRM-Projekt namens „Charisma". Am 1. Juni 2001 wurde das Projekt mit der Phase I in der LSYG eingeführt. Zum Einsatz kam das Modul „Siebel Sales" des Standardtools. Siebel Sales ermöglicht ein umfassendes Management von Vertriebsprozessen. Durch die Einführung von Siebel Sales sollen die vertriebs- und marketingrelevanten Geschäftsprozesse optimal abgebildet und unterstützt werden.

Siebel ist der Name des Software-Herstellers. Er stellt in diesem Zusammenhang eine „Out-of-the-Box"-Standard-Applikation dar. Charisma hingegen ist der Name des bei Lufthansa Systems Group eingeführten Projektes und kann als eine LSYG-spezifische Anwendung, basierend auf Siebel, definiert werden.

3.2 Planung

Die Grundlage jeder Systemeinführung ist eine gut durchdachte und vorausschauende Planung. In dieser ersten Stufe des Projektstartes werden die Ziele, die Projektlaufzeit sowie die etwaigen Kosten geschätzt. Die Benennung eines Projektleiters sowie eines Projektteams und eines verantwortlichen Sponsors aus der Geschäftsleitung werden in dieser Stufe vorgenommen. Die rechtzeitige Mitarbeiterinformation im Hinblick auf Veränderungen innerhalb des Unternehmens und die Pläne betreffend, gehört ebenfalls zu den Startmaßnahmen.

Die Projektlaufzeit hängt grundsätzlich zum einen von der Größe des Unternehmens und zum anderen von der Komplexität des CRM-Systems ab. Die etwaigen Kosten werden anhand von Wirtschaftlichkeitsanalysen kalkuliert.

Der Sponsor aus der Geschäftsleitung hat die Aufgabe eines „Management Attentions", es gibt also einen Verantwortlichen aus dem obersten Management, welcher dem Projekt genügend Aufmerksamkeit beimißt und der das Projekt auch in heiklen Situationen unterstützt.

3.3 Analyse

In der Analyse-Phase wird der Ist-Zustand des Unternehmens sowie bestehende Probleme festgehalten. Da für die Projekteinführung zunächst die Bereiche Vertrieb und Marketing relevant sind, werden diese im kommenden Abschnitt kurz untersucht.

Der Vertriebsbereich der Lufthansa Systems ist teamorientiert ausgerichtet und basiert auf selbstorganisierten Teams, die durch informelle Vernetzung auf die wechselnden Anforderungen der Kunden reagieren können. Den Teamleitern und den Vertriebsmitarbeitern in den Sales-Teams sind definierte Kunden zugeordnet, für die Kundenentwicklungspläne als Zielvorgabe zur kontinuierlichen Kundenentwicklung erstellt werden. Auf diese Weise wird eine klare Kundenverantwortung sichergestellt. Die Verkaufsprojektmanager ergänzen das Verkaufsteam. Sie nehmen Kundenanforderungen entgegen, analysieren diese, stellen eine zeitgerechte Angebotserstellung sicher und gewährleisten eine durchgängige Betreuung der Kunden.

Der derzeitige heterogene Stand des Vertriebsprozesses bei Lufthansa Systems Group bedarf einer Koordination der Prozesse und einer Förderung der Kommunikation zwischen den einzelnen Gesellschaften. Dies soll mit Hilfe einer Vertriebssteuerung umgesetzt werden, welche den strategischen Rahmen und damit die zukünftige Ausrichtung der Gruppe für alle vertrieblichen Belange vorgibt.

Unkoordiniertes Vorgehen, aufgrund von fehlendem Wissen, hat dazu geführt, daß mehrere Vertriebsmitarbeiter mit denselben Kunden in Kontakt stehen. Die Schwachstelle liegt in der Speicherung von Kundendaten in dezentralen Datenbanken, auf welche nicht jeder Beteiligte gleichermaßen zugreifen kann. Das hat zur Folge, daß Kunden teilweise von mehreren Mitarbeitern voneinander abweichende Angebote oder Informationen erhalten können. Um dies zu vermeiden, wird das Unternehmen eine Leadstruktur einrichten.

Die Wichtigkeit der Kundenpflege ist bekannt, das Optimum jedoch noch nicht erreicht. Daher werden die Kundenkontakte bereits heute beispielsweise durch Besuchsplanungen oder Kundenforen intensiviert. Einige Accountmitarbeiter werden vor Ort beim Kunden Lufthansa Konzern angesiedelt, um unter anderem als kompetente Ansprechpartner jederzeit verfügbar zu sein. Die Angebotsprozesse werden, nach erfolgreichem oder nicht erfolgreichem Abschluß, detaillierter analysiert, und entsprechend werden die Angebotspräsentationen professioneller und damit die Erfolgsquote höher.

3.4 Bereich Marketing

Im Bereich Marketing sind die nachstehenden Themenschwerpunkte etabliert:

- Angebotsservice

- Interne Kommunikation
- Internet und Intranet
- Marketingkommunikation
- Messen und Events
- Public Relations

Im Rahmen des Angebotsservices bietet die Abteilung Beratung und Unterstützung bei der Gestaltung von Angeboten, Verträgen und Präsentationen. Oberstes Ziel ist es, Kundenorientierung, Kompetenz und Professionalität zu vermitteln. Um die Angebots- und Präsentationserstellung zu erleichtern und effizienter zu gestalten, existiert eine Moduldatenbank, die standardisierte Elemente für Angebote und Präsentationen bereitstellt und sukzessive aufbaut.

Zu den Inhalten der internen Kommunikation zählen zum einen die Redaktion und Herausgabe der Mitarbeiterzeitung „Lufthansa Systems Inside" und zum anderen die Organisation diverser Mitarbeiterveranstaltungen, wie beispielsweise dem Mitarbeiter-Sommerfest oder der Mitarbeiter-Weihnachtsfeier. Zur internen Kommunikation zählt des Weiteren die Koordination von Mitarbeiter-Informationsmailings.

Eines der wichtigsten Aufgaben des Internets ist die vertriebsfördernde Wirkung sowie der Aufbau und die Pflege des Unternehmensimages. Interessenten und Kunden können sich mit Hilfe des „neuen Mediums" einen generellen Überblick und einen Eindruck über das Unternehmen verschaffen und gleichzeitig die Möglichkeit nutzen, auf detailliertere Informationen, wie den Geschäftsbericht oder Produktblätter, zuzugreifen. Eine ständige Anpassung und Aktualisierung des Intranets, in das nur interne Mitarbeiter Einblick gewährt wird, ist ebenso wichtig wie im Internet. Denn auch hier setzt sich die Zielgruppe aus Kunden zusammen. Das Lufthansa Systems Intranet ist ein Medium zum leichten und schnellen Austausch von Informationen zwischen den Mitarbeitern.

Im Mittelpunkt der Marketingkommunikation steht die externe Kommunikationsstrategie, die Festlegung der Kommunikationsinhalte und der Werbebotschaften sowie die Mediaplanung. Briefing und Koordination von externen Agenturen gehören genauso zum Aufgabengebiet wie die Steuerung von Direktmarketingaktionen, wie beispielsweise Kundenmailings und Werbemittelplanung. Ebenso gehört dazu die Erstellung von Geschäftsberichten, die Konzeption und Produktion von Unternehmens- und Produktbroschüren und die Schaltung von Werbeanzeigen.

Eines der wichtigsten Marketinginstrumente stellt die Initiierung von eigenen Kundenevents sowie die Teilnahme an Messen und Veranstaltungen dar.

Im Bereich der klassischen Öffentlichkeitsarbeit koordiniert und steuert das Marketing alle Pressekontakte. Sie lanciert Fachartikel und Pressemeldungen und fungiert als zentraler Ansprechpartner für Journalisten und die Öffentlichkeit. In das Aufgabengebiet

Public Relations fällt auch die Redaktion und Herausgabe der Kundenzeitung „Lufthansa SysTimes".

Bestehende Probleme, die bei einer Ist-Analyse unbedingt festzuhalten sind, existieren auch im Bereich des Marketing. Im Hinblick auf die Kundendaten ist diese Abteilung sehr vom Vertriebssektor abhängig. Werden die Kundeninformationen nicht auf dem aktuellen Stand gehalten und Marketing-Mitarbeitern nicht zugänglich gemacht, so gelangen viele Kundenmailings nicht zu der gewünschten Zielgruppe und erzeugen somit hohe Streuverluste. Gerade bei sehr knapp zur Verfügung stehendem Budget muß auf die Zielgruppenorientierung großer Wert gelegt werden. Diese Schwierigkeiten sind, wie bereits erwähnt, auf das dezentrale Ablegen von Kundendaten auf unterschiedlichsten Datenbanken oder Excel-Tabellen zurückzuführen, die durch die Einführung einer zentralen Kundendatenbank gelöst werden sollen.

3.5 Konzeption

Zur mittelfristigen Rahmenkonzeption gehören in erster Linie das Planen der künftigen Vertriebs- und Serviceprozesse. Im nachfolgenden Schritt ist die Einführung der Software vorzunehmen.

Da zeitliche und vor allem inhaltliche Abstimmungen der Vertriebskontakte ein wesentliches Qualitätsmerkmal der Lufthansa Systems Group darstellen, soll der heutige Stand durch das Einführen einer „Leadstruktur" optimiert werden.

Insbesondere die Mitarbeiter im Vertrieb verfolgen in der Regel ihre Partikularinteressen, während aus Sicht der Holding ein übergeordnetes Interesse abzubilden ist. Da es in einem Markt mit begrenzten Verkaufsmöglichkeiten wichtig ist, dem Kunden ein möglichst umfangreiches Angebot zu offerieren, sind neben Regeln für die Kundenerschließung weitere Anreizsysteme sinnvoll. Hier bietet sich das „Cross-Selling"-Modell an. Cross-Selling bedeutet bei Lufthansa Systems eine Ausprägung der gesellschaftsübergreifenden Vertriebsaktivitäten. Unter Cross-Selling versteht man eine Initiierung eines Verkaufs durch einen Lead Manager, welcher in einer anderen Gesellschaft der Lufthansa Systems Group zu Erlösen führt. Die Gesellschaft des Lead Managers darf demnach nicht an diesem Verkauf teilhaben, erhält jedoch für das Cross-Selling eine Provision. Cross-Selling soll als ein Anreizsystem dienen, welches zur Maximierung des Gruppengeschäfts führen soll und indirekt auch eine Steigerung der Kundenzufriedenheit bewirken kann.

Ein weiterer Anreiz, allerdings den innerbetrieblichen Vertrieb betreffend, stellt das Tipp-Modell dar. Es wendet sich an Mitarbeiter, während das Cross-Selling-Modell das Verhältnis zwischen Firmen regelt. Der Fokus des Tipp-Modells ist eine Integration der Beschäftigten, die nicht in typischen Vertriebsbereichen arbeiten. Ziel ist es, ein gesellschaftsübergreifendes Geschäft über das Cross-Selling-Modell hinaus zu fördern. Es soll

Verkaufspotentiale erhöhen und zu einem aktiven Vertrieb für das gesamte Leistungsportfolio der Lufthansa Systems Group Gesellschaften führen.

3.6 Kosten

Die Analyse des Kostenrahmens für einmalige Investitionen und laufende Kosten gehört ebenso zur Rahmenkonzeption. Zu den Einmalkosten zählen neben der Beschaffung von Hard- und Software auch die Kommunikationseinrichtung für den Daten- und Nachrichtenaustausch und die Lizenzgebühren. Ein Intensivtraining der Systemadministratoren beansprucht etwa fünf bis zehn Tage. In der Phase der Einführung darf die Datenbereinigung und Datenübernahme sowie der Aufwand für die Betreuung der Pilotgruppe vor Beginn des Rollouts als Kostenfaktoren nicht vergessen werden.

Zu den laufenden Kosten einer CRM-Einführung zählen die Folgenden: Personalkosten für den Benutzerservice sowie der Systemadministratoren, Datenübertragungskosten, welche aus Grund- und Verkehrsgebühren bestehen, Kosten der Systemlieferanten für begleitende Anwenderbetreuungen sowie Folgeschulungen. Wartungskosten für die Software, die Hotline, anfallende Releasekosten und Abschreibungen gehören ebenfalls in den Bereich der laufenden Kosten. Abschließend ist auf die Erstellung einer Kostenschätzung nicht zu verzichten.

3.7 Softwareanbieter

Nach den Überlegungen der Philosophie von CRM wird der nächste Schritt auf die Ziele des Computereinsatzes in den Bereichen Marketing, Vertrieb und Service ausgerichtet. Die Lufthansa Systems Group hat sich aus folgenden Gründen für die Software des Anbieters Siebel Systems entschieden: Siebel Sales bietet eine optimale Prozeßabdeckung, wodurch eine einwandfreie Umsetzung innerhalb der Lufthansa Systems Group gewährleistet werden kann. Ein weiterer Vorteil zur Einführung eines Siebel-Vertriebstools ist die Tatsache, daß Siebel als Marktführer für CRM-Tools bekannt ist und bereits eine hohe Produktreife vorweisen kann. Siebel wird schon vom Lufthansa Konzern erfolgreich genutzt und wird zur Zeit ebenso bei der Lufthansa Cargo AG als Projekt eingeführt.

3.8 Realisierung

Mit der Realisierungsphase beginnt ein neuer Projektabschnitt. Eine Teilung des Projektes in einen technischen und fachlichen Teil ist nun empfehlenswert; es sollte neben einer fachlichen Projektleitung ein zusätzlicher Projektleiter aus dem IT-Bereich ernannt werden, der sich mit der EDV-technischen Umsetzung beschäftigt. Zu den Aufgaben des technischen Projektleiters fallen alle Aktivitäten, die mit der Hard- und Software zu tun haben, wie beispielsweise die Koordination der Softwarelieferung, die Anpassung der Schnittstellen, die Vorbereitung der Tests und Abnahmen, die Installation, die Datenübernahme sowie die Inbetriebnahme. Die fachliche Projektleitung kümmert sich unter anderem um die organisatorische Realisierung des Soll-Konzeptes, wie die Struktur- und Aufbauorganisation. Die Bereinigung der Datenbestände ist unbedingt vor Beginn des praktischen Betriebs zu tätigen. Dazu zählen die Prüfung der vorhandenen Adreßbestände, deren Aktualisierung, die Doublettenbereinigung sowie eine Überprüfung auf Vollständigkeit der Daten. Im Anschluß beginnt die Testphase sowie die Abnahme, vorausgesetzt, die Hardware, Software, Kommunikationstechnik sowie diverse Schnittstellen liegen vor. Das bereits vom Softwarehersteller getestete Programm wird nun mit unternehmensspezifischen Daten „gefüttert" und dokumentiert. Der Datenaustausch zwischen den Außenstellen und der Zentrale ist zu überprüfen. Auftauchende Fehler sind nun vom Projektteam bzw. vom Softwarehersteller zu beheben. Parallel zu den Testläufen und der Abnahme sind die zukünftigen Anwender und Systemadministratoren im Umgang mit dem neuen Programm zu schulen.

3.9 Einführung

Die Einführungsphase beginnt zunächst mit einer Pilotphase. Die sogenannten Pilotanwender aus der Gesellschaft Lufthansa Systems Passenger Airlines haben die Aufgabe, das neue CRM-Programm in der Praxis zu testen. Voraussetzungen dafür sind der Abschluß der Testphase, die Einrichtung eines Benutzerservice und die Ausstattung mit einer notwendigen Hardware. Es sollte stets ein permanenter Austausch mit dem Projektteam und natürlich auch mit dem Softwarehersteller stattfinden, um auftretende Probleme und Schwierigkeiten schnellstmöglich zu beseitigen. Eine fehlerfreie Software ist die Voraussetzung für eine erfolgreiche Einführung. Sind alle Schwächen beseitigt, kann der Rollout beginnen. Hierunter versteht man die praktische Einführung des CRM-Systems bei allen anderen Anwendern, neben dem Pilotteam.

4. Status Quo des Unternehmens

4.1 Akzeptanz der Mitarbeiter

Eine Grundvoraussetzung für eine erfolgreiche Einführung von CRM ist die Akzeptanz des Systems seitens der Mitarbeiter. Da die Installation eines neuen Projektes zu erheblichen Veränderungen, auch organisatorischer Art, innerhalb des Unternehmens führt (Change-Management), sind die Mitarbeiter gezwungen, ihre gewohnten Arbeitstechniken umzustellen oder gar ganz aufzugeben. Dies erzeugt nicht selten Widerstände, die aus Angst resultieren. Es ist von enormer Wichtigkeit, den Mitarbeitern die Bedeutung und den Nutzen des CRM-Systems zu verdeutlichen.

Man muß ihnen begreiflich machen, daß das System nach einer kurzen Eingewöhnungszeit nicht mehr Arbeit bringt, sondern eine Entlastung bieten wird. Aus diesem Grunde war es der Lufthansa Systems Group schon vor Beginn der Einführung des Projektes wichtig, die Mitarbeiter durch die interne Mitarbeiterzeitschrift „SysTimes" über CRM im Allgemeinen zu informieren.

4.2 Projektorganisation

Ein professionelles Projektteam stellt die Voraussetzung für eine erfolgreiche, systematische und zielorientierte Projektabwicklung dar und ist für die Einhaltung der Spielregeln innerhalb des Projektes verantwortlich. Wichtig ist, daß alle künftigen Anwenderbereiche im Projektteam vertreten sind. Vor der Einführungsphase sollte die Projektleitung im Fach- nicht im IT-Bereich liegen. Erst mit der Softwarelieferung ist ein Projektleiter aus dem EDV-Bereich notwendig. Auftraggeber des CRM-Projektes ist die Lufthansa Systems Holding, der somit die Gesamtleitung sowie die Projektkoordination und Projektsteuerung untersteht. Mit der Lufthansa Systems Gesellschaft „Passenger Services" wird eine Pilot-Organisation geschaffen. Es wurde ein „Key-User-Forum" auf Business-Ebene mit jeweils einem Mitglied aus jeder Gesellschaft gegründet.

Das Implementierungsteam ist bei der Gesellschaft LSY Airline Services angesiedelt. Es besteht aus folgenden Teilprojektteams:

- Konfiguration
- Datenmigration
- Business Analyse

- Betriebsvorbereitung
- Qualitätssicherung

Die Verantwortungsfelder des Teams Konfiguration liegen in der Applikations- und Systemadministration, Dokumentation der Systemumgebung, technische Entwicklung der Applikationen, Umsetzung von Change Requests, Durchführung von Tests und Abnahmen, Erstellung von Reports, Konfigurationshandbuch, Test- und Annahmedokumentationen.

Das Team Datenmigration beschäftigt sich mit der Initialmigration der Daten, Bereinigung vorhandener Daten, Felderdefinitionen, Feldbeschreibungen, Datenbankadministration, Enterprise Integration Manager (Migration von Daten in andere Systeme), Outlook-Synchronisation und der Verfahrensbeschreibung für das Betriebskonzept.

Die Gruppe Business Analyse gestaltet GAP-Analysen zwischen Kundenprozessen und Siebel Vanilla (standard-angepaßtes System), Marketingadministration, Applikationsadministration, Berichtswesen, Einführung von CRM-Verfahren, Schulungsunterlagen, Betriebshandbuch, GAP-Dokumentation und CRM Prozeß-Dokumentation.

Die Betriebsvorbereitung ist verantwortlich für den Rechenzentrumsbetrieb, den Help-Desk-Aufbau und das Betriebskonzept. Auch die Qualitätssicherung, als Teilteam der Implementierung, darf nicht vergessen werden.

4.3 Mitarbeiterinformation

Im nächsten Schritt wurden die Mitarbeiter durch einen sogenannten „Newsletter", eine interne Mitarbeiterinformation über E-Mail, verfaßt durch die Geschäftsleitung, über das bevorstehende Projekt aufgeklärt, denn CRM ist bekanntlich „Chefsache!" Diese „Newsletters" erscheinen in regelmäßigen Abständen und halten die Mitarbeiter über Status und Entwicklung des Projektes auf dem Laufenden.

Es wurde den Mitarbeitern ermöglicht, sich frühzeitig eine Vorstellung über die neue Unternehmensphilosophie zu verschaffen und sich langsam auf das bevorstehende Projekt vorzubereiten.

Das Unternehmen stellt seinen Mitarbeitern eine Homepage im Lufthansa Systems Intranet zur Verfügung, auf der sämtliche Informationen zum Projekt gesammelt und aktualisiert werden. Interessenten können jederzeit darauf zugreifen. Ebenfalls über das Intranet wird ein Dialog mit Ansprechpartnern angeboten (Frequently asked questions-Programm). In diesem Fall können sich Interessenten direkt an das Expertenteam wenden und kompetente Auskünfte erwarten.

4.4 Schulungen

Ein weiterer wichtiger Baustein, der zu Beginn der Einführung einer CRM-Strategie keinesfalls vergessen werden darf, ist das Thema Anwenderschulung. Je besser die Schulungen sind, desto erfolgreicher werden die Mitarbeiter im Umgang mit dem System sein. Bei der Lufthansa Systems Group GmbH wurde ein Charisma-Trainingsteam ernannt, welches in regelmäßigen Abständen Schulungen für die User anbietet. Der Inhalt dieser Schulung betrifft zur Zeit die bisher realisierten Funktionen der ersten Phase. Neben einer kurzen Einführung in das Gebiet „CRM im Allgemeinen" und Informationen zur CRM-Philosophie im Unternehmen wird den Kursteilnehmern der Umgang mit der Datenbank gelehrt, also der Funktionsumfang, die Prozesse, die Navigation in dem System, verschiedene Eingabe- und Änderungsmöglichkeiten sowie Ansichten des Systems und die Synchronisation von Siebel mit Microsoft-Office.

4.5 Einführung der ersten Phase

Um einen besseren Überblick über den Aufbau von „Charisma" zu erhalten, wird das Projekt in mehrere Phasen unterteilt.

Das Unternehmen Lufthansa Systems Group GmbH hat bereits mit der Einführung der ersten Phase begonnen. Bis zum Ende des Monats Mai 2001 wurde die alte „Lead Datenbank" sowie zahlreiche dezentral vorhandene heterogene Anwendungen und Konsolidierungen von Datenbeständen durch das Siebel Sales-Modul, einer gemeinsamen Datenbank für Lufthansa Systems Group, mit sämtlichen Kundendaten aus der Vertriebsstruktur abgelöst.

Durch die Einführung eines internen Marketing- und Sales-Unterstützungstools sollen die Zielerfüllung und das Erschließen neuer Marktpotentiale nachhaltig verbessert und folgende Funktionalitäten in Phase I eingeführt werden:

- Zentrale Kundendatenbank
- Lead Management
- Besuchsplanung
- Verwaltung von Opportunities
- Zentrale Dokumentenverwaltung
- Unterstützung des Deal Qualification Prozesses (DQP)
- Funnel-/Quota Management und Forecasting

In Situationen, in denen ein Kunde durch mehrere Vertriebsmitarbeiter aus unterschiedlichen Lufthansa Systems Gesellschaften betreut wird, soll diese Leadstruktur greifen. Es wird ein sogenannter „Lead" an einen „Leadmanager", einen Vertriebsmitarbeiter, vergeben, welcher in erster Linie als zentraler Ansprechpartner für den Kunden und „door opener" für das gesamte Unternehmen dienen soll. Er hat somit die Aufgabe, den Kundenkontakt für die Lufthansa Systems Gesellschaften zu steuern und zu koordinieren. Da ein Leadmanager den Kunden permanent betreut und entwickelt, ist er in der Lage, Verkaufspotentiale für das gesamte Unternehmen Lufthansa Systems zu identifizieren, aufgrund seiner Kundenverantwortung einen Mehrwert für das Unternehmen zu schaffen sowie den kompletten Sales Prozeß in seiner Funktion zu begleiten. Das Leadmanagement schafft beim Kunden einen homogenen Auftritt für das Unternehmen und erhöht somit die jeweilige Kompetenz. Wenn man einen Kunden aus ganzheitlicher Sicht betrachten kann, wie es ein Leadmanager tut, so kann dies eine Förderung von Großprojekten zur Folge haben. Ein weiterer Vorteil der Einführung eines Leadmanagements ist die Reduzierung von Vertriebskosten aufgrund der Verbesserung von Kommunikation und Koordination zwischen Vertrieb und Produktion. Kulturelle Besonderheiten, insbesondere im internationalen Umfeld, können durch eine Leadstruktur in Erwägung gezogen werden.

Wie dieses Vorgehen in der Praxis ablaufen soll, wird im Folgenden dargestellt: Zunächst werden die Lufthansa Systems Bestandskunden zugeordnet. Kommt es nun zu einer Neukundengewinnung durch eine Lufthansa Systems Group Gesellschaft, so liegt der Lead in diesem Unternehmen. Falls mehrere Gruppen einen Kunden gleichzeitig akquirieren wollen, entscheidet die Holding anhand mehrerer Kriterien über die Vergabe des Leads. Ein Lead kann jedoch auch bei wechselnder Kundensituation geändert werden. Die Vertriebssteuerung der Holding initiiert den Dialog und ist Plattform für die Leadvergabe zwischen den Lufthansa Systems Gesellschaften. Sie entscheidet auch im Konfliktfällen.

Eine sinnvolle Strukturierung der Besuchsplanung und Besuchsvorbereitung hat den Vorteil, daß die zur Verfügung stehende freie Zeit optimal für die Besuche bei „lohnenden" Kunden genutzt werden kann.

Die Verwendung einer Besuchsplanung gelingt in Verbindung mit den Daten aus der Kundendatenbank. Dabei werden die Daten nach Potential und Chancenhöhe selektiert und diejenigen Kunden herausgefiltert, bei denen die Möglichkeit auf einen Auftrag und der Zeitpunkt des Bedarfs am größten erscheint. Bei konsequenter Einhaltung dieser Methode erhöht sich, aufgrund der enormen Informationsqualität, bereits nach kürzester Zeit die Trefferquote.

Die Verwaltung von Opportunities (Verkaufschancen bei potentiellen Kunden) gehört ebenfalls zu einem erfolgreichen Verkaufsabschluß. Mit Hilfe des Opportunity-Managements erhält der Verkäufer stets aktuelle Informationen über den Stand von Angeboten, Angebotswahrscheinlichkeiten und zu erwartende Verkaufsabschlüsse. Daneben haben die Mitarbeiter aus Innen- und Außendienst die Möglichkeit herauszufinden, auf welcher Verkaufsstufe welcher Kontakt vorhanden ist und wie sie mit Angebotswerten und Abschlußwahrscheinlichkeiten bewertet werden. Auftretende Plan-/Ist-Abweichungen können somit rechtzeitig erkannt und behoben werden.

Die zentrale Ablage kundenrelevanter Dokumente, wie beispielsweise Angebote, Wirtschaftlichkeitsrechnungen, Besuchsberichte oder Protokolle, sind ebenfalls in der Kundendatenbank abrufbar. Der Mitarbeiter kann auf diese Weise bestimmte Templates als Vorlage aufrufen und sie entsprechend seiner Bedürfnisse anpassen.

Der Deal Qualification Process (DQP) spiegelt den gesamten Ablauf der Vertriebsaktivitäten wider, von der Kundenidentifizierung und -qualifizierung bis hin zur Leistungserbringung. Der DQP stellt eine hohe Qualität im Vertriebsprozeß sicher. Das Verfahren führt zu bewußten Bid/Nobid-Entscheidungen, zur Bewertung wirtschaftlicher Risiken vor größeren Investitionen in Vertriebsaktivitäten sowie zur verbindlichen Bereitstellung benötigter Ressourcen im Vertriebs- und Produktionsprozeß.

Unter einem Funnel-/Quota Management versteht man eine Bewertung von Kundenkontakten mit Hilfe eines Verkaufstrichters. Mit Hilfe dieses Analysewerkzeuges soll die tägliche Informationsflut, die auf das Unternehmen einwirkt, reduziert bzw. sinnvoller verarbeitet werden. Das Prinzip des Verkaufstrichters ist eine stufenweise Qualifizierung jedes Kontakts vom Erstkontakt, über das Stadium des Interessenten, der Angebotsstufe bis hin zur Angebotspräsentation und letztendlich dem erhofften Auftragsabschluß. Die Bewertung der Kontakte sorgen auf dem Weg zum ersten Auftrag für eine immer größere Transparenz des Verkaufsprozesses. Dies hat zum Vorteil, daß man recht früh erkennen kann, ob die gewünschten Ziele am Ende des Trichters erreicht werden können und in welcher Phase des Verkaufs eventuelle Engpässe entstanden sind.

Um einen Erfolg bei der Verwendung eines Verkaufstrichters feststellen zu können, ist es notwendig, aus Erfahrungswerten der Vergangenheit in Verbindung mit Planwerten für die Zukunft festzulegen, wie viele Erstkontakte mit einem wie hohen Potential notwendig sind, um am Ende des Trichters eine bestimmte Anzahl von Aufträgen mit einem bestimmten Auftragswert oder Umsatz zu erreichen. Dem Funnel-/Quota-Management kann eine große Bedeutung beigemessen werden, denn es dient dem Vertrieb als eine Art Frühwarnsystem. Neben dem Vertrieb, der aus den laufenden Informationen aus dem Vertriebstrichter profitiert, hat auch die Produktionsabteilung einen Nutzen davon. Sie empfängt wichtige Hinweise über drohende Unterbeschäftigung oder mangelnde Kapazitätsauslastung.

5. Potentielle Weiterentwicklung des Projektes Charisma

5.1 Probleme und Highlights nach Einführung der ersten Phase

Zum Ende der Phase I wurden aufgetretene Schwierigkeiten, die bei der Einführung des CRM-Systems entstanden sind, dokumentiert und analysiert. Die Mitarbeiter, die als erste praktische Erfahrungen mit dem CRM-Tool sammeln durften, die Sales Manager, konnten ihre Ängste und Sorgen durch eine Mitarbeiterumfrage einbringen. Zu den häufigst genannten Antworten zählten die Angst, daß das Projekt Charisma nicht bzw. nicht korrekt von den Anwendern benutzt wird. Die Begründung liegt unter anderem in der Beschaffenheit des sehr flexiblen Systems. Die User haben eine Vielzahl von Möglichkeiten ihre Daten abzubilden, wissen jedoch zum heutigen Zeitpunkt noch nicht, auf welche dieser Daten später die Auswertungen laufen werden. Viele Mitarbeiter befürchten eine Mehrarbeit für die Datenpflege und Dateneingabe, haben demnach Furcht vor erhöhtem Verwaltungsaufwand, vor Fehlern und Falschinterpretationen, die durch unsaubere Dateneingaben entstehen könnten.

Auf Seiten des Charisma-Projektteams entstanden ebenfalls Überlegungen, welche für einen reibungsloseren Ablauf der Einführung von CRM hätten sorgen können. Zu erwähnen wäre der erhöhte Abstimmungsaufwand, der durch ständig wechselnde Anforderungen im Sales Prozeß und in den Sales Stages hervorgerufen wurde. Durch die Umstrukturierung der Lufthansa Systems GmbH in siebzehn Unternehmenseinheiten wurde der Sales Prozeß während der Projektlaufzeit mehrmals angepaßt, da er über alle Gesellschaften hinweg einheitlich sein sollte. Die Schwierigkeit lag darin, daß die einzelnen Gesellschaften schon eigene Ideen entwickelt hatten, welche es galt auf einen gemeinsamen Nenner zu bringen. Es wurde deutlich, daß eine hohe „Management Attention“ für die Umsetzung notwendig war.

Zu den Highlights zählten vor allem die außerordentlich gute Zusammenarbeit zwischen den Beteiligten der LSY-Gesellschaften untereinander und mit dem Softwareanbieter Siebel. Durch die starke Unterstützung der Key-User und Anwender kann man insgesamt von einem guten „Teamgeist“ sprechen. Trotz kurzer Projektlaufzeit blieb das Projekt im Zeitplan.

5.2 Die potentielle zweite Phase

In der zweiten Phase, welche derzeit in der Planung ist, soll unter anderem die Abbildung der LSY-Sales-Pipeline und der Cross-Selling-Umsätze aufgegriffen werden sowie das

Kampagnen-Management und das Zielkunden-/Database-Marketing. Außerdem sollen auch die restlichen dreizehn Gesellschaften mit dem CRM-System ausgestattet werden.

Während in Phase I ausschließlich der Vertrieb in das Projekt Charisma eingebunden war, soll in Phase II der Bereich Marketing miteinbezogen werden.

Die Lufthansa Systems Sales Pipeline, welche bereits heute per Excel-Sheets von der Holding angefordert wird, soll zukünftig durch Siebel abgebildet werden. Sie stellt eine tabellarische und graphische Darstellung der vertraglich abgeschlossenen und möglichen Umsatzeingänge (Opportunities) verteilt auf Monate und Organisationseinheit dar. Die Production-Pipeline legt die möglichen Auftragseingänge auf die einzelnen Produktionseinheiten um, um so rechtzeitig eine Aussage über die Auslastung erhalten zu können. Diese Art von Pipeline ist für die LSY-Gesellschaften aussagefähig, die lediglich Beraterleistungen anbieten. Für Gesellschaften die neben den Stundenleistungen, also Service- und Beraterleistungen, noch weitere Dienste einsetzen, wie beispielsweise Hardware oder Software, ist die Production-Pipeline nur bedingt zur Steuerung von Personalressourcen einsetzbar. Sie kann jedoch qualifizierte Aussagen über voraussichtliche Deckungsbeiträge der Production-Units machen.

Weiterhin besteht die Möglichkeit, die Umsätze aus Cross-Selling-Maßnahmen auf die Gesellschaften sowie auf die einzelnen Business-Units zu verteilen. Dies ist zum einen für die Steuerung des Tipp-Modells wichtig und zum anderen für Informationen an die Geschäftsführung.

Das Kampagnen-Management umfaßt grundsätzlich alle Aktivitäten, die zur Durchführung einer Marketing- und Verkaufsaktion benötigt werden. Das Thema Database-Marketing spielt in diesem Zusammenhang eine große Rolle, da diese Methode zur systematischen und gezielten Segmentierung und Bewertung von Kunden und Kontakten auf Basis der vorhandenen Kundenprofile in strukturierten Datenbanken zählt. Weiterhin kann unter Database-Marketing die Planung und Durchführung von Kampagnen, das Verfolgen der Responses der bereits vorhandenen und der potentiellen Kunden und die Erfolgsmessung von Kampagnen, verstanden werden. Ziel ist es, dem Kunden zum richtigen Zeitpunkt ein auf seine Bedürfnisse abgestimmtes Informations- und Leistungsangebot anzubieten. Die Zielgruppe des Kampagnen-Managements besteht aus bereits bestehenden Kunden (contacts) und potentiellen Kunden (prospects).

Bei LSYG könnte es für den Bereich Kampagnen-Management folgende Kernprozesse geben:

- Kampagnen planen und durchführen
- Kundensegmentierung
- Reporting

Zu den Kampagnen-Typen, die durch die Kundendatenbank abgebildet werden sollen, zählen Mailings, Kundenbefragungen, Telefonmarketing, Nachverfolgungen von Kommunikationsaktivitäten und Marketingmittelversendungen. Das eingeführte CRM-Tool von Siebel unterstützt die geplanten Marketing-Kampagnen von Grund auf sinnvoll, indem es dem Anwender ermöglicht, alle erdenklichen Selektionen von Daten vorzunehmen. Außerdem existiert eine Schnittstelle zum Textverarbeitungsprogramm, indem die bereits selektierten Adressen automatisch eine Serienbrieffunktion anstoßen und durchführen lassen.

In dem System kann für den Call Center-Agenten ein sogenannter Telefon-Guide hinterlegt werden. Die Antworten des Kunden können auch direkt eingegeben und ausgewertet werden. Außerdem kann der Call Center-Agent ein Kennzeichen setzen, welcher Kunde „bedient" wurde, so daß jederzeit der Status zur Kampagne abgerufen werden kann.

5.3 Weitere mögliche Phasen

Zu den weiteren CRM-Lösungen, die eingeführt werden können, zählen:

- Integration der LSY-Produktdatenbank
- Vertragsmanagement
- Call Center / Telefonmarketing / E-Service
- Beschwerdemanagement
- Qualitätsmanagement
- Individuelle Reports aus Verkaufsaktivitäten
- Skill-Management / Ressourcenmanagement

6. Ausblick

Die Einführung von „CRM" am Beispiel der Lufthansa Systems Group GmbH verdeutlicht, daß ein umfassendes und gut durchdachtes CRM-Konzept, eine gute Informationsbasis, langfristig ausgelegtes Lernen und ein Commitment der gesamten Marketing- und Vertriebsorganisation, zu dem letztlich angestrebten Unternehmenserfolg führen kann.

Für das Unternehmen Lufthansa Systems Group GmbH ist es von großer Notwendigkeit, die „restlichen" Unternehmen in das CRM-Programm zu integrieren, um einen ganzheitlichen Unternehmenserfolg herbeiführen zu können.

Um die Bonität der Kunden zu erkennen und einen Soll-Ist-Vergleich darstellen zu können, muß eine Vernetzung von SAP mit der Siebel-Datenbank gewährleistet sein, denn in SAP sind die Bestandskunden erfaßt, während im Siebel-System potentielle Kunden hinterlegt sind, die jedoch zu „echten" Kunden werden können. SAP steht für ein betriebswirtschaftliches Software-System für Großrechner und Client/Server Architekturen.

Durch die ersatzlose Streichung des fast siebzig Jahre alten „Rabattgesetzes" und der Zugabeverordnung eröffnen sich für die Pflege der Kundenbeziehungen neue Horizonte. Die Vorteile der Unternehmen liegen in der gezielten Einsetzung von Rabatten, denn sie haben die Möglichkeit, ihre Angebote ausschließlich an besonders interessante und lohnende Zielgruppen zu richten.

Michael Hartmannsgruber

Gestaltung des Implementierungsprozesses für Customer Relationship Management bei der FESTO AG & Co.

1. Einleitung

Der Begriff „Customer Relationship Management“ erfährt sowohl in der Praxis als auch in der Wissenschaft eine gewisse Unschärfe, die mit darauf zurückzuführen ist, daß heutzutage unter diesem Titel – kurz CRM – eine Flut an Produkten und IT-Lösungen auf den Markt drängen und mittlerweile „CRM-Lösungen“ regelmäßig als Synonym für eine Software-Produktfamilie verwendet wird.

Für Festo bedeutet CRM mehr als nur Informationstechnologie. CRM ist für Festo eine kundenorientierte Unternehmensphilosophie, die in ihrem Wesen an sich nichts Neues darstellt. Festo agiert bereits seit Jahren stark kundenorientiert mit zahlreichen Instrumenten, Aktivitäten und Projekten, die man heutzutage verstärkt mit dem Begriff CRM in Verbindung bringt.

Aus diesem Grund stellt die Implementierung von CRM für Festo keinen radikalen Umbruch dar, sondern vielmehr eine Koordination und Synchronisation sowohl der bereits etablierten Aktivitäten als auch neu hinzukommender Projekte.

Für Festo spielt dabei der Vertrieb die herausragende Rolle, da dort die Handlungsbedarfe hinsichtlich ganzheitlicher, profitabler Kundenansprache identifiziert und definiert werden müssen. In Kooperation mit der Informationstechnologie werden diese Bedarfe im Rahmen der CRM-Initiative in die Tat umgesetzt, sprich es erfolgt die konsequente Abbildung der definierten Anforderungen in die IT-Tools, welche die Vertriebstätigkeiten unterstützen. In diesem Sinne ist CRM für Festo weniger IT getrieben als vielmehr ein von der Vertriebseite initiiertes Konzept zur Vereinheitlichung bisheriger Prozesse und Aktivitäten unter einem CRM-Gesamtdach.

Der folgende Artikel soll die Vorgehensweise bei der CRM-Implementierung für Festo unter Zuhilfenahme eines theoretischen Gestaltungsmodells analytisch unter Berücksichtigung der besonderen Situation beschreiben.

2. Das Unternehmen Festo AG & Co.

Der Name Festo steht weltweit für zukunftsweisende Automatisierungslösungen in der Pneumatik. Als Trendsetter der Branche setzt das Familienunternehmen bereits über 75 Jahre Zeichen in technischer Innovation und seit mehr als 40 Jahren besteht das Hauptgeschäftsfeld der Unternehmensgruppe mit Sitz in Esslingen/Berkheim in der Pneumatik. Mit arbeitender Luft, dem einfachsten Antriebsprinzip der Welt, bietet sich heute ein umfassendes Produktprogramm im Segment der Automatisierungstechnik, das über 16.000 Produkte der Bereiche Antriebe, Ventile, Ventilinseln, installationssparende Anschlußtechnik, Handhabungs- und Montagetechnik, Druckluftaufbereitung, Verbindungstechnik, Vakuumtechnik, Lage- und Qualitätsprüfung und Prozeßautomatisierung umfaßt.

Die Festo AG & Co. ist an einer großen Zahl aller Automatisierungslösungen der bedeutendsten Unternehmen weltweit beteiligt. Wir haben weltweit etwa 300 000 aktive Kunden in 176 Ländern und beschäftigen derzeit 10 050 Mitarbeiter in 53 Gesellschaften und in Produktionsstandorten in Esslingen und Rohrbach sowie Brasilien, Bulgarien, Indien, Korea, Mexiko, Ukraine, Ungarn und den USA.

3. Customer Relationship Management-Einführungsprozeß bei der Festo AG & Co.

Die Vorgehensweise bei der Einführung und Gestaltung neuer Managementkonzepte erfolgt in mehreren Phasen. Um den Gestaltungsprozeß systematisch darstellen zu können, bietet sich als roter Faden folgendes Phasenmodell an, das insgesamt 5 Phasen unterscheidet:

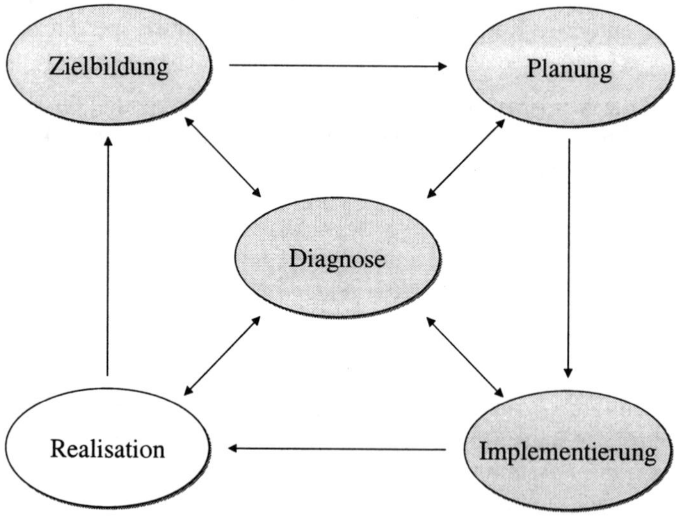

Abbildung 1: Phasenschema nach Reiss

Dieses Phasenschema stellt ein rationales organisatorisches Verhaltensmodell dar, das zur Abbildung von Prozessen und Zuständigkeiten einer Transformation herangezogen werden kann. In diesem übergeordneten Gestaltungsprozeß beeinflussen sich die auf vielfältige Art und Weise verknüpften Phasen gegenseitig, wobei die Diagnose eine zentrale Stelle einnimmt. Sie ist mit den anderen vier Phasen im Sinne eines Regelkreissystems mit Schleifen wechselseitig verbunden. Die restlichen vier Phasen sind durch Einwegbeziehungen miteinander verknüpft, d. h. sie weisen jeweils einen Inputlieferanten und einen Outputkunden auf. Gegenläufige Kommunikationsbeziehungen sind nur indirekt über die Diagnosephase möglich.

3.1 Zielbildung: Zielgrössen und Zielbeziehungen des CRM-Konzepts für die Festo AG & Co.

In der Zielbildung als erste Phase des Gestaltungsprozesses werden die Ziele festgelegt, die es im folgenden zu realisieren gilt. Sie liefert eine normative Vorstellung über einen gewünschten, anzustrebenden Zustand der Realität.

Festo hat bereits vor Jahren erkannt, daß zur Steigerung von Effizienz und Effektivität bei der Marktbearbeitung, eine Straffung und Restrukturierung des Vertriebs notwendig ist. Entsprechend wurden strategische Vertriebsprojekte initiiert , die verstärkt die Kundenbedürfnisse in den Mittelpunkt stellten. Zudem wurde die Kundenfokussierung zum zentralen Bestandteil der Festo Unternehmensstrategie erklärt und damit der Startschuß von Seiten der Geschäftsleitung gegeben, das Unternehmen kundenorientiert auszurichten bzw. umzustellen.

Hintergrund für die Entscheidung, mit Customer Relationship Management im Unternehmen ein neues Managementkonzept zu implementieren, bildete der Wunsch nach einem konzeptionellen, systematischen Ansatz, der die Kundenbedürfnisse in den Mittelpunkt stellt und sowohl die laufenden als auch die künftigen Projekte unter der CRM-Philosophie harmonisiert.

Zu diesem Zweck rekrutierte die Geschäftsleitung ein Projektteam mit der Aufgabe, ein Festo CRM Konzept zu erarbeiten, welches neben der Spezifikation von Zielsetzung und Stoßrichtung der Kundenbearbeitung, die Auswahl von Instrumenten und Kontaktkanälen, die Bestimmung eines geeigneten Zeit bzw. Kontaktpunktes, die Planung von Umfang, Verantwortlichkeiten und Datenmanagement und der Ergebniskontrolle beinhaltet. Die Zielvorgabe bei der Konzipierung von CRM für Festo stellt die Kundenbeziehung in den Mittelpunkt: Alle Interaktionen müssen auf die Bedürfnisse des Kunden ausgerichtet sein. Diese Aktivitäten sollen zielgerichtet, synchronisiert und profitabilitätsorientiert ablaufen.

3.2 Planung: CRM Konzeptentwurf für die Festo AG & Co.

Die oben festgelegten Ziele dienen als Input, an dem sich die Phase der Planung zu orientieren hat. In dieser Konzeptentwurfsphase wird versucht, die theoretischen Ziele in ein Konzept zu transformieren, das aufgrund der komplizierten Prozesse systematisch die Vorgehensweise bei der Implementierung unter strenger Beachtung ökonomischer Aspekte der Effektivität und Effizienz, angibt.

Die Hauptaufgabe der Implementierung von CRM als neues Managementkonzept besteht darin, dieses mit einem bereits vorhandenen Managementkontext in Einklang zu bringen (vgl. Reiß/Zeyer 1994, S. 37). In diesem Sinne ist das CRM-Konzept planungsseitig in ein zielkonformes Verhältnis zu setzen, das möglichst von allen Beteiligten zu akzeptieren ist. Zur Konzeptoptimierung wird in der Planungsphase eine ständige Alternativensuche und -bewertung vorgenommen.

3.2.1 Zielspezifikation für den Konzeptentwurf

Der erste Schritt der Planungsarbeit bestand darin, aus der Zielvorgabe konkrete Anforderungen an unser zukünftiges Kundenmanagement abzuleiten, d. h. den relevanten Gestaltungsbereich abzustecken und eine Zielgruppendefinition vorzunehmen:

- Ausrichtung aller Aktivitäten zum Kunden an der Vertriebstrategie, abgeleitet aus der Balanced Scorecard der Festo AG & Co.
- Ausrichtung aller Aktivitäten zum Kunden unter Berücksichtigung der Kundensegmentierung und Ihrer Bedürfnisse
- Ausbau und effizientes Gestalten aller Kommunikationskanäle zum Kunden
- Aufbau/Ausbau des Wissensmanagement Workflow und des Informationsflusses über den Kunden.
- Bestehende Software, die zur Unterstützung der Kundenbeziehung beiträgt optimal nutzen, integrieren und durch zusätzliche Technologien ergänzen.

3.2.2 Objekte für die CRM Implementierungsarbeit

Um die genannten Ziele erreichen zu können, bedarf es einer konzeptionellen Planung von Objekten, die für Festo und unser Verständnis für CRM von Bedeutung sind. Als absolut richtungsweisend für die Planungsarbeit fungiert die übergeordnete Unternehmensstrategie, die wiederum in der Balanced Scorecard von Festo verankert ist. Die hier dargestellten Planobjekte markieren unsere Schwerpunkte der CRM Implementierungsarbeit:

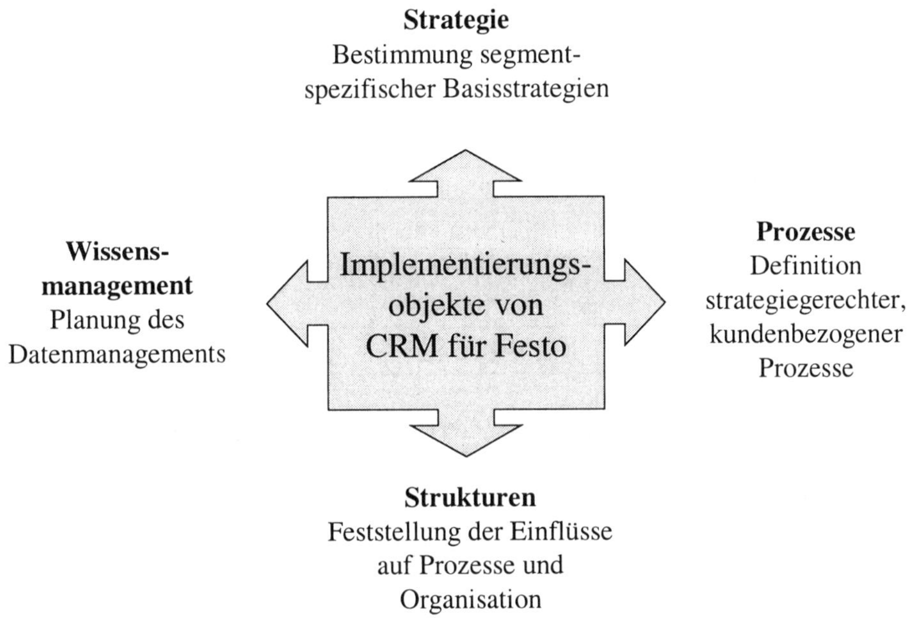

Abbildung 2: Objekte der Implementierungsarbeit

3.2.2.1 Segmentspezifische Basisstrategien

Die Entwicklung segmentspezifischer Strategien der Kundenbearbeitung, mit denen die Profitabilität der Kundenbeziehung gesteigert werden kann, basiert auf einer aussagekräftigen Segmentierung des relevanten Marktes (vgl. Homburg/Sieben 2000, S. 486).

Marktsegmentierung entsteht durch Einteilung des Marktes in Kundensegmente (z. B. Größe, Branche, etc...), sowie die Entscheidung darüber, welche Produkte und/oder Leistungen den jeweiligen Segmenten angeboten werden sollen. Die Aufteilung des Marktes in überschaubare Segmente sorgt ihrerseits für Markttransparenz und für die Versorgung des Unternehmens mit allen notwendigen Informationen, die für eine kundenorientierte Marktbearbeitung notwendig sind.

Das Festo CRM-Konzept sieht eine weltweit einheitliche und konsequente Kundenklassifizierung vor. Die daraus resultierende Kundensegmentierung erlaubt einen kundenkategoriegerichteten Marktauftritt, der die Kundenbeziehungen bezüglich Effizienz und Partnerschaft optimal gestalten läßt.

Bei der Klassifizierung werden verschiedene Aspekte (quantitativ und qualitativ) berücksichtigt und ein System definiert, das sowohl den externen als auch den internen Funktionen einen Überblick über die Bedeutung eines bestimmten Kunden für das gesamte Unternehmen verschafft.

Über die Ableitung segmentspezifischer Basisstrategien lassen sich schließlich Aussagen über die strategische Stoßrichtung der Bearbeitung spezifischer Kundengruppen generieren.

3.2.2.2 Strategiegerechte, kundenbezogene Prozesse

Die kundenbezogenen Prozesse sind bei Festo durch die Struktur der Kommunikationsmöglichkeiten der Kunden mit dem Unternehmen determiniert:

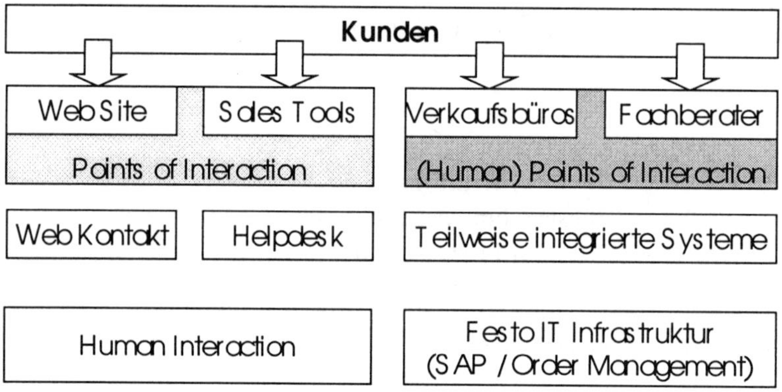

Abbildung 3: Kommunikationsstruktur

Der Kunde hat die Möglichkeit über verschiedene Kanäle mit Festo in Kontakt zu treten. Nutzt der Kunde Web Sites bzw. Sales Tools zur Kontaktaufnahme, geschieht dies im ersten Schritt ohne menschliche Interaktion. Die Informationen werden erst dann von Menschen bearbeitet, wenn die Nachrichten im Unternehmen angekommen sind.

Im Gegensatz dazu ermöglicht die klassische Face-to-Face Situation im Verkaufsbüro (beinhaltet auch zentrale Call-Center) oder beim Fachberater eine menschliche Interaktion bereits im ersten Schritt der Kontaktaufnahme. Die Informationen werden dann gefiltert und mit Hilfe integrierter Systeme an das Unternehmen weitergegeben.

Somit umfassen die Points of Interaction alle Kanäle über die ein Kunde mit einem Unternehmen in Kontakt treten kann.

Das Telefon und Fax sind momentan noch die Hauptkommunikationsmedien mit dem die Kunden in Kontakt treten, wobei regionale Unterschiede in der Gewichtung durchaus vorhanden sind. Der hohe Anteil von Fax und Telefon (aber auch der traditionelle Postweg) ist hauptsächlich damit zu erklären, daß hier technische Details zu klären und zu kommunizieren sind.

Über das Internet können Kunden Anfragen (z. B. Informationsmaterial) an das Unternehmen schicken und auf der Webseite allgemeine Informationen über das Unternehmen, bzw. über den Webkatalog Produktinformationen abrufen. Außerdem besteht die Möglichkeit über den Webkatalog Bestellungen an das Unternehmen zu senden.

Mit Hilfe einer Integrated Business Platform (IBP) stellen wir uns den Herausforderungen, die sich uns durch die Vielzahl an Kommunikationskanälen ergeben. Diese beinhaltet u. a. die beiden Elemente E-Commerce und Call Center.

Den Anforderungen an eine solche Lösung wird Festo u. a. durch Integration aller Service Tools (z. B. Digitales Kataloginformationssystem) in eine E-Commerce Plattform und Kombination dieser Plattform mit unseren Datenbanksystemen (z. B. SAP R/3, Lotus Notes, usw.) gerecht. Somit erhalten wir Unterstützung für alle Vertriebsphasen. Die Call Center Technologie wird sukzessive anhand von Pilotprojekten aufgebaut und mit dem Internet kombiniert.

In diese Lösung werden sämtliche Vertriebskanäle integriert. Somit handelt es sich bei der IBP um ein integriertes Gebilde informations- und telekommunikationstechnischer Lösungen. Sie ist integriertes Kontaktforum und E-Commerce Lösung für die Festo Gesellschaften und eine Absage an isolierte, lokale Insellösungen. Damit werden neue Geschäfte generiert, bestehende Potentiale besser ausgeschöpft und gleichzeitig signifikant die Vertriebskosten gesenkt.

3.2.2.3 Feststellung der Einflüsse auf die Strukturen

Eine umfassende CRM-Konzeption erfordert die Festlegung der durch die Implementierung betroffenen Prozesse und involvierten Unternehmensbereiche.

Die reibungslose Zusammenarbeit muß durch die eindeutige Definition der Schnittstellen zwischen den betroffenen Organisationseinheiten sowie der exakten Festlegung von Verantwortlichkeiten gewährleistet werden (Homburg/Sieben 2000, S. 491).

Die Reichweite von CRM bei Festo umfaßt sämtliche Unternehmensbereiche einschließlich der verschiedenen Landesgesellschaften. Die Vertriebsprozesse werden dabei sukzessive analysiert und entsprechend einheitlich neu definiert.

3.2.2.4 Planung des Datenmanagements

Die Planung des Datenmanagements bildet einen weiteren Hauptbestandteil des CRM-Konzepts und umfaßt die exakte Definition der Anforderungen an das Wissensmanagement und den Informationsfluß.

Um die Markt- und Kundenbearbeitung im Sinne des CRM optimal auszugestalten und eine gezielte und konsistente Kundenansprache gewährleisten zu können, ist ein tiefgreifendes Verständnis der eigenen Kunden durch detaillierte Informationen erforderlich. Zu diesem Zweck müssen alle relevanten Interaktionen in der Kundenbeziehung systematisch ausgewertet werden:

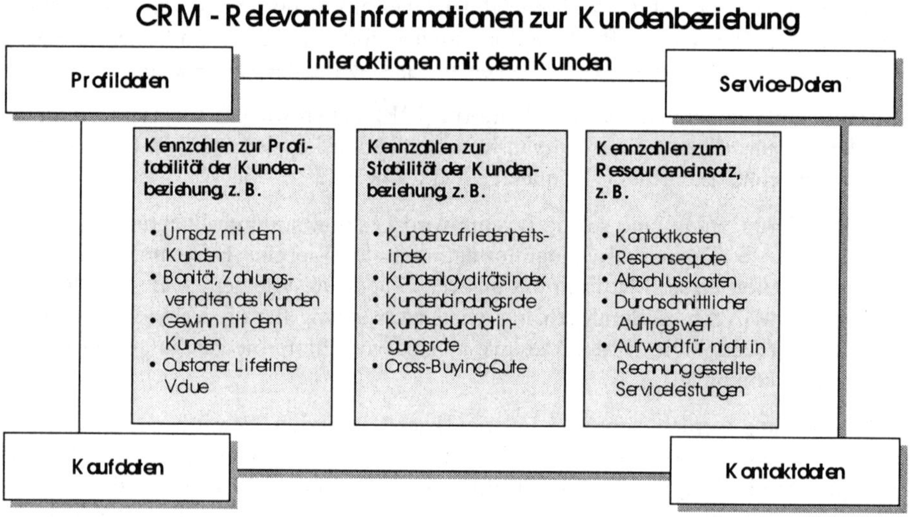

Abbildung 4: Relevante Informationen zur Kundenbeziehung (vgl. Homburg/Sieben 2000, S. 477)

Die generierten Kundendaten sind unternehmensübergreifend zentral zusammenzuführen, um einen einheitlichen Bestand an Kundeninformationen zu gewährleisten. Was die Anforderungen an das Data Warehouse anbelangt, so sind folgende Fragestellungen bezüglich der Verfügbarkeit und der Bereitstellung von Kundenwissen zu beantworten:

- Welches Kundenwissen wird benötigt?
- Welches Kundenwissen wird erzeugt?
- Wo wird Wissen erzeugt?
- Wird das Wissen für das Unternehmen gesichert?

- Wer benötigt dieses Wissen?
- Wie erfolgt das Management aller Daten auf einer einheitlichen Ebene (Kundendaten, Produktdaten, Anwendungswissen, ...) ?

Die Planung des Datenmanagements umfaßt auch die Auswahl einer geeigneten Softwarelösung bzw. die Festlegung der Voraussetzungen, die an ein Informationssystem gestellt werden, um den oben definierten Anforderungen gerecht werden zu können (Homburg/Sieben 2000, S. 492 f.). Die Vorgehensweise bei Festo sieht eine systematische Überprüfung und Überarbeitung der bestehenden IT-Infrastruktur hinsichtlich der definierten Anforderungen vor. Daraus wird ein Konzept für die technische Umsetzung, den notwendigen Aufwand und ein möglicher Umsetzungszeitplan entwickelt. Folgende Punkte sind dabei auf den Prüfstand zu stellen:

- Daten aus dem SFA (Sales Force Automation) hinsichtlich Erfassung und Struktur
- Kundenkontakte, die noch keine Kontaktberichte erzeugen
- Kundenkontaktkanäle ohne Kundenwissen
- Integration von Wissen durch Reklamationen und Beschwerden
- Benötigte Workflows

3.3 Diagnose: Problemerkennung und Identifizierung von Handlungsbedarfen bei der Festo AG & Co. (ex-ante)

Die Diagnose hat zum einen Kontrollfunktion und dient zum anderen der Entdeckung von Handlungsbedarfen. Somit liefert diese Phase den Projektverantwortlichen entscheidungsrelevante Informationen und beantwortet Fragen, die sich vor, während und nach dem Gestaltungsprozeß stellen. Das betrifft auch die Dosierung der eingesetzten Mittel, wobei sowohl eine Unterdosierung in Form von nicht ausgeschöpften Potentialen bzw. nicht registrierten Handlungsbedarfen als auch eine Überdosierung, die Verschwendung von Ressourcen wie Manpower, Zeit und blinden Aktionismus zur Folge hat, zu vermeiden sind.

Die Diagnose ist notwendiger Bestandteil sämtlicher Gestaltungsphasen und setzt keinesfalls, wie hier aus Gründen der Übersichtlichkeit dargestellt, chronologisch nur nach der Planung ein. Daher muß hier eine gewisse Unschärfe in der Logik der Abläufe in Kauf genommen werden. Für den CRM-Gestaltungsprozeß bei Festo dient die Phase zur Potentialfindung, d. h. innerhalb des bestehenden Kontext, der bereits zahlreiche Bausteine von CRM aufweist, müssen Verbesserungspotentiale eindeutig identifiziert werden, die dann in der Implementierungsphase in Form von einzelnen Modulen bzw. Arbeitspaketen abgearbeitet werden können. Ziel der Diagnose ist eine gesamthafte CRM Strategie für Festo, abgeleitet aus einer Soll-Ist-Analyse, die eine Definition der einzelnen Komponenten, deren Priorisierung und eine Detaildefinition der priorisierten Aktivitäten beinhaltet. Das erarbeitete Soll-Konzept, das auf den strategischen Vorgaben des Vertriebs beruht, wird in einem entsprechenden Leitfaden zusammengeführt und der Ist-Aufnahme, welche die bestehende IT-Infrastruktur analysiert, gegenübergestellt.

Daraus können sehr konkrete Anforderungen identifiziert werden, die im Folgenden definiert, entsprechend priorisiert und in geeigneten Arbeitspaketen verpackt werden müssen:

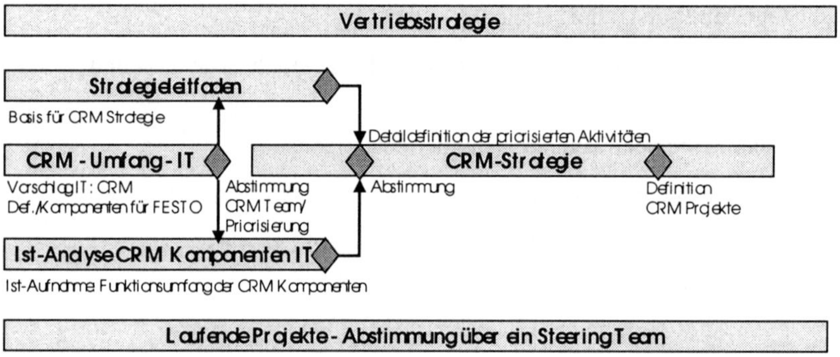

Abbildung 5: Ableitung einer CRM-Strategie

4. Implementierung der CRM-Konzeption

Die identifizierten Module der CRM-Strategie müssen in der Implementierungsphase umgesetzt werden. Sämtliche Implementierungsbemühungen verfolgen das Ziel, ein neues Konzept mit dem vorhandenen Kontext in Einklang zu bringen

Dies erfordert Veränderungsprozesse im Unternehmen dergestalt, daß eine wechselseitige Übereinstimmung von neuem Managementkonzept einerseits und bestehendem Managementkontext andererseits angestrebt wird. Zentrale Aufgabenfelder der Implementierung bestehen daher zum einen im Customizing der Module und zum anderen in deren Durchsetzung in Form von Akzeptanzförderung und Schaffung interner Voraussetzungen.

Das CRM-Konzept bei Festo baut sowohl auf bereits vorhandene als auch auf künftige Projekte, deren Synchronisation und Steuerung zur Harmonisierung unter dem Gesamtdach CRM beitragen sollen:

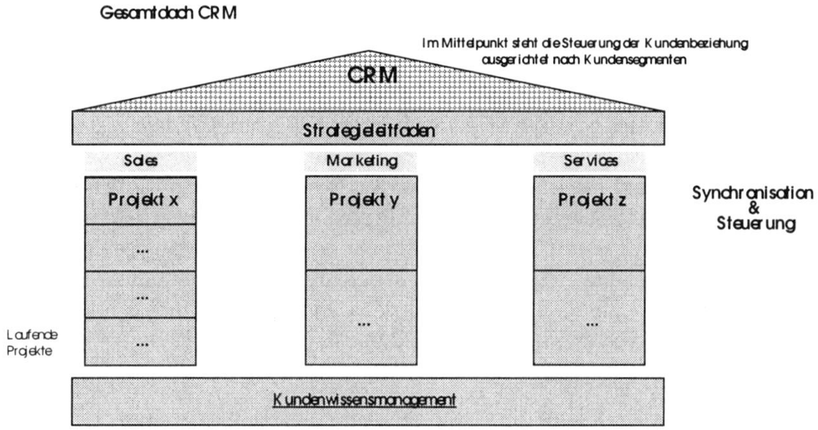

Abbildung 6: Gesamtdach CRM

Zu diesem Zweck müssen die Verbundbeziehungen zwischen den einzelnen Projekten in Form von Zusammenhängen, Abhängigkeiten und Auswirkungen transparent gemacht werden, um die Synchronisation der Schnittstellen und die Steuerung durch Erfolgsmessung gewährleisten zu können:

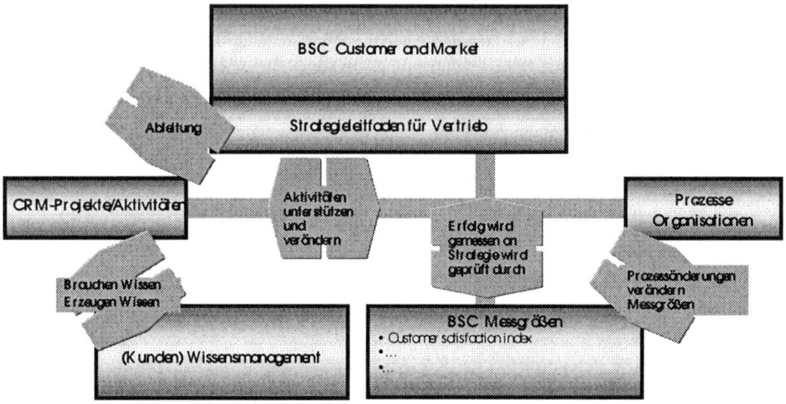

Abbildung 7: Verbundbeziehungen unter dem Gesamtdach CRM

Zudem muß im Unternehmen eine Infrastruktur geschaffen werden, die eine positive Umgebung für neue Ideen schafft, und sämtliche relevanten Ebenen einer Unternehmung mit einschließt.

4.1 Technokratische CRM-Infrastruktur

Eine erfolgreiche Einführung von CRM beinhaltet die Kundenorientierung als strategischen Kerngedanken. CRM beschränkt sich nicht nur auf Vertrieb und Marketing, vielmehr sind alle Bereiche und Mitarbeiter aufgefordert, ihren Teil zur positiven Entwicklung der Kundenbeziehung beizutragen. Aus diesem Grund muß CRM integraler Bestandteil der Unternehmensstrategie sein, die nicht nur Positionierungsziele auf Produktebene, sondern auch klare Zielsetzungen auf Kundenebene enthalten muß (vgl. Smidt 2001, S. 201). Folgende Punkte sollte eine kundenorientierte Unternehmensstrategie, welche die Basis für die Integration einer CRM-Strategie darstellen soll, beinhalten (vgl. Homburg/Sieben 2000, S. 494):

- Ausrichtung aller Kräfte auf die Optimierung der Kundenbeziehung
- Absatzziele der verschiedenen Kundengruppen
- Zielsetzung, Art und Weise und Zeitraum der Bearbeitung bzw. Entwicklung einzelner Kundensegmente im Markt
- Bestimmung von Erfolgsgrößen zur Messung der Erreichung von Effizienz und Effektivität der Kundenbearbeitung

Bei Festo findet die Kommunikation der Unternehmensstrategie über die Balance Scorecard (BSC) statt. Die BSC wird als umfassendes Managementsystem verstanden und verzahnt die Unternehmensvision und -strategie mit den jeweiligen Erfolgsfaktoren sowie den geeigneten monetären und nichtmonetären Meßgrößen die folgenden Perspektiven:

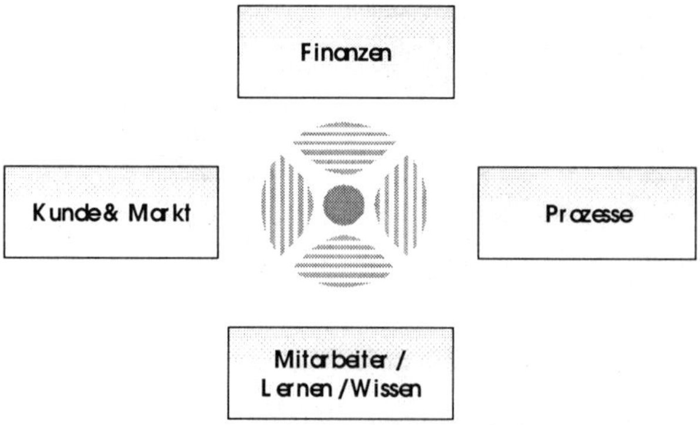

Abbildung 8: Die vier Perspektiven der Balanced Scorecard von Festo

Die strategische Kundenorientierung findet sich in der Perspektive Kunde und Markt wieder. Sie reflektiert unsere strategischen Ziele in Bezug auf die Kunden- und Marktsegmente, in denen das Unternehmen erfolgreich sein möchte. Für jedes dieser Segmente sind Kennzahlen, Zielvorgaben und Maßnahmen entwickelt, die eine konsequente Kundenorientierung ermöglichen.

4.2 Strukturelle CRM-Infrastruktur

Mit Hilfe differenzierter, strategiegerechter Vertriebsstrukturen wird eine geeignete Infrastruktur für den kundenkategoriegerichteten Marktauftritt geschaffen. Die Aufbauorganisation legt die Verantwortlichkeiten fest, die für die Durchführung segmentspezifischer Kundenbearbeitungsmaßnahmen notwendig sind. Dabei werden die Grenzen zwischen explizit „kundenorientierten“ Funktionsbereichen und den internen Unternehmensbereichen immer mehr verschwimmen, d. h. die Arbeitsabläufe und Aufgaben innerhalb der Prozeßorganisation müssen neu überdacht werden. Hierbei ist darauf zu achten, daß Bereichsegoismen in den klassischen Ressorts durch entsprechend isolierte Zieldefinitionen vermieden werden.

Bei der Ablauforganisation geht es vor allem darum, die Kontaktpunkte in der Geschäftsbeziehung aus Sicht des Kunden klar zu definieren.

(Homburg/Sieben 2000, S. 497) Dies umfaßt u. a. die strategische und operative Ausrichtung des Key Account Management mit der zentralen Unterstützung durch das Headquarter, eine Neuausrichtung des klassischen Außendienstes, die Einbindung von E-Commerce und die künftige Vorgehensweise bei den technischen und kommerziellen Hotline-Diensten.

4.3 Personelle und kulturelle CRM-Infrastruktur

Den Mitarbeitern kommt im Rahmen des Customer Relationship Management eine herausragende Rolle zu, da sie die entscheidende Schnittstelle zum Kunden darstellen.

Von großer Bedeutung im Sinne von CRM ist ein einheitliches und konsistentes Erscheinungsbild des Unternehmens im Markt, was bei Festo mit Hilfe einer konsequent getriebenen Corporate Identity unterstützt wird. Die kundenorientierte Einstellung sowie ein an den Kundenbedürfnissen ausgerichtetes Verhalten sind dabei unabdingbare Voraussetzungen und die Mitarbeiter werden im Rahmen von Schulungsprogrammen systematisch geschult. Dabei spielt natürlich auch die Akzeptanzförderung für CRM bei den Betroffenen eine große Rolle, d. h. man versucht über die Stellhebel Qualifikation, Kommunikation, Motivation und Selbstorganisation die Mitarbeiter für die Sache CRM zu gewinnen (vgl. Reiss 1997, S.92ff).

Trainingsprogramme setzen sich zum Ziel, den aktuellen Herausforderungen im Markt standhalten zu können. Dabei ist es wichtig, daß nicht nur die für das Verkaufen erforderlichen Fähigkeiten trainiert werden, sondern darüber hinaus auch eine weltumspannende „professionelle Verkaufskultur" im Unternehmen etabliert wird. Wir wollen somit den Anforderungen der Kunden gerecht werden, die verstärkt nach Partnern suchen, welche sich in ihrem Geschäft auskennen und ihre Bedürfnisse sowie die ihrer Kunden exzellent erfüllen können.

4.4 Informationelle CRM-Infrastruktur

Unsere Kundenklassifizierung dient in funktioneller Hinsicht dazu, unsere strategischen Kundensegmente in einer Einheit zu kommunizieren und bildet die operationale Grundlage für sämtliche IT-Tools zur Vertriebsunterstützung, vorausgesetzt es erfolgt eine Integration in die bestehenden Tools SAP und Sales Force Automation (SFA). Während sie in erster Linie ein Vertriebsinstrument darstellt, soll sie auch von den internen Funktionen genutzt werden um die Wichtigkeit von Kunden zu verdeutlichen. Folglich muß die neue Klassifizierung in den internen Systemen, die sowohl auf SAP als auch auf SFA basieren, abgebildet werden. Außerdem soll die Klassifizierung als Schlüsselfaktor in der internen Entscheidungsfindung herangezogen werden. Somit besitzen die Informationen, die aus der neuen Kundenklassifizierung gewonnen werden können sowohl für den Sales-Außendienst als auch für die Entscheidungsfindung in den Abteilungen des Innendienstes große Relevanz. Das betrifft v. a. den Sales-Innendienst, das Order Processing und die Logistik. Außerdem können die Informationen sinnvoll im Finanzwesen verwendet werden. Kurzum sollten die Informationen überall dort verfügbar sein, wo Kundendaten abgerufen werden.

5. Zusammenfassung

Bei der Implementierung von CRM müssen Berührungspunkte in Prozessen sämtlicher Unternehmensbereiche eindeutig identifiziert und im weiteren Verlauf berücksichtigt werden. Durch die Anzahl der betroffenen Prozesse steigt die Komplexität schnell an, woran die Überschaubarkeit leiden kann. Eine der größten Herausforderungen ist sicherlich die Koordination und das laufende Abstimmen sämtlicher Beteiligter, bzw. deren Repräsentanten in dem Projektteam. Eine schnelle und klare Definition von Arbeitspaketen unter einem Gesamtdach wurde zum einem durch die klare Strategievorgabe und zum anderen durch die große vorhandene Akzeptanz bei allen Beteiligten erreicht.

Die Gestaltung von CRM ist keineswegs abgeschlossen, sondern ein kontinuierlicher Prozeß der sich laufend den wandelnden Kundenbedürfnissen anpassen muß und neue Technologien integriert.

Stetig bleibt lediglich die Aussage: „Die Kundenbeziehung steht im Mittelpunkt"

Literatur

HOMBURG, C., SIEBEN, F.: Customer Relationship Management: Strategische Ausrichtung statt IT-getriebenen Aktivismus, in: Bruhn, M./Homburg, C. (Hrsg.): Handbuch Kundenbindungsmanagement: Grundlagen, Konzepte, Erfahrungen, 3. Aufl., Verlag Gabler Wiesbaden 2000.

REISS, M.: Instrumente der Implementierung, in: Reiss, M. / von Rosenstiel, L. / Lanz, A. (Hrsg.), Change Management. Programme, Projekte und Prozesse, Schäffer-Poeschel Verlag Stuttgart 1997.

REISS, M.: Führung, in: Corsten, H. / Reiss, M. (Hrsg.), Betriebswirtschaftslehre, München-Wien 1994.

REISS, M., ZEYER, U.: Transitionsstrategien im Management des Wandels, in: Zeitschrift für Organisationsentwicklung, Heft 4, 1994, S. 36-44.

SMIDT, W., MARZIAN, S. H.: Brennpunkt Kundenwert. Mit dem Customer Equity Kundenpotentiale erhellen, erweitern und ausschöpfen, Springer Verlag Berlin, Heidelberg, New York 2001.

Matthias F. Uebel und Stefan Helmke

CRM-Projekt für ein Unternehmen der Maschinenbaubranche

1. Darstellung der Ausgangssituation

Das betrachtete Unternehmen verfolgte eine Qualitätsführerschaftsstrategie in einem hart umkämpften Marktsegment des Maschinenbaumarktes. Der umfassenden Erfüllung der Kundenbedürfnisse kam in diesem Segment eine zunehmende Bedeutung insbesondere im After-Sales-Bereich zu. Des weiteren war die zielorientierte Kundenbearbeitung als ein kritischer Erfolgsfaktor anzusehen, um die zur Verfügung stehenden Vertriebsressourcen zielorientiert einsetzen und darüber hinaus den Kunden individuelle Lösungen anbieten zu können. Mit der Einführung des CRM-Konzeptes wurde das Ziel verfolgt, diesen Anforderungen des Marktes besser gerecht zu werden als bisher.

Im Projekt erfolgte im Sinne eines CRM-Audits zunächst eine Qualitätsanalyse der Kundenbearbeitungsprozesse, um die größten Verbesserungspotentiale aufzudecken. Dazu sind als Voraussetzung die Kundenbearbeitungs- und Vertriebsprozesse vollständig abzubilden. Als Verbesserungsbereiche wurden im wesentlichen drei Aspekte identifiziert:

- Die Kundenbearbeitung wurde unorganisiert und wenig priorisiert durchgeführt. Dies bedeutet, daß Überschneidungen in der Kundenansprache in Form von Doppelansprachen aufgrund ungenauer Zuordnungen vorkamen. Des weiteren fand bei der Steuerung des Einsatzes der zur Verfügung stehenden Vertriebsressourcen keine Berücksichtigung des Kundenwertbeitrages statt. Letztendlich führte dies auch zu starken Abweichungen in den Vertriebsprognosen.

- Es erfolgte keine systematische Markt- und Wettbewerbsbeobachtung. Der Informationsstand über Markt und Wettbewerber war dementsprechend sehr unterschiedlich im Unternehmen.

- Im After-Sales-Service-Bereich waren die Kunden unzufrieden mit dem technischen Kundenservice, der für Wartungsarbeiten und Reparaturen zuständig ist. Der technische Kundenservice war ein von dem hier betrachteten Unternehmen outgesourcter Bereich, der auf Auftragsbasis arbeitet.

Zur Lösung dieser Aufgaben reicht es nicht aus, einfach eine CRM-Software einzuführen. Vielmehr bedurfte es der Erarbeitung eines CRM-Konzeptes mit entsprechenden Lösungsbausteinen, um die dargestellten Probleme zu bewältigen. Die CRM-Software stellte dabei lediglich die technologische Unterstützung dar, die es ermöglichte, die Prozeßeffizienz der aus dem CRM-Projekt resultierenden anzupassenden und neuen Aufgabenfelder zu steigern. Es zeigte sich, daß CRM in erster Linie ein konzeptionelles Thema ist und erst in zweiter Linie ein Technologiethema.

2. Lösungsbausteine

Zur Behebung der dargestellten Probleme sind vier Lösungsbausteine entwickelt worden, welche die folgende Abbildung verdeutlicht:

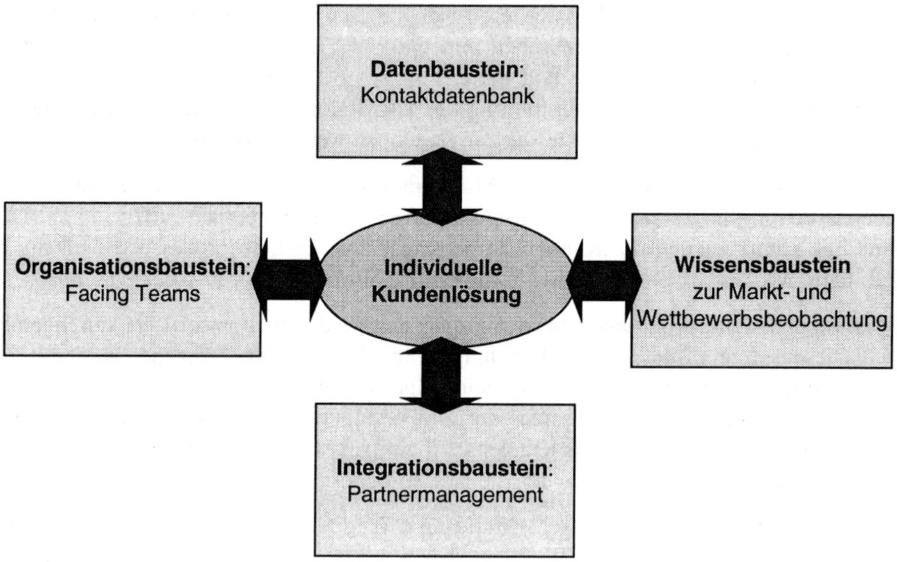

Abbildung 1: Lösungsbausteine des Projektes

Dabei ist anzumerken, daß eine integrierte Lösung geschaffen wurde, welche sich in die bereits bestehenden Komponenten konzeptionell einbinden ließ und die Beziehungen zwischen den Einzelbausteinen berücksichtigte. Ebenso wurde auf technologischer Seite als hinreichende Bedingung darauf geachtet, daß keine Insellösungen geschaffen wurden, sondern auch systemseitig eine vollständige Integration erfolgte. Des weiteren war zu berücksichtigen, daß sämtliche Funktionalitäten auf die Kundendatenbank bzw. das Customer Data Warehouse zurückgreifen, so daß entsprechende Schnittstellen gestaltet werden mußten.

Von größter Bedeutung bei jedem CRM-Projekt ist dabei, daß die späteren Anwender in die Projektgestaltung und -umsetzung einbezogen werden, damit die geschaffenen Lösungen später vollständig akzeptiert werden und demgemäß eine reibungslose organisatorische Umsetzung sicher gestellt wird. Ohne diese Integration, verbunden mit einem gezielten Change Management, welches die Ziele des Projektes verdeutlicht, scheitern in der Regel CRM-Projekte.

2.1 Datenbaustein

Der Datenbaustein zielt darauf ab, das skizzierte Problem der unorganisierten Kundenbearbeitung zu lösen. Dazu ist die Kundendatenbank um eine Kontaktkomponente ergänzt worden, welche auf Basis einer vollständigen Kontakthistorie ein effektives Kontaktmanagement ermöglicht und hilft Doppelansprachen zu vermeiden.

Als Funktionalitäten dazu ist die Kundendatenbank, welche das Herzstück des CRM-Systems bildet, um eine Kontakthistorie ergänzt worden. Um die Eingabe zu erleichtern und Vertriebsprognosen zu ermöglichen, sind neben Freitextfeldern Vorauswahlen festzulegen. Dies betrifft beispielsweise den Vertriebsprozeß, der in vier Standardstufen zerlegt worden ist. So ist der Kontakt des Vertriebsmitarbeiters mit einem Kunden in eine der vier Stufen einzuordnen. Über diesen gebildeten Vertriebstrichter ist eine deutlich genauere Vertriebsprognose möglich, welche natürlich für die Einsatzplanung der Produktionskapazitäten von Bedeutung ist. Diese Prognose über die vier Stufen Erstkontakt, Beratung, Angebot und Vertragsabschluß errechnet sich, in dem die kumulierten, abgeschätzten Einzelpotentiale der Kunden jeweils mit einer objektiven Abschlußwahrscheinlichkeit multipliziert und aufsummiert werden.

Abbildung 2 zeigt einen exemplarischen Vertriebsforecast mit fiktiven Werten für einen Vertriebsbereich:

		Erst-Kontakt	**Beratung**	**Angebot**	**Vertrags-abschluß**
Aktuelle Periode:	Anzahl Kunden	35	20	10	30
	Potential	3,5 Mio. €	2,1 Mio. €	0,5 Mio. €	1,0 Mio. €
Vergangene Perioden:	objektive Abschluß-wahrschein-lichkeit	10 %	30 %	50%	100 %
Umsatz-Forecast aktuelle Periode:		0,35 Mio. €	0,7 Mio. €	0,25 Mio. €	1,0 Mio. €

Summe: 1,3 Mio. €

Abbildung 2: Vertriebsforecast

Von Bedeutung ist es, daß es sich bei der Abschlußwahrscheinlichkeit um eine objektive Wahrscheinlichkeit und keine subjektive handelt. Diese objektive Wahrscheinlichkeit stellt eine quantitative Größe dar und ergibt sich aus der Vergangenheit, beispielsweise aus der prozentualen Quote, wie viele Erstkontakte in der vergangenen Periode zu Vertragsabschlüssen geführt haben. Subjektive Wahrscheinlichkeiten, welche für jeden einzelnen Kunden im Vertriebstrichter abzuschätzen wären, wirken als qualitative Größe auf den ersten Blick plausibel. Doch führen diese zu Scheingenauigkeiten und ungewünschten Anpassungseffekten. Zudem lassen sich keine Steuerungsaussagen ableiten: Soll der Kunde mit einer Abschlußwahrscheinlichkeit von 30% weiter forciert und der Kunde mit 95% nicht weiter bearbeitet werden oder genau umgekehrt?

Aus den objektiven Wahrscheinlichkeiten sowie der Kundenanzahl lassen sich hingegen Ziele für eine Vertriebssteuerung ableiten. Zur Steigerung der Vertragsabschlüsse kann quantitativ die Anzahl der bearbeiten Kunden erhöht werden. Diese Ausdehnung ist ohne Kapazitätserweiterungen im Vertriebsbereich nur zu einem gewissen Grad möglich. Als Regulativ fungiert hier die Abschlußwahrscheinlichkeit. Wird dem Vertriebsmitarbeiter eine zu geringe Bearbeitungszeit pro Kunde eingeräumt, so sinkt auch die Abschlußwahrscheinlichkeit und damit der Umsatzforecast. Die Abschlußwahrscheinlichkeit kann qualitativ beeinflußt werden, indem mehr Zeit pro Kunde eingeräumt wird oder die Abschlußsicherheit der Vertriebsmitarbeiter durch entsprechende Schulungs- und Coachingprogramme erhöht wird.

Da die Kontaktdatenbank mobil mit PC-Noteboook als Endgeräten eingesetzt werden sollte, waren als technische Voraussetzung zum kontinuierlichen Datenabgleich entsprechende Replikationsmechanismen zu gestalten.

Des weiteren wurde aus Gründen der Erhöhung der Arbeitseffizienz die gewährten Rabatte und Vertragsmodalitäten elektronisch abgelegt. Dafür war technisch eine DMS-Komponente, also eine Software für das Dokumentenmanagement der Verträge, anzubinden.

2.2 Organisationsbaustein

Grundsätzlich liefert eine Kontaktdatenbank die datentechnische Voraussetzung, um eine zielgerichtete, überschneidungsfreie Kundenbearbeitung durchzuführen. Darauf aufbauend ist festzulegen, welche Kunden von wem, in welcher Form, in welchen Zeitabständen zu bearbeiten sind. Dies zielt zudem darauf ab, die Bearbeitungsintensität am Kundenwertbeitrag auszurichten.

Dazu war eine entsprechende organisatorische Lösung zu schaffen. Grundlegend können zwei Prinzipien der Kundenbearbeitung unterschieden werden: „One-Face-to-the-Customer“ und „Multiple Facing“. „One-Face-to-the-Customer“ bedeutet, daß der Kunde von genau einem Ansprechpartner des Unternehmens bearbeitet wird. Vorteilhaft daran ist, daß sich ein Vertrauensverhältnis entwickelt und der Bearbeiter sozusagen als Kunden“anwalt“ agiert. Nachteilig ist, daß insbesondere bei sehr unterschiedlichen Produkten die Glaubwürdigkeit der Fachberatung nicht immer gegeben ist. „Multiple Facing" heißt, daß entsprechend des Kundenproblems bzw. der zu vertreibenden Lösung jeweils ein Spezialist in Kontakt tritt. Dadurch wird durchgängig die Glaubwürdigkeit der Fachberatung sichergestellt. Auf der anderen Seite führt dies zu Schnittstellenproblemen oder Doppelansprachen in der Kundenbearbeitung. Des weiteren kann sich im Regelfall keine außerordentliche persönliche Beziehung oder gar ein Vertrauensverhältnis zwischen Vertriebsmitarbeiter und Kunde herausbilden. Zudem bedeutet Multiple Facing in vielen Fällen zusätzlichen Aufwand für den Kunden, da dieser sich mit unterschiedlichen Vertriebsmitarbeitern auseinandersetzen und den richtigen Ansprechpartner ggf. erst finden muß.

Im Rahmen des Projekts ist das Problem so gelöst worden, daß sogenannte Facing Teams gebildet worden sind, welche die Vorteile der beiden geschilderten Ansätze kombinieren. Ein Facing Team setzt sich aus mehreren Mitarbeitern zu unterschiedlichen Fachthemen zusammen, welche als Einheit auftreten. So ist durchgängig eine Fachberatung gewährleistet, und der Kunde hat zwar mit mehreren Ansprechpartnern Kontakt, nimmt dies aber sozusagen als erweitertes One-Face-to-the-Customer wahr, da er die Ansprechpartner als eine Einheit wahrnimmt. Die Facing Teams sind entsprechend des Wertbeitrags der Kunden gebildet worden. Abbildung 3 verdeutlicht, welche Basisaufgaben für die Facing Teams festgelegt worden sind. Die Kundengruppierung entstammt einer ABC-Analyse, welche auf Basis von Vertriebserfolgsdaten in Verbindung mit der Einschätzung der Vertriebsmitarbeiter durchgeführt worden ist.

Abbildung 3: Aufbau der Facing Teams

Bei Betrachtung der Kundenentwicklung ist neben dem bereits bestehenden kundenspezifischen Umsatz, das Potential der Kunden zu berücksichtigen. Entsprechend sind beispielsweise sogenannte C-A-Kunden von besonderer Bedeutung, da diese vom Kundenpotential her einen A-Kunden darstellen, aber bisher nur auf dem Niveau eines C-Kunden abgeschöpft wurden. Derartige Kunden sind dem Key-Account-Facing-Team zugeordnet worden. Exemplarisch verdeutlicht die Abbildung 4, wie sich die Kundenansprache am Ist- und potentiellen Kundenwertbeitrag orientieren sollte.

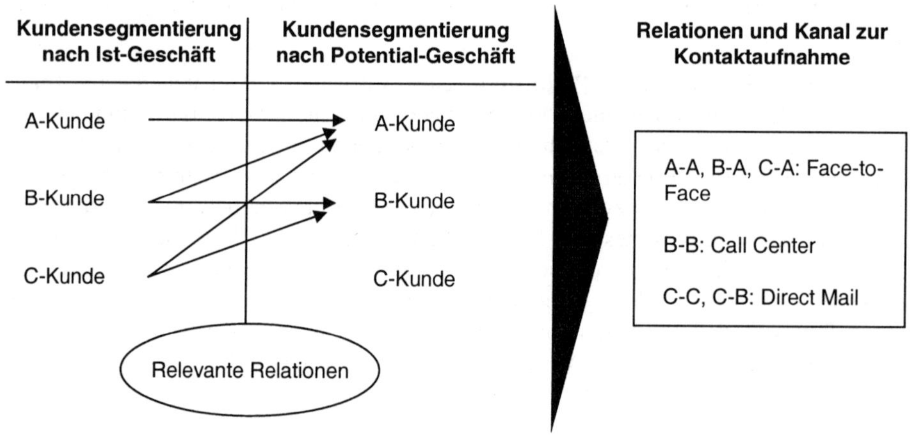

Abbildung 4: Orientierung der Kundenansprache am Ist- und Potentialgeschäft

2.3 Integrationsbaustein

Im outgesourcten technischen Kundenservice sind erhebliche Schwachstellen festgestellt worden, welche sich in Form von Kundenunzufriedenheiten geäußert haben. Neben der Unzufriedenheit nach Durchführung der Serviceleistung trat zum Teil das grundlegende Problem auf, daß kein geeigneter Second-Level-Servicepartner zur Lösung eines Kundenproblems vom telefonischen First-Level-Support-Team identifiziert und entsprechend beauftragt werden konnte.

Zur Lösung dieses Problems sind die Servicepartner auf Basis ihrer Qualifikationen in vier Competence-Klassen eingeteilt worden: Silver, Gold, Gold Premium und Platinum. Diese Klassifizierung erleichtert das sogenannte Dispatching, also das Auffinden des passenden Servicepartners für das jeweilige Kundenproblem. Wie bereits angedeutet waren die Kunden auch mit der Durchführung der Serviceleistungen in vielen Fällen unzufrieden. Die Ursachen dieses Problems lagen letztendlich im vereinbarten Vergütungsmodell der Servicepartner begründet. Diese erhielten bisher eine feste Entlohnung auf Basis der in einem Servicefall geleisteten Stunden. Dadurch wurden keinerlei Anreize gesetzt, Servicearbeiten besonders schnell und endkundenorientiert durchzuführen.

Dieses bestehende Anreizproblem wurde durch die Einführung eines Bonus-Malus-Systems, das die Vergütung zu einem Prozentsatz von durchschnittlich 50% variabilisiert, gelöst. Dazu wurden zwei Zielgrößen festgelegt. Zum einen sollte als Regelfall ein 12-h-Wartungsservice nach eingegangenem Auftrag eingehalten werden. Dazu ist zur Messung dieses Service Level Agreements als Kennzahl die Anzahl eingehaltener Aufträge des Servicepartners, dividiert durch die Anzahl Gesamtaufträge des Partners, definiert worden. Hierfür ist ein Zielwert von 95% vereinbart worden. Gemessen wird die Kennzahl über die Kundenquittungen. Wird dieser Zielwert vom Servicepartner übertroffen, erhält er einen entsprechenden Jahresbonus, wird er nicht erreicht einen Malus, also einen Abzug in der Vergütung. Des weiteren war ein Service Level Agreement bezüglich der Qualität der durchgeführten Arbeiten festzulegen. Dazu ist für jeden Servicepartner stichprobenweise die Kundenzufriedenheit mittels eines Fragebogens erhoben worden. Als Zielwert ist auf einer 10er-Skala ein Wert von 8,5 vereinbart worden. Wiederum ging der jeweilige Zielerreichungsgrad des Servicepartners in dessen Vergütung ein. Die Einführung dieses Vergütungssystems stieß bei den Servicepartnern zunächst auf Ablehnung. Allerdings konnten insbesondere die leistungsstarken Servicepartner dadurch überzeugt werden, daß ihre Vergütung höher als bisher ausfallen würde, da eine leistungsorientierte Umverteilung der insgesamt gezahlten Vergütungen erfolgte.

Diese Projektergebnisse konnten sowohl zur Partnerweiterentwicklung als auch für ein strategisches Servicepartnermanagement genutzt werden. Ist beispielsweise ein Servicepartner zwar in der Einhaltung des Zeitlimits gut, aber in der Kundenzufriedenheit schwach, da beispielsweise die Mitarbeiter unfreundlich sind, so sind entsprechend abgestimmte Schulungsmaßnahmen einzuleiten. Erreicht ein Servicepartner über einen längeren Zeitraum nicht die gesteckten Ziele, so sollte strategisch überdacht werden, ob eine Trennung von diesem Partner erfolgen sollte.

2.4 Wissensbaustein

Zur Markt- und Wettbewerbsbeobachtung war ein Wissensbaustein zu konzipieren, welcher es erlaubt, die entsprechenden Informationen effizient im Unternehmen zu verteilen, damit sie effektivitätssteigernd genutzt werden können. Dabei ist allgemein drauf zu achten, den schmalen Grad zwischen Informationsdefiziten und Informationsüberflutung zu überwinden. Dazu sind Helpdesks auf Ebene eines Facing Teams (Intra-Helpdesks) sowie übergreifend (Inter-Helpdesk) eingerichtet worden. Dies verdeutlicht die folgende Abbildung:

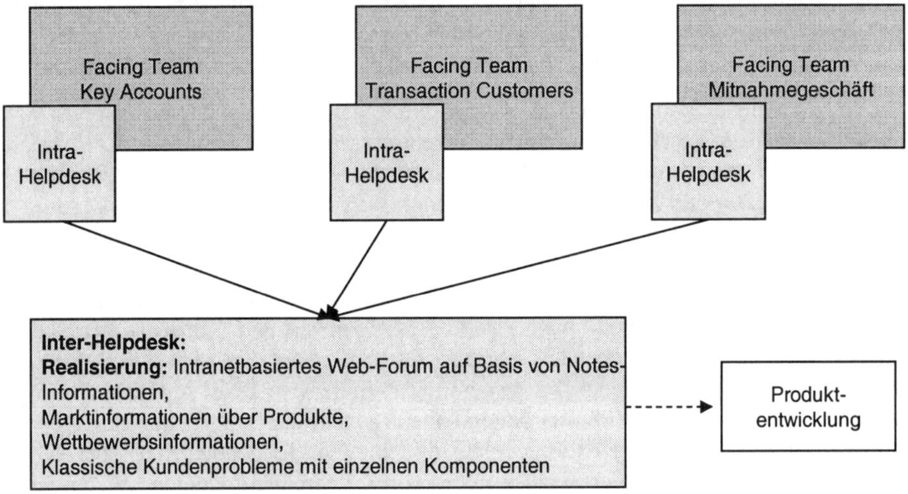

Abbildung 5: Helpdesk-Konzept

Realisiert worden sind die Helpdesks mit Hilfe von intranetbasierten Web-Foren. Die einzustellenden Informationen wurden nach verschiedenen Wissensgebieten kategorisiert, wie z. B. Wettbewerber nach Preisen, Produkten, Strategien etc. oder Technologieentwicklungen. Die Eingabe der Informationen erfolgt dabei auf Basis der Intra-Helpdesks. Der die Facing Teams übergreifende Inter-Helpdesk wird automatisch auf Basis der Intra-Helpdesks über Wissensfilter erstellt, damit eine Informationsüberflutung vermieden wird und nur die notwendigen Informationen weiter geleitet werden.

Wesentlicher Erfolgsfaktor für die Effektivität dieses Wissensmanagement-Tools war es, die Mitarbeiter in den Facing Teams zu überzeugen und zu motivieren, aktiv Informationen einzustellen, damit reines Trittbrettfahren vermieden wurde. Dies konnte erreicht werden, da die Mitarbeiter selbst die Konzeption der relevanten Wissensgebiete vorangetrieben haben und deren Wünsche an methodischen Funktionalitäten im Rahmen der Umsetzung berücksichtigt worden sind.

3. Projektfazit

Insgesamt konnte durch die dargestellten Lösungsbausteine die akuten Problembereiche des Unternehmens in seiner Kundenbearbeitung gelöst werden. Dies gelang nur, da die Mitarbeiter aktiv in die Konzeption einbezogen worden sind und externe Organisationsberater die Coach-Funktion übernommen haben, um die angestoßenen Aktivitäten kritisch zu reflektieren und zu kanalisieren. Ebenso war die Aufmerksamkeit der Geschäftsleitung für dieses Projekt, die sogenannte Management Attention, ein wesentlicher Erfolgsfaktor. Es zeigt sich, daß es zunächst eines grundlegenden Konzeptes bedarf, bevor auf die DV-technologische Unterstützung übergegangen wird. Dies wird in vielen anderen Projekten trotz entsprechender Lippenbekenntnisse von Unternehmen leider noch oft vernachlässigt.

Als nächste Entwicklungsschritte für das dargestellte Unternehmen sind ergänzend die Einführung von analytischen Data Mining- und zusätzlichen Steuerungskomponenten geplant. Diese Notwendigkeit ergibt sich aus dem strategischen Anspruch, die relevanten Kundenbedürfnisse noch effektiver und rechtzeitiger im Sinne einer positiven Frühwarnung zu identifizieren und die Kunden noch gezielter durch den Kundenbearbeitungsprozeß zu führen.

Literatur

GOODWIN, C., ROSS, I.: Consumer Evaluations of Responses to Complaints: What´s Fair and Why, in: Journal of Service Marketing, Vol. 4, Heft 3/1990, S. 53 – 61.

HELMKE, S., DANGELMAIER, W.: Marktspiegel Customer Relationship Management - Anbieter von CRM-Software im Vergleich, Gabler, Wiesbaden 2001.

HOPP, H.: Prozeßgestaltung in marktorientierten Dienstleistungsunternehmen, in: Pepels W. (Hrsg.): Organisationsgestaltung in marktorientierten Unternehmen, Sauer, Heidelberg 2001, S. 212 – 233.

KLEINALTENKAMP, M.: Geschäftsbeziehungsmanagement, Springer: Berlin, Heidelberg 1997.

SIEBEL, T.M., MALONE, K. C.: Die Informationsrevolution im Vertrieb, Gabler, Wiesbaden 1998.

STAUSS, B., SEIDEL, W.: Beschwerdemanagement, 2. Aufl., Hanser, München 1998.

WINKELMANN, P.: Vertriebskonzeptionen und Vertriebssteuerung, Vahlen, München 2000.

Klaus-Peter Wiedmann und Jürgen Greilich

Customer Relationship Management (CRM) in der Chemischen Industrie in Deutschland – Forschungsergebnisse und Tendenzen

1. Einleitung

Customer Relationship Management (CRM) ist inzwischen auch in der Chemischen Industrie zu einem Spekulationsobjekt gediehen. Viele Unternehmen erhoffen sich von CRM eine nachhaltige Unterstützung im Blick auf die Erreichung zentraler Marketingziele und haben insofern auch begonnen, in einem nicht unbeträchtlichen Umfang in dieses Thema zu investieren. Vor diesem Hintergrund hat sich eine VCI-Fachgruppe CRM-Systeme institutionalisiert, in der erste Erfahrungen ausgetauscht, tragfähige Konzepte diskutiert und z. T. gemeinsam weiterentwickelt wurden und z. T. noch immer werden. Ein Ansatz dieser VCI-Fachgruppe bestand auch darin, eine kleine empirische Studie zu fördern, in der versucht werden sollte, empirische Belege zur Beurteilung des aktuellen Standes der CRM-Philosophie als auch der Planung und Umsetzung von CRM-Projekten in der Chemischen Industrie zu erarbeiten. Einige zentrale Ergebnisse dieser Studie sollen im vorliegenden Beitrag kurz angerissen werden. Darüber hinaus werden allerdings auch einige relevante Tendenzen für die künftige CRM-Implementierung in der Chemischen Industrie zu skizzieren versucht.

Bei unserer Studie handelt es sich nicht um eine breit angelegte Befragung der Verantwortlichen in der Branche. Im Zentrum standen vielmehr tiefergehende Experteninterviews mit CRM-Spezialisten und -Betroffenen aus zehn Chemieunternehmen sowie mit Experten von entsprechenden Softwareanbietern. Neben dieser Primärerhebung, bei der ein strukturierter Fragebogen zum Einsatz gelangte, wurde eine intensive Sekundärforschung betrieben, in deren Rahmen etwa vorhandene Studien von kommerziellen Informationsprovidern (Meta Group, Butler Group etc.), Informationen von Wirtschaftsdatenbanken und aus dem Internet sowie Fachliteratur Beachtung fanden. Einen detaillierteren Überblick über die Anlage und die Ergebnisse unserer Studie vermittelt ein von uns vorgelegter Forschungsbericht (vgl. Wiedmann/Greilich/Wichmann, 2000; knapp auch Wiedmann/Greilich, 2001). Im folgenden kommt es uns allerdings nicht darauf an, unsere Untersuchungsergebnisse detailliert nachzuzeichnen. Im Mittelpunkt steht vielmehr der Versuch, einige besonders zentrale Ergebnisse vorzustellen und diese zugleich auch um neuere Erkenntnisse sowie relevante Zukunftstendenzen zu ergänzen.

2. Zur Interpretation des CRM-Konzepts in der Chemie-Branche

2.1 Der CRM-Begriff in verschiedenen Sichtweisen

CRM ist bis heute ein außerordentlich schillernder Begriff geblieben. Dies spiegeln gerade auch unsere Untersuchungsergebnisse wider. Jeder hat sich mehr oder weniger sein eigenes Begriffssystem zugelegt. Interessanter Weise sind mitunter durchaus deutliche Interpretationsunterschiede auch innerhalb einzelner Unternehmen zu registrieren. Zwar sind wir von einem babylonischen Sprachgewirr sicherlich weit entfernt, das Bemühen um ein einheitliches „Wording" wäre einer wechselseitigen Verständigung innerhalb der Branche sowie z. T. auch innerhalb einzelner Unternehmen aber durchaus zuträglich.

Trotz aller Unterschiede lassen sich immerhin zwei Lager herauskristallisieren, innerhalb derer ein doch relativ ähnliches Begriffsverständnis vorliegt, das sich wiederum vom jeweils anderen Lager deutlich abhebt. Einerseits gibt es die **verkaufs- und vertriebsorientierte CRM-Sichtweise**, bei der die Beziehungen zum Kunden im Fokus stehen, und andererseits wird CRM im wesentlichen aus einer **IT-orientierten technischen Perspektive** heraus betrachtet, bei der etwa die optimale Integration der Call Center-Technologien, des Business Warehouse etc. in ein ERP-System im Mittelpunkt steht.

Eine weitere Dimension, entlang derer sich das Begriffsverständnis der befragten CRM-Praktiker teilweise auch unterscheiden läßt, die vor allem aber von der Expertenseite besonders akzentuiert wird, ist in der Frage zu sehen, ob man stärker auf eine kundenfreundliche Beziehungspflege abhebt (Beziehungsmanagement i. e. S.) oder auf ein kundensensibles Ausschöpfen von Verkaufschancen. Jost (Jost, 2001) unterscheidet hier sogar explizit zwischen einem Management der Kundenbeziehungen (Relationship Management) und einem Management der Verkaufschancen (Opportunity Management). Da ein Relationship Management letztlich immer auch auf die Erzielung von Verkaufschancen, also von „Opportunities", ausgerichtet sein sollte, mag die von Jost eingeführte Nomenklatur u. U. zu kontraproduktiven Interpretationen führen. Hier muß man u. E. sehr vorsichtig sein. Relationship Management darf nie zum Selbstzweck werden, sondern muß immer professionell darauf ausgerichtet werden, u. a. auch die konkreten Transaktionsprozesse, also etwa den Verkauf von Gütern und Dienstleistungen, konsequent zu unterstützen, wie auch umgekehrt Maßnahmen im operativen Vertriebsmanagement immer so auszurichten sind, daß sie zugleich auch der Beziehungspflege dienen. Häufig haben wir in der Praxis gar nicht die Möglichkeit, zusätzliche Programme der Beziehungspflege zu realisieren, vielmehr muß das gewöhnliche Tagesgeschäft diese Aufgabe quasi „miterledigen". Die von uns zuvor angesprochene Unterscheidung in kundenfreundliche Beziehungspflege und kundensensibles Ausschöpfen von Verkaufschancen markiert in diesem Sinne die beiden Endpunkte auf einem Kontinuum, das die grundlegende Ausrichtung der „CRM-Philosophie“ im konkreten Einzelfall zu erfassen hilft. Letztlich einzufordern wäre dann freilich eine eher mittlere Position auf dem beschriebenen Kontinuum: Eine allein kundenfreundliche Beziehungspflege kommt einem „Wandeln auf den Pfaden von Humanitas und Caritas gleich, das sich kein Unternehmen leisten kann, will es im Wettbewerb bestehen, aber auch von seinen Kunden ernst genommen werden. Andererseits führt eine rein instrumentelle Ausrichtung relativ rasch zu Argwohn, dem Gefühl, über den Tisch gezogen zu werden, und damit letztlich zu Reaktanzreaktionen.

Stellt man die genannten Dimensionen einander gegenüber, erhält man eine Matrix, in die sich die verschiedenen CRM-Interpretationen aus der Unternehmenspraxis einordnen lassen (vgl. Abb. 1).

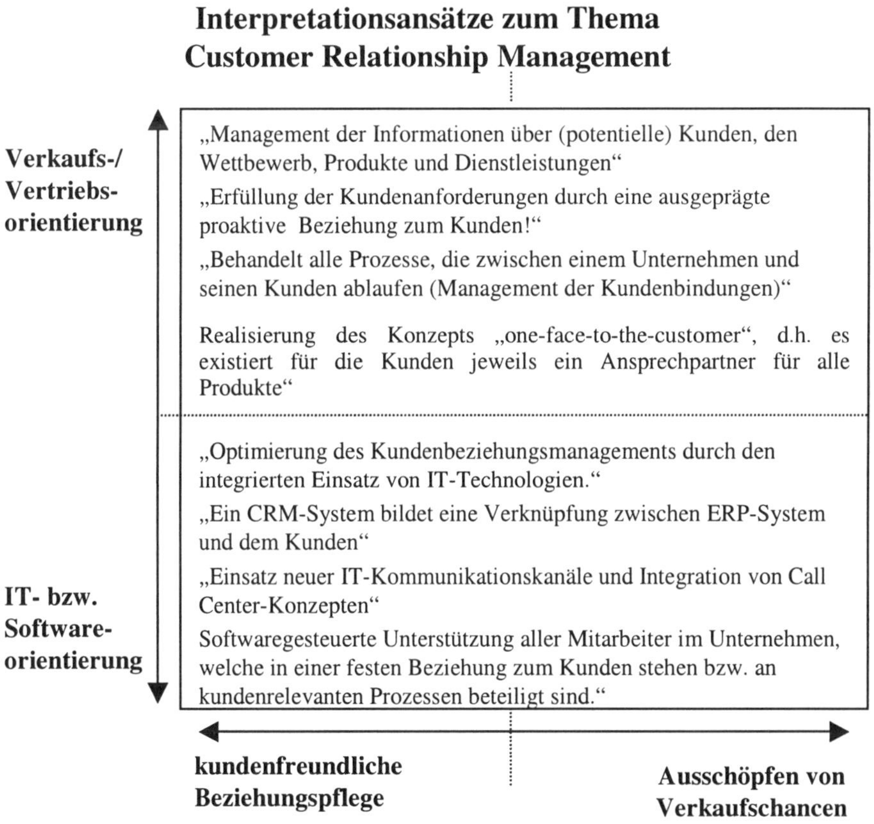

Abbildung 1: Zentrale Dimensionen zur Erfassung bestehender CRM-Interpretationen in der Unternehmenspraxis

Während die „Vertriebs- oder IT-Lastigkeit" jeweils sehr rasch anhand der angegebenen Definitionen zu erkennen war, ist eine entsprechende Einschätzung entlang der Dimension „Beziehungspflege- vs. Verkaufschancen-Fokussierung" etwas schwerer vorzunehmen. Die Einschätzungen einiger von uns befragten CRM-Experten und –Betroffenen sowie unsere eigenen Erfahrungen deuten allerdings darauf hin, daß es sich hier um eine durchaus wichtige Thematik handelt, die in aller Regel viel zu sehr vernachlässigt wird. Letzteres kann man auch daran festmachen, daß einschlägige Maßnahmen im Blick auf ein konsequentes Einschwören der beteiligten Manager auf einen vernünftigen Kurs zwischen diesem beiden Orientierungspolen im Rahmen der Implementierung von CRM-Systemen nicht zu registrieren waren. In zahlreichen Einzelgesprächen sowie vor allem auch auf verschiedenen einschlägigen CRM-Konferenzen klang demgegenüber aber immer wieder an, daß man jetzt die Forderung nach Kundenorientierung begriffen habe und sich nunmehr unmittelbar an den Bedürfnissen und Bedarfen der Kunden auszurichten versuche. – Dies ist aber nur die „halbe Wahrheit der Kundenorientierung"; zwar gilt es in der Tat, sehr viel stärker „im Kopf und Herzen des Kunden zu denken und zu fühlen", aber gerade auch, um den Kunden im Sinne der eigenen Zielerreichung besser beeinflussen zu können. – Dies ist eine alte „Binsenweisheit des Marketing", die ganz offensichtlich gerade mal wieder neu entdeckt werden muß, und zwar nicht allein in der chemischen Industrie, sondern in allen anderen Branchen ebenso.

Die Frage, in welchem Maße CRM-Systeme im Einzelfall stärker im Zeichen der Befriedigung von Kundenbedürfnissen und der Deckung bestehender Bedarfe zu stehen haben oder sehr viel mehr auf deren Beeinflussung auszurichten sind, hängt freilich von den jeweiligen situativen Bedingungen ab, unter denen die jeweiligen Unternehmen zu agieren haben. – Besteht ein hohes Maß an Kompatibilität zwischen den Bedürfnissen und Bedarfen der Kunden auf der einen Seite und den Zielen und Interessen des Unternehmens auf der anderen Seite, dann ist freilich ein „adaptives CRM" angezeigt. Stellt sich die Situation hingegen so dar, daß angesichts der Erwartungen und Forderungen der Kunden, den verschärften Wettbewerbsbedingungen auf nationaler und internationaler Ebene etc. alle Beeinflussungschancen in Vertrieb und generell Marketing voll auszuschöpfen sind.

Nicht zuletzt auch im Blick auf die eben aufgeworfenen Fragestellungen erscheint es zweckmäßig, sich kurz mit den Zielsetzungen auseinanderzusetzen, die im Zusammenhang mit der Einführung von CRM-Systemen verfolgt werden.

2.2 Zielsetzungen beim Auf- und Ausbau von CRM-Systemen

Spätestens bei der Frage, welche Ziele beim Auf- und Ausbau von CRM-Systemen verfolgt werden (sollen), müßten sich eigentlich die doch sehr beträchtlichen Unterschiede bemerkbar machen, die im Chemiegeschäft bestehen. Die Kategorisierung des Chemiegeschäfts der befragten Unternehmen nach Grundchemikalien, Industrieprodukte, Feinchemikalien und Spezialprodukte (vgl. Abb. 2) ergab indessen aber keine sehr markanten Unterschiede im Hinblick auf CRM-Zielsetzungen und -Anforderungen. Generell kann aber zumindest festgestellt werden, daß bei Grundchemikalien eine stärkere Potentialorientierung (Aufbau gut funktionierender Geschäftsbeziehungen über Rahmenverträge und die Optimierung des Zusammenwirkens zur Abwicklung des permanenten Bedarfs) vorherrscht, während bei Spezialitäten eher eine Projektorientierung zu beobachten ist (Versuch, „Opportunities“ über eine optimale Kundenansprache voll auszuschöpfen). Im Vergleich zum „Geschäftstyp“ scheinen sich das CRM-Grundverständnis und die sich hieraus ergebenden Leitvorstellungen sehr viel stärker auf die Abweichungen in den bestehenden Zielsetzungen auszuwirken, sieht man einmal von einzelnen Zieleinschätzungen ab, die unmittelbar in Verbindung mit den geschäftsfeldspezifischen Schwerpunktsetzungen im Sinne der erwähnten Potential- vs. Projektorientierung stehen. So wird bspw. das Ziel, via CRM die persönlichen Kundenkontakte zu optimieren, bei jenen, die im Grundchemikalien-Geschäft zuhause sind, als unbedeutend eingestuft, da man sich bei den hier im Zentrum stehenden Rahmenverhandlungen auf einem Level bewegt, bei dem sich aus speziellen CRM-Systemen kaum ein entsprechender Zusatznutzen ergibt. Diese Auffassung ist um so stärker ausgeprägt, je mehr man einem IT-lastigen CRM-Begriffsverständnis folgt.

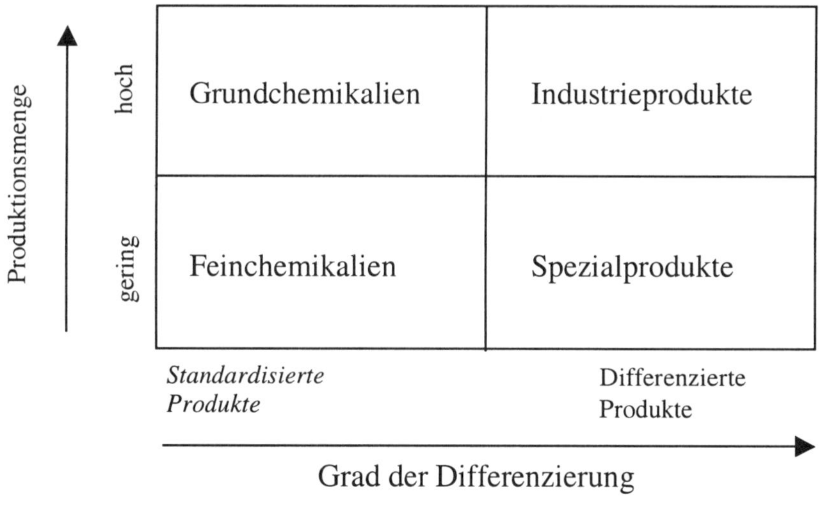

Abbildung 2: Kategorisierung des Chemiegeschäfts

Setzen wir im weiteren zunächst einmal an der Bewertung von sechs Zielfeldern an, wie sie von uns herauskristallisiert wurden, dann lassen sich folgende grundlegenden Akzentsetzungen erkennen: Während den Zielfeldern „**Kundenorientierung und -bindung**“, „**Umsatzentwicklung**“ und „**Kostensenkung**“ eine hohe Bedeutung beigemessen wurde, werden mögliche Einflüsse von CRM-Systemen auf die „**Marktstellung des Unternehmens**“, auf mögliche „**Vorteile im Zeitwettbewerb**“ und auf das „**Design der Absatzwege**“ als eher schwach eingestuft. Bei näherer Betrachtung werden damit also aggressivere wettbewerbs- und vor allem beeinflussungszentrierte Zielsetzungen als weniger wichtig bzw. als kaum mit Hilfe von CRM-Systemen realisierbar eingeschätzt. Im Einzelfall war es zum Teil doch sehr schwer, abzuschätzen, ob und ggf. inwieweit entsprechende Urteile auf die mangelnde Sensibilität hinsichtlich des Stellenwerts des betreffenden Zielfeldes zurückzuführen sind oder vor allem darauf, daß die bekannten CRM-Konzepte als wenig zweckdienlich im Blick auf die Realisierung der jeweiligen Zielsetzungen eingestuft wurden. Nach unserem Eindruck spielten beide Aspekte eine gewichtige Rolle – wenn auch mit unterschiedlichen Akzenten bei den einzelnen Zielfeldern.

Bezogen auf das Zielfeld „**Design der Absatzwege**“ spielt u.E. die mangelnde Sensibilisierung gegenüber den bestehenden Beeinflussungschancen bzw. einer notwendigen proaktiven Kanalisierung im Sinne der eigenen Unternehmensziele eine ganz entscheidende Rolle. Dies zumal – worauf wir später noch näher eingehen werden - der Wandel des Chemiegeschäfts im allgemeinen, des Vertriebs im besonderen im Kontext einer verstärkten Hinwendung zu E-Business-Lösungen als doch sehr gravierend eingestuft wird. Man wartet hier aber doch sehr viel mehr ab, welche Konzepte sich durchsetzen und vor allem etwa bei den Kunden besonderen Anklang finden werden, anstatt alle Chancen einer zielorientierten Beeinflussung der künftigen Entwicklungen voll ausschöpfen zu wollen: Man läßt neue Standards eher entstehen, anstatt neue Standards zu setzen.

Im Blick auf die Erzielung von Vorteilen im Zeitwettbewerb handelt es sich ganz deutlich nicht um ein Problem mangelnder Sensibilität. Es wird vielmehr davon ausgegangen, daß ein überwiegend im Außendienst eingesetztes CRM-System die Auftragsbearbeitungszeiten im Innendienst kaum verkürzen kann. Hier spielt wiederum das bestehende CRM-Verständnis eine wichtige Rolle: Je mehr CRM im Sinne eines umfassenden Prozeßmanagement interpretiert wird, das etwa gerade den Außen- und Innendienst miteinander verzahnt und zugleich etwa eine enge Verbindungslinie zu einem umfassenden Supply Chain Management herstellt, um so besser werden auch die Chancen zur Verkürzung von Durchlaufzeiten im allgemeinen und speziell durch eine beschleunigte Auftragsabwicklung eingestuft.

Wenden wir uns noch einmal den sehr hoch gewichteten Zielfeldern zu, so lassen sich hier im wichtigsten Zielfeld „**Kundenorientierung & Kundenbindung**“ verschiedene Teilziele identifizieren. Ohne den zahlreichen Teilzielen an dieser Stelle detaillierter nachgehen zu wollen (vgl. dazu Wiedmann/Greilich/Wichmann, 2000), seien kurz jene Ziele hervorgehoben, die aufs Ganze gesehen als besonders wichtig eingestuft wurden. Abbildung 3 gibt hierzu die sechs, aus Sicht der von uns befragten Unternehmensvertreter wichtigsten Ziele wieder. Im Mittelpunkt stehen ganz eindeutig Informationsziele und weniger Beeinflussungsziele. Zwar bilden Informationen natürlich eine wesentliche Grundlage nicht nur, um sich an Kundenbedürfnisse und -bedarfe anpassen, sondern auch um diese beeinflussen zu können. Eine ausgeprägte Beeinflussungsorientierung findet ihren Niederschlag indessen vor allem in der Zielsetzung „Verbesserung von Cross-Selling-Chancen"; bei allen anderen Top-Zielen steht demgegenüber eine „adaptive Kundenorientierung" im Zentrum. Die „Früherkennung von Verkaufschancen und Markttrends" soll dabei immerhin gewährleisten, daß man der Konkurrenz in punkto kundengerechtem Angebot eine „Nasenlänge voraus" ist. Das frühzeitige Erkennen neuer Verkaufchancen im Sinne neuer Leistungsangebote ist dabei insbesondere im Bereich der Chemiespezialitäten sehr wichtig. Der Trend geht hier weg vom Produkt hin zum Lösungssystem, mit denen sich die hier tätigen Chemieunternehmen vom Wettbewerb differenzieren wollen. Eine leistungsfähige CRM Komponente muß das darauf aufbauende **Innovationsmanagement** sowohl funktional als auch technisch unterstützen.

Ziel	**Bewertung**
Aktuellste Informationen über Kunden und Angebote	4,6
Früherkennung von Verkaufschancen und Markttrends	4,5
Dokumentation von internem Know-how über Kunden	4,5
Effizienteres Vertriebscontrolling	4,5
Verbesserung von Cross-Selling-Chancen	4,4
Individuellere Betreuung / Marketingplanung	4,4

Abbildung 3: CRM-Topziele von Chemieunternehmen (Bewertung: 1 = unwichtig – 5 = sehr wichtig)

Nicht zuletzt im Lichte der hier skizzierten Zielschwerpunkte werden CRM-Systeme als wichtiges Zukunftsthema eingestuft. Vor allem in den nächsten zwei Jahren wird eine deutlich spürbare Intensivierung der CRM-Welle vermutet. Und zahlreiche Unternehmensvertreter vermuten, daß Elemente eines CRM-Konzepts in 4 – 5 Jahren zu Unternehmensstandards geworden sind. Dies spiegelt sich auch im Stand der aktuellen und z. T. schon abgeschlossenen Projekte in den befragten Unternehmen wider.

3. Gestaltungsansätze eines CRM in der Chemischen Industrie

3.1 Allgemeines zur Planung und Umsetzung von CRM-Konzepten in der Chemischen Industrie

Im Rahmen unserer Untersuchung wurden verschiedene Gestaltungsproblemfelder berücksichtigt. Zunächst spielte natürlich der gesamte Komplex der „Planungs- und Entscheidungsprozesse" im Blick auf die Durchführung von CRM-Projekten eine wichtige Rolle. Aus unserer Sicht gibt es hier keine besonderen Akzentsetzungen: man setzt auf ein operatives Projektmanagement, mit dessen Hilfe u. a. auch die Integration verschiedener Unternehmensebenen und vor allem -bereiche sichergestellt werden soll. Die Grundstruktur entsprechender CRM-Projekte, wie sie in den befragten Unternehmen anzutreffen ist, sowie einige ausgewählte Gestaltungsaspekte entlang der dabei typischen Phasen sind in Abbildung 4 festgehalten. Besondere Hervorhebung verdienen an dieser Stelle zwei Aspekte: Zum einen die doch durchgängig europäische Ausrichtung der CRM-Projekte; zum anderen die Tatsache, daß zwar jeweils eine Integration der unterschiedlichsten Ebenen und Bereiche des Unternehmens versucht wird, eine konsequente Integration von Kunden und zum Teil auch Kooperationspartnern in solche Projekte indessen deutlich zu kurz kommt.

Entscheidungsphase	• Bedarfsidentifikation • Bewertung und Entscheidung • Abstimmung des Projektbudgets •	• Projektinitiierung sowohl von höheren Hierarchieebenen und „Spezialisten“ als auch durch den Vertrieb. Zum Teil ist der Vertrieb die „treibende Kraft“ bei der Optimierung der Geschäftsprozesse im gesamten Unternehmen. • In der Regel wird eine entsprechende Projektorganisation aufgebaut, die sogar über Freiräume im Feld der Projektbudgetierung verfügt.
Planungsphase	• Festlegung der Business- und Systemanforderungen • Evaluation bestehender Softwarelösungen • Auswahl eines Softwareanbieters •	• Die Planung erfolgt in gemischten Projektteams (IT- und Businessbereich) unter Einbeziehung externer Berater. Neben Softwareherstellern kommen insbes. auch Beratungsunternehmen zum Einsatz, und zwar vor allem bei der Konzeptentwicklung und noch stärker bei der Implementierung, etwas weniger bei der Softwareentwicklung und am wenigstens bei Schulungen (in diesem Sektor übernehmen vor allem die Softwarehersteller das Feld).
Implementierungsphase	• Anpassung und Optimierung der Software • Flankierende Maßnahmen im Bereich Organisation/Schulung • Kundenintegration (Befragung, Kooperation etc.) •	• Einführung von Standardsoftware wird bevorzugt, die später aber durch selbstentwickelte Tools ergänzt wird. • Während die Projektplanung in aller Regel bereichsüber-greifend angelegt ist, erfolgt die Projektdurchführung in einigen Fällen doch noch nicht abteilungsübergreifend. • CRM wird in der Regel auf der europäischen Ebene umgesetzt, die vorerst nationale Fokussierung stellt eher die Ausnahme dar.

Abbildung 4: Grundstruktur von CRM-Projekten und ausgewählte Gestaltungsaspekte

Im Blick auf die Erfahrungen mit der Kooperation mit Softwareherstellern und Beratungsunternehmen sei an dieser Stelle nur sehr allgemein auf ein eher mittleres Zufriedenheitsniveau hingewiesen. Derartige Erfahrungen und Einschätzungen sind inzwischen auch bereits schon gern gehörte Einlagen bei einschlägigen Seminaren. Die hier von Anwendern geäußerten Eindrücke laufen im Kern darauf hinaus, daß alles im Kern dann doch erheblich schwieriger ist, als zunächst von den Softwareherstellern und Beratern in Aussicht gestellt. Vor allem wird auch kritisiert, daß auch die Kosten zumeist deutlich höher ausfallen, als zunächst angenommen, und ferner auch die Planung und Umsetzung von CRM-Projekten erheblich mehr Zeit in Anspruch nimmt, als zunächst angenommen. Inzwischen scheinen sich aber doch realistischere Einschätzungen hinsichtlich dessen, was inhaltlich konkret erreicht werden kann, was es kosten wird und wie viel Zeit es in Anspruch nehmen wird, durchzusetzen. Dies ist nach Auffassung aller auch insofern auch eine wichtige Erfolgsvoraussetzung, als CRM-Projekte ohne eine realistische Sicht fürs Machbare und vor allem auch des erforderlichen Aufwandes sehr rasch unternehmensintern unter Druck geraten – mit wachsender Unzufriedenheit erhöht sich dann nicht zuletzt das Scheiterrisiko.

Im Gegensatz zu den genannten Problemen im Hinblick auf die Sicherstellung einer hohen Erfolgswahrscheinlichkeit bei der Planung und Umsetzung von CRM-Projekten wurden von den befragten Managern aus der chemischen Industrie vor allem eher operative Problemaspekte besonders akzentuiert. Als **wichtigste Probleme** sowie hierauf bezogene **Problemlösungsansätze** wurden folgende Punkte benannt:

1. Akzeptanz der Anwender und Änderung der Arbeitsmentalität. - Lösungsansatz: Durchführung gezielter Schulungsmaßnahmen, regelmäßiger Erfahrungsaustausch zwischen Anwendern und Projektmitgliedern und Aufzeigen von (Zeit-)Vorteilen.

2. Berücksichtigung der unterschiedlichen Anforderungen aus den verschiedenen Geschäftsbereichen und Integration in bestehende Ablaufprozesse. - Lösungsansatz: Beteiligung eines kleinen Ausschnitts der Anwendergruppe und frühzeitige Einrichtung einer offenen Projektkommunikation.

3. Stammdatenpflege bzw. Datenbereitstellung der operativen (Stamm-)Daten-systeme. - Lösungsansatz: Modifizierung des Stammdatensystems und Bereinigung bestehender Stammdaten.

Über diese sehr konkreten Problemaspekte hinaus wird allerdings auch die Notwendigkeit gesehen, CRM-Projekte in umfassende Change Management-Prozesse zu integrieren, die bis hin zu einem geplanten Wandel der Unternehmenskultur vorstoßen. Während die Sensibilisierung für solche umfassenden Change Management-Prozesse doch bereits sehr stark ausgeprägt ist, kommt nach unserem Eindruck deren konsequente Umsetzung in praxi in aller Regel doch noch zu kurz.

3.2 Ausgewählte Gestaltungsproblemfelder

Im Blick auf die konkrete Ausgestaltung von CRM-Systemen sind vor allem folgende Frage von Bedeutung: Welche **Funktionen** sollen für welche **Rollenträger** realisiert werden und welche **Instrumente/Tools** sollen dabei vor allem zum Zuge kommen. Auch zur Beantwortung dieser Fragen konnten wir im Rahmen unserer Studie einige erste Erkenntnisse gewinnen, die wir im folgenden kurz anreißen wollen.

- Teamselling als Maxime und Unterstützung vielfältiger Rollenträger als Aufgabe von CRM-Systemen

  Bisher war die Einführung von CRM-Systemen durch eine starke Ausrichtung auf den Funktionsbereich Vertrieb (Verkaufsaußen- und -innendienst) gekennzeichnet, während andere primär oder sekundär am Kundenmanagement beteiligte Rollen bzw. Aufgabenträger meist unberücksichtigt blieben. Der Funktionsumfang war meist auf die Unterstützung operativer und administrativer Aufgaben (z. B. Besuchsberichte) ausgerichtet. Auch der Umfang der Daten beschränkte sich meist auf strukturierte und unstrukturierte Informationen aus internen Quellen z. B. Besuchshäufigkeiten oder Kundenbedarfe. Potentialorientierte Informationen – auch aus externen Quellen – waren eher selten. Dieses Ergebnis wird durch die aktuelle Studie bestätigt. Die völlige, konsistente Integration aller Kommunikations- und Distributionskanäle ("One face to the customer") steckt bei den befragten Chemieunternehmen sowohl technisch als auch organisatorisch (Multi-Channel Management) in den Anfängen.

  Neuere CRM-Projekte sind nach wie vor durch eine Fokussierung auf den Vertrieb gekennzeichnet, verfolgen aber schon europäische oder globale Ansätze. Die Einbeziehung weiterer am Kundenmanagement beteiligter Funktionsbereiche (z. B. Anwendungstechnik, Marketing, Customer Care Service) wird stärker berücksichtigt. In diesem Zusammenhang gewinnt Teamselling –insbesondere für globale Kunden- an Bedeutung (vgl. Abb. 5).

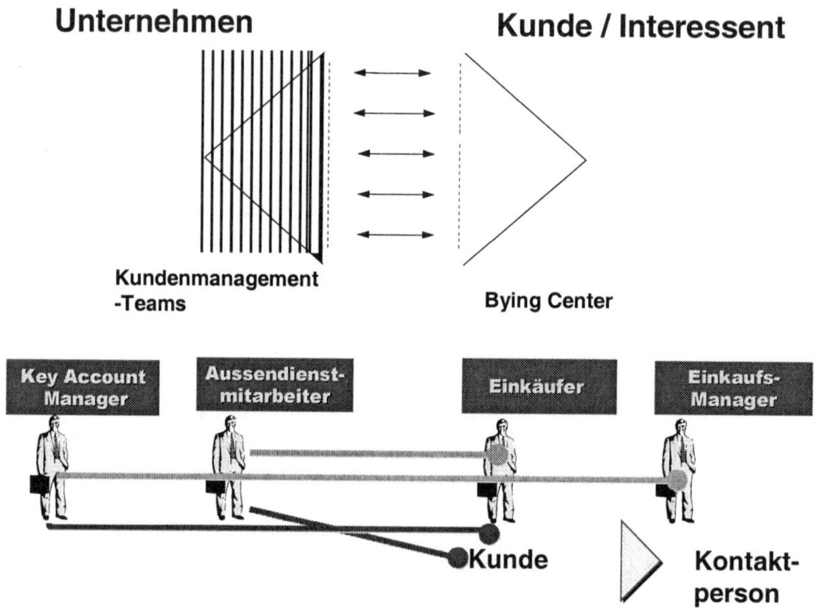

Abbildung 5: Grundkonzept des Teamselling

Typische Rollen im Vertrieb, Verkauf, Marketing und Service, die in ein entsprechendes Teamselling-Konzept zu integrieren sind, lassen sich in der Chemischen Industrie nur schwer identifizieren. Teilweise sind sogar innerhalb einzelner Unternehmen entlang der verschiedenen Geschäftsbereiche sehr unterschiedliche Rollen (teils auch nur Rollenbezeichnungen) zu registrieren. Teils hängt dies wesentlich mit dem jeweiligen Geschäftstyp zusammen (vgl. hierzu noch einmal Abb. 2), teils findet hier aber auch der jeweils unternehmensspezifische Entwicklungsstand einer umfassenden Marketing- und Vertriebskonzeption seinen Ausdruck. An dieser Stelle seien nun zunächst einmal nur überblicksartig jene Rollen bzw. möglichen Aufgabenträger aufgelistet, die bei den von uns befragten Unternehmen eine zentrale Bedeutung haben.

Beschreibung des Tätigkeitsbereiches	**Rollenbezeichnungen**
Bereichsübergreifende Betreuung ausgewählter Kunden (Key-Accounts), häufig losgelöst von festen Hierarchiestufen (starke Kundenorientierung)	Key-Account-Manager Zielkundenmanager
Kundenakquisition, -beratung, z. T. Vorbereitung und Abschluß von Rahmenverträgen sowie persönliche Pflege der Kundenbeziehungen	Außendienstmitarbeiter Fachverkäufer Verkäufer
Unterstützung der Auftragsannahme und -abwicklung, z. T. mit Kundenbetreuung und Telefonverkauf	Customer (Care) Service Kundenservice Telemarketing Verkaufsinnendienst
Kontinuierliche Marktbeobachtung (Marktanalyse), Identifikation von Absatzpotentialen (innerhalb eines Marktsegmentes), strategische Produktpositionierung einer Produktgruppe und z. T. verantwortlich für Marketingaktivitäten	Kaufmännisches Marketing Marktsegmentmanager Produktmanager strategisches Marketing
Kundenberatung in anwendungstechnischen Fragen, besonderen Problemstellungen, Unterstützung bei der Anschaffung neuer Produktionsanlagen etc.	Anwendungstechnischer Service Markt-& Produktservice Servicemanager Technisches Marketing

Abbildung 6: Typische Rollen/Aufgabenträger im Vertrieb, Verkauf, Marketing und Service in der Chemischen Industrie

In welcher Hinsicht sollen nun diese Rollenträger durch CRM-Systeme unterstützt werden bzw. welche Funktionen sollen CRM-Systeme bei den befragten Unternehmen gewährleisten?

- Überblick über die zentralen Funktionen von CRM-Systemen

Bei den funktionalen Anforderungen an ein CRM-System stehen besonders die Bausteine **"Kunden, Interessenten, Wettbewerber", "Potentiale" "Kontaktpersonen", "Aktivitäten", sowie "Berichte und Analysen"** im Mittelpunkt. Abgesehen von wenigen Ausnahmen wird dabei dem CRM-System eine große Bedeutung bei **der Verbessung der Planungsprozesse** und der **Abschätzung von Kundenpotentialen sowie der**

Wettbewerbssituation beigemessen. Eine Übersicht über die in unserer Studie identifizierten Anforderungen an die Funktionalität von CRM-Systemen gibt zunächst die nachstehende Auflistung:

Funktionen eines CRM-Systems / CRM-Software (Ergebnisse der Marktstudie):

G & K & W	▪ Klassifikation der Geschäftspartner und Wettbewerber[1] ▪ Bereitstellung von Kundenbasisinformationen[1] ▪ Beschreibung der Beziehungen zwischen den Geschäftspartnern[2] ▪ Verfügbarkeit von kundenrelevanten Notizen und Dokumenten[1]
P & P	▪ Integration einer jährlichen Planungskomponente (Businessplan)[2] ▪ Einschätzung zukünftiger Absatzmengen und Potentiale (bottom-up)[1] ▪ Beschreibung des Absatzpotentials auf Kundenebene[1] ▪ Vergleich der Absatzpotentiale auf Marktebene[2] ▪ Analyse des zur Verfügung stehenden Datenmaterials zum Aufzeigen von Potenzialen[2]
A	▪ Integrierter vernetzter persönlicher Kalender[2] ▪ Bereitstellung von kundenrelevanten Informationen zur Vorbereitung von Verkaufsgesprächen[1] ▪ Dokumentation/Erfassung der Aktivitäten im Überblick (kundenbezogen)[2] ▪ Unterstützung der Planung und Koordination von Teamselling-Aktivitäten[2]
V & P	▪ Bereitstellung von Informationen zur Realisierung zukünftiger Verkaufschancen[2] ▪ Bereitstellung von Informationen über direkte Wettbewerber in der Projektphase (Ranking ihrer Verkaufschancen) [2] ▪ Beschreibung und Bewertung der Projektergebnisse (Projektcontrolling) [2]

W & K	▪ Unterstützung von Marketingmaßnahmen (Massengenerierung)[2] ▪ Werkzeuge zur Marktsegmentierung[2] ▪ Darstellung und Auswahl verschiedener zu bearbeitenden Zielgruppen[2] ▪ Versand von Informationen/Präsentationen[2]
B & A	▪ Bereitstellung von Besuchsberichten[1] ▪ Dosier über die Geschäftspartner[2] ▪ Berichtsvorlagen über die Absatz- und Umsatzergebnisse[2]
P & S	▪ Bereitstellung von produktspezifischen Informationen[2]
B	▪ Klassifikation der Reklamationen[2] ▪ Auflistung offener Reklamationen auf Produktebene[2] ▪ Auflistung offener Reklamationen auf Kundenebene[2] ▪ (statistische) Auswertung[2]
A & V	▪ Überblick auf abgeschlossene Verträge[1] ▪ Auflistung bereits bestehender Verträge[2] ▪ Bereitstellung von Informationen über aktuelle Konditionen[2] ▪ Unterstützung der Preisverhandlungen (auf Basis festgelegter Preisbänder)[2]

Abbildung 7: Funktionen eines CRM-Systems/einer CRM-Software([1] besitzen eine sehr hohe Bedeutung; [2] wurden von mehr als zwei Unternehmen als TOP 3-Funktion genannt und besitzen eine hohe Bedeutung)

In Abbildung 8 werden nunmehr jene Funktionen akzentuiert, die von den befragten Managern als besonders wichtig eingestuft wurden.

Funktion	Bewertung
▪ Klassifikation der Geschäftspartner und Wettbewerber	4,7
▪ Bereitstellung von Kundenbasisinformationen	4,7
▪ Einschätzung zukünftiger Absatzmengen und Potentiale (bottom-up)	4,7
▪ Bereitstellung von Besuchsberichten	4,7
▪ Überblick auf abgeschlossene Verträge	4,7
▪ Verfügbarkeit von kundenrelevanten Notizen und Dokumenten	4,6
▪ Beschreibung des Absatzpotentials auf Kundenebene	4,6
▪ Bereitstellung von kundenrelevanten Informationen zur Vorbereitung von Verkaufsgesprächen	4,6

Abbildung 8: Welche klassischen Topfunktionen benötigen Chemieunternehmen (Bewertung: 1 = unwichtig bis 5 = sehr wichtig)

Insgesamt läßt sich eine gewisse Schwerpunktsetzung in Richtung eines operativen CRM identifizieren. Allerdings finden auch Fragestellungen im Blick auf die Unterstützung eines strategischen CRM Aufmerksamkeit. In diesem Zusammenhang spielt gerade etwa die „**Klassifikation der Geschäftspartner und Wettbewerber**" eine bedeutende Rolle. Über eine solche Klassifikation soll der Grundstein für eine Segmentierungsstrategie gelegt werden, bei der das CRM-Engagement je nach dem deutlich unterschiedlich auszurichten, ob es sich um A-, B- oder C-Kunden handelt – um einmal nur auf eine einfache ABC-Klassifikation abzustellen. Ziel eines so verstandenen Kundenmanagements ist die Konzentration auf die profitablen Kunden mit einem auf die jeweiligen Kundenbedürfnisse abgestimmten Leistungsangebot. Hierbei gewinnen Segmentierungsstrategien und 1:1 Marketing Ansätze an Bedeutung – allerdings wie gesagt konzentriert auf profitable Kundensegmente.

Das frühzeitige Erkennen neuer Verkaufchancen im Sinne neuer Leistungsangebote ist insbesondere im Bereich der Chemiespezialitäten sehr wichtig. Der Trend geht hier weg vom Produkt hin zum Lösungssystem, mit denen sich die hier tätigen Chemieunternehmen vom Wettbewerb differenzieren wollen. Eine leistungsfähige CRM Komponente muß das darauf aufbauende **Innovationsmanagement** sowohl funktional als auch technisch unterstützen.

Mit dem Abstellen auf bestimmte Funktionalitäten von CRM-Systemen verbinden sich schließlich auch sehr konkrete **Anforderungen** an die Systemarchitektur sowie an die

Bedienung bzw. Benutzeroberfläche. An die **Systemarchitektur** werden vor allem folgende Anforderungen gestellt:

- Integration in die bestehende Backoffice-Landschaft mit einem standardisierten Datenaustausch (Input-Export-Schnittstelle),
- Berücksichtigung von Konzernstandards (Lotus Notes, Windows NT) und Entwicklung geeigneter Schnittstellen,
- Integration zum Data Warehouse,
- Sicherheitsaspekt bei mobilen Nutzern,
- Einbindung und Unterstützung von Internetaktivitäten,
- Überführung der Vertriebsdaten in ein rollierendes Anwendungssystem,
- Berücksichtigung von „User-Exits",
- Unterstützung offener Plattformen.

Im Blick auf die **Benutzeroberfläche** und die **Bedienung** stehen insbesondere folgende Anforderung im Mittelpunkt des Interesses:

- kurzes und schnelles Antwortzeit- und Replikationsverhalten,
- tagesaktuelle Bereitstellung der Kundendaten,
- Übertragung/Bereitstellung maßgeschneiderter Informationspakete (Stichwort: „Verteilermechanismen"),
- Unterstützung allgemeiner Standardfunktionen (z. B. Hilfefunktionen),
- Selbsterklärende grafische Oberfläche mit Orientierung an MS-Office Produkten,
- Mailingintegration in die Benutzeroberfläche.

In Verbindung mit den angestrebten Systemfunktionalitäten und den hiermit verknüpften Anforderungen an die Systemarchitektur sind nicht nur im Blick auf die Bedienung/Benutzeroberfläche entsprechende Anforderungen an die CRM-Instrumente/Tools zu beachten, sondern vor allem hinsichtlich des Datenmanagements und der relevanten Kommunikationskanäle.

- Anforderungen an die CRM-Instrumente/Tools im Bereich Datenmanagement und Kommunikation

Die Integrationsfähigkeit zu bestehenden ERP-Systeme, wie z. B. SAP R/3, stellt im vorliegenden eine der wichtigsten Anforderungen dar, da eine konsistente und gemeinsame Datenbasis ("Datamanagement") über alle Systeme Voraussetzung des "one view to the customer" ist. Fraglich ist allerdings, ob eine unternehmensbezogene, konsistente Datenbasis im Zusammenhang mit dem @-Business ausreichend ist. Durch kollaborative Prozesse (Buy & Sell-side) wird eine unternehmensübergreifende Standardisierung notwendig. Es wird angenommen, daß @-Business mit @-CRM zusammenwachsen werden. Insgesamt steht hier die Chemische Industrie sowohl organisatorisch (Standardisierung) als auch technisch (Integration, Systemvielfalt) vor großen Herausforderungen.

Durch den Einsatz von CRM-Systemen wird insgesamt eine **Abnahme der Anzahl der persönlichen Kontakte** zum Kunden **zugunsten anderer Kontaktarten (z. B. Telefon)** erwartet, so daß die gute Vorbereitung des Telefonats mit dem Kunden oder des Kundenbesuchs an Bedeutung gewinnen wird. Die **abnehmende Zahl an persönlichen Kundenkontakten bei strategisch weniger wichtigen Kund**en wird nach Ansicht der befragten Unternehmen durch neue Berührungspunkte zum Kunden, wie z. B. E-Business, teilweise kompensiert werden. Außerdem wird die Rolle des Handels bei den Kleinkunden weiterhin stark wachsen. Hier müssen CRM Systeme zukünftig kollaborative Szenarien unterstützen. **Das Teamselling auf europäischer Ebene** gewinnt insbesondere bei **den Schlüsselkunden (Key Accounts)** stark an Bedeutung.

Die Diskussion, ob Online- bzw. Offline-Systeme bei den mobilen Nutzern bevorzugt werden sollten, ist relativ eng mit den zukünftigen technologischen Entwicklungen verbunden. Trotz zukünftig neuer Möglichkeiten der Online-Nutzung via Internet z. B. im Zusammenhang mit der neuen UMTS Technologie sind mobile offline Arbeitsplätze im Außendienst bzw. in der Anwendungstechnik nach wie vor aktuell. Hier kündigt sich bereits ein großes Interesse an M-Commerce-Lösungen an.

Eine Zunahme der **Bedeutung des Telefons als auch des Internets als Kommunikationsmittel und Vertriebskanal** wird zwar als sicher angenommen, muß aber umfassend in die sonstigen Kontaktkanäle integriert sein (Fax, Mail etc.). Hier ist ein umfassendes Multi Channel Management gefordert, das die verschiedenen Vertriebskanäle konsistent integriert. Die Anzahl der Nutzer eines zukünftig integrierten CRM-Systems schwankt je nach Größe und Art des Unternehmens bzw. des Unternehmensbereichs zwischen 250 und 2000 Nutzern. Dementsprechend werden auch differenzierte Muli Channel Lösungen angedacht. Sieht man von einzelnen Unternehmen ab, die bereits sehr ausgefeilte Konzepte eines Multi Channel CRM zu realisieren begonnen haben, stecken die Entwicklungen hier in der Chemischen Industrie doch sehr in den Kinderschuhen. Allerdings ist der Entwicklungsstand u.E. in anderen Branchen auch nicht erheblich besser. In einzelnen Bereichen nimmt die Chemische Industrie durchaus eine Spitzenposition ein – etwa im Feld der Realisierung einzelner E-Commerce-Lösungen, die gerade in den letzten zwei Jahren in einzelnen Unternehmen der Chemischen Industrie mit hoher Professionalität in Angriff genommen wurden. Als liegt die Take Off-Phase solcher Projekte zumeist schon wiederum etwas außerhalb unserer Kern-Erhebungsphase. Unsere Einschätzung beruht hier im wesentlichen auf aktuellen Firmenpräsentationen. Allerdings kann zugleich festgestellt, daß die Bandbreite einer erfolgversprechenden Umsetzung innerhalb der Branche sehr groß ist. Einen sehr hohen Entwicklungsstand weisen insbesondere die international erfolgreichen Großunternehmen auf, bei den kleineren und teilweise eher schon eher mittelständischen Unternehmen liegen demgegenüber durchaus noch gravierende

Defizite vor, und zwar nicht allein im Sektor eines eCRM, sondern generell, was die Planung und Umsetzung von CRM-Konzepten anbelangt.

4. Schlußbemerkung

Die Frage, ob **Customer Relationship Management nur eine Modeerscheinung** darstellt, wird von den Befragten verneint. CRM besitzt als Gesamtkonzept ausreichend Substanz, um auch zukünftig eine wichtige Rolle in der Chemischen Industrie zu spielen. Dieses betrifft besonders die Realisierung der **zeitnahen Bereitstellung von Marktinformationen**. Die **Integration eines CRM-Systems in die Unternehmensstruktur** kann deshalb als der Schlüssel zur Optimierung von Kundenbeziehungen angesehen werden. Bedingt durch die zu erwartende, schnelle Weiterentwicklung der bestehenden Informationstechnologien wird es möglich sein, das Kaufverhalten der Kunden noch transparenter zu machen und somit zu einer "Systematisierung des Kundenverhaltens" (z. B. mittels Data Mining Tools) zu gelangen. Ein weiterer Evolutionsschritt wird in der intelligenten Kombination von E-CRM und den Marketplaces erwartet.

Ein wichtiger Erfolgsfaktor bei der Einführung von CRM Systemen ist nach Ansicht der Mehrzahl der befragten Chemieunternehmen ein vom Management in diesem Zusammenhang entwickeltes und getragenes **Business Konzept**, das idealerweise von einem **flankierenden Chance Management** begleitet werden sollte.

Nach Aussage der von uns befragten Unternehmen werden **umfangreiche Investitionen in CRM-Systeme in den nächsten Monaten - 2 Jahren** erwartet, was sich inzwischen auch bereits auch schon konkret beobachten läßt. Bleibt zu hoffen, daß hier nicht allein in moderne Technik investiert wird, sondern vor allem in den Aufbau eines professionellen Kundenmanagements und dessen konsequente Verankerung innerhalb der Unternehmenskultur. Hier liegen u. E. aber immer noch die größten Defizite vor.

Literatur

BROWN, ST.A. : Customer Relationship Management: A Strategic Imperative in the World of e-Business, Toronto et al. 2000.

DEISE, M.V., NOWIKOW, C., KING, P., WRIGHT, A.: Executive´s Guide to E-Business, New York et al. 2000.

GREILICH, J.: Produktivitätssteigerungen durch CRM-Systeme im Kundenmanagement der Chemischen Industrie, in: Euroforum (Hrsg.): Customer Relationship Management in der Chemischen Industrie, Dokumentation zur Euroforum-Konferenz am 25./26. Oktober 2001.

JOST, A.: Customer Relationship Management – Erfolgsfaktoren der Einführung – Erfolgreiches Management von Widerständen und organisatorischen Hürden, in: Euroforum (Hrsg.): Customer Relationship Management in der Chemischen Industrie, Dokumentation zur Euroforum-Konferenz am 25./26. Oktober 2001.

KREIS, W.: BASF-Autoserienlacke: Von der klassischen zur multimedialen Strategie – Eine ganzheitliche Lösung für CRM und Marketing, in: Euroforum (Hrsg.): Customer Relationship Management in der Chemischen Industrie, Dokumentation zur Euroforum-Konferenz am 25./26. Oktober 2001.

KÖLBEL, H., SCHULZE, J.: Der Absatz in der Chemischen Industrie, Berlin et al 1970.

MEUER, H.-J.: Strategie und Erfolgsvoraussetzungen für Customer Relationship Management (das Beispiel der Bayer AG), in: Euroforum (Hrsg.): Customer Relationship Management in der Chemischen Industrie, Dokumentation zur Euroforum-Konferenz am 25./26. Oktober 2001.

O.V.: The CRM Handbook – from Group to multi-individual, PriceWaterhouseCoopers, Hellerhup 2000.

WIEDMANN, K.-P.: Plädoyer für H-Commerce - Eine forschungsprogrammatische Provokation sowie Ansatzpunkte für eine strategisch ausgerichtete Gestaltung von Geschäftsbeziehungen im Internet-Zeitalter, in: A.T. Nicolai/ T. Petersmann (Hrsg.): Strategien im M-Commerce, Stuttgart 2001, S. 129 –148.

WIEDMANN, K.-P.: Virtualisierung nach Globalisierung - Strukturwandel in der Chemischen Industrie, in: Euroforum (Hrsg.): E-Business Strategien in der Chemischen Industrie, Dokumentation zur Euroforum-Konferenz am 01./02. Februar 2001.

WIEDMANN, K.-P.: Customer Relationship Management für die Chemische Industrie – Wertsteigerung durch ein neues Geschäftsmodell, in: Euroforum (Hrsg.): Customer Relationship Management in der Chemischen Industrie, Dokumentation zur Euroforum-Konferenz am 25./26. Oktober 2001.

WIEDMANN, K.-P., BUCKLER, F., BUXEL, H.: Chancenpotentiale und Gestaltungsperspektiven des M-Commerce, in: der markt, Zeitschrift für Absatzwirtschaft und Marketing, 39. Jahrgang, Nr. 153, Heft 2/2000, S. 84-96.

WIEDMANN, K.-P., GREILICH, J., WICHMANN, S.: Bedeutung und Einfluß von Customer Relationship Management Systemen in der Chemischen Industrie in Deutschland – Eine empirische Untersuchung im Rahmen der VCI-Fachgruppe CRM-Systeme, Frankfurt 2000.

WIEDMANN, K.-P., GREILICH, J.: Bedeutung und Einfluß von Customer Relationship Management, in: CHEManager – PIT: Process Information Technology, Heft 1/März 2001, S. 4 – 7.

Joachim Bochberg

Konsumenten beim Wort genommen - Ein Beitrag zu Geschichte und Praxis des Consumer Relationship Management

1. Zum Start: Ein wenig Begriffsbestimmung

Während die Begriffsdeutung von CRM als „Customer Relationship Management" in der letzten Zeit in der betriebswirtschaftlichen Öffentlichkeit weite Verbreitung gefunden hat, führt die Übersetzung als „Consumer Relationship Management" leider weitgehend ein Schattendasein. Manche Autoren gehen sogar soweit, jeden Unterschied zu negieren und die unabhängige Existenz dieser Form eines Beziehungsmanagements grundsätzlich in Frage zu stellen.

Diese Radikalität ist aus der Sicht von Unternehmen, die direkt an ihre „Endgebraucher" verkaufen, zweifellos nachvollziehbar. Für Finanz- oder Verkehrsdienstleister ist meist derjenige, der die Leistung eines Unternehmens in Anspruch nimmt, auch der, der sie bezahlt und auch die entsprechende Investitionsentscheidung trifft – doch Halt! Schon bei dem oft angeführten Musterbeispiel Luftverkehr und Fluggesellschaften merken wir, daß verteilte Rollen ins Spiel kommen. Ein großer Teil der Menschen, die beruflich bedingt unterwegs sind, bezahlt die Tickets nicht selbst, und bei Mitarbeitern großer Konzerne ist auch die Wahlfreiheit der Fluggesellschaft durch Kooperationsabkommen stark eingeschränkt. Ähnliches gilt für den Freizeit- und Urlaubsverkehr, soweit er nicht die – vergleichsweise kleine – Gruppe der Individualreisenden betrifft, die sich alle Elemente ihrer Reise völlig autonom aus dem Baukasten der Reisedienstleister zusammen gestellt haben.

Was hat das nun mit Waschmitteln zu tun? Nun, auch im Segment der Wasch-, Spül-. Putz- und Reinigungsmittel, wie es in der Branche halboffiziell bezeichnet wird, finden wir auf der Vermarktungsseite der Produkte verschiedene Rollen. Um ein wenig Klarheit über diese Rollen zu schaffen, seien zunächst einige kurze Definitionen vorangestellt:

- Der Handel erfüllt die klassische Funktion der Warendistribution und -präsentation. Die hauptsächlich dabei interessierenden Parameter sind solche, die sich mit der direkten und indirekten Profitabilität der Ware beschäftigen – umgangssprachlich ausgedrückt: Wie schnell und mit welcher Spanne wird das Produkt verkauft, wie viel Platz braucht es und wie wichtig ist es für die Käufer, die die vollsten Einkaufwagen haben. Für einen klassischen Markenartikelhersteller ist der Handel somit der „Customer".

Der Konsument oder „Consumer" kann uns in drei verschiedenen Rollen begegnen:

- Der „Käufer" ist der Mensch, der das Produkt aus dem Regal nimmt und es an der Kasse bezahlt.
- Der „Verbraucher" ist derjenige, der das Produkt im Wortsinn „verbraucht". Damit ist eine stoffliche Umwandlung gemeint, die nicht unbedingt bestimmungsgemäß sein muß.

- Der „Nutznießer" eines Produkts ist derjenige, dem die bestimmgemäße Verwendung des Produkts einen Nutzwert beschert, z. B. in Form einer Bedürfnisbefriedigung.

Ein Beispiel macht diese Rollenverteilung sicherlich etwas klarer. Ein Raucher, der sich zum Eigenverbrauch eine Schachtel Zigaretten kauft, deckt alle drei Rollen der Konsumentenseite in einer Person ab. Bei einer Familie mit einem Baby dagegen kann ein Elternteil neue Babynahrung kaufen, die vom anderen verbraucht wird. Teilweise zum Füttern des Babys, aber da dies in der Regel nicht völlig verlustfrei vor sich geht – siehe Definition. Das Baby schließlich ist der angenommene Nutznießer – wenn es ihm schmeckt.

Warum interessiert das nun einen Hersteller von Wasch- und Reinigungsmitteln? Bevor darauf näher eingegangen wird, sei ein kleiner Exkurs in die Historie eingeschoben.

2. Verbraucherdialog als Tradition

Die Entwicklung des ersten selbsttätigen Waschmittels durch Fritz Henkel im Jahre 1907 löste einen Prozeß aus, den wir aus heutiger Sicht durchaus als technische Revolution verstehen können. Waschen war über Jahrhunderte ein zeitraubender Vorgang, der überdies mit körperlicher Schwerarbeit verbunden war. Durch den hinzugekommenen Einsatz verschiedener Chemikalien war das Ganze außerdem gesundheitlich belastend. Dieses Wissen wurde über die Zeit von Generation zu Generation weitergegeben und war dadurch sozusagen Allgemeingut.

Die Tatsache, daß jemand hier ansetzt und durch eine wissenschaftliche Entwicklung diesen Kanon von Methoden und Verfahren als hinfällig erklärt, erfüllt alle Kriterien einer (wissenschaftlichen) Revolution, so wie sie Thomas S. Kuhn in seinem Buch „Die Struktur wissenschaftlicher Revolutionen" erklärt hat. Jemand hebt die von aller Welt als allgemeingültig anerkannten Voraussetzungen auf und errichtet darauf ein neues „Wissenschaftsgebäude". Einen solchen, als Paradigmenwechsel bezeichneten Vorgang haben wir ab 1907 auch hier, bei der Einführung des selbsttätigen Waschmittels.

Wem diese Analogie zu abgehoben erscheint, der möge sich vor Augen halten, daß hier das überlieferte Wissen von Generationen durch ein unscheinbares Päckchen mit einem ebenso unspektakulären weißen Pulver für falsch, überflüssig und hinfällig erklärt wurde. Ein solcher Schritt würde heute ein Feuerwerk medialer Aktivitäten und ausgiebige öffentliche Diskussionen auslösen, vor knapp einhundert Jahren hat er die Betroffenen in tiefe Verunsicherung gestürzt.

Der Ansatz, den Henkel damals betrieben hat, war auf die Verbraucher der Produkte zuzugehen und ihnen durch persönliche Demonstration und Beratung die Hilfestellung zu geben, die sie brauchen, um die Vorteile dieser Neuentwicklung zu verstehen und zu nutzen. Dies geschah zunächst durch Wanderlehrerinnen, die in Gruppen Städte und Dörfer bereisten und überall dort, wo eine Gruppe von Menschen zusammen kommen konnte, Waschvorführungen durchführten. In Gasthöfen, in Bauernhäusern und Gutshöfen, in Schulen – überall dort, wo man eine größere, aber auch nicht zu große Gruppe von Menschen erreichen konnte, wurde der – weitgehend weiblichen – Bevölkerung erklärt, was es mit den Vorzügen von Persil gegenüber der althergebrachten handwerklichen Methode des Waschens auf sich hat. Dabei sollte immer auch die Möglichkeit zum Dialog bestehen, um Fragen nicht unbeantwortet zu lassen.

Da schnell deutlich wurde, daß in größeren Städten und Gemeinden der zeitweilige Besuch einer Beraterin nicht ausreicht, richtete man dort in Ladenlokalen stationäre Beratungsstellen ein, die ausdrücklich dadurch gekennzeichnet waren, daß dort kein Verkauf stattfand und die Beratung unentgeltlich erfolgte. Alles recht moderne Ansätze, die man heute mit dem Ausdruck „pull marketing" belegen würde. Ergänzend sei bemerkt, daß parallel zu diesen Aktivitäten auch ein abendfüllender Spielfilm produziert wurde. Er trug den aus heutiger Sicht recht betulichen Titel „Wäsche, Waschen, Wohlergehen" und integrierte das Wissen um die durch neuartige Produkte revolutionierte Form des Wäschewaschens in eine unterhaltsame Rahmenhandlung. Product placement at its best. Der Film hatte allein in Deutschland zwischen 1934 und 1938 über 30 Millionen zahlende Zuschauer.

Doch zurück zur persönlichen Beratung. Mit der zunehmenden Verbreitung von Massenmedien wie Radio, Zeitungen und Zeitschriften ging die Bedeutung der persönlichen Beratung von Konsumenten als Instrument der Beziehungspflege kontinuierlich zurück. Das aufkommende Fernsehen als neues, faszinierendes Medium tat hier ein Übriges. So wie der „Kreis der Familie durch einen Halbkreis ersetzt wurde", so war auch immer weniger die Notwendigkeit gegeben, Produktinformation „face to face" zu verbreiten. Statt dessen wandte Henkel sich nun verstärkt den Menschen zu, die mit dem aufkommenden Wirtschaftswunder mehr und mehr zu Kompetenzträgen des Waschprozesses wurden: den Profis der Geräteindustrie.

War das Waschen bis in die frühen 50er Jahre des 20. Jahrhunderts eine trotz der „chemischen Revolution" noch stark manuell geprägte Arbeit gewesen, so trat in dieser Zeit ein neuer Mitspieler auf den Plan, der das Waschen in ähnlicher Form verändern sollte wie einige Jahrzehnte zuvor das selbsttätige Waschmittel, nämlich die – zunächst noch stark manuell gesteuerte – etagenfähige Waschmaschine. Wieder gab – und gibt es teilweise bis heute! - es das Festhalten am tradierten Wissen, wider alle Kommunikation der Hersteller, nun aber auf ein höheres Komplexitätsniveau gehoben durch die Verknüpfung mehrerer Produkte am Point of Use. Bis heute sind Waschmaschine und Waschmittel in einer Allianz der gegenseitigen Abhängigkeit miteinander verbunden: Keine der beiden

Komponenten kann die erwartete und vom Konsumenten eingeforderte Leistung ohne das Wirken der Anderen erbringen.

Die Mitarbeiter der Gerätehersteller – sowohl im Verkauf als auch im Technischen Service – sahen sich bald den gleichen Fragen und Vorstellungen gegenüber wie rund dreißig Jahre zuvor die Wanderlehrerinnen von Henkel; Fragen, die geprägt waren vom Zweifel und dem Mangel an Vertrauen in die neue Technik. Dazu kamen auch rasch Fragen, die das Zusammenwirken von Maschine und Waschmittel betrafen und die von den Vertretern der Gerätetechnik nicht oder nur unzureichend beantwortet werden konnten. Hier fanden nun die „Consumer Relations"-Aktivitäten von Henkel (wenn man sie denn damals schon so genannt hätte) ein neues und dankbares Betätigungsfeld.

Mit einer eigenständigen Gruppe von Fachreferenten startete Henkel die Trainingsarbeit mit Multiplikatoren. Neben den einschlägigen Fachleuten aus der Geräteindustrie waren dies auch in viel höherem Maße als heute hauswirtschaftliche Lehrkräfte und Ausbilder sowie Beratungsfachkräfte aus der Energiewirtschaft. Damals ging es doch über weite Strecken noch darum, den elektrischen Strom als Basisenergie der Privathaushalte überhaupt salonfähig zu machen und gedankliche Widerstände in den Köpfen der Konsumenten zu überwinden! Noch 1973 umfaßte diese Organisation bei Henkel 16 hauptamtliche Außendienstmitarbeiter!

Warum dieser Exkurs in die jüngere Geschichte? CRM – als Consumer Relationship Management verstanden – ist keine Erfindung des 21. Jahrhunderts, sondern in vielen Fällen in den Grundlagen bereits lange geübte Praxis. Was nun heute das Neue an CRM im Vergleich zu all diesen Aktivitäten ausmacht, wollen wir uns im folgenden anschauen.

3. Feedback-Prozesse – ein Schlüsselelement modernen CRMs

Alles, was bisher im historischen Kontext betrachtet wurde, ist nur darauf angelegt gewesen, das Wissen und die Ansichten eines Unternehmens gegenüber dem Konsumenten deutlich zu machen. Dieser Kommunikationsprozeß wurde in hohem Maße professionalisiert und institutionalisiert, ohne jedoch dem im Dialog eigentlich gleichberechtigten Rückweg den adäquaten Raum zu geben. Das Bewußtsein für die Bedeutung dieses Rückwegs wurde erst geschärft mit dem Aufkommen der sogenannten Service-Telefone, die bei Henkel im Jahre 1987 erstmals eingesetzt wurden.

Der eigentliche Anlaß war wieder eine Kommunikation in Richtung des Konsumenten. Das Ziel war es, drei neue Produkte unter drei bekannten Markennamen modern und zeitgemäß zu repositionieren. Um die notwendige zielgerichtet erklärende Kommunikation zu unterstützen, wurde eine gebührenfreie Telefonnummer geschaltet und in Printmedien beworben. Die zu Grunde liegende Marketingidee war nun, daß interessierte Konsumenten diese Nummer anrufen und sich dort weitere, spezifische Informationen zu den Produkten abrufen. Der mit den Produkten nach Ansicht von Henkel verbundene Erklärungsbedarf ging dabei weit über das in den Anzeigen Kommunizierte hinaus. Das ganze Procedere war also – mit heutigen Ausdrücken gesprochen – gedacht als eine Art Fax-on-demand, das dann quasi vorgelesen wurde.

Am Telefon geschah nun etwas, das mit dem Erwarteten nur wenig zu tun hatte. Die Verbraucher nahmen diesen neu dargebotenen Kommunikationskanal begierig auf und nutzten ihn dazu, dem Unternehmen Henkel das mitzuteilen, was sie immer schon mal sagen wollten, mangels Adressat aber immer unterlassen hatten. Bevor jemand schmunzelt: Auch heute noch ist in Deutschland die Angabe eines Kommunikationskanals völlig unüblich. Nach aktuellen Untersuchungen gibt es auf rund zwei Dritteln aller im Lebensmittelhandel vertriebenen Verbrauchsgüter keine Information, wie man mit dem Hersteller oder Vertreiber schnell und einfach in Kontakt treten kann.

Dieses Konsumenten-Feedback (das nicht nur die drei beworbenen Produkte, sondern rasch das ganze Sortiment betraf) wurde nun zunächst handschriftlich auf Papier festgehalten und im einfachsten Umlaufverfahren bearbeitet. Mit zunehmender Menge solcher Aktennotizen wuchs aber die Erkenntnis, daß eine systematische und maschinell unterstützte Bearbeitung dieser Informationen nötig wurde. Deshalb entwickelte Henkel Anfang der 90er Jahre eine einfache Datenbank, die es erlaubt, die verdichteten Informationen aus Kontakten mit den Konsumenten im Unternehmen zielgerichtet zu verbreiten.

3.1 Der Aufbau der Datenbank VIAS

VIAS – das Akronym steht für Verbraucher-Informations- und Auswertungs-System – basiert im Wesentlichen auf zwei Informationshierarchien. Die eine ist die **Produkthierarchie**, mit der versucht wird, das komplexe Sortiment an Wasch-, Putz- und Reinigungsmitteln, das Henkel auf dem deutschen Markt anbietet, in Form einer Baumstruktur zu ordnen. Dadurch, daß hier am Anfang des Projekts einmal die Festlegung auf vier Baumebenen getroffen wurde, tut man sich inzwischen manchmal schwer, die sowohl durch eigene Entwicklungen als auch durch Aktivitäten der Marktpartner entstandene weitergehende Komplexität der Produkte und Produktgruppen redundanzfrei abzubilden. Ein Beispiel dafür ist die Produktkategorie der WC-Spüler, die sich anfangs noch durchaus übersichtlich als einzelnes Produkt, dem WC-Beckenstein, präsentierte. Inzwischen ist durch ein fortwährendes Wechselspiel zwischen Innovation und Verbraucherbedürfnis eine ganze Unterkategorie entstanden, die neben den klassischen Produkten für das WC-Becken auch Wasserkastenwürfel sowie flüssige und gelförmige Produkte umfaßt. Hinzu kommt eine Fülle verschiedener Duftrichtungen sowie Sortimente aus Original- und Nachfüllgebinden.

Ebenso hat sich anfangs niemand Gedanken gemacht über einen sinnvollen Umgang mit der im Laufe der Jahre gesammelten Historie, deren einfache Separierung erst später in die Datenbank eingearbeitet wurde. All dies sind Effekte einer „Planung für den Moment“, die während der Entstehung eines Systems häufig außer Acht läßt, wie dauerhaft bekanntlich Provisorien sein können.

Die zweite Informationshierarchie von VIAS ist die **Problemhierarchie**. Hier wird versucht, auf drei Ebenen eine Quintessenz des Kontaktes mit dem Konsumenten zusammenzufassen. Dabei steht obenan die tendenzielle Art des Kontakts, also ob dieser als Reklamation, als Beratung oder eher als Bitte um Zusendung von irgend etwas einzuordnen ist. Diese bewertende Zuordnung hat keinen weiteren Einfluß auf die inhaltliche Beschreibung des Kontakts.

Diese inhaltliche Beschreibung erfolgt in zwei weiteren Stufen mit Hilfe eines Katalogs von rund 60 Haupt- und etwa 1000 Einzelthemen. Wenn dieser sehr fein graduierte Katalog nicht reicht, besteht auch die Möglichkeit, weitgehend unbegrenzt Freitext zu erfassen.

Es hat sich in der Arbeit mit dem System VIAS gezeigt, daß gerade diese Freiheit eine Schwäche des Systems ist. Da der Katalog der Haupt- und Einzelthemen aus der Arbeit der Bearbeiter heraus wächst und sich verändert, wird die Gefahr von Redundanzen und Interpretationsschwierigkeiten immer größer. Eine kontinuierliche kritische Katalogredaktion hat sich im Laufe der Jahre als unverzichtbar erwiesen und wird – verständlicherweise – immer schwieriger, je später man sie aufsetzt.

Ergänzt werden die Informationen in VIAS um allgemeine und spezielle Adreßinformationen. So zählt inzwischen auch die Aufzeichnung der e-mail-Adresse ebenso zum Standard wie das Festhalten der Eingangswasserhärte im Haushalt des Konsumenten sowie gegebenenfalls die Frage nach Hersteller und Typ der Wasch- bzw. Geschirrspülmaschine.

Jedem Kontakteintrag in die VIAS-Datenbank können weitere Prozeßinformationen zugeordnet werden. Das betrifft beispielsweise Zusendungen durch den Konsumenten, Laboruntersuchungen eingesandter Gegenstände, Kommentare hinzugezogener Fachabteilungen und schlußendlich weitere mündliche und schriftliche Stellungnahmen der beteiligten Seiten. Dabei können einzelne Aktivitäten wie Versand von Produkten und Broschüren oder die Informationsweitergabe an Fachabteilungen auch direkt aus dem VIAS-System heraus ausgelöst werden.

Um einmal praktisch deutlich zu machen, worum es bei diesem Verfahren geht, hier ein exemplarischer Ablauf eines Verbraucherkontakts:

- Anruf beim Henkel-Verbrauchertelefon. Eine Konsumentin hat ein aus den USA bezogenes dunkelgrünes Sweat-Shirt mit einem Henkel-Feinwaschmittel gewaschen. Nun stellt sie fest, daß die Farbe an mehreren Stellen verblichen ist. Sie führt diese Beschädigung auf das Waschmittel zurück und möchte von Henkel Schadenersatz.

- Die Mitarbeiterin am Telefon fragt zunächst detailliert alle Einzelheiten zum Waschprozeß ab. Da sich hieraus noch kein Anhaltspunkt für das beschriebene Problem ergibt, bittet sie die Konsumentin, das Sweat-Shirt gebührenfrei an Henkel zu senden. Dazu sendet sie ihr zwei Paketaufkleber zu, die fett gedruckt auf die gebührenfreie Zusendung verweisen. Diese Aktivität wird im Datensatz vermerkt.
- Das Sweat-Shirt geht ein, ebenso die angebrochene Packung des beanstandeten Waschmittels. Der Eingang wird ebenfalls im Datensatz vermerkt.
- Der Konsumentin wird ein neues Originalpaket des beanstandeten Waschmittels zugeschickt. Dieser Versand wird per Mausklick direkt aus dem VIAS-Datensatz ausgelöst.
- Das Textilstück wird zusammen mit dem Waschmittel ins hauseigene Prüflabor gegeben.
- Im Prüflabor ergeben sich Rückfragen. Eine Laborantin ruft die Konsumentin an und fragt, wie das Textil getrocknet worden ist, da die Lage der Ausbleichungen auf Sonneneinwirkung schließen läßt. Ergebnis: Die Ausbleichungen stimmen genau mit der beschriebenen Art des Aufhängens überein. Der in den USA verwendete Farbstoff ist offenbar im feuchten Zustand nicht lichtecht.
- Auf Grund des gesamten, nunmehr fertig dokumentierten Vorgangs wird die ursprüngliche Vorgangsbewertung von „Reklamation" auf „Beratung" geändert.
- Zwei Wochen später schreibt die Konsumentin noch einmal an Henkel und bedankt sich trotz des für sie ungünstigen Ausgangs der Angelegenheit für die Ernsthaftigkeit, die ihrem Anliegen entgegengebracht wurde. Sie fragt gleichzeitig nach einer Bezugsquelle für einen Fußboden-Spezialreiniger in der Nähe ihres Wohnorts.
- Eine weitere Mitarbeiterin von Consumer Relations trägt den abschließenden Kommentar in die Vorgangsbearbeitung ein und eröffnet gleichzeitig mit den Konsumentendaten einen neuen Impuls, der wiederum mit einem Klick zur weiteren Bearbeitung an den Vertriebsinnendienst gesandt wird ...

Die Ansammlung von Hunderttausenden von Vorgängen dieser Art macht aber natürlich nur Sinn, wenn auch ein entsprechendes Auswertungsprocedere zur Verfügung steht, das es erlaubt, aus all diesen Konsumentendaten die richtigen Schlüsse zu ziehen. Hier gilt ein alter Lehrsatz des Daten(bank)managements, nämlich daß Daten erst zu Informationen werden auf der Basis eines vereinbarten Standards der Interpretation.

3.2 Das VIAS-Auswertungsmodul

Die VIAS-Datenbank ist technisch in zwei gespiegelte Hälften geteilt. Eine Seite dieses Spiegels ist die Erfassungsseite, auf der die Agenten des Consumer Service arbeiten, die andere Seite ist das Auswertungsmodul. Beide Seiten der Datenbank werden regelmäßig (zumeist arbeitstäglich) synchronisiert.

Für diese Organisationsform gibt es mehrere Gründe. Da ist zum einen das Element der Datensicherheit, so daß Schäden oder Erfassungsfehler nur den Zeitraum bis zur letzten Synchronisation betreffen können. Andererseits steigert die Teilung auch die Effizienz des Auswertungsmoduls, da sich so Auswertungsläufe und Erfassungsarbeit nicht gegenseitig behindern. Zu guter Letzt ist diese Aufteilung auch ein Beitrag zur Informationsintegrität, denn die gleichzeitige Auswertung und Erfassung von Daten kann im Extremfall natürlich dazu führen, daß ein „aktuelles" Auswertungsergebnis in Sekundenschnelle veraltet ist.

Im Laufe der jahrelangen Arbeit mit VIAS haben sich die folgenden Auswertungstypen als sinnvoll herausgestellt:

- Eine Betrachtung der Hauptthemen aus Sicht der Produkthierarchie. Dabei wird – auf einer beliebigen Ebene dieser Produkthierarchie – eine Auswahl festgelegt. Zu jedem Element der Auswahl werden dann die Hauptthemen aufgelistet und ihre entsprechende Anzahl in den Impulsen angezeigt.
- Eine Betrachtung der Einzelthemen. Hier gilt sinngemäß das gleiche, nur wird die durch die Hauptthemen gegebene Datenverdichtung aufgehoben.

Ein Beispiel soll das erklären. Gefragt sind alle Leistungsreklamationen zu allen Produkten der Marke Weißer Riese. Während die erste Auswertung dann nur pauschal alle Impulse unter dem Hauptthema „Leistung" anzeigt, liefert die zweite Auswertung eine Auflistung aller von Konsumenten angeführten einzelnen Reklamationspunkte wie z. B. Fett, Eiweiß, Pigment, Gras, Straßenschmutz etc.

Wenn man diese Auswertung nur für das Produkt „Weißer Riese Gel" benötigt, kann man die Auswahl auf der Produktseite entsprechend einschränken.

- Das gleiche Auswertprinzip funktioniert auch, indem man von einem Hauptthema ausgeht und sich dann alle Produkte anzeigen läßt, die in Impulsen mit diesem Hauptthema genannt wurden.
- Weitere Auswertungen sind möglich nach Arten der einzelnen Impulse, nach Bearbeitungszeit sowie z. B. nach Impulsen, die mit Freitexten erfaßt wurden.

Alle Auswertungen werden über Zeiträume von maximal 12 Perioden erstellt, wobei eine Periode entweder eine Woche oder ein Monat sein kann. Auf Grund der Fülle des vorhandenen Materials können aktuelle Entwicklungen mit historischen Daten bis zurück ins Jahr 1994 auf Mausklick verglichen werden.

3.3 Der Sinn der Auswertungen

Bei jeder aufwendig erstellten oder präsentierten Statistik stellt sich für den, der sie erzeugt, früher oder später die Frage nach dem Sinn dieses Tuns. Was also passiert mit diesen Auswertungen, die in übersichtlichen Verläufen die per Verbrauchertelefon, Brief, Fax oder E-Mail angesprochenen Themen auflisten?

Zuallererst dienen die Auswertungen der regelmäßigen Berichterstattung an alle Fachabteilungen, in deren Händen das Schicksal der von Henkel produzierten und vertriebenen Produkte liegt, also Produktmanagement, Produktentwicklung, Verpackungsentwicklung, Qualitätssicherung und Produktion. Fallweise in den Informationsfluß einbezogen werden Organisationen wie Ökologie, Produktsicherheit und Öffentlichkeitsarbeit.

Die in der Regelberichterstattung häufig verborgenen „Nachrichten hinter der Nachricht“ sind Gegenstand von regelmäßigen Besprechungen all dieser Gruppen, bei denen die Mitarbeiter von Consumer Relations auf Trends und Entwicklungen eingehen, die sich weniger aus den reinen Impulszählungen ableiten lassen, denen aber nach Einschätzung dieser erfahrenen Profis der Charakter eines „informationshaltigen Grundrauschens“ zukommt. Manchmal geht es dabei darum, ob man das sprichwörtliche Gras wachsen hört oder nur einzelne Anrufe oder schriftliche Äußerungen überbewertet.

Ein Gegenstand der regelmäßigen Auswertung ist die sogenannte Qualitätskennziffer. Das ist mathematisch das simple Verhältnis zwischen den zu einem Produkt eingegangenen Reklamationen und den im gleichen Zeitraum ex factory verkauften Produktpackungen (in Endverbrauchereinheiten gerechnet). Dabei hat sich im Laufe der Zeit ein Schwellenwert von 6 zu 100.000 als zulässiger Standard etabliert. Alle Abweichungen nach oben sorgen so durch simple grafische Darstellung für Aufmerksamkeit und geben die Chance, nach einer Klärung zu suchen.

Auf diese Weise erfüllt VIAS auch die Aufgabe, für Henkel eine Art Frühwarnsystem zu sein. Ein solches Frühwarnsystem noch stärker zu automatisieren ist derzeit Aufgabe der Entwickler. Das Ziel dabei ist es, durch regelmäßigen Vergleich der aktuellen Werte mit den Daten der letzten sechs Monate (rollierend) Abweichungen zu erkennen, die über die üblichen Schwankungen hinausgehen und so die Produktverantwortlichen durch automatisch generierte E-Mails noch schneller zu alarmieren, als dies heute über Monatsauswertungen und den Erfahrungsschatz der beteiligten Mitarbeiter möglich ist.

Der hohe Stellenwert der Mitarbeitererfahrung ist gleichzeitig eine Schwäche des Systems. Er erschwert die fallweise oder auch längerfristige Einbeziehung von externen Call-Center-Dienstleistern ebenso wie die Integration neuer Mitarbeiter in das bestehende Team. Beides wird aber zwingend notwendig, wenn wir die rein deutsche Anwendungsplattform verlassen und versuchen, ein gleich geartetes System für den europäischen Markt aufzubauen.

Nach einer solchen Fülle von Theorie zum Abschluß ein paar Beispiele aus unserer Praxis. Was hat der direkte Draht zum Konsumenten beispielhaft bewirkt?

4. Ein paar Wirkungsbeispiele

Anfang 1996 wurde die Rezeptur von Persil Pulver auf einen neuen Duft umgestellt. Gleichzeitig änderte man durch Beimischung von grünen Sprenkeln das Aussehen des Pulvers; ein Faktum, das auch auf der Packung ausgelobt wurde. Die Ware mit neuem Duft war also auch optisch, ja sogar „von außen“, eindeutig zu erkennen.

Duft polarisiert Käufer und Verwender wie kein zweites Unterscheidungskriterium im Waschmittelgeschäft. Deshalb werden gerade Duftänderungen sorgfältig von Untersuchungen der Marktforschung begleitet, ob sie den gewünschten Effekt einer positiven Marktanteilsveränderung haben werden oder nicht. In diesem Fall nun trat zwar der gewünschte Effekt ein, daß neue Verwender hinzu gewonnen wurden, gleichzeitig aber protestierten Stammverwender in so großer Zahl und gleichzeitig derart heftig, daß in den entsprechenden Gremien entschieden wurde, die Duftdosierung um 50 % zu verringern. Die gewünschte Wirkung trat innerhalb weniger Wochen ein. Die Reklamationen gingen gegen Null, gleichzeitig stabilisierte sich der Marktanteil von Persil auf einem neuen, höheren Niveau.

Vor einigen Jahren registrierten wir am Verbrauchertelefon innerhalb weniger Tage mehrere Fälle, bei denen sich Käufer an den Tragegriffen von Waschmittel-Großpackungen verletzt hatten. In allen Fällen waren die Griffe an einer Seite aus dem Karton herausgerissen und hatten die Käufer an der Handinnenseite verletzt. Eine sofort nach „Alarmauslösung“ gebildete Task Force fand am gleichen Tag die Schwachstelle: ein verschlissenes Nietwerkzeug in einer Packanlage. Der Fehler wurde behoben, so daß keine weiteren Fälle von Verletzungen mehr auftreten konnten.

Obwohl in der Meinung der externen wie der Firmen-Öffentlichkeit von Consumer Relations immer wieder der Eindruck einer Beschwerdestelle vorherrscht, bildet doch schon seit Jahren die Beratung den Löwenanteil der eingehenden Impulse. Dabei sorgt die zunehmende Vielfalt der in Haushalten vorhandenen und verarbeiteten Materialien für immer neue Fragestellungen.

Seit Mitte der 90er Jahre verzeichneten wir im Bodenpflegebereich eine starke Zunahme der Fragen nach einem geeigneten Produkt für Fußböden aus Kork oder Laminat. Die Fragen waren schließlich auch ihrer Zahl nach so stark wahrzunehmen, daß ein Produkt extra für diese Bodentypen entwickelt und getestet wurde. Die Marktforschungsergebnisse waren so erfreulich, daß einem Launch nichts im Wege stand. Heute steht „Sofix für

Laminat und Kork“ gleichberechtigt neben seinen etablierten Schwestern aus der großen Sofix-Produktfamilie.

Eine besondere Art der Endverbraucherkommunikation ist es, Menschen zu einem durchaus schon länger zurück liegenden Thema noch einmal anzuschreiben und sie darauf hinzuweisen, daß wir aus der uns gegenüber geäußerten Kritik gelernt haben und ihnen jetzt etwas anbieten können (und gleichzeitig auch zusenden), das dem entspricht, nach dem sie damals gefragt haben. Wir haben solche Aktionen schon mehrfach mit als auch ohne ausgesprochenes Responseelement durchgeführt und bei jedem Mal beeindruckendes Feedback bekommen – am beeindruckendsten vielleicht beim letzten Mal. Anlaß war die Einführung von Persil Sensitiv-Gel, dem ersten Waschmittel für haut- und duftsensible **Verbraucher**, das für alle Textilarten – auch farbige - geeignet ist. Wir haben alle Personen angeschrieben, die mit dem Wunsch nach einem solchen Produkt an uns herangetreten waren, und ihnen eine Flasche zugeschickt. Obwohl unsererseits kein Feedback-Element in dem Mailing vorgesehen war, haben uns über die Hälfte der Angeschriebenen geantwortet, zum Teil mit beeindruckenden Erfahrungsberichten.

5. Ein Statement zum Schluß

Wohl kaum ein wirtschaftswissenschaftlicher Begriff der jüngsten Zeit hat so viele verschiedene Interpretationen erfahren wie CRM – und dies mit Recht, hat doch fast jeder seine eigene Vorstellung davon, welche Werte, Maßnahmen und Ziele er mit diesem Schlagwort verbinden wird. Aus der Sicht meiner Arbeit möchte ich diesem Kanon im Sinne des **Consumer Relationship Management** eine Begriffsbestimmung hinzufügen, die so im Dezember 2001 auf einer Arbeitstagung der internationalen Unternehmensvereinigung „The Conference Board Europe“ in London präsentiert wurde:

“CRM is to change a big organisation`s look and feel towards the one of the local grocer`s at the corner of the Green“

Mit anderen Worten: Im Consumer Relationship Management haben wir dann eine erste Etappe erreicht, wenn alle unsere Werkzeuge und Maßnahmen dazu beitragen, daß sich ein Großunternehmen seinen Konsumenten im direkten Dialog so präsentiert wie der sprichwörtliche „Kaufmann an der Ecke“. Bis dahin ist es überall noch ein weiter Weg.

Johannes Kleinsorg

Vom Abnehmer zum Kunden – CRM im liberalisierten Energiemarkt: Die N-ERGIE Aktiengesellschaft auf dem Weg in die Zukunft

Vorbemerkung

Customer Relationship Management – oder besser das Kürzel CRM - ist seit Jahren ein wichtiges Thema der modernen Absatzwissenschaft und erscheint in der Praxis als das Allheilmittel in einem globalisierten, von Preiskämpfen gekennzeichneten Umfeld. Es gibt in der Tat viele Beispiele von Unternehmen, die der Philosophie des CRM folgen und seine Methoden mit Erfolg einsetzen.

Es gibt aber auch Branchen für die dieses Thema völlig neu ist. Die Energiewirtschaft war bis vor drei Jahren eine solche Branche. Vor der Liberalisierung des Energiemarktes gab es in den Unternehmen der Branche schlicht die Aufgabe „Vertrieb“ nicht. Damit war nicht nur CRM neu, sondern der ganze Baukasten des modernen Marketings fehlte. In traditionell auf freien Märkten agierenden Unternehmen folgten in den letzten Jahrzehnten auch die Marketing- und Vertriebstätigkeiten einer sozusagen evolutionären von der Wissenschaft begleiteten Entwicklung. In Anpassung an die sich verändernden Rahmenbedingungen sind viele von ihnen jetzt bei CRM angelangt. Für die Unternehmen der Energiebranche hingegen bedeutete die im April 1998 auf einen Schlag in Kraft getretene Liberalisierung des Strommarktes eine Revolution insbesondere für den Absatzbereich.

1. Besonderheiten des Energiemarktes

Vor der Liberalisierung war die Energiewelt einfach. Jedes Unternehmen der Branche hatte sowohl regional und entlang der Wertschöpfungskette klar abgegrenzte Aufgaben und Zuständigkeiten. Die Versorgung des Endverbrauchers mit Strom lag in den allermeisten Fällen in den Händen des örtlichen Stadtwerkes oder – im Umland der Städte – in denen des für das Gebiet zuständigen Regionalversorgers. Alle privaten Haushalte, alle Unternehmen, alle in einer abgegrenzten Region angesiedelten Stadtwerke waren gezwungen ihren Bedarf bei dem regional zuständigen Stadtwerk bzw. Regionalversorger zu decken. Es gab daher keine Kunden im Sinne eines Marktteilnehmers, der seinen Lieferanten frei wählt. Es gab vielmehr drei Gruppen von Abnehmern: die Tarifkunden – private Haushalte, die gemäß staatlich genehmigten Tarifen mit Strom beliefert wurden (aber werden mussten), die Sondervertragskunden, für deren Belieferung ein Vertrag („Sonder“, weil nicht nach Tarif) bilateral – auf der Basis der Bedingungen des Versorgers - geschlossen wurde und die „Weiterverteiler“ - Stadt- und Gemeindewerke -, die selbst Endkunden versorgten.

Der „Marktanteil" in der Region betrug für das jeweilige Unternehmen 100%. Außerhalb der per Demarkation festgelegten Region 0%.

Mit der Liberalisierung wurde den Stromabnehmern die Wahl ihres Lieferanten freigestellt und die regionalen Monopole der Versorgungsunternehmen aufgehoben.

Während deutsche und ausländische NewComer ausgestattet mit modernen Marketinginstrumenten auf den Markt drängten, standen die traditionellen Unternehmen vor der Herausforderung behördenähnliche Strukturen in Kundenorientierung umzusetzen.

Aber schon in der Lagebeurteilung ergab sich hier ein fundamentaler Unterschied zu den schon am freien Markt agierenden Unternehmen: die Marktrolle des Unternehmens war nicht definiert bzw. sie hieß: alle Bürgerinnen und Bürger, alle Einrichtungen und Unternehmen in der jeweiligen Stadt oder Region mit Strom beliefern. Genau das taten – meist nach genau den gleichen technischen, betriebswirtschaftlichen und staatlichen Vorgaben - ca. 1000 Werke in ganz Deutschland. Die Frage nach dem Alleinstellungsmerkmal, die CRM-Hauptfrage nach der Segmentierung von Kundengruppen war nie gestellt worden und sie stellte sich zunächst auch nicht, denn der Marktanteil betrug 100%. Eine Beschränkung auf lukrative Kunden konnte es bis zur Liberalisierung nicht geben, aber auch heute noch versuchen viele Stadtwerke um jeden Preis jeden ihrer Kunden zu halten.

Die Hilferufe der Kundenbetreuer – „gebt uns niedrigere Preisuntergrenzen, und wir halten jeden Kunden" – waren natürlich die erste Reaktion. Der zum CRM gehörende Ansatz, Kunden über Differenzierung und Qualitätsführerschaft halten zu können, war unbekannt und wäre natürlich in der ersten Phase des Wettbewerbes im chaotischen Getöse des Marktanteilkampfes der Großen und der NewComer untergegangen.

Jetzt aber steht genau diese Aufgabe an: trotz eines homogenen Kernproduktes mit mindestens nationaler Preistransparenz Kunden binden. Vom Stromversorger zum „Lösungsanbieter" in allen Energiefragen werden, Antragsbearbeitung von gestern durch Servicequalität von morgen ersetzen.

Die Liberalisierung der Energiemärkte stellt hinsichtlich einer Vielzahl von Themen große Herausforderungen an die traditionellen Energieversorgungsunternehmen: Vertrieb und Marketing, Energiehandel, Billing, IT-Unterstützung sind nur die wichtigsten. Mit dieser Herausforderung einher ging ein Verfall der einstigen Monopolmargen. Derzeit führt dies zu einer totalen Umgestaltung der Branchenstruktur.

In diesem Umfeld entstand die N-ERGIE Aktiengesellschaft aus dem Zusammenwachsen der beiden traditionellen Monopolunternehmen Energie- und Wasserversorgung AG, kurz: EWAG, Ex-Monopolist in der Stadt Nürnberg, und Fränkisches Überlandwerk AG, kurz: FÜW, Ex-Monopolist im Bezirk Mittelfranken. Für die Organisationsbildung des neuen Unternehmens lauteten die Prämissen:

- Die N-ERGIE ist ein marktorientiertes Unternehmen.
- Die Kernprozesse orientieren sich ausschließlich an den Kunden.

2. Die CRM-Philosophie der N-ERGIE Aktiengesellschaft

Beide „zentralen Bereiche“ des CRM - integrierte Informationssysteme und am Kunden orientierte Geschäftsprozesse - wurden bei der Umwandlung der Traditionsunternehmen in die neue N-ERGIE berücksichtigt.

An erster Stelle stand ein Prozeß zur Entwicklung einer Vision. Schließlich wird kein Unternehmen durch Beschluss zum kundenorientierten Unternehmen; es kommt vielmehr darauf an, möglichst viele Mitarbeiter auf die Reise mitzunehmen. Dieses bedeutet i. d. R. Einsatz von Zeit, Zeit aber fehlt meistens und wenn von einem Tag auf den anderen plötzlich die Liberalisierung in nicht geplantem Umfang am Markt Wirkung zeigt, dann gilt: „wer zu spät kommt, ...“. Deshalb wurde die Entwicklung des Unternehmenszwecks und der Vision in einer sehr dichten Folge von Workshops auf allen Ebenen entwickelt.

Die Kernaussagen unserer Vision lauten:

- Die N-ERGIE ist in ihrem Wirtschaftsraum der Marktführer für Energie- und Wasserlieferungen sowie bei Lösungen, Leistungen und Produkten rund um die Themen Licht, Kraft, Wärme, Wasser und Telekommunikation.
- Die N-ERGIE ist treibende Kraft in ihrem Marktsegment und in dem Netzwerk der mit ihr verbundenen Unternehmen.
- Für die N-ERGIE und ihre Mitarbeiter ist es selbstverständlich, dem Kunden zu dienen.

Diese Formulierungen bedeuten in der Tat eine revolutionäre Änderung gegenüber der am Monopol ausgerichteten Aufgabenstellung der beiden Altunternehmen. Es ist derzeit eine wesentliche Aufgabe aller Personalentwicklungsmaßnahmen, das neue Selbstverständnis im Unternehmen zu verankern. Damit die mit hohem Aufwand einzuführenden CRM-Prozesse und -Systeme zum gewünschten Erfolg führen, ist eine entsprechende Unternehmenskultur unabdingbare Voraussetzung. Ein konsequentes Veränderungsmanagement ist daher Erfolgsfaktor. Dennoch ist zu berücksichtigen, dass für die meisten Mitarbeiter und auch für viele Führungskräfte die sich ergebenden persönlichen und fachlichen Anforderungen vollkommen neu sind. Entsprechend ist bei der CRM-Einführung mit Schwierigkeiten zu rechnen, die immer wieder die Erklärung von Zielrichtung und notwendigen Maßnahmen erfordern. Insbesondere die Erkenntnis, daß Kundenorientierung und auch CRM Angelegenheit des gesamten Unternehmens und nicht nur des Vertriebs sind, entwickelt sich nur langsam. Und der Vertrieb muß nun seiner Verantwortung als ganzheitlicher Beziehungsmanager dem Kunden gegenüber gerecht werden. Dabei müssen Kundenmanager und -berater lernen, alle relevanten Kundeninformationen zeitnah, korrekt und vollständig zu erfassen. Wichtig ist auch die Bereitschaft, temporär bereichsübergreifende „Verkaufsteams“ zu bilden.

Abgeleitet aus Unternehmenszweck und Vision ist das Konzept zur Führung der Marke N-ERGIE entstanden. Es beinhaltet den Aufbau der Kompetenzfelder Strom, Erdgas, Wasser, Wärme sowie Technik, Effizienz und Service jeweils mit dazugehörigen Produktgruppen und Produkten. Mit dem Anspruch und Claim „N-ERGIE. Ein Name. Viele Lösungen." gehört der einfache aus Energie- und Wasserlieferverträgen bestehende Leistungskatalog der Vergangenheit an.

3. Umstellung der Organisation als Voraussetzung für CRM

Der N-ERGIE Konzern hat sich eine streng prozessorientierte Organisation gegeben. Die N-ERGIE Aktiengesellschaft ist als Führungsgesellschaft konzipiert. Im Mittelpunkt stehen die drei Geschäftsbereiche **Verteilung** – verantwortlich für alle Energie- und Wassernetze, **Energie- und Wassermanagement** – verantwortlich für die Erzeu-gung, Gewinnung und Beschaffung von Energie und Wasser, sowie das **Marktmanagement** - verantwortlich für alle Marketing- und Vertriebsaktivitäten. Außerdem finden sich in der AG alle wesentlichen Service- und Unterstützungsfunktionen. Die Erbringung von sogenannten Asset Services für Verteilung und Energie- und Wassermanagement sowie von Dienstleistungen für Kunden erfolgt in Tochtergesellschaften. Ein wesentliches Diskussionsthema war die Frage, ob jede dieser Tochtergesellschaften über eigene Vertriebseinheiten für ihr jeweiliges Leistungsprofil verfügen sollte oder ob dem Kunden ein ganzheitliches Lösungsangebot über das Marktmanagement der AG geboten wird. Unter Beachtung des CRM-Kriteriums „One-Face-to-the-Customer" sowie der Einsicht, dass der Aufbau eines professionellen Vertriebs im gegebenen Umfeld von sehr knappen Ressourcen geprägt ist, fiel die Entscheidung für den ganzheitlichen Vertrieb durch das Marktmanagement der AG.

Kern der neuen Vertriebsorganisation ist die Trennung von originären Vertriebs- und Marketingaufgaben einerseits und den Aufgaben aus den Gebieten Customer Care und Billing andererseits. Diese Trennung manifestiert sich in der Gründung einer eigenständigen Customer Care und Billing-Gesellschaft – der CentraPlus GmbH & Co KG. Die Aufgaben des Kundenkontaktmanagements – insbesondere des Call Centers – und der Abrechnung verursachen einen großen Fixkostenblock im Vertrieb. Gleichzeitig gehören diese Aufgaben nicht zum Kerngeschäft eines Energiedienstleisters. Der Aufbau einer externen Servicegesellschaft, deren Leistungen an Marktpreisen gemessen werden, ist in der Energiebranche eine noch sehr seltene wohl aber fortschrittliche Lösung. An der CentraPlus haben sich bis Oktober 2001 weitere 10 kleine und mittlere Stadt- und Gemeindewerke beteiligt. Auf diesem Wege können Synergieeffekte durch Erhöhung der Betreuungs- und Abrechnungsfälle erzielt werden.

Auch der eigentliche Vertrieb wurde neu organisiert. Prinzipiell erfolgte eine Aufteilung in die drei Blöcke:

- Verkauf sowie Auf- und Ausbau von Kundenbeziehungen
- Verkaufsunterstützung und Zusammenarbeit mit Leistungserbringungseinheiten
- Gestaltung der Rahmenbedingungen der Vertriebsarbeit: Steuerung und Marketing

Der erste Block bildet in seiner Organisation eine systematisch auf einer oberen Ebene vorgenommene Kundensegmentierung ab. Die bisher übliche Aufteilung in Tarif- und Sondervertragskunden wurde abgelöst durch eine an Kundenerwartungen und an Dekkungsbeitragspotentialen orientierten Struktur:

- Privat- und Gewerbekunden
- Kommunale Kunden
- Immobilien- und Arealkunden
- Geschäftskunden

Privat- und Gewerbekunden:

Es handelt sich um alle Privathaushalte und Gewerbebetriebe, deren Deckungsbeiträge eine Betreuung durch Kundenmanager nicht rechtfertigen. Außerdem sind die dieser Gruppe angebotenen Produkte besonders homogen: die Lieferung von Strom, Gas, Wasser und Wärme mit vergleichsweise nur geringen Differenzierungsmöglichkeiten über Zusatzdienstleistungen. Die Betreuung einmal akquirierter Kunden wird durch das Call Center und die Billing-Abteilung der CentraPlus im Namen und im Auftrag der N-ERGIE durchgeführt. In direkter Verantwortung der Abteilung liegt die Verkaufsstrategie im B2C-Markt. Ebenso erfolgt hier die Akquisition und Betreuung von Vertriebskanälen und Marktpartnern, wie z. B. Vereinen und Installateuren.

Kommunale Kunden:

In Anerkenntnis der Tatsache besonderer Kaufentscheidungsprozesse bei staatlichen oder staatsnahen Kunden werden hierunter alle kommunalen Einrichtungen, Versorgungsunternehmen sowie Institutionen der Länder und des Bundes verstanden. Unternehmen mit öffentlichem Mehrheitsaktionär aber eigenständigen Auftritt, z. B. Flughäfen, werden von der Abteilung Immobilien- und Arealkunden betreut.

Innerhalb der Abteilung werden – deckungsbeitragsorientiert – einige Kunden von speziellen Key-Account-Managern bedient.

Immobilien- und Arealkunden:

Für bestimmte Kundengruppen sind ganzheitliche, an der Bereitstellung der Infrastruktur ausgerichtete Dienstleistungen der Energiewirtschaft schon heute von besonderer Bedeutung. Marktanalysen haben ergeben, dass es sich hierbei in erster Linie um Branchen handelt, deren Leistungserbringung in besonderer Weise die Verfügbarkeit von Immobilien voraussetzt. Hierzu zählen Wohnbaugesellschaften, Hausverwaltungen, Gewerbezentren/-parks sowie Flughäfen („Areal-Versorger"), Banken und Versicherungen, Immobiliengesellschaften, Krankenhäuser, Pflege- und Altenwohnheime, kirchliche Einrichtungen, Hotels und ähnliche Einrichtungen. Die Kundenmanager sind jeweils für eine oder mehrere dieser Branchen zuständig. Auch hier wird zwischen Key-Accounts- und Nicht-Key-Accounts unterschieden.

Geschäftskunden:

Alle Firmenkunden, die nicht unter die Definitionen Kommunale Kunden, Immobilien- und Arealkunden und Gewerbekunden fallen, sind im Verantwortungsbereich der Abteilung Geschäftskunden angesiedelt. Hierbei handelt es sich um Unternehmen, für deren Produktionsprozess elektrische Energie und ggf. auch Gas unverzichtbare Faktoren sind. Dies gilt z. B. für die Industrie, Handelsketten, große Gärtnereien, Kühl- und Lagerhäuser u. ä.

In diesem Kundensegment steht nach wie vor die kostengünstige und serviceorientierte Lieferung von Energie im Vordergrund. Das Angebot von Energiedienstleistungen wird insbesondere im Bereich der kleinen und mittleren Unternehmen nur langsam auf Interesse stoßen. Die werthaltigsten Kunden werden hier ebenfalls von Key-Account-Managern betreut.

Neu ist aber nicht nur diese an Kundenbedürfnissen und marktstrategischen Gesichtspunkten ausgerichtete Organisation der Verkaufseinheiten; neu ist auch die klare Trennung von Innen- und Außendienst. Die Kundenmanager verfügen über eine für die Branche ungewöhnliche Ausstattung mit allen zu einem modernen „Mobile Office" gehörenden Instrumenten; einschließlich eines ISDN-Anschlusses zuhause.

Jeder Verkaufsabteilung (Außendienst) ist ein Verkaufsunterstützungsteam zugeordnet. Die Verkaufsunterstützungsteams sind im sogenannten „Kompetenzcenter" zusammengefaßt. Sie stellen die unmittelbare Vor- und Nachbereitung von Kundenbesuchen, eine ständige telefonische Erreichbarkeit von kompetenten Ansprechpartnern und die Koordination aller zur Erfüllung eines Kundenauftrages notwendigen Maßnahmen sicher. Durch diese Organisation wird gewährleistet, dass sich die Kundenmanager voll auf ihre an CRM-Grundsätzen ausgerichteten Aufgabe als Beziehungsmanager konzentrieren können. Im Zusammenhang mit den neuen Lösungsangeboten im Gebiet der Energiedienstleistung ist die ständige Optimierung der Beziehung zu den Leistungserbringungseinheiten wesentliche Aufgabe der Leitung des Kompetenzcenters.

Im Rahmen eines ganzheitlichen Verständnisses der Gestaltung aller Marktbeziehungen des Unternehmens wurden dem Bereich Marktmanagement ebenfalls die Vertriebssteuerung bzw. das -controlling und das Marketing zugeordnet. Die Marketingabteilung entwickelt rsp. koordiniert alle Maßnahmen entlang der „Line of visibility". Dies umfaßt insbesondere Marktforschung, Produktentwicklung einschließlich Marketingmix sowie

Marktkommunikation. Die Marketingabteilung konzipiert auch alle inhaltlichen Aspekte des CRM.

Die Vertriebssteuerung stellt alle steuerungsrelevanten Informationen bereit und koordiniert Einführung und Einsatz der IT-Systeme. Auch ihr kommt damit für den kontinuierlichen Ausbau des CRM-Ansatzes wesentliche Bedeutung zu. Die Besonderheiten des Energieverkaufs verlangen schon allein wegen der besonderen Risikobedingungen im Energiehandel eine möglichst genaue Kenntnis und Prognose des Energieverbrauchsverhaltens von Kundengruppen und einzelnen Kunden. Die Vertriebsteuerung ist daher auch verantwortlich für die ständige Abstimmung der Verkaufspositionen im Vertrieb mit den Einkaufspositionen im Energie- und Wasserhandel.

Diese mit enormen Entwicklungsaufwand entwickelte Vertriebsorganisation ist nur eine Grundvoraussetzung für ein modernes CRM. Sie zu implementieren bedeutet schon eine erhebliche Neuausrichtung. Für CRM aber müssen weitere Schritte folgen. Dabei wird es vor allem darum gehen, die Kundensegmentierung jeweils im B2B- und B2C-Bereich deutlich zu verfeinern, um jeweils spezielle Angebote für Detailsegmente bis hin zu Einzelkunden machen zu können.

Voraussetzung hierfür ist es allerdings die deutliche Verbesserung der Kundeninformationen nach Anzahl und Qualität.

4. Vom Abrechnungssystem zu integrierten CRM-Systemen

Bis zur Liberalisierung waren die einzigen relevanten Daten über die Stromabnehmer die Daten, die für die Erstellung der Rechnung erforderlich waren. Entsprechend waren die Abrechnungssysteme aufgebaut: Abnahmemenge, Zählernummer, Preise, Rechnungsanschrift, Name, Vorname – mehr war nicht nötig. Die Rechnungen der Stromwirtschaft waren in der Aufbereitung nicht sehr kundenorientiert. Verschiedene staatliche Abgaben erschweren eine transparente Rechnungsstellung. Gleichzeitig mussten und müssen diese Systeme wegen der hohen Anzahl von Kunden und Messwerten sehr mächtig sein. Bisher standen IT- und abrechnungstechnische Gesichtspunkte bei der Entwicklung von solchen Systemen im Vordergrund. Auch bei den neuen in den letzten Jahren angebotenen Systemen werden die CRM-Anforderungen noch vernachlässigt. Dringend erforderliche integrierte Lösungen für Kundeninformation und Abrechnung fehlen noch. Erst langsam kristallisieren sich die speziellen Anforderungen an CRM-Systeme in der Energiewirtschaft heraus.

Die N-ERGIE Aktiengesellschaft baut – auf der Basis der SAP R3-Welt – die notwendigen Systeme auf. Eingeführt wird das System IS-U von SAP, daß weiterhin eher ein

Abrechnungssystem ist. Eine Verknüpfung mit dem System EVI (EnergieVertriebsInformation) der Firma Cursor, einer branchenspezifischen Lösung, die in ersten Ansätzen über die Grundsatzanforderungen an ein Kundeninformationssystem hinaus geht, macht hier alle kundenrelevanten Daten für die Kundenmanager auch im Mobile Office verfügbar. Allerdings steckt hier der Teufel im Detail. Weil eine ganzheitliche CRM-Lösung noch fehlt, werden zur Zeit verschiedene Altsysteme über ein Datawarehouse miteinander kombiniert, so dass wenigstens rudimentär die im Hause vorhandenen Kundeninformationen möglichst vollständig dem Vertrieb zur Verfügung stehen.

Wiederum mit anderen Tools werden derzeit Pilotprojekte im Data-Mining durchgeführt. Im B2C-Geschäft konnten so erstmalige Erfahrungen mit Outbound-Aktionen des Call-Center gemacht werden.

Alle aktuellen Lösungen sind pragmatische Ansätze, um wenigstens ein Minimum an CRM-orientierter IT-Unterstützung in der derzeitigen turbulenten Wettbewerbsphase zu erreichen.

Für das weitere Vorgehen wurde ein systematischer Anforderungskatalog an die notwendigen IT-Systeme entwickelt. Er beinhaltet folgende Systeme:

- CRM-System für Kundeninformationen, -beratung und Vertriebssupport
- Managementinformationssystem mit auf Vertrieb spezialisierter Balanced Score Card
- Marketingdatenbank-System
- Wissensbörse (realisiert durch Datenbanken in Lotus Notes)
- Marktpartnerbetreuungssystem inkl. Extranet
- Projektmanagementsystem
- Abrechnungssystem
- Work-Flow-System

Im Mittelpunkt der IT-Landschaft steht das CRM-System. Es dient u. a. der Darstellung aller relevanten Informationen über den Kunden. Dies umfaßt Ansprechpartner, Kundenpotentiale, Umsätze, Absätze, Vertragsdaten und Berechnungsmodalitäten für den Kundenwert. Dabei beziehen die Kundenpotentiale sowohl die Vergangenheitswerte des Energieverbrauches, übernommen aus dem Abrechnungssystem, als auch auf Erkenntnisse über Ansätze für Dienstleistungsverkauf. Das System wird den Kundenmanager mit einem Vertragsgenerator unterstützen, so daß Standardverträge modular beim Kunden erstellt, vor Ort ausgedruckt und damit auch abgeschlossen werden können. Außerdem bietet das System Zugriff auf eine zentrale Sammlung von Informationen und Werkzeugen zur Verkaufsunterstützung, wie z. B. Argumentationshilfen und Checklisten.

Der Kundenmanager wird über das CRM-System für ihn relevante Daten des Managementinformationssystems abrufen können. Damit kann er z. B. seine Zielerreichung überprüfen und Szenarien, wie z. B. die Auswirkung der Kündigung eines Liefervertrages auf sein Lieferportfolio, rechnen.

Neben einem System, welches die unmittelbare Unterstützung der Kundenmanager zum Ziel hat, ist es für einen umfassenden CRM-Ansatz notwendig, alle Marketingmaßnahmen systemgestützt zu planen und durchzuführen. Das Marketingsystem der N-ERGIE Aktiengesellschaft wird über eine Vielzahl von Funktionen verfügen. Hierzu gehören die zentrale Datenspeicherung von Marktforschungsergebnissen ebenso wie Verwaltung von Kunden- und Unternehmensdaten zur Unterstützung von Marketing-Aktivitäten, wie Kundensegmentierung oder Loyalitätsprogrammen (z. B. Kundenclub) und deren Erfolgsauswertung (Responseanalyse). Für das Marketing von Bedeutung ist auch die Möglichkeit der Simulation bei der Entwicklung von Preismodellen.

5. Fazit

Die Anfangsphase der Liberalisierung war von schwacher Wettbewerbsintensität geprägt. Anfang 2002 wird auch der Gasmarkt liberalisiert. Gleichzeitig haben viele Unternehmen der Branche ihre Restrukturierungen abgeschlossen, neue Unternehmen aus dem In- und Ausland haben den Markteintritt geschafft. Die Branche hat innerhalb von drei Jahren eine vollständig veränderte Struktur entwickelt. In diesem Umfeld ist die wichtigste Erkenntnis, dass vieles nicht erst vollständig geplant und systematisch aufgebaut werden kann. Veränderungen müssen, wenn der Markt einen nicht überrollen soll, revolutionär sein. Dies ist eine außerordentliche Herausforderung für Organisationen, die über Jahrzehnte hinweg nahezu unverändert waren, in denen die allermeisten Mitarbeiter ihre ersten und letzten beruflichen Schritte getan haben, die immer eher Behörde als Unternehmen waren. Sie arbeiten auch heute noch mit dem Personalstamm, den sie in jenen Zeiten aufgebaut haben.

Eigentlich ist damit die Anpassung an die neuen Bedingungen eine Generationsfrage. Soviel Zeit aber bleibt nicht. Der wichtigste Erfolgsfaktor für die Umstellung auf Marktorientierung ist daher das Veränderungsmanagement. Bevor also wissenschaftlich begründete CRM-Ansätze eingeführt werden und Erfolg zeigen können, müssen Menschen verändert werden. Aber nicht nur bei der Personalentwicklung in allen Unternehmensbereichen macht der Zeitbedarf oft einen Strich durch die Vorstellungen z. B. von CRM, sondern auch die vorhandenen mächtigen IT-Systeme können nicht von einem Tag auf den anderen abgelöst werden. Die zeitlichen Verzögerungen gründen dabei sowohl in der geschilderten Personalproblematik als auch in objektiv vorhandenen Schwierigkeiten, IT-Systeme, die für die Branche völlig neue Anforderungen erfüllen, verfügbar zu machen.

Vor diesem Hintergrund ist die Verfügbarkeit von Managementkapazität besonders kritisch. Die prozessorientierte Organisation der N-ERGIE schafft hier klare Strukturen und

Verantwortlichkeiten. Gerade die für die Branche noch untypische Trennung von Vertriebs- und Marketingaufgabe einerseits und Customer Care und Billing andererseits trägt dieser Herausforderung Rechnung. Die Herausforderungen zur Einführung von CRM-Denken und -Handeln wird damit auf die Managementkapazität zweier Organisationen verteilt.

Als Fazit ist daher festzustellen: es wird dauern bis die Energiebranche das CRM-Niveau anderer Sektoren erreicht hat. Die besondere Marketingherausforderung der homogenen Kernprodukte Strom und Gas macht CRM allerdings zu einer Überlebensfrage. Im Wettbewerb werden die Erfolg haben, die dies erkennen und schnellstens umsetzen.

Ulrike Eberhardt

Kundenwertprogramm der Deutschen Telekom „Happy Digits" - Konzeption und Monitoring

1. Einleitung

Dieser Beitrag zeigt am aktuellen Beispiel von „Happy Digits“ die Herausforderungen beim Aufbau des Monitorings für ein umfassendes Bonusprogramm zur Steigerung der Kundenbindung und des -wertes in der Telekommunikation. Er basiert auf den Erfahrungen eines Konzeptions- und Implementierungsprojektes, das die Autorin in Zusammenarbeit mit mehreren Dienstleistern im Zeitraum von Januar bis August 2001 seitens Detecon leitete.

„Happy Digits“ wurde von der Deutschen Telekom (im folgenden kurz: DT) Ende 2001 auf dem Markt als ein offenes Bonusprogramm eingeführt. Jedem Kunden der DT sowie denen der externen Partnerunternehmen wird nach Anmeldung zum Programm beim Kauf von DT-Produkten eine bestimmte Anzahl von „Digits“ (1 Digit = 1 Cent) gutgeschrieben. Der Teilnehmer spart die Digits auf einem separaten Digits-Konto an und kann sie nach Erreichen einer Einlöseschwelle in Form von Bargeld, Sachprämien, Spenden etc. einlösen. Zentrales Medium ist die Kundenkarte, mit der sich der Teilnehmer beim Kauf in T-Punkten oder anderen Einkaufsstätten externer Partner identifiziert, damit ihm die Digits gutgeschrieben werden können. Bei den Telefonrechnungen der T-COM bzw. der T-Mobil erfolgt eine automatische Gutschrift durch die IT-Systeme. Weiterer wichtiger Bestandteil bildet die Online-Plattform, auf der der Teilnehmer die Möglichkeit hat, alle Funktionen des Programms (z. B. Online-Kontoführung, Online-Bestellungen, Online-Anfragen), selbst durchzuführen sowie weitere Services wie Downloadprämien, Spiele, Verlosungen etc. zu nutzen.

Die Grundkonzeption des Programms sowie der Ansatz, mehrere DT-interne und in Zukunft auch externe Unternehmen zu integrieren, entspricht dem Aufbau eines neuen, eigenständigen Unternehmens mit eigenen Kunden, eigener Produktionsplattform, einer Vielzahl von Lieferanten sowie einer Bank, letztere geführt von einem Rabattsparverein. Dem **Monitoring**, d. h. der Überwachung strategischer und operativer Zielsetzungen kommt daher eine besondere Bedeutung zu. Es sind nicht wie bei Produktentwicklungen einige zusätzlichen Anforderungen an ein bereits etabliertes Monitoring oder Datawarehouse (im folgenden kurz: DWH) zu stellen, sondern eigene Mechanismen und Konzepte zu implementieren.

Nach der Darstellung des Programmhintergrundes und der Notwendigkeit zur Kundenbindung- und Kundenwertsteigerung in der Telekommunikation gibt der Beitrag Empfehlungen zur Umsetzung der zentralen Aspekte des Monitoringaufbaus.

2. Notwendigkeit zur Kundenbindung und -wertsteigerung in TK-Märkten

Die Hauptveranlassung zur Implementierung von „Happy Digits“ liegt in dem zunehmenden Wettbewerb auf allen drei Teilmärkten der Telekommunikation: Festnetz, Mobilfunk und Internet.

So fiel im **Festnetz** am 01.01.1998 das letzte Monopol der DT. Seit dem nutzen alternative Anbieter die Möglichkeit, festnetzgebundene Sprachdienste und darauf aufbauende Services, bei den bis zu diesem Zeitpunkt zur DT zählenden Kunden anzubieten. Einigen von den ca. 177 alternativen Anbietern (= Inhaber der Lizenz zur Übertragung von Sprachdiensten, vgl. RegTP (2001), S. 13), gelang es durch Preise, die für ausgewählte nationale oder internationale Distanzen und bestimmte Uhrzeiten z. T. 70% bis 90% unter denen des ehemaligen Monopolisten lagen, erhebliche Marktanteile zu gewinnen. Heute nehmen die Wettbewerber bei den Verbindungsumsätzen einen Marktanteil von 25 % ein. Ihre Kunden können insbesondere bei nationalen und internationalen Fernverbindungen entweder durch Call-by-Call (→ Glossar) oder via Preselection (→ Glossar) erhebliche Einsparungen ihrer Telefonkosten realisieren.

Mit der Einführung der „Entbündelung“ (→ Glossar) zum 01.01.2001 dehnt sich der Wettbewerb nun auch auf die Anschlüsse und die lokalen Gespräche aus. Viel bedeutender noch als diese regulatorisch herbeigeführte Situation erweisen sich die neuen xDSL-Technologien, die die Übertragungsraten auf den Kupferdrahtleitungen des Anschlußbereiches im Vergleich zu ISDN um ein Vielfaches erhöhen, so daß der Wettbewerb im Festnetz nicht bei der Sprachtelefonie aufhört, sondern sich auch auf schnelle Internetanschlüsse ausdehnt.

Im Unterschied zum Festnetz herrschte im deutschen **Mobilfunkmarkt** erstens von Beginn an Wettbewerb - hier stehen sich seit Viag Interkoms Einstieg im Herbst 1998 vier Mobilfunknetzbetreiber (T-Mobil, Vodafone Mannesmann, E-Plus und Viag Interkom) sowie weitere Service-Provider gegenüber. Zweitens handelt es sich um einen innovativen Markt mit den dafür charakteristischen hohen Wachstumsraten. Doch mit zunehmender Marktpenetration (1997: 7 %; 2001: 50 %) intensivierte sich auch hier der Wettbewerb mit den einhergehenden steigenden Churn-Raten (englisch to churn = abwandern, vgl. hierzu ausführlich: Knauer, M. (1999), S. 515ff.) und den mit dem allgemeinen Preisverfall sinkenden ARPUs (Average Revenue per User). Beispielsweise sank der ARPU der T-Mobil von ca. 60 Euro/Monat in 1998 auf ca. 40 Euro/Monat in 2000.

Als drittes Marktsegment hat sich mit seiner revolutionären Entwicklung der Markt für **Internet-Services** etabliert. Auf diesem ist die DT mit T-Online - gemessen an Teilnehmerzahlen Europas größter Online-Dienst (Ende 2000: 6,5 Mio. von 15,9 Mio. Teilnehmer insgesamt) - vertreten. Hierzu in Konkurrenz stehen AOL /Compuserve (Ende 2000:

2,8 Mio. Teilnehmer), 1x1, Commundo, MSN, Freenet und viele andere kleinere Internet Access Provider.

Die Wettbewerbsintensivierung in allen drei Teilmärkten führte zu einer Vielzahl von Ansätzen zur Kundenbindung und -wertsteigerung, beginnend mit einfachen Maßnahmen wie Preisnachlässen für längere Vertragsbindungen oder Ausbau von Call Center-Leistungen, Herausgabe von Kundenzeitschriften und -magazinen, bis hin zu komplexen Programmen wie Kundenclubs, Kundenkarten und Rabattsystemen. Beispielsweise führte die DT für die rentablen TOP-Kunden im Festnetz das Advanced-Programm und im Mobilfunk 1997 den Premium-Service (Knauer, M. (1999), S. 523f.) ein. Eine integrative Klammer, die der Tatsache Rechnung trägt, daß die selben Kunden sowohl Dienste von T-Mobil, T-COM und T-Online beziehen, bestand bis zu diesem Zeitpunkt nicht.

Einen weiteren Vorschub für die Implementierung von Bonusprogrammen wie "Happy Digits" leistete die EU-Richtlinie zum Internet-Handel, die im Juni 2000 verabschiedet wurde. Sie befreit ausländische Anbieter im Handel mit deutschen Kunden vom deutschen Rabattgesetz. Für deutsche Anbieter ergab sich daraus eine Schieflage, denn im Gegensatz zu ihren ausländischen Mitbewerbern sahen sie sich weiterhin den Beschränkungen dieses Gesetzes (Limitierung von Preisnachlässe und kostenlosen Zugaben) unterworfen. Zur Wiederherstellung gleicher Wettbewerbsvoraussetzungen fiel deshalb zum 01. Juli 2001 das deutsche Rabattgesetz. Diese Aufhebung vorwegnehmend, engagierten sich bereits Monate zuvor Unternehmen oder auch Kooperationen aus mehreren Unternehmen mit dem Aufbau umfassender Bonus- und Rabattsysteme (z. B. Payback, Webmiles). Es entstand parallel zum Wettbewerb in der Telekommunikation ein Wettbewerb der Bonusprogramme.

Vor diesem Hintergrund – Notwendigkeit zur integrativen Kundenbindung in der Telekommunikation, Aufhebung des Rabattgesetzes und Wettbewerb der Bonusprogramme – stand auch die Entscheidung der Deutschen Telekom, das Kundenwertprogramm „**Happy Digits**" zu implementieren, dessen Markteinführung zum vierten Quartal 2001 erfolgte.

3. Aufbau des Monitorings

3.1 Strategische Zielsetzungen: Herstellung von Commitement

Noch vor solchen Überlegungen wie z. B. welche Kennzahlen, welche Berichtsysteme usw. zu verwenden sind, steht an erster Stelle die Notwendigkeit, ein gemeinsames Zielsystem auf strategischer Ebene zu vereinbaren. Die Herstellung eines solchen Commitements ist zwar ein langer Prozeß - bedarf mehrerer Verhandlungsrunden über mehrere

Wochen hinweg und wird häufig aufgrund dringenderer operativer Herausforderungen verschoben - dennoch, der Vorteil eines gemeinsamen Zielverständnisses zeigt sich immer wieder in den Phasen des Monitoringaufbaus. So erleichtert das Commitement die Kommunikation und beschleunigt die notwendigen Abstimmungen auf der operativen Ebene. Gerade die Integration vieler - zum Teil selbständiger - Unternehmensbereiche sowie externer Partnerunternehmen macht diese Prozesse sehr komplex. Kommt dann noch eine Fluktuation von Mitarbeitern, die mit dem Aufbau des Monitorings direkt oder indirekt befaßt sind, hinzu, besteht ohne abgestimmtes Zielsystem die Gefahr, „daß das Rad zum zweiten mal erfunden wird". Mit dem vereinbarten Zielsystem lassen sich außerdem die Überlegungen zur Ableitung von operativen Zielen, Kennzahlen, deren Priorisierung, der zu generierenden und zu erhebenden Daten, der Reportarten und -inhalte schneller und auch konsistenter entwickeln.

Das Kundenwertprogramm „Happy Digits" unterliegt wie andere strategische Maßnahmen der obersten Konzern-Zielsetzung, einen Beitrag zur Steigerung des Unternehmenswertes zu leisten. Im Rahmen des strategischen Zielabstimmungsprozesses für das Kundenwertprogramm zwischen den drei Unternehmensgesellschaften – T-COM, T-Mobil und T-Online – kristallisierte sich folgende Zielhierarchie heraus:

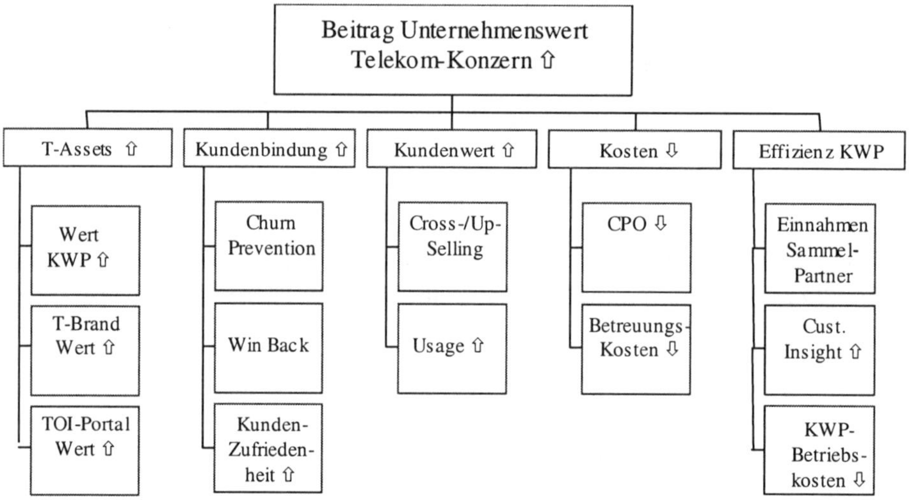

Abbildung 1: Zielhierarchie des Kundenwertprogramms

Hinter der Steigerung der T-Assets steht u. a. das konsequente Branding des Konzerns. Das beeinflußt zwar nicht unmittelbar den Net Present Value, den Aktienkurs oder andere monetäre Unternehmenswerte, trägt jedoch langfristig zu den immateriellen Wertpositionen bei. Zu den optischen Elementen des T-Branding zählen neben dem „T" außerdem die Farbe „Magenta" und die „Digits", letztere als Aufhänger für das Bonusprogramm, im Rahmen dessen die Teilnehmer nicht Punkte, sondern „Digits" sammeln. Das Programm dient daher der positiven „Aufladung" des Markenbestandteils „Digits".

Die Steigerung der Kundenbindung ist – ohne hier auf deren Operationalisierung einzugehen - eine langfristige Zielsetzung. Um aber bereits frühzeitig einer Gefährdung der Kundenbindung begegnen zu können, soll das Programm ebenfalls der Kundenzufriedenheit dienen. Auf die Churn-Problematik wurde bereits in den ersten beiden Abschnitten dieses Beitrages eingegangen. Win Back, die Rückgewinnung von verlorenen Kunden, ist gerade für die DT als ehemaliger Monopolist eine wichtige Zielsetzung. Da aber eine alleinige dauerhafte Kundenbindung bzw. Rückgewinnung nicht gleichzeitig eine Umsatzsteigerung garantiert, verfolgt das Programm außerdem die Ziele des Cross-Sellings (d. h. dem Bezug weiterer Services wie z. B. dem Abschluß eines T-Mobil-Vertrages bei gleichzeitigem Festnetzanschluß bei T-COM), Up-Sellings (d. h. dem Austausch vorhandener Services durch höherwertigere wie z. B. den Wechsel von einem analogen zu einem ISDN-Anschluß), und der erweiterten Inanspruchnahme von bestehenden Diensten (z. B.: Gespräche, Minuten, Volumina etc.). Damit verbessert sich die umsatzbezogene Seite des Kundenwertes.

Die Wirtschaftlichkeit steht bei den letzten beiden Zielkategorien im Vordergrund. So verfolgt das Programm erstens eine Kostensenkung im gesamten Konzern. Das läßt sich z. B. durch die Vergabe von Sonderpunkten an jene Happy Digits-Teilnehmer erreichen, die auf Online-Telefonrechnungen umstellen. Damit entfallen für den Konzern die monatlichen Portokosten für die Zustellung (Betreuungskosten) der Telefonrechnung.

Zweitens soll das Programm selbst effizienten Maßstäben genügen. Auf dessen Einnahmenseite stehen in der Hauptsache die Beiträge jener Partnerunternehmen, deren Kunden über „Happy Digits" Punkte sammeln und einlösen können. Die Beiträge entrichten die Partner für den Betrieb des Programms an die Betriebseinheit bzw. geplante Betreibergesellschaft. Da die Beiträge eine fixe und eine nutzungsabhängige Komponente besitzen, läßt sich das Ziel der Einnahmenerhöhung entweder durch die Aufnahme neuer Partner oder durch die Erhöhung der Sammeltätigkeit der Happy Digits-Teilnehmer bei den bestehenden Sammelpartnern erzielen. Eine weitere wichtige Säule des Programms repräsentiert der „Customer Insight". Durch die Sammlung und Auswertung von Kundendaten läßt sich eine gezielte und damit effiziente Ansprache der „Happy Digits"-Teilnehmer für verschiedene Directmailings des Konzerns und/oder seiner Partner realisieren. Last but not least trägt eine konsequente Nutzung der Kostensenkungspotentiale beim Betrieb des Programms zur Verbesserung der Effizienz bei.

Im Anschluß an diese unternehmensübergreifende Zielvereinbarung auf strategischer Ebene galt es, Spezifizierungen für jedes beteiligte Unternehmen separat vorzunehmen. Hier geht es z. B. um die Beantwortung der Frage: „Was bedeutet Up-Selling konkret für die T-COM, für die T-Online oder für die T-Mobil?" Die Operationalisierung der strategischen Zielsetzungen soll an dieser Stelle nicht weiter diskutiert werden, da sie im wesentlichen eine „technische" Fragestellung darstellt. Die bedeutendere Herausforderung ist die gemeinsame Vereinbarung der strategischen Zielsetzung.

3.2 Zweck des Monitoring: Kein Selbstzweck

Der bekannte und einfache Satz "Planung ohne Kontrolle ist sinnlos und Kontrolle ohne Planung ist unmöglich" (Wilde, J. 1982), kann nicht oft genug zitiert und beim Aufbau von Monitoringsystemen bedacht werden. Das bedeutet, daß das Monitoring nicht einem Selbstzweck dient. Es dient der Überwachung des strategischen und operativen Programmerfolges, um je nach realisierten Erreichungsgrad eine entsprechende Steuerung der internen und externen Dienstleister, der Mitarbeiter und des Informationsflusses aufzusetzen sowie die Planung von Programmänderungen und -erweiterungen als auch die Setzung neuer Ziele bzw. deren Priorisierungen auf der operativen Ebene vornehmen zu können.

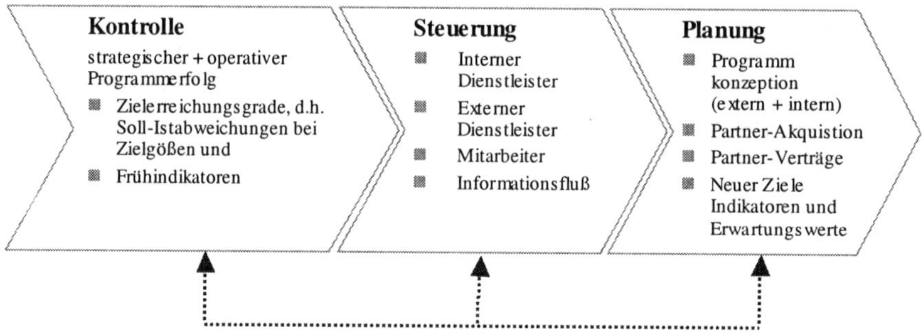

Abbildung 2: Ebenen des Monitoring

Das heißt, alle drei Ebenen – Kontrolle, Steuerung und Planung - stehen in einem engen Zusammenhang, den es beim Aufbau des Monitorings ständig zu beachten gilt, um das Monitoring nicht zu einem Werkzeug der Selbstdarstellung werden zu lassen.

3.3 Bestandteile des Monitorings: Kennzahlensystem als Herzstück

Den wesentlichen Bestandteil des Monitorings bildet ein konsistentes, strukturiertes und kommunizierbares Kennzahlensystem. Mit der Definition und Abstimmung des Kennzahlensystems ergibt sich gleichzeitig die Festlegung der anderen Komponenten: Datenquellen, Datenlieferanten, Reports und der Reportingablauf.

Der mit der Entwicklung des Kennzahlensystems verbundene Aufwand wird oftmals unterschätzt, da davon ausgegangen wird, daß die „Zahlen" und „Informationen" bereits in den Systemen vorliegen und nicht neu entwickelt werden müssen. Bei IT-dominierten

Programmen wie „Happy Digits“ stimmt diese Annahme vom Grundsatz her und es bedarf nur weniger zusätzlicher Erhebungen (z. B. Kundenzufriedenheitsbefragungen, Imageanalysen etc.), um vorhandene Lücken zu schließen. Das Problem liegt jedoch nicht vordergründig in fehlenden Informationen, sondern in der Selektion notwendiger Informationen und deren systematischen Aufbereitung.

Der Aufbau des Kennzahlensystems endet auch nicht mit dem ersten, am „Schreibtisch“ entwickelten Konzept, vielmehr sind iterative Abstimmungsprozesse mit operativen und dispositiven IT-Systemen und daraus folgende konzeptionelle Neuanpassungen notwendig. Beispielsweise stellte sich beim Aufbau des Monitoringsystems für „Happy Digits" nach einer ersten, sehr frühen Konzeptionsphase heraus, daß von „Happy Digits“ Interessenten eingegangene Anmeldebögen nicht automatisch als Teilnehmer identifiziert werden können. Dies ist zum Beispiel bei Inhabern von dienstlichen Mobilfunkanschlüssen oder bei Jugendlichen, die das Mindestalter noch nicht erreicht haben, der Fall. Das Kennzahlensystem bedurfte daher im Bereich der Responseraten einer Erweiterung um ein stufenweises Responseratenkonzept, das von der Stufe „potentieller Teilnehmer“ über „Interessent“ zu „Teilnehmer“ geht.

Das Kennzahlensystem von „Happy Digits“ besteht aus folgenden Kennzahlenbereichen mit ihren jeweils verschiedenen Themen.

Kennzahlen-Bereich	Themen (Beispiele)
Teilnehmerentwicklung	An/Abmeldungen (Arten, Partner); Kanalnutzungen
Digits-Zugang	Arten (Umsatzdigits Verhaltensdigits, Kulanzdigits) Partner (T-COM, T-Mobil, T-Online, ext. Partner)
Digits-Abgang	Einlösearten (Prämien, Schenkungen, Bar , Spenden)
Customer Insight	Quantitativ/ Qualitativ
Kundenwert/ -bindung	Cross-, Up-Selling, Usage
Markt/Kundenanalysen	Kundenzufriedenheit, Bekanntheit + Image
Finanzen	Einzahlungen, Auszahlungen, Kostenarten, Erlösarten
CIC-Leistung	Callmengen und –dauern, Service Support Level
Online-Plattform	Nutzungsarten (Besuche, Logins ...), Verweildauern, Häufigkeiten

Lettershop	Ein-/Ausgangsarten schriftlicher Kommunikation (z. B. Anmeldungen, Fragebögen., Beschwerden)
Prozesse	Service-Anfragen (Arten, Zeiten ...) / Bearbeitungszeiten/ Servicelevel
Systeme	Stabilitäten, Verfügbarkeiten, Zugriffszeiten der IT-Systeme
Fehlercodes	Fehlerarten im Anmeldeprozeß, bei Digits-Gutschrift, Bestellungen ...

Abbildung 4: Kennzahlensystem von "Happy Digits"

Nach der Festlegung der Bereiche und Themen bedarf es im nächsten Schritt der Ausarbeitung von Basiszahlen, der Definition der Dimensionen, in denen diese darzustellen sind und der Entwicklung zentraler Kennzahlen i. e. S., das sind zusammengesetzte Basiszahlen. Anhand der drei Kennzahlenbereiche Teilnehmer, Digits-Zugang und Digits-Abgang soll das auf alle anderen Bereiche angewendete und anwendbare Grundprinzip erläutert werden.

- Basiszahlen

  Im Kundenwertprogramm wurden die Interessenten, Teilnehmer, Anschlüsse (das sind jene T-COM- und T-Mobil-Anschlüsse, deren monatlichen Rechnung der Teilnehmer zur automatischen Sammlung von Digits angemeldet hat), Transaktionen zur Sammlung von Punkten, Transaktionen zur Einlösung von Punkten, Umsatz und Digits erfaßt.

- Dimensionen
  - Akquisitionsart: Weg, auf dem die Teilnehmer akquiriert werden (Directmailing, E-Mail, Online-Kommunikation, ...)
  - Anmeldearten: Weg der Anmeldung (Post, Telefon-Inbound, Telefon-Outbound, Online)
  - Partner, bei dem die Teilnehmer sich zur Sammlung von Punkten anmelden. (T-COM, T-Mobil, T-Online, ...)
  - Transaktionsarten zur Sammlung von Digits (Umsatz, Verhalten)
    - Umsatzarten (Festnetzrechnung, D1-Rechnung, Kauf von Produkten im T-Punkt, Bestellung beim T-Versand, ...)
    - Verhaltensarten (Fragebogen, „Happy-Digits“-Kontoführung Online, ...)
  - Transaktionsarten zur Einlösung von Digits (Bareinlösung, Sachprämie, Schenkung, Spende, ...)
- Zeiten

Zeiten repräsentieren besondere Dimensionen. Für jede Basis- oder auch Kennzahl ist erstens das Erhebungsintervall zu bestimmen, d. h. in welchen Zeitabständen (jede Sekunde, Minute oder 15 Minuten wie es z. B. im Call Center notwendig ist oder täglich, wöchentlich, monatlich zu einer bestimmten Uhrzeiten), gemessen werden soll. Mit den Darstellungsintervallen legt man fest, wie die Messergebnisse zeitlich aggregiert werden sollen. Wie häufig die Messergebnisse berichtet werden, ist die letzte zeitliche Dimension. Beispielsweise wird bei „Happy Digits" die Anzahl der neuen Teilnehmer, die während eines Tages hinzugekommen sind, täglich in Form von Tages - und nicht z. B. in Stundenwerten veröffentlicht. Wöchentlich werden z. B. die verschiedenen Call-Mengen der einzelnen Wochentage, die im ¼-Stundentakt gemessen wurden, kommuniziert.

- Kennzahlen

Grundsätzlich lassen sich alle Basiszahlen als **Bewegungs**- und/oder als **Bestandsgrößen** darstellen. Bestandsgrößen ergeben sich aus dem Saldo der kumulierten Zu- und Abgänge. So entspricht der Bestand an Digits auf allen Teilnehmerkonten der Summe aller bis zum aktuellen Zeitpunkt gesammelten Digits abzüglich aller bis zu diesem Zeitpunkt eingelösten Digits.

Wachstumsraten geben die prozentuale Veränderung von Bestandsgrößen und/oder Bewegungsgrößen zwischen zwei Meßzeitpunkten wieder. Eine strategische Kennzahl für Happy Digits ist die Wachstumsrate für den Teilnehmerbestand.

Verhältniszahlen drücken die relativen Anteile einer Basiszahl in einer ihrer Dimensionen dar. Beispielsweise interessieren bei Happy Digits - aus strategischen Überlegungen in Bezug auf die Beurteilung von Partnern - die prozentualen Anteile der gesammelten Digits bei den verschiedenen Partnern an allen Digits.

Durchschnittswerte beziehen immer eine Basiszahl auf eine andere Basiszahl. Beispielsweise interessiert aufgrund von strategischen Zielsetzungen die durchschnittliche Umsatzentwicklung eines „Happy-Digits"-Teilnehmers im Vergleich zu einem Nicht-Teilnehmer im Zeitablauf.

Verhältniszahlen einer Untermenge: Interessiert darüber hinaus das zuvor genannte Verhältnis nur in Bezug auf die Digits jener Teilnehmer, die sowohl einen T-COM als auch einen T-Mobil-Anschluß besitzen, dann handelt es sich um eine Untermenge der gesammelten Digits, die durch die Untermenge „bestimmte Teilnehmer" (also einer anderen Basiszahl) definiert ist.

Mit Hilfe der aufgezeigten Optionen (Basiszahlen und deren Dimensionen, Zeiten und Kennzahlentypen) und deren Kombinationen steht eine unüberschaubare Palette an möglichen Kennzahlen zur Verfügung, deren Umfang eine Selektion erzwingt. Welche Kennzahlen aus diesen Möglichkeiten zu wählen sind, hängt letztlich von den Zielsetzungen und den Annahmen, mit welchen Kennzahlen diese Zielsetzungen in geeigneter Weise gemessen werden können, ab.

3.4 Zeitpunkt des Monitoringaufbaus: „Von Anfang an"

Aus dem weiter oben genannten Wilde-Zitat folgt nicht, daß das Monitoring von nachgelagerter Bedeutung ist. Im Gegenteil: Eine Planung und Steuerung läßt sich ohne Ergebnisse, also der Bewertung von Zahlen und Daten vergangener Phasen und damit ohne Monitoring nicht sinnvoll gestalten. Somit steht fest, daß ein Monitoringsystem zum Zeitpunkt der Einführung eines Produktes, eines Programms oder eines Geschäftsbereiches zur Verfügung stehen muß.

Die Frage die bleibt, ist, wann mit dem Aufbau des Monitorings begonnen werden soll. Hier hat die Praxis gezeigt, daß der Aufbau des Monitorings gleichzeitig und parallel zu allen anderen Entwicklungsprozessen laufen sollte. Das hat zwar den Nachteil, daß sich die Entwicklungsarbeiten auf inhaltlicher Ebene verzögern, weil z. B. bestimmte Meßeinrichtungen integriert werden müssen oder Datenmodellierungen und Workflows an die Dimensionierungen oder andere Belange des Monitorings angepaßt werden müssen. Ein versetzter Aufbau des Monitorings hätte andererseits jedoch zur Folge, daß bestimmte zentrale Konzeptionsbestandteile nicht gemessen und damit nicht kontrolliert und gesteuert werden können. Oder in anderen Fällen, in denen nachträglich Ersatzlösungen wie z. B. indirekte Messungen implementiert werden müssen, entstehen dann häufig komplexe „Umwegkonstruktionen", die entweder nicht kommunizierbar sind oder keine zuverlässigen Messergebnisse liefern. Die größten Probleme entstehen in diesem Zusammenhang bei der Entwicklung von Monitoringsystemen zur Kontrolle und Steuerung von zeitlichen Aspekten, d. h. Prozeßzeiten wie Gesamtbearbeitungszeiten, Teilbearbeitungszeiten, Liegezeiten etc. .

3.5 Organisation des Monitoringaufbaus: Zentralisierter Aufbau bei verteilter Verantwortung

Der Aufbau eines Monitoringsystems ist eine Aufgabe, die mehrere Bereiche berührt. Auf der einen Seite stehen die Nutzer von Kennzahlen. Im Fall von Happy Digits gehören dazu aus DT-interner Sicht neben der Konzernleitung die Verantwortlichen bei T-COM, T-Mobil und T-Online sowie die externen Partner. Weitere Nutzer sind die Verantwortlichen für das operative Programmmanagement wie z. B. die Leiter des Customer Interaction Center, der Programmkonzeption, der wirtschaftlichen Steuerung, der Prozesse und IT-Systeme.

Den Nutzern von Kennzahlen und Berichten stehen auf der anderen Seite die operativen und dispositiven IT-Systeme als Datenquellen gegenüber. Die operativen Systeme – in der Abbildung alle Systeme unterhalb des DWH - liefern in regelmäßigen Abständen direkt oder indirekt über automatisierte Schnittstellen ihre Daten an die dispositiven Systeme.

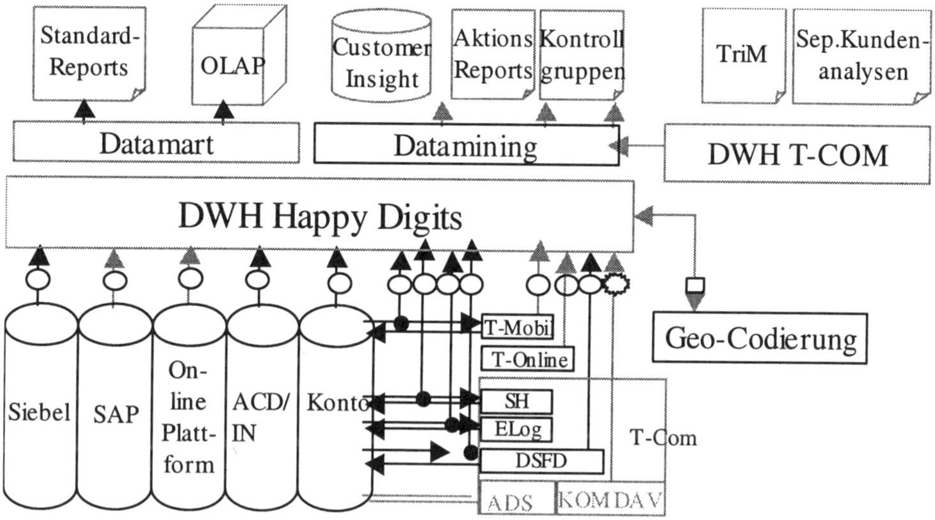

Abbildung 5: Schematischer Aufbau des Monitoring-Systems

Zur Aufgabe der dispositiven Systeme zählen erstens die Datenbevorratung und damit die Entlastung der operativen Systeme von Datenvolumina (DWH) und zweitens der darauf aufbauenden Datenaufbereitung und das Reporting (Datamart und Datamining).

Am Beispiel von Happy Digits liefert das Reporting zum einen Standard-Reports, also fest definierte Reportarten für bestimmte Empfänger zu bestimmten Zeitpunkten. Zum anderen ermöglicht das OLAP-Tool darüber hinaus weitere unregelmäßige, auf Anfrage angestoßene Analysen bei den operativen Tagesdaten durchzuführen. Zum Beispiel könnten die vorhandenen Basisdaten in neue, in Standardreports nicht enthaltenen Beziehungen gesetzt werden.

Die Aufgaben des Datamining gehen noch weit darüber hinaus. Im Fall von „Happy Digits“ liefert es z. B. mit den Analysen zum Customer Insight wertvolle Informationen über die Teilnehmer, sofern diese die Fragebögen ausgefüllt und zu deren Weiterverarbeitung eine Zustimmung erteilt haben. Kontrollgruppen-Reports dienen dem Vergleich von Teilnehmern mit Nicht-Teilnehmern. Hiermit kann erst eines der Hauptziele – die Erhöhung des umsatzbezogenen Kundenwertes etc. (siehe oben) - gemessen werden. Informationen zum Customer Insight und zu den Kontrollgruppen-Vergleichen unterliegen im Gegensatz zu denen der Standard-Reports und der OLAP-Analysen weniger den täglichen Veränderungen. Es handelt sich meist um Analysen zur Kontrolle des Programmeffektes und -wertes, d. h. strategischen Zielsetzungen während die Standard-Reports tendenziell die operativen Ziele des Programms überwachen.

Die obige Abbildung soll, ohne die Details der verschiedenen Systeme zu erläutern, einen ersten Überblick über die Komplexität wiedergeben. Jedes System besitzt seine eigenen Datenmodellierungen. Da Kennzahlen häufig Zusammensetzungen aus mehreren Basiszahlen repräsentieren, bedeutet es, daß die verschiedenen Datenmodelle auf Kongruenz überprüft und ggf. angepaßt werden müssen, um ein valides und reliables Monitoring zu ermöglichen. Trivial aber nicht unerheblich ist auch die Herstellung von übereinstimmenden Meßzeitpunkten.

Die Vielzahl und Verschiedenheit der involvierten Parteien sowie die Notwendigkeit, ein aufeinander abgestimmtes System von Kennzahlen und Reports zu generieren, legt es nahe, den Aufbau des Monitorings in einem eigenen Projektteam zu organisieren. Dieses Team nimmt eine „Vermittlerrolle" zwischen den Parteien „Empfänger" und „Lieferanten" von Kennzahlenreports des Monitorings ein, es besitzt den Überblick über die Interdependenzen. Im Fall von „Happy Digits" erwies sich ein aus verschiedenen Marketing- und DWH-Experten zusammengesetztes Beraterteam als erfolgreich.

Aufgabenabfolge	Release
❑ Aufnahme der Anforderungen für neue Kennzahlen bei den Verantwortlichen	X+2
❑ Konzeption des Kennzahlensystems	X+2
❑ Definition technischer Anforderungen an IT-Systeme	X+2
❑ Koordination der Implementierung zwischen operativen und dispositiven IT-Systemen	X+1
❑ Planung der Sollwerte für bestehende Kennzahlen mit den Verantwortlichen	X+!
❑ Konzeption des Reportingsystems (Reportarten, -inhalte, -design, etc.)	X+1
❑ Korrektur der Reportlieferungen	X

Abbildung 6: Aufgaben eines Aufbau-Teams

Mit den ersten Konzeptionen des Programms stand fest, daß „Happy Digits" aufgrund der Komplexität einerseits und aus strategischen Marketingüberlegungen andererseits einem Release-Rhythmus folgen sollte. D. h. das Programm sollte nicht mit allen denkbaren Funktionalitäten gleichzeitig auf den Markt eingeführt werden. Verschiedene Releases fordern daher eine parallele Bearbeitung der o. g. Aufgaben. Während also die Überprüfung der Reportlieferungen des Release x bereits laufen, müssen parallel die

Anforderungen für das übernächste Release x+2 und die Koordination für das nächste Release x+1 verfolgt werden.

Dem Aufbau-Team kommt also nicht die Aufgabe zu, Verantwortung für die Kennzahlen zu übernehmen und damit die Festlegung von Soll- und Planwerten sowie die Einleitung von Maßnahmen bei Abweichungen der Istwerte von den Sollwerten vorzunehmen. Diese liegen bei den Leitern der einzelnen Teilbereiche.

4. Ausblick

Wie der letzte Abschnitt gezeigt hat, endet die Aufgabe des Monitoringaufbaus nicht mit der ersten Einführung auf dem Markt. Die ersten Ergebnisse geben Anlaß zu Weiterentwicklungen oder Änderungen. Weiterentwicklungen können z. B. die Integration von neuen externen Partnerunternehmen, wie z. B. einem Warenhaus, einer Bank etc. umfassen. Neue Partner bringen auch neue Zielvorstellungen, neue Abstimmungen bzgl. Zielhierarchie und neue Anforderungen an die Messung der Zielerreichungsgrade mit sich. Das wiederum verlangt die Integration neuer operativer Systeme. Die oben beschriebenen Aufgaben wiederholen sich vom Prinzip.

Neben den zusätzlichen Features zur Programmerweiterung verlangt zum Beispiel die Einführung der Balanced Scorecard (Vgl. z. B. Weber, J.; Schäffer, U. (1999)) - mit oder ohne Kopplung an ein variables Vergütungssystem - Veränderungen am Monitoringsystem. Häufig werden neue Kennzahlen, neue Meß- und Analysemethoden notwendig. Die Einführung hat außerdem zur Folge, daß weitere Analysen zwischen Ursache- und Wirkungsbeziehungen von verschiedenen Zielen und Kennzahlen angestellt werden müssen, damit zur strategischen Steuerung eines Unternehmens – oder auch eines umfassenden Programms – die wesentlichen Kennzahlen, hinter denen die Treiber mit der größten Hebelwirkung stehen, herausgefiltert werden können.

Zusammengefaßt geht die Einführung eines wettbewerbsfähigen Bonussystems in der Telekommunikation auch mit dem Aufbau eines „Unternehmens“ einher. Um im „eigentlichen Unternehmen“ und gegenüber möglichen externen Partnern Bestand zu haben, ist ein umfassendes Monitoringsystem gefragt, dessen Entwicklung und Weiterentwicklung nicht zu unterschätzen ist.

Literatur

AEBI, R.: Kundenorientiertes Knowledge Management, München 2000.

BREZINA, R.: Analytisches Customer Relationship Management. Entscheidungsunterstützung im kundenorientierten Unternehmen, in Controlling, H.4/5 April/Mai 2001, S. 219-226

BRUHN, M., HOMBURG, C. (Hrsg.): Handbuch Kundenbindungsmanagement, Wiesbaden 1999.

HIPPNER, H., MARTIN, S., WILDE, K.D.: Customer Relationship Management, in: WISU (2001); H.8, S. 417 – 422.

KEHL, R.E.: Customer Lifetime Value und Churn Management im Kundenbeziehungsmanagement, in Controlling H.4/5, April/Mai 2001, S. 203 – 210.

MELFI, T. et. Al: Rabatte. Punkten um jeden Preis, in: Wirtschaftswoche 2000, Nr. 33, S. 42 ff.

RegTP: Ortsnetzwettbewerb. Situationsbericht zum deutschen Ortsnetzwettbewerb, Bonn 2001.

SEIDENSCHWARZ, W., GLEICH, R.: Controlling und Marketing als Schwesterfunktionen. Balanced Scorecard und marktorientiertes Kostenmanagement als verbindende Konzepte, in: Thexis – Fachzeitschrift für Marketing.

SIMON, H., HOMBURG, C. (Hrsg.): Kundenzufriedenheit. Konzepte – Methoden - Erfahrungen, Wiesbaden 1997.

TÖPFER, A: Gezieltes Customer Relationship Management, in: Controlling, 12. Jg. (2001), H.4/5, S. 185 – 195.

WEBER, J., SCHÄFFER, U.: Balanced Scorecard & Controlling, Wiesbaden 1999.

WILDE, J.: Grundlagen der Unternehmensplanung, 2. Aufl., Opladen 1982.

Glossar

Call-by-Call:	Hier wählt der Telefon-Teilnehmer von Fall zu Fall, über welchen alternativen Anbieter er das anstehende Gespräch zu führen beabsichtigt idem er vor der eigentlichen Rufnummer den Nummern-Code des alternativen Anbieters wählt. Das Gespräch wird dann über dessen Telefonnetz geleitet.
CPO	Operative Kosten
DT	Deutsche Telekom
Entbündelung:	Entbündelung der Anschlußleitung, bei der die sogenannte „letzte Meile" - der Kupferdraht - zum Kunden in der Vermittlungsstelle der Deutschen Telekom physikalisch auf die Vermittlungstechnik des Wettbewerbers umgelegt wird. Der Teilnehmer verlagert damit seinen gesamten Anschluß und nicht nur ausgewählte Gespräche auf einen alternativen Anbieter.
KWP	Kundenwertprogramm, Arbeitstitel während des Programmaufbaus
Preselection	Hier erteilt der Telefonkunde der Deutschen Telekom einen Auftrag, in ihrer Vermittlungsstelle eine Voreinstellung vorzunehmen, die automatisch alle Fernverbindungen des Teilnehmers auf das Netz eines alternativen Anbieter umleitet.
RegTP	Regulierungsbehörde für Telekommunikation und Post
TK	Telekommunikation
TOL	T-Online

Marc Buzina und Thomas Bögge

Evolution statt Revolution: CRM in Schritten bei ISIS Multimedia Net

Einführung

Der Telekommunikationsmarkt ist im Umbruch, und die Anforderungen an die Unternehmen dieser Branche werden größer. In Anbetracht dessen sind Themen wie Kundenbindung und -service heute wichtiger denn je. Nach dem Motto "Anders, Besser, Schneller" entschied sich ISIS Multimedia Net, lokaler Netzbetreiber im Raum Düsseldorf, daher für die Einführung eines Customer Relationship Management-Systems. Die Implementierung eines kompletten Systems wäre jedoch zu zeitaufwendig für ein Unternehmen im schnellebigen Telekommunikationsmarkt gewesen. Aus diesem Grund wählten die Rheinländer zusammen mit der IT-Beratung Lynx Consulting Group einen anderen Weg: eine schrittweise Ergänzung ihrer bestehenden Systeme durch CRM-Funktionalitäten. Das Projekt startete im September 1999 und dauert bis heute an. In den vergangenen zwei Jahren hat die ISIS ihre DV-technischen Prozesse so umorganisiert, daß alle relevanten Kundeninformationen in ein System einfließen und von den etwa 300 kundennahen Mitarbeiter jederzeit online abgerufen werden können.

1. Vorhandene Systeme nutzen

Die erstklassige Beratung eines Kunden ist nur dann möglich, wenn der Beratende über alle relevanten Informationen verfügt – dies bedeutet, daß die Bedürfnisse des Kunden zunächst erfaßt und bewertet werden müssen. Für eine derartige Zusammenführung von Informationen sind CRM-Systeme notwendig. Doch entgegen der Meinung vieler Unternehmen bedarf es dafür nicht unbedingt einer komplett neuen Lösung.

ISIS hat die bestehenden Systeme Schritt für Schritt um diverse CRM-Funktionalitäten ergänzt, immer mit dem Ziel, die Zufriedenheit des Kunden zu erhöhen. Basis war dabei die flexible Entwicklungsumgebung „Action Request System® (AR System™)“ von Remedy, die bis dato als reines Störungs- und Rechnungsreklamationsbearbeitungs-Tool genutzt wurde. Remedy liefert keine fertigen Funktionalitäten, sondern kann je nach Anforderung modelliert werden.

Von Vorteil war bei ISIS Multimedia Net, daß die meisten Unternehmensprozesse bereits vor Beginn des Projektes sauber dokumentiert waren – eine Grundvoraussetzung, um ein CRM-Projekt aufsetzen zu können. Ähnlich wie bei der Einführung einer ERP-Software müssen alle betroffenen Geschäftsprozesse im Vorfeld klar definiert sein, inklusive der Schnittstellen zum Kunden. Ansonsten können derartige Vorhaben leicht scheitern.

2. Schritt für Schritt zu mehr Kundenzufriedenheit

2.1 Aufbau eines Kennzahlensystems

ISIS startete zunächst damit, ein Kennzahlensystem zur Qualitätskontrolle aufzubauen. In diesem Zusammenhang wurde beispielsweise ermittelt, wie viele Störungen in welcher Zeit anfielen, wie schnell diese Störungen im Schnitt behoben werden konnten, und wie sich diese Verteilung im Laufe der Zeit änderte. Auf der Basis dieser Werte wurde wiederum ein Planwert ermittelt, von dem unter anderem die voraussichtliche Auslastung des Call-Centers abgeleitet werden konnte. Die Werte wurden schließlich in das selbe Format wie die Finanzdaten übertragen, um sie monetär meßbar zu machen. Mit diesem Ansatz lassen sich Informationen und Kennzahlen aus verschiedenen Quellen zu einem Bild zusammenfügen und ermöglichen somit eine genaue Analyse.

2.2 Erfassung von Kundenkontakten

Nach der Erfassung und Analyse des Ist-Zustandes durch den Aufbau des Kennzahlensystems ging es im folgenden Schritt um eine verbesserte Erfassung der Kundenkontakte. Bisher war nur ein Teil der Kontakte elektronisch erfaßt worden, und die Informationen waren nicht ausführlich genug, um sie auswerten zu können. Eingebunden in die existierende Störungs- und Rechnungsreklamationsbearbeitung entwickelten die Düsseldorfer daher ein System, in dem jeder Kundenkontakt elektronisch erfaßt, dokumentiert und qualifiziert werden kann.

2.3 Generische Vorgangverarbeitung

Im klassischen Remedy- und auch in zahlreichen anderen CRM-Systemen werden einzelne Vorfälle völlig getrennt voneinander behandelt und in unterschiedlichen Formularen und Tabellen erfaßt. Die meisten Vorfälle hängen jedoch inhaltlich eng zusammen, so daß es Sinn macht, diese auch gemeinsam zu dokumentieren. Insgesamt definierte ISIS daher acht Prozesse, und zwar Info-Anfragen, allgemeine Anfragen (Sonderfälle), Beschwerde, Reklamation, Rechnungsreklamation, Störung, Änderung und Kündigung. Ruft heute ein Kunde im Call-Center an und meldet eine Störung, so kann der Kundenberater den entsprechenden Prozeß oder Geschäftsvorfall online anstoßen – das kann in diesem Fall nur ein Störungsformular sein, der Kontakt kann aber auch zur Reklamation, zur Beschwerde oder gar Kündigung werden. Für alle Prozesse gibt es vorgefertigte Formulare, die online aufgerufen werden können.

Die generische Vorgangsverarbeitung wurde schließlich in eine Portalseite eingebunden. Über diese Seite können alle kaufmännischen und technischen Informationen eines Kunden, wie sein Tarifmodell, der Durchschnittsumsatz oder bisherige technische Maßnahmen online aufgerufen werden. Anschließend können über das Portal die oben genannten Prozesse angestoßen werden. Die für die Seite notwendigen Kundenstammdaten wurden aus den Systemen zur Auftragsbearbeitung (Espresso Pavone / Lotus Notes), Abrechnung (BSCS), kaufmännischen Buchhaltung (SAP) und dem Internet Zugangssystem übernommen.

2.4 Überarbeitung der Reklamationsbearbeitung

Im nächsten Projektschritt wurde die Rechnungsreklamationsbearbeitung überarbeitet. Das existierende Formular wurde abgelöst und in den generischen Vorgang eingegliedert. Außerdem verbesserte das Team die Kategorisierung um die Aspekte Arbeitsverteilung, Qualitätsmanagement, Wissensmanagement und Anforderungen der Regulierungsbehörde.

Im Zuge dieser Umstrukturierung entwickelte Lynx eine Lösungs- und Wissensdatenbank mit Klassifizierung, Verschlagwortung und Querverweisen. Der Wissenspool enthält Standard-Problemlösungen mit Lösungsweg. Geht im Call Center eine Anfrage ein, kann der zuständige Mitarbeiter innerhalb bestimmter Klassifizierungen eine Liste von Standard-Problembeschreibungen und -lösungen abrufen. Jeder Mitarbeiter hat die Chance, die Wissensdatenbank mit seinen Lösungsvorschlägen zu bereichern. Ein sogenannter "Lösungsmanager" überprüft diese neuen Vorschläge, vergleicht sie mit bereits vorhandenen und verschlagwortet die neuen Beiträge. Wegen der niedrigen Halbwertzeit des Wissens in der Telekommunikationsbranche werden die Einträge mit einem Haltbarkeitsdatum versehen und müssen nach Ablauf dieser Frist auf Aktualität geprüft und gegebenenfalls gelöscht werden. Auch diese Aufgabe übernimmt der Lösungsmanager.

2.5 Proaktives Beschwerdemanagement

Das reine Reagieren auf Beschwerden von Kunden war den Düsseldorfern zu wenig. Die eingegangenen Störungen und Reklamationen wurden daher über Excel-Reports ausgewertet, so daß beispielsweise festgestellt werden konnte, nach wie vielen Störungen eine Kündigung wahrscheinlich war. Diese Informationen wurden so in das System übernommen, daß beim Erreichen gewisser Schwellwerte heute automatisch eine Beschwerde erstellt wird und die betroffenen Kunden direkt angesprochen werden können.

2.6 Weiterentwicklung der Störungsbearbeitung

Zuletzt wurde die Störungsbearbeitung zu generischen Vorgängen umgeformt. Auch in diesem Bereich wurde eine genauere Überwachung von Service Level- und Operational Level Agreements erreicht. Dabei wurde das letzte Formular des ursprünglichen Systems durch eine verbesserte Variante ausgetauscht.

2.7 Anbindung des Vertriebs

Der Kundenkontakt-zentrische Ansatz, den ISIS zusammen mit der Lynx Consulting Group bei diesem Projekt gewählt hat, bot einen großen Vorteil: das System konnte ohne größere Probleme auf die Bedürfnisse des Vertriebs ausgeweitet werden. Heute können daher auch die Vertriebsmitarbeiter auf alle relevanten Kundendaten zugreifen sowie sämtliche Kontakte verwalten. Insbesondere an dieser Stelle zahlte sich die Strategie des Projektteams aus, das von Anfang an ein sehr offenes System geschaffen hatte, welches schließlich Schritt für Schritt ausgebaut und erweitert werden konnte.

3. Erfolgsfaktor: Interne Kommunikation

Das Projektteam setzte sich neben dem Projektleiter aus je einem Mitarbeiter von ISIS und einem Berater der Lynx Consulting Group zusammen. Da die einzelnen Funktionalitäten während des laufenden Betriebs eingeführt wurden, war eine enge Zusammenarbeit mit den einzelnen Fachabteilungen unerläßlich. Durch regelmäßige Informationsveranstaltungen und begleitende Anwenderschulungen zu jedem Projektabschnitt waren auch die übrigen Mitarbeiter von ISIS zu jeder Zeit über den Stand des Projektes informiert – sicherlich mit ein Grund für die hohe Akzeptanz des CRM-Systems im Unternehmen. Trotzdem gab es an der ein oder anderen Stelle Widerstände. Insbesondere die Mitarbeiter des Vertriebs waren anfänglich nicht glücklich über ein derart "striktes" Tool zur Unterstützung ihrer Arbeit. Durch eine offene Kommunikation konnte jedoch schließlich auch der Außendienst vom Nutzen der neuen CRM-Funktionalitäten überzeugt werden.

4. CRM für 300 User

Während vor der Einführung des CRM-Systems nur der Call-Center und einige Back Office Bereiche rudimentäre CRM-Funktionalitäten nutzten, werden heute bei ISIS nahezu alle kundennahen Prozesse über das CRM-System abgewickelt. Auch die Mitarbeiter aus Vertrieb und Marketing profitieren von der neuen Lösung. Derzeit arbeiten etwa 300 Nutzer mit dem System.

Doch der Erfolg kam nicht über Nacht. Durch die schrittweise Einführung des Systems konnten bereits zu Beginn erste Erfolge verbucht werden. Insbesondere im schnellebigen Telekommunikationsmarkt war dies ein großer Vorteil.

Die Aufteilung in Teilprojekte machte das Vorhaben überschaubar, so daß zum einen nah am Betrieb gearbeitet werden konnte und zum anderen die Aufwände zu jedem Zeitpunkt überschaubar blieben. Voraussetzung für eine derart flexible Vorgehensweise war ein relativ offenes Konzept, das mögliche Ergänzungen und Erweiterungen schon im Vorfeld mit einkalkulierte. Ein Beispiel war die spätere Anbindung des Vertriebs, die zwar nicht geplant, aber konzeptionell bereits zu Beginn vorgesehen war.

Ausschlaggebend für den Erfolg des Projektes war eindeutig die saubere Dokumentation aller relevanten Unternehmensprozesse. Dabei ist es grundsätzlich sinnvoll, möglichst viele Prozesse zusammenzufassen, um die Übersichtlichkeit des Systems zu gewähren.

5. Zukunftspläne

Obwohl ISIS bereits seit über zwei Jahren damit beschäftigt ist, ihre Kunden "noch" zufriedener zu machen, ist das Ende der Fahnenstange noch längst nicht erreicht. Zur Zeit arbeiten die Düsseldorfer an einem Konzept, um ihre CRM-Lösung webfähig zu machen. Ziel ist das Etablieren des Kommunikationskanals Internet zum Kunden. Der Servicebereich des ISIS-Internetauftritts wird um das Thema "Customer Self Care" erweitert. Der Kunde kann dann – ohne den Call-Center zu kontaktieren - eigenständig Informationen in ein Web-Formular eingeben, das anschließend ausgewertet und weiterbearbeitet wird.

Lynx Consulting Group – Das Unternehmen

In den zwölf Jahren ihres Bestehens hat sich die Lynx Consulting Group zu einem der führenden Beratungshäuser im Markt der Informationstechnologie entwickelt. Die Unternehmensgruppe unterstützt Großunternehmen und mittelständische Betriebe aus Industrie, Handel und Dienstleistung bei der Konzeption und Umsetzung komplexer IT-Projekte. Dazu gehört sowohl die Realisierung betriebswirtschaftlicher Organisationslösungen als auch die Planung und Einführung effizienter Informationssysteme.

Unter dem Dach der Gruppe agieren insgesamt elf rechtlich und wirtschaftlich eigenständige IT-Unternehmen, die an den Standorten Bielefeld, Dortmund, Düsseldorf, Frankfurt/M., Hannover, Itzehoe, London, Münster, Palo Alto (Kalifornien), Prag und Walldorf ansässig sind.

Mit 273 Mitarbeitern erwirtschaftete die Lynx Consulting Group im Jahr 2000 einen Umsatz von 57,5 Millionen Mark (Stand: 31.12.2000).

Mit zahlreichen Unternehmen verbindet die IT-Beratung eine langjährige Geschäftsbeziehung. Auf der Kundenliste stehen unter anderem Aral, Dr. Oetker, Langnese/Iglo, LBS, Metro, Miele, Pirelli, Storck und WestLB.

Zur Erweiterung ihres Leistungsspektrums unterhält die Lynx Consulting Group Partnerschaften zu Unternehmen wie Cognos, Easy Software, Quark und SAS Institute.

Lynx ist außerdem HP Open View Authorized Partner, Lotus Business Partner, Microsoft Solution Provider, Oracle Certified Solution Partner, SAP Alliance Partner Service und SAP HR Partner.

ISIS Multimedia Net & Co KG – Das Unternehmen

Als Pionier unter den neuen Netzbetreibern hat sich ISIS Multimedia Net GmbH & Co. KG erfolgreich im Wettbewerb profiliert. ISIS ist ein Gemeinschaftsunternehmen von Mannesmann Arcor, Stadtwerke Düsseldorf, WestLB, Duisburger Versorgungs- und Verkehrsgesellschaft und Stadtwerke Neuss. Das 1994 gegründete Unternehmen erhielt im November 1996 die Lizenz zum Aufbau und Betrieb eines privaten Unternehmensnetzwerkes.

Die Produktpalette reicht vom kompletten Telefon- und Internetanschluß über Videokonferenzen, Festverbindungen bis zur Installation und dem Management von Unternehmensnetzwerken. Inzwischen hat das Unternehmen rund 50.000 Kunden in der Region Düsseldorf. ISIS vermittelt mehr als 4 Mio. Minuten pro Tag. Mit ca. 340 Mitarbeitern hat ISIS 2000 einen Umsatz von 58,3 Mio. Euro erwirtschaftet.

Das Lizenzgebiet des Unternehmens umfaßt mit der nordrhein-westfälischen Landeshauptstadt Düsseldorf im Zentrum praktisch den gesamten Regierungsbezirk. Das ist ein weites Einzugsgebiet von ca. 4,5 Millionen Einwohnern - von Dinslaken bis Dormagen und von Mönchengladbach bis Essen.

Am 21. Dezember 1998 erhielt ISIS die Zertifizierung zum Qualitätsmanagement nach DIN EN ISO 9001. Am 31.01.2001 wurde die Zertifizierung nach DIN EN ISO 9001:2000 erweitert.

Stefan Helmke, Matthias F. Uebel und Dörte Brinker

Kundenzufriedenheitsanalyse als CRM-Instrument für ein Unternehmen der Tourismusbranche

1. Darstellung der Ausgangslage

Im hart umkämpften Tourismusmarkt, der durch zunehmenden Preisverfall bei gleichzeitig steigender bzw. zumindest konstanter Leistungserwartung der Kunden gekennzeichnet ist, gewinnen CRM-Instrumente zunehmend an Bedeutung. Die Ausrichtung des jeweiligen Unternehmens auf die Kundenzufriedenheit stellt einen wesentlichen kritischen Erfolgsfaktor dar, um langfristig am Markt seine Position zu halten und ggf. ausbauen zu können. Eine hohe Kundenzufriedenheit mit der konkreten Reiseleistung stellt insbesondere in der Tourismusbranche die grundsätzliche Voraussetzung für Kundenbindung und daraus resultierender positiver Ausstrahlungseffekte in Form von Weiterempfehlungen dar. Berücksichtigt man, daß es fünfmal teuerer ist, einen neuen Kunden zu gewinnen als einen alten zu binden, so besitzt die Kundenzufriedenheit einen großen Einfluß auf den ökonomischen Erfolg des Unternehmens und entsprechend auf den Unternehmenswert.

Im vorliegenden Projektbeispiel wird dargestellt, wie mit Hilfe des Instruments der Kundenzufriedenheitsanalyse in der Tourismusbranche diese Größe gesteuert werden kann und daraus Maßnahmen abgeleitet werden können, wie das Leistungsangebot schnell und effizient angepaßt werden kann, um sich Wettbewerbsvorteile gegenüber der massiven Konkurrenz in dieser Branche zu sichern. Dies sind beispielsweise das schnelle Reagieren und Ausmerzen von Mängeln in der Qualität von Leistungspartnern (wie z. B. Hotels) sowie die Weiterentwicklung der Vermarktung hin zu einer zielgruppenbezogenen und bedürfnisorientierten Kundenbearbeitung.

Die strategische Ausgangslage des Unternehmens, bei dem das CRM-Instrument der Kundenzufriedenheitsanalyse eingeführt wurde, kann zusammengefaßt als „stuck-in-the-middle" bezeichnet werden. Das bedeutet, daß das Unternehmen wenig Kenntnis über die Unterschiede in den Bedürfnissen einzelner Kundengruppen besaß und entsprechend keine Segmentierung und sowie eine darauf basierende Marktbearbeitung erfolgte. Das Thema Kundenzufriedenheitsanalyse wurde nur oberflächlich angegangen, so daß die Potentiale dieses Instruments nicht genutzt wurden und sich keine entsprechenden Mehrwerte für das Tagesgeschäft ergaben.

Diese Schwächen im Einsatz der Kundenzufriedenheitsanalyse bestanden im wesentlichen darin, daß die heute möglichen Auswertungstechniken zur Erkenntnisgewinnung nur spärlich angewendet wurden und lediglich eine Analyse im zweijährigen Rhythmus vorgenommen wurde, so daß keine Erkenntnisse für die Ableitung konkreter, umzusetzender Maßnahmen im Tagesgeschäft generiert werden konnten. Des weiteren erfolgte das Reporting der Ergebnisse auf Basis eines 300-seitigen Berichts, der den Blick für signifikante Ergebnisse und daraus resultierendem Handlungsbedarf verwässerte und zu einer Informationsüberflutung der Empfänger führte. De facto wurde dieser Bericht aufgrund seiner zu umfangreichen, wenig managementorientierten Form nicht für die Verbesserung der Leistungserstellung genutzt.

2. Projektziele

Kundenzufriedenheitsanalysen liefern bei einem adäquaten Einsatz die Basis für eine kundenorientierte Steuerung von Unternehmensprozessen. Um die Einsatzanforderungen zu verdeutlichen, sind neben den Zielsetzungen auch Nebenbedingungen zu formulieren, welche als Qualitätsindikator für die Zielumsetzung und damit -erreichung dienen. Für das betrachtete Tourismusunternehmen ergaben sich folgende Ziele:

1. Zum einen war es notwendig, ein monatliches Reporting einzuführen, um zeitnahe Verbesserungsmaßnahmen während der laufenden Saison durchführen zu können (**Monatliches Reporting**).

2. Dabei war eine weitere wesentliche Anforderung die Aufbereitung der Ergebnisse in übersichtlichen, empfängerorientierten Reports, welche im Tagesgeschäft praktikabel zur Erkenntnisgewinnung und Ableitung von operativen Verbesserungsmaßnahmen eingesetzt werden können (**Effizientes Reporting**).

3. Des weiteren waren die Potentiale der damals möglichen Auswertungsinstrumente besser auszunutzen. Dies fing bei der Fragebogengestaltung an und betraf insbesondere die ergebnisorientierte Datenauswertung sowie die Ableitung von Handlungsbedarf, beispielsweise hinsichtlich einer zielgruppenbezogenen Kundenbearbeitung (**Auswertungsinstrumente**).

4. Zudem war darauf aufbauend ein aussagekräftiges Steuerungsinstrument zu schaffen, um eine übergreifende kundenzufriedenheitsorientierte Steuerung unternehmensweit zu ermöglichen (**Steuerungsinstrumente**).

Als zusätzliche Nebenbedingung ist bei Einführung sämtlicher Teilkomponenten zu berücksichtigen, daß die Ergebnisse entsprechend der jeweiligen Informationsbedürfnisse an alle kundenbearbeitenden Stellen weitergeleitet werden. Zudem ist die Entwicklung der Kundenzufriedenheit nachzuhalten und es sind Zielentwicklungspfade für diese aufzustellen, um die mit der Umsetzung der Maßnahmen erwarteten Fortschritte in der Leistungsverbesserung überprüfen zu können. Wichtig ist insgesamt, daß die Ergebnisse nicht nur in der Schublade landen, sondern tatsächlich Maßnahmen auslösen und Verbesserungen anstoßen.

3. Lösungsbausteine

Um die dargestellten, mit der Einführung der Kundenzufriedenheit verbundenen Ziele zu erreichen, sind entsprechende Lösungsbausteine entwickelt worden, welche im folgenden erläutert werden.

Grundsätzlich gliedert sich das Instrumente der Kundenzufriedenheitsanalyse aus Prozeßsicht in drei Teilprozesse, welche über eine integrierte Feedback-Schleife miteinander dynamisch verbunden sind, um eine kontinuierliche Verbesserung zu ermöglichen. Dies verdeutlicht Abbildung 1.

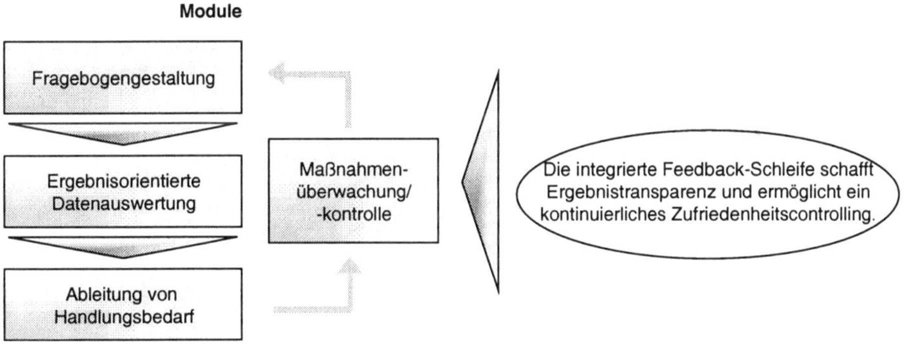

Abbildung 1: Module des CRM-Instruments Kundenzufriedenheitsanalyse aus Prozeßsicht

Für die Unterstützung der einzelnen Prozeßphasen existieren wiederum Teilmodule. Bei der Einführung des Instruments der Kundenzufriedenheitsanalyse in Unternehmen ist zu entscheiden, welche dieser Instrumente im Hinblick auf die verfolgten Analyseziele einzusetzen sind. Dies hängt vom jeweiligen Unternehmenskontext ab. Einen Überblick zu ausgewählten Teilmodulen liefert die folgende Abbildung 2:

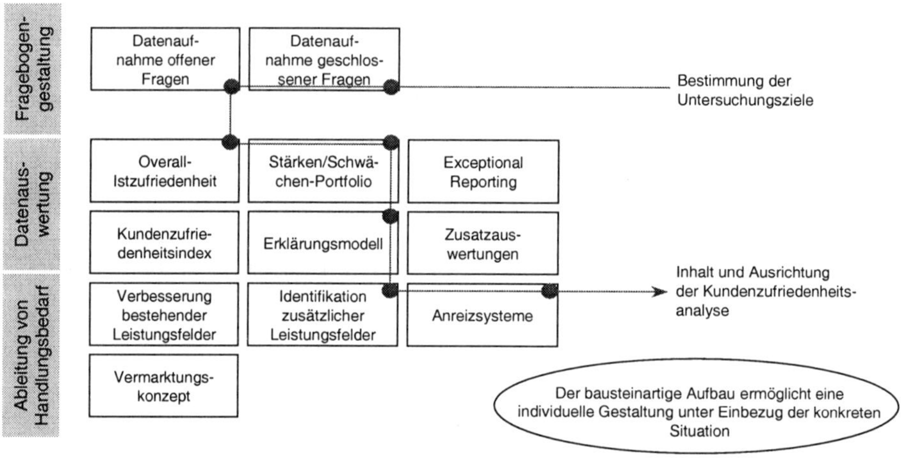

Abbildung 2: Teilmodule des CRM-Instruments Kundenzufriedenheitsanalyse

3.1 Monatliches, effizientes Reporting

Die Anforderungen an das Reporting sind hinsichtlich Reporting-Intervallen und der Datenaufbereitung zu unterscheiden. In erstgenannter zeitlicher Anforderungsdimension ist zu erwähnen, daß eine einmalige Aufnahme der Kundenzufriedenheit im Sinne einer Momentaufnahme wenig Sinn macht. Vielmehr ist ein Analyseinstrument zu schaffen, das kontinuierlich eingesetzt wird, nicht zuletzt auch um den Kundenzufriedenheitsgedanken im Unternehmen nachhaltig zu etablieren.

Ziel im Projekt war es, eine monatliches Reporting einzurichten, um bei etwaigen Kundenunzufriedenheiten unmittelbar reagieren zu können, wenn z. B. die Sauberkeit der Zimmer eines Hotelleistungspartners signifikant unterhalb des angestrebten Kundenzufriedenheitszielwertes lag. Entsprechend kann eine zeitnahe Anpassung der Leistungserstellung erfolgen. Wichtig ist hierbei, daß zur Umsetzung entsprechende Anreiz- und Steuerungsinstrumente entwickelt werden (siehe dazu Kapitel 3.3.).

Die Ausgabe der Fragebögen erfolgte direkt am Urlaubsort und wurde von der Reiseleistung unmittelbar am Ende der Reise eingesammelt. Entsprechend waren die Reiseleiter vor Ort angehalten, die Fragebögen monatlich an die Zentrale zu senden. Im Rahmen der Dateneingabe der Informationen und der Auswertung von Standardreports konnte erhebliche Verbesserungspotentiale zur Steigerung der Effizienz genutzt werden. War früher die sehr zeitaufwendige manuelle Eingabe der Ergebnisse zur Erzeugung elektronischer

Datensätze notwendig, so konnten die Eingabezeiten bei 12.000 Fragebögen pro Monat auf einen Tag durch die Nutzung eines Hochleistungsscanners verkürzt werden. Entsprechend war der Fragebogen mit Hilfe scannerautomatisierungstauglicher Dokumentenerkennungssoftware zu erstellen.

Zur Datenauswertung wurde das Softwarepaket SPSS genutzt, so daß sich aus dem Einscannen der Fragebögen unmittelbar ein entsprechendes SPSS-File ergab. Durch die Programmierung entsprechender Auswertungsroutinen konnten die Gestaltung der Standardreports komplett automatisiert werden, so daß nach Einscannen der Fragebögen sozusagen auf „Knopfdruck" die entsprechenden Reports und graphischen Aufbereitungen an die Empfänger automatisiert über das Intranet gemäß des festgelegten Workflows versendet werden konnten.

Die Festlegung von Workflows war notwendig, um den unterschiedlichen Informationsbedürfnissen der Empfängerzielgruppen gerecht zu werden. So sind Kundenzufriedenheitsinformationen z. B. für die Geschäftsleitung auf einem anderen Aggregationsgrad relevant als für einen Expedienten. Durch Einsatz der vorgestellten Techniken und der Software war es möglich, das im ersten Moment sehr anspruchsvolle Ziel der Gestaltung monatlicher Reports problemlos und mit sogar weniger Aufwand, der hinsichtlich personeller Ressourcen nach einmaliger Installation verschwindend gering ist, zu realisieren.

Wie es auch in vielen anderen Unternehmen häufig der Fall ist, wurden als Reporting lediglich mehrere hundert Seiten umfassende Berichte an die kundenbearbeitenden Stellen weitergeleitet. Dies macht keinen Sinn, da derartige Informationsüberflutungen effizient nicht zu verarbeiten sind. Vielmehr ist ein Cockpitchart mit den wesentlichen Top-Kennzahlen zu erstellen und im Sinne eines Exceptional Reporting auf 1 – 4 Seiten nur auf Besonderheiten hinzuweisen. Für den Expedienten eines Tourismusunternehmen ist es z. B. wichtiger, prägnante Informationen zu erhalten, mit welchen Hotels die Kunden unzufrieden sind. Ist in einem Hotel der Pool auf einer Schulnotenskala auf Basis eines arithmetischen Mittelwertes mit 1,2 bewertet, so macht das Reporting dieser Information an den Expedienten wenig Sinn, da dies der Normalfall sein sollte, somit im Zielrahmen liegt und deshalb keine Verbesserungsmaßnahmen auslöst. Vielmehr ist es wichtig, darauf hinzuweisen, in welchen Hotels beispielsweise erhebliche negativen Abweichungen von den Normzielwerten hinsichtlich der Kundenzufriedenheit auftauchen. So ist ein entsprechendes Exceptional Reporting zu gestalten, daß ggf. graphisch unterstützt, die aus der Basistabelle herausgefilterten Besonderheiten zusammenfaßt, für die Verbesserungsmaßnahmen einzuleiten sind. Dies verdeutlicht die folgende Abbildung:

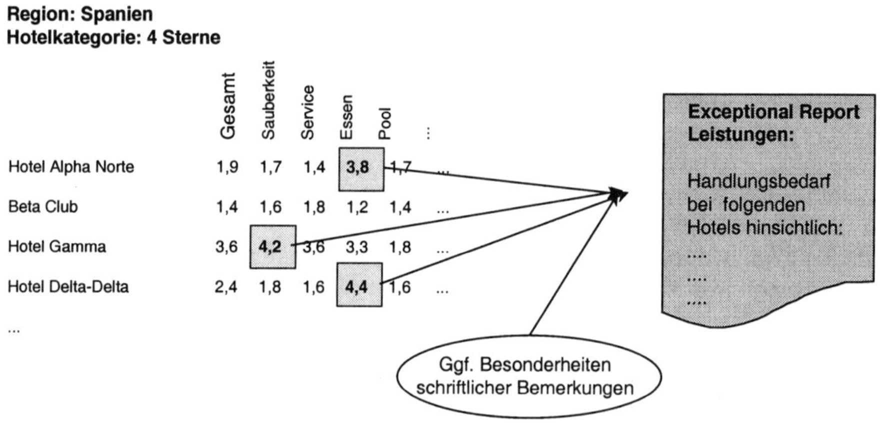

Abbildung 3: Exceptional Reporting für Leistungen (exemplarische, fiktive Ergebnisse)

Durch ein zeitnahes monatliches Reporting ist auch eine zeitnahe Umsetzung möglich, die ein Gegensteuern bei Kundenunzufriedenheiten noch während der laufenden Saison ermöglicht, damit nicht weitere Kunden unzufrieden sind und Anlaß zur Beschwerde haben. Denn unzufriedene Kunden werden in vielen Fällen keine Folgereise beim eigenen Unternehmen buchen und halten zusätzlich durch eine negative Mund-zu-Mund-Propaganda potentielle Kunden ab. Empirisch nachgewiesen kommunizieren unzufriedene Kunden im Schnitt mit fünf anderen Personen darüber, während zufriedene Kunden dies nur mit zwei anderen Personen tun.

Ebenso ist ein Exceptional Reporting hinsichtlich außerordentlich unzufriedener Kunden durchzuführen. Hier sind insbesondere Stammkunden pragmatisch Incentives, wie z. B. Reisegutscheine, zu gewähren, damit die Kunden nicht verloren gehen. Zur Bestimmung des Ausmaßes eines derartigen Incentive-Programms ist regelmäßig eine Kosten-Nutzen-Analyse durchzuführen. Entsprechende Churn-Analysen über den Zeitverlauf, also Analysen der Kundenabwanderungsrate, erlauben eine Effektivitätsüberprüfung des Incentive-Programms und geben Hinweise auf Anpassungsbedarf. Das Exceptional Reporting bezüglich der Kunden wird in Abbildung 4 exemplarisch verdeutlicht.

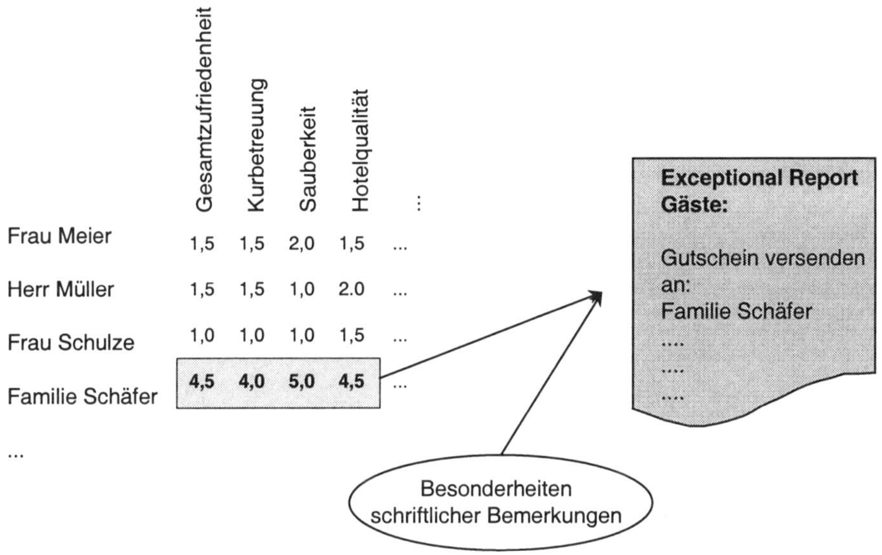

Abbildung 4: Exceptional Reporting für Kunden (exemplarische, fiktive Ergebnisse)

3.2 Auswertungsinstrumente zur Maßnahmenableitung

Die Aussagekraft der später eingesetzten Auswertungsinstrumente sowie- die Validität und Signifikanz der Ergebnisse ist sehr von der Qualität des Fragebogens abhängig, so daß das Thema Fragebogengestaltung als Gretchenfrage zunächst zu diskutieren ist, bevor auf die abzubildenden Analysedimensionen und eingesetzten Analyseinstrumente einzugehen ist.

3.2.1. Fragebogengestaltung

Wird ein Fragebogen verwendet, so wird dessen inhaltliche Entwicklung und Gestaltung häufig unterschätzt. Nicht zuletzt aus dem Grund daß Fragebögen oft nicht die Analyseziele adäquat abbilden, ist der eingesetzte Fragebogen im Rahmen eines Pre-Tests auf seine Verständlichkeit hin zu prüfen. Dies betrifft insbesondere Skalierungen und dem Problem der Pol-Verwechslung, da Kunden unabsichtlich unaufmerksam die „sehr gut"-Seite mit der „sehr schlecht"-Seite verwechseln. Bewährt haben sich hier Skalierungen mit graphischer Visualisierung wie die Kunin-Skala (die Skala der Gesichter). Um eine aussagekräftige Trennschärfe bei den Ergebnisse zu gewährleisten, sollte die Anzahl der Skalenpunkte mindestens 5 betragen und die 10 nicht überschreiten.

Ebenso macht es wenig Sinn, Fragen zu stellen, wie z. B.: "Wie wichtig ist Ihnen die Qualität des Produktes?" auf einer Skala von 1 - 10. Es werden sich fast nur Antworten nahe der 10 für sehr wichtig ergeben, da die Kunden sodann zu einer Anspruchsinflation neigen, die nicht abgedeckt werden kann.

Vielmehr sind die Bedeutungen einzelner Merkmale für die Kundenzufriedenheit über die noch zu diskutierenden Kausalanalysen herauszurechnen oder mittels Fragen zu relativen Bedeutungen zu ermitteln. Selbst relative Bedeutungen erweisen sich allerdings als problematisch, da der Proband bei der Befragung überfordert wird oder ein künstlich rationales Verhalten zeigt.

Wichtig für die Anwendung der zu entwickelnden Analyseinstrumente – insbesondere der Kausalanalyse - ist es, sowohl nach der Zufriedenheit des Kunden mit einzelnen Merkmalen der Reiseleistung, wie z. B. das Essen oder das Sportangebot, als auch nach der Gesamtkundenzufriedenheit zu fragen.

3.2.2. Analyseinstrumente

Wenig bringt es, alle möglichen Analysen über die Daten zu fahren. Dies führt zum Teil zu unsinnigen Ergebnissen und kostet unnötige Ressourcen. Ggf. tritt wiederum das Problem der Informationsüberflutung auf. Deshalb ist von vornherein zu entscheiden, welche Instrumente in Abhängigkeit der Analyseziele eingesetzt werden sollten. Somit gilt der Grundsatz Qualität vor Quantität. Dann sind wiederum entsprechende Auswertungsroutinen in SPPS zu implementieren, die eine effiziente, automatisierte Auswertung der eingescannten Fragebogenergebnisse erlauben.

Bevor die Analyseinstrumente zu entwickeln sind, sind die zu verfolgenden Analysedimensionen festzulegen. Dies entspricht wiederum dem Grundsatz Qualität vor Quantität und gilt unabhängig vom Tourismusbereich für den Einsatz des CRM-Instruments der Kundenzufriedenheitsanalyse in einer beliebigen Branche. Zusätzlich vereinfacht diese Systematisierung der Analysedimensionen die spätere Konzeption der Analyseinstrumente. Zudem führt dies zu einem effizienten Projektvorgehen, da der Analyserahmen durch die ausgewählten Dimensionen eindeutig determiniert wird. Exemplarisch für die Tourismusbranche verdeutlicht die Abbildung 5 mögliche Analysedimensionen.

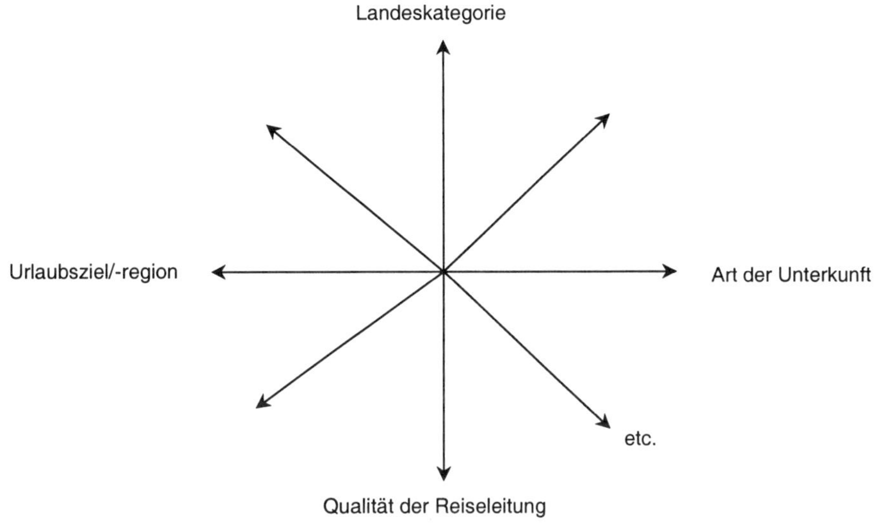

Abbildung 5: Analysedimensionen der Tourismusbranche

Neben Standardreports, wie z. B. Minimum-/Maximumwerte, Standardabweichungen, und deren graphischer Aufbereitung in semantischen Differentialen, Kreis- und Balkendiagrammen sowie Zeitentwicklungsdiagrammen, liefern die multivariaten Verfahren der Kausal-, Faktoren und der Clusteranalyse mit ihren Ergebnisse eine differenzierter Grundlage zur Ableitung notwendigen Handlungsbedarfs.

Mit Hilfe der Kausalanalyse läßt sich auf Basis der erfragten Kundenzufriedenheitswerte über sogenannte Interkorrelationsmessungen ermitteln, welchen Einfluß die Kundenzufriedenheit mit den Einzelmerkmalen der Reiseleistung auf die Gesamtkundenzufriedenheit aufweisen. Anzumerken ist, daß die Ergebnisse der Kausalanalyse die Datenbasis für den Einsatz der in Kapitel 3 dargestellten Steuerungsinstrumente Kundenzufriedenheitsportfolio und Kundenzufriedenheitsindex liefern. Ergebnis der Kausalanalyse sind somit relative Gewichtungen der Einzelmerkmale auf ein übergeordnetes Merkmal. Zur Veranschaulichung sind in Abbildung 6 exemplarische Ergebnisse visualisiert.

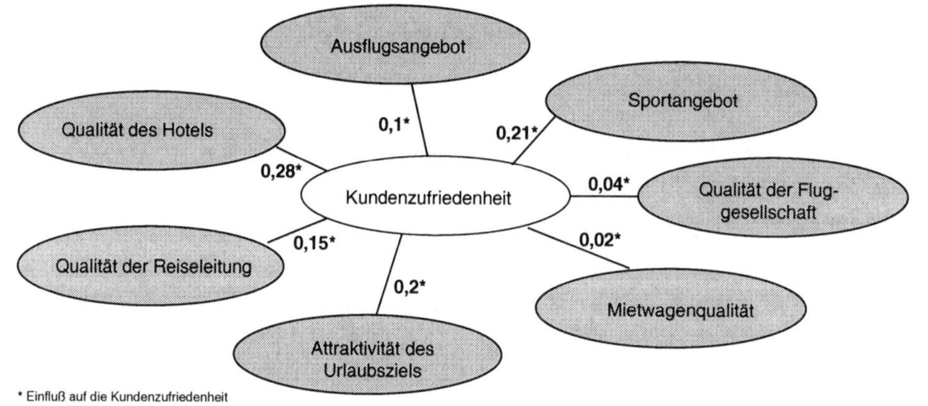

Abbildung 6: Exemplarische Ergebnisse der Kausalanalyse

Zu Abbildung 6 ist ergänzend zu erwähnen, daß der Einfachheit halber lediglich zwei Ebenen des Merkmalsbaums abgebildet sind. Ebenso lassen sich die Einzelmerkmale weiter vertiefen und wiederum in Einzelmerkmale aufspalten. Sind z. B. im Fragebogen dem Sportangebot Fragen zur Kundenzufriedenheit mit vertiefenden Detailmerkmalen wie Umfang des Sportangebots, Qualität der Sportgeräte, Verfügbarkeit etc. zugeordnet, so kann wiederum mit Hilfe der Kausalanalyse der jeweilige relative Einfluß der Detailmerkmale auf das Einzelmerkmal Sportangebot bestimmt werden.

Die Faktorenanalyse stellt ein Add-On-Instrument dar, das die Ergebnisübersichtlichkeit weiter verbessert. Die Faktorenanalyse ist ein Verfahren zur Datenverdichtung/-aggregation unter Berücksichtigung eines möglichst minimalen Informationsverlustes. Das bedeutet, daß letztendlich viele voneinander abhängige Merkmale auf einen dahinter stehenden Oberbegriff, den sogenannten Faktor, zurückgeführt werden.

Der Nutzen dieses Instruments wird deutlich, wenn die einzelnen Vertragspartnerhotels bezüglich ihrer Leistung zueinander positioniert werden sollen. Durch die automatisierte Reduzierung der Detailmerkmale auf dahinter stehende Faktoren wird die Aussagekraft nicht eingeschränkt, da die Merkmale, die durch die Faktorenanalyse zusammengefaßt werden, eine hohe Korrelation zueinander aufweisen. Vielmehr wird die Interpretierbarkeit der Daten deutlich erhöht, da ein effizienter Überblick zur Performance der einzelnen Hotels in aussagekräftigen Kernleistungsdimensionen erzeugt wird. Dies verdeutlicht die folgende Abbildung.

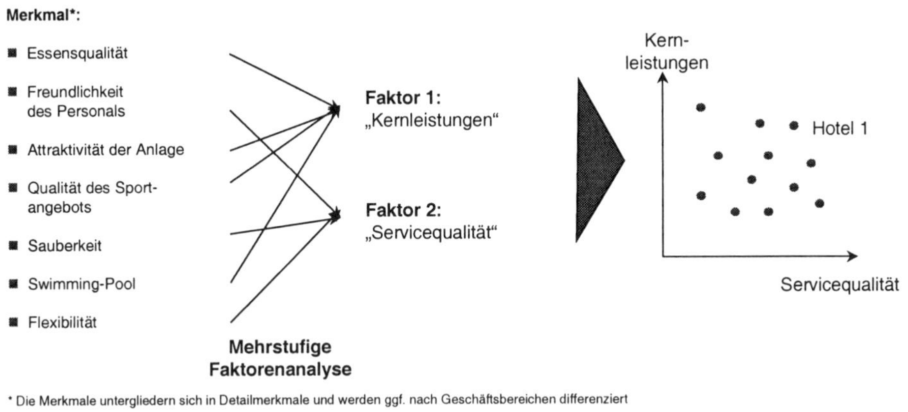

Abbildung 7: Exemplarische Ergebnisse der Faktorenanalyse

Mit Hilfe der Clusteranalyse wurden die Kunden in homogene Gruppen eingeteilt, die untereinander möglichst heterogen sind. Die Ergebnisse der Clusteranalyse liefern die Voraussetzung für eine zielgruppenbezogene, differenzierende Kundenbearbeitung und münden in Vollendung in eine One-to-One-Marktbearbeitung.

Im Anwendungsprojekt der Tourismusbranche ergaben sich Kundencluster hinsichtlich ihres bevorzugten Reiseverhaltens. Die nachfolgende Abbildung verdeutlicht exemplarische Ergebnisse:

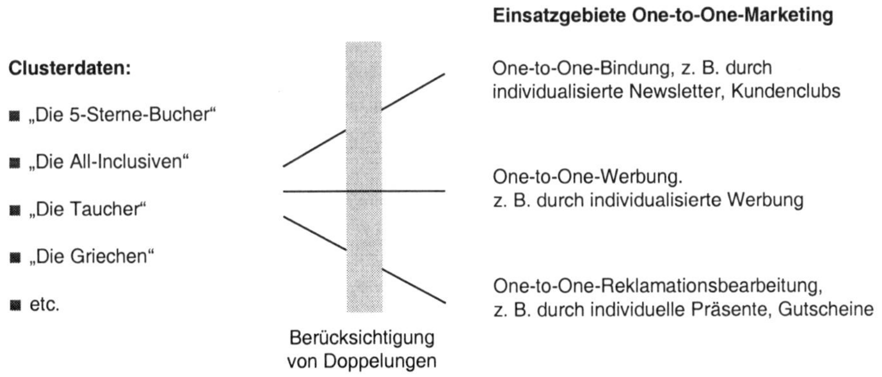

Abbildung 8: Exemplarische Ergebnisse der Clusteranalyse

Auf Basis der gebildeten Kundencluster kann eine individualisierte Marktbearbeitung erfolgen. Dies betrifft die Anwendungsgebiete der Kundenbindung, Kundenwerbung, Reklamationsbearbeitung oder aber auch der Nutzung von Cross- und Up-Selling-Potentialen. Entsprechend der Spezifika der gebildeten Cluster ist eine individuelle Kundenansprache und adäquate Maßnahmen auszugestalten.

Von der Prozeßseite der Ergebnisgewinnung ist zu berücksichtigen, daß die Analysesoftware zwar Clusterzugehörigkeiten eines Kunden ausgibt, die Interpretation jedoch dem Anwender obliegt.

Wesentliches Erfolgskriterium ist dabei die Trennschärfe der Cluster, verbunden mit einer eindeutigen Zuordnung. Zu berücksichtigen ist, daß es durchaus Kunden gibt, welche auf den ersten Blick nicht einem typischen Cluster hinsichtlich bestimmter Merkmale der Reiseleistung zuzuordnen sind. Würden diese Kunden dennoch einem bestimmten Cluster zugeordnet werden, würden diese aufgrund ihrer geringen Clusteraffinität zu Verwässerungseffekten führen. Diese Kunden zeichnen sich als sogenannte Variety Seeker aus. Dies bedeutet, daß die Kunden sehr unterschiedliche Reiseleistungen hinsichtlich Unterkunft, Zielregion etc. nachfragen. Dieses Problem ist dadurch zu lösen, daß ein entsprechendes Cluster zu bilden ist, welches gerade diese Kunden gruppiert, die auch für die Zukunft sehr vielfältige Reiseleistungen nachfragen werden. Entsprechend können auch für diese Kunden neue Akzente in einer zielgruppenbezogenen Kundenbearbeitung gesetzt werden, indem sehr innovative und unterschiedliche Reiseleistungen aktiv, z. B. über Newsletters, angeboten werden.

3.3 Steuerungsinstrumente

Als Steuerungsinstrumente sind im Rahmen des Projektes das eher qualitativ ausgerichtete Kundenzufriedenheitsportfolio sowie der auf quantitativen Daten basierende Kundenzufriedenheitsindex entwickelt worden.

3.3.1 Kundenzufriedenheitsportfolio

Durch die Maßnahmenstrukturierung und Bewertung in den Dimensionen Kundenzufriedenheit und Bedeutung der Maßnahme erhält das Unternehmen einen Überblick, in welchen Bereichen der Reiseleistungserstellung noch Lücken bestehen bzw. welche eventuell überbesetzt sind. Die Kundenzufriedenheit ergibt sich aus Mittelwerten, die Bedeutungen aus der Anwendung der erläuterten Kausalanalyse.

Mit Hilfe der Einordnung in ein Ist-Kundenzufriedenheitsportfolio wird die strategische Ausgangslage verdeutlicht, die erste Ansätze für Optimierungspotentiale aufzeigt (siehe dazu auch Abbildung 9).

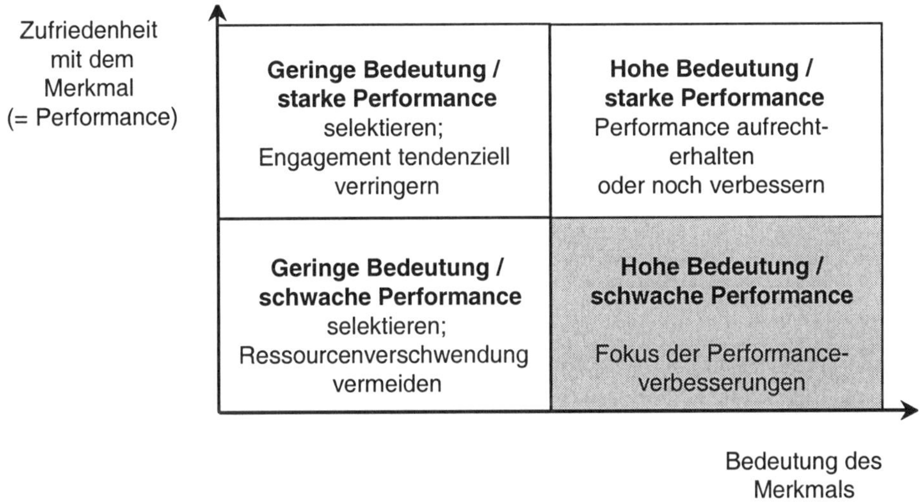

Abbildung 9: Kundenzufriedenheitsportfolio

Im Quadranten oben links sind nach Auswertung der Bedeutung und der Kundenzufriedenheit diejenigen Maßnahmen abgebildet, in denen das Unternehmen zwar eine gute Leistung liefert, die aber für den Kunden eine relativ geringe Bedeutung für ihre Kundenzufriedenheit und damit auch Kaufentscheidung aufweisen. Hier ist tendenziell zu selektieren, um Ressourcenverschwendung zu vermeiden. Es ist abzuwägen, ob die für das Instrument eingesetzten Ressourcen lieber in andere Instrumente investiert werden.

Im Quadranten unten links befinden sich für den Kunden tendenziell unwichtige Maßnahmen, in denen das Unternehmen zudem eine schwache Performance aufweist. Diese Instrumente sind abzulösen, nicht nur um Ressourcenverschwendung, sondern auch um Imageschäden aus Ausstrahlungseffekten aufgrund einer schwachen Performance bei einem tendenziell unwichtigen Instrument zu vermeiden.

Im Quadranten oben rechts befindet sich der „grüne Bereich". Das Unternehmen weist eine hohe Performance in für die Kunden wichtigen Maßnahmen auf. Hier ist zu überlegen, ob die Performance noch weiter verbessert werden kann. Ebenso sind ggf. Überlegungen anzustellen, wie die Performance aufrecht erhalten bzw. weiter differenziert werden kann, wenn die Konkurrenz entsprechend nachzieht.

Der Quadrant unten rechts symbolisiert den „roten Bereich". Das Unternehmen weist in für die Kunden bedeutenden Maßnahmen eine schwache Performance auf. Hier ist der

Hauptansatzpunkt zu Verbesserungen der Kundenzufriedenheit zu sehen, indem diese Instrumente besonders forciert werden.

Um den skizzierten Ansprüchen einer differenzierten Kundenbearbeitung gerecht zu werden, ist diese Auswertung kundengruppenspezifisch durchzuführen, da häufig unterschiedliche Kundengruppen auch unterschiedliche Einschätzungen abgeben. Daraus ergeben sich zwei wesentliche Ansatzpunkte. Zum einen ist auf der Informationsseite die Zielgruppenzusammensetzung zu überarbeiten, wenn die Ergebnisse im Detail in einer Kundengruppe sehr unterschiedlich ausfallen. Ebenso ergeben sich Ansatzpunkte für Exklusivinstrumente für ausgewählte Kundengruppen, die diesem Instrument eine hohe Bedeutung beimessen. Das vermeidet auf der Kostenseite Streuverluste und führt aufgrund der Exklusivstellung der Kundengruppe bei dieser zu zusätzlichen Steigerungen in der Kundenzufriedenheit.

3.3.2 Kundenzufriedenheitsindex

Der Kundenzufriedenheitsindex ist ein sehr hilfreiches Controllinginstrument, um nach der Zielgröße der Kundenzufriedenheit zu steuern und den Erfolg der eingeleiteten Maßnahmen abzuleiten.

Der Kundenzufriedenheitsindex entwickelt das qualitative Instrument der Portfolioanalyse weiter zu einem quantitativen Steuerungsinstrument. Während das Kundenzufriedenheitsportfolio die Ableitung strategischer Aussagen ermöglicht, erlaubt der Kundenzufriedenheitsindex eine operative Detailanalyse und -steuerung.

Bevor auf diese Funktion im Detail eingegangen wird, soll zunächst die Konstruktion des Kundenzufriedenheitsindex dargestellt werden. Den grundsätzlichen Aufbau veranschaulicht die folgende Abbildung:

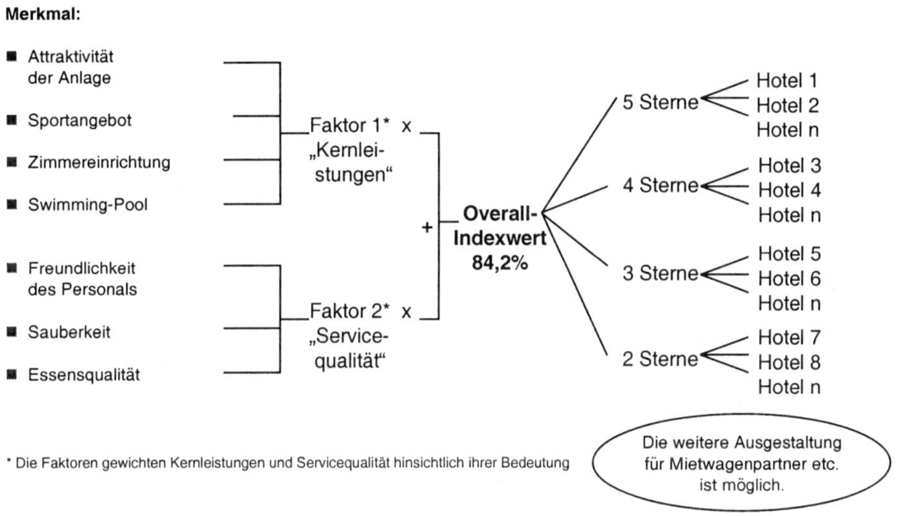

Abbildung 10: Kundenzufriedenheitsindex

Zur Entwicklung des Kundenzufriedenheitsindex sind die Ergebnisse der Mittelwertbildung, der Faktorenanalyse und der Kausalanalyse einzusetzen. Aus der Faktorenanalyse ergibt sich ein entsprechender Merkmalsbaum (in der Abbildung links vom Overall-Index-Wert). Für die einzelnen Merkmale liefert die Kausalanalyse die Bedeutung für das übergeordnete Mal bis zum Overall-Index-Wert. Bedeutungen und Mittelwerte sind jeweils über die Merkmale aufzuaddieren. Prozentuale Werte wie für den Overall-Indexwert errechnen sich, in dem die sich ergebenden Punktwerte durch die möglich Maximalpunktzahl dividiert werden. Der Overall-Indexwert läßt sich wiederum auf unterschiedliche Analysedimensionen, wie z. B. die Hotellandeskategorie, herunterbrechen.

Bei Verwendung eines Kundenzufriedenheitsindex lassen sich die folgenden vier Funktionen unterscheiden:

1. Transparenz-/Informationsfunktion

   Die Stärken und Schwächen der derzeit angebotenen Reiseleistungen werden durch den Einsatz des Kundenzufriedenheitsindizes - differenziert nach unterschiedlichen Einzelmerkmalen und Analysedimensionen - hinsichtlich ihrer Auswirkung deutlich.

2. Steuerungsfunktion

   Auf Basis der identifizierten Stärken und Schwächen lassen sich steuernde Maßnahmen ergreifen. Auch auf quantifizierter Basis wird deutlich, auf welche Einzelmerkmale bei der Gestaltung des Reiseleistungsangebots besonderer Wert zu legen ist, um den Kunden zufrieden zu stellen. Der Kundenzufriedenheitsindex erlaubt es zudem im Zeitverlauf, die Wirkung dieser Maßnahmen zu überprüfen, indem Zeitdiagramme über die Entwicklung des Kundenzufriedenheitsindex erstellt werden.

3. Kommunikationsfunktion

   Der Kundenzufriedenheitsindex liefert eine objektive Basis, auf deren Basis über Stand und Weiterentwicklung der Kundenzufriedenheit diskutiert werden kann. Dadurch wird das Problem vermieden, sich in subjektiven Details zu verlieren, was einer zielführenden Vorgehensweise zur Verbesserung der Kundenzufriedenheitssituation im Wege steht.

4. Motivations-/Entlohnungsfunktion

   Für die Einflußbereiche von Mitarbeitern, z. B. der Expedient einer Region sowie für Vertragspartner insbesondere für Hotels und andere Unterkunftsanbieter, erfolgt eine Festlegung von Zielen hinsichtlich der Kundenzufriedenheit auf Saisonbasis.

Da das Unternehmen im betrachteten Projekt den Grad der Kundenzufriedenheit als wesentlichen Einflußfaktor auf den Unternehmenserfolg erkannte, hat es zudem zur zusätzlichen Motivationssteigerung der eigenen Mitarbeiter jeweils einen Teambonus ausgeschrieben, wenn die Kundenzufriedenheitszielwerte überschritten werden. Bei dieser Regelung ist bewußt in Kauf genommen worden, daß die eigenen Mitarbeiter die Kundenzufriedenheit größtenteils lediglich indirekt über die Steuerung der Vertragspartner beeinflussen können.

Für die Vertragspartner geht der entsprechende Zielerreichungsgrad als variable Komponente in dessen Vergütung ein. Waren bisher feste Preise mit Hotelvertragspartnern vereinbart worden, führte diese Aufspaltung in einen fixen und einen variablen Bestandteil zu einem zusätzlichen Motivationsanreiz. Bei Übererfüllung des Zielerreichungsgrades erhielt das Hotel einen entsprechenden Bonus, bei Unterschreitung allerdings auch einen entsprechenden Malus, also einen Abzug. Dieses Vorgehen stieß bei den Hotelvertragspartnern zunächst auf Widerstand. Allerdings war es leicht zu verdeutlichen, daß besonders gute Leistungsanbieter in Form höherer Vergütungen als bisher von dieser Regelung profitieren, so daß ein Stimmungswandel auftrat und die Regelung überraschend schnell akzeptiert wurde. Die schlechteren Leistungspartner waren natürlich weiterhin unzufrieden. Ein Unterschreiten des Zielerreichungsgrades über einen längeren Zeitraum sollte zudem dazu führen, sich von diesem Vertragspartner nach Möglichkeit zu trennen. Insgesamt konnte das Unternehmen die gezahlten Vergütungen sogar geringfügig reduzieren.

Den Hotels wurde auch eine entsprechende Auswertung ihrer Kundenzufriedenheitsperformance zur Verfügung gestellt. Insbesondere die leistungsstarken Hotels fanden daran Interesse, da Ihnen durch dieses Instrument transparent wurde, in welchen Bereichen noch weitere Verbesserungspotentiale bestehen.

Aus Datenperspektive wurde intern die Informationsdichte des Kundenzufriedenheitsindex so gestaltet, daß die kundenbearbeitenden Stellen automatisierte, individuelle Reports für ihren speziellen Leistungsbereich sowie einige Kernkennzahlen zur Gesamtentwicklung erhielten.

4. Projektfazit

Das Unternehmen konnte durch Einführung des CRM-Instruments "Kundenzufriedenheitsanalyse", seine Erfolgs- und Marktposition deutlich ausbauen, da es in der Lage war, seine Leistungserstellungsprozesse zielbezogen gemäß der Kundenbedürfnisse zu steuern. Das gesamte System konnte flächendeckend im Unternehmen dabei innerhalb von sechs Monaten eingeführt werden.

Insbesondere von den Instrumenten der Clusteranalyse und des Kundenzufriedenheitsindex konnte das Unternehmen profitieren. Wesentliche Voraussetzung dafür war allerdings, das zeitnahe monatliche Exceptional Reporting einzuführen, damit aus der Informationsflut relevante Steuerungsaussagen abgeleitet und in entsprechenden Maßnahmen umgesetzt werden konnten.

Insgesamt ist festzustellen, daß das dargestellte Instrumentarium auch für kundenorientierte Unternehmen anderer Branchen in angepaßter Form von großer Bedeutung ist. Im Einzelfall ist das Instrument vor dem Hintergrund der individuellen Bedürfnisse entsprechend zu konfigurieren und anzupassen. Für Unternehmen bietet es sich deshalb an, vor Einführung des Instruments Kundenzufriedenheitsanalyse eine Art Experten-Check-Up durchführen zu lassen, um Fehlinvestitionen zu vermeiden und um maximal von den Projektergebnissen zu profitieren.

Literatur

HINTERHUBER, H. H.: Kundenzufriedenheit durch Kernkompetenzen, Hanser-Verlag, München, 1997.

JOHNSON, M.D.: Customer Orientation and Market Action, Redcliff, New Jersey, 1998.

MEFFERT, H.: Marketing – Grundlagen marktorientierter Unternehmensführung, 8. Auflage, Gabler, Wiesbaden 1998.

MEYER, A., BLÜMELHUBER, CH.: Kundenbindung durch Services, in: Bruhn M., Homburg Ch. (Hrsg.): Handbuch Kundenbindungsmanagement, 2. Auflage, Gabler, Wiesbaden 1999, S. 189 – 212.

QUARTAPELLE, A.Q., LARSEN, G.: Kundenzufriedenheit, Springer, Berlin, Heidelberg 1996.

TÖPFER, A. (Hrsg.): Kundenzufriedenheit messen und steigern, 2. Aufl., Luchterhand, Neuwied, Krieftel 1999.

WESSLING, H.: Aktive Kundenbeziehungen mit CRM, Gabler, Wiesbaden 1998.

WICHER, H.: Kundenzufriedenheit, in: Helmke, S.; Dangelmaier, W. (Hrsg.): Effektives Customer Relationship Management: Instrumente – Einführungskonzepte - Organisation, Gabler, Wiesbaden 2001.

YI, Y.: A Critical Review of Consumer Satisfaction, in: Zeithaml V. (Hrsg.): Review of Marketing, Vol. 1, Chicago, 1989, S. 68 – 123.

Marc Michel

CRM in Banken – es geschieht nichts Gutes, außer man tut es

Einführung

Über CRM (Customer Relationship Management) sind in den letzten Jahren eine stattliche Anzahl an Büchern erschienen, die sich mehr oder minder theoretisch mit diesem Thema beschäftigen. Dieser Beitrag soll nun die praktische Seite des CRM – speziell aus dem Blickwinkel des Bankensektors beleuchten. Speziell in dieser Branche ist der Zwang sich mit dem Thema Kundenbeziehungsmanagement (CRM) zu beschäftigen besonders groß, da Finanzprodukte sehr leicht zu imitieren sind und eine Differenzierung in diesem Bereich nahezu unmöglich ist. Folglich gibt es inzwischen eine ganze Reihe von Projekten in diesem Bereich, wovon einige im folgenden dargestellt werden sollen.

Wie schon im Titel angedeutet findet man im Markt trotz des offensichtlichen Bedarfs sehr häufig eine eher zögerliche Haltung, wenn es darum geht, sich mit dem Thema CRM zu beschäftigen (man tut es nämlich nicht). Deshalb soll zunächst der Nutzen von CRM Projekten – und einen Nutzen sollten alle CRM-Projekte haben - betrachtet werden. Im Anschluß daran werden einige auffällige Marktentwicklungen (CRM Trends) dargestellt sowie durch Fallbeispiele ergänzt.

1. Nutzen von CRM-Projekten

Allgemein sollte im Sinne eines erfolgreichen CRMs der gestiftete Nutzen die Kosten und einen angemessenen Risikoaufschlag übersteigen. Üblicherweise fällt dieser Punkt unter das Thema RoI (Return on Investment) – ein Punkt, der im Zuge der Internet Euphorie der letzten Jahre zumeist übersehen wurde.

In der Praxis stellt sich meist die Schwierigkeit Nutzen zu definieren (Schwede, 2001). Betriebswirtschaftlich gesehen heißt Nutzen immer entweder Steigerung des Umsatzes oder Senkung der Kosten. Beides gleichzeitig zu erreichen wäre zwar erstrebenswert, ist aber in der Praxis normalerweise nicht darstellbar: „There is no free lunch".

Während Kosten sich relativ einfach in Zahlen fassen lassen, so ist dies beim Umsatz nicht der Fall. Wer mag sich schon von vorneherein festlegen, was eine Investition bringen wird? Wie glaubhaft sind angenommene Umsatzsteigerungen, etc? Da also Nutzen auf der Umsatzseite schwieriger darstellbar ist, beginnen viele CRM-Projekte häufig im Rahmen einer Kostenreduzierungsmaßnahme (was übrigens zur Zeit gerade im Trend liegt). Vorteile lassen sich hier vor allem im operativen Bereich relativ leicht darstellen, z. B. kann durch Call Center Software die durchschnittliche Zeit für die Anrufbearbeitung um zweistellige Prozentsätze reduziert werden. Dadurch lassen sich sehr viele, so genannte „Call Center Seats" einsparen. Bei großen Call Centern, wie man sie häufig bei Direktbanken/ -versicherern, im Versandhandel sowie der Telekommunikation mit teilweise weit über 1.000 Arbeitsplätzen und Kosten pro Arbeitsplatz im 5-stelligen DM-Bereich lassen sich Einsparungen im Millionenbereich sehr schnell und einfach darstellen. Wichtig ist, daß bei allen Betrachtungen, der Kunde im Mittelpunkt steht und die Maßnahme (zuerst) aus Sicht des Kunden betrachtet werden muß.

Dem Praktiker kann hier folgende **Faustformel zur Bewertung von CRM-Initiativen** an die Hand gegeben werden (die Reihenfolge ist wichtig):

1. Der Kunde hat einen Nutzen (Zeitersparnis, bessere Information, besserer Service, geringere Kosten)
2. Das Unternehmen hat einen Nutzen (höhere Umsätze, höhere Profite, geringere Kosten etc.)

Insgesamt gesehen, muß jede CRM-Initiative nach einem vordefinierten Zeitablauf (in der Praxis meist 1-5 Jahre) profitabel sein. Ein Punkt, der vielen sogenannten DOT-COMs, aber auch angesehen Unternehmen der Deutschland AG bewußt geworden ist. Teilweise wurden hier Portale mit Millionenaufwand gebaut, die am Ende nur von ein paar hundert oder tausend Nutzern angenommen worden.

Die Aktivitäten im Umfeld von Kundenmanagement sind unter Aufwands- /Nutzen-Analysen beispielsweise der erwarteten Steigerung des Return on Customer bei Umsetzung von Kampagnen-Management zu bewerten.

BEISPIEL

	Ohne Analysen	Mit Analysen
Anzahl Kunden	1.000.000	1.000.000
Angeschrieben	40% = 400.000 Kunden	20% = 200.000 Kunden
Erfolgsquote	1% = 4.000 Kunden	3% = 6.000 Kunden
Marge Produkt x	250,- DM p.A./Kunde	250,- DM p.A./Kunde
Einnahmen	250,- x 4.000 = 1.000.000,- DM	250,- x 6.000 = 1.500.000,- DM
Kosten (Porto, Fixkosten)	600.000,- DM	400.000,- DM
Ertrag	**400.000,- DM**	**1.100.000,- DM**

Abbildung 1: Beispielberechnung RoI (Fuellgraf, 2001)

Während obige Faustformel eine grobe Leitlinie zur Bewertung von CRM-Initiativen gibt, so sind die tatsächlichen Ausprägungen des Nutzens für viele Unternehmen recht schwammig und schwer greifbar.

Allgemein liegt das Potential von CRM Initiativen vor allem in folgenden Bereichen:

1. Umsatzsteigerung/ -wahrung
   - Neukundenakquise
   - Cross-/ Up-Selling
   - Kundenbindung
2. Kostenreduzierung
   - Prozeßoptimierung

Auch hier gibt es in der Praxis eine Hilfestellung, wie man konkrete Ansatzpunkte in den Unternehmen finden kann, die sich sehr häufig bewährt hat. Man betrachtet einfach die Posten in der GuV. Als Beispiel seien hier die klassischen Posten der GuV einer Geschäftsbank genannt.

Abbildung 2: Ansatzpunkte für CRM in Banken

2. CRM Trends

Wie zu Anfang schon erwähnt beschäftigen sich heute die meisten Banken mit dem Thema CRM. Aufgrund der Marktsituation:

- Nachfragermarkt
- Vergleichbarkeit der Produkte
- Hohe Transparenz für die Nachfrager

Werden die Banken geradezu zum CRM getrieben. In vielen Fällen ist es der einzige Ausweg, sich am Markt dauerhaft zu etablieren, denn von den klassischen 3 Differenzierungsmöglichkeiten:

- Technologie
- Preis
- Service

Da die ersten beiden Möglichkeiten weitgehend ausgereizt sind, bietet sich also nur noch der Service an.

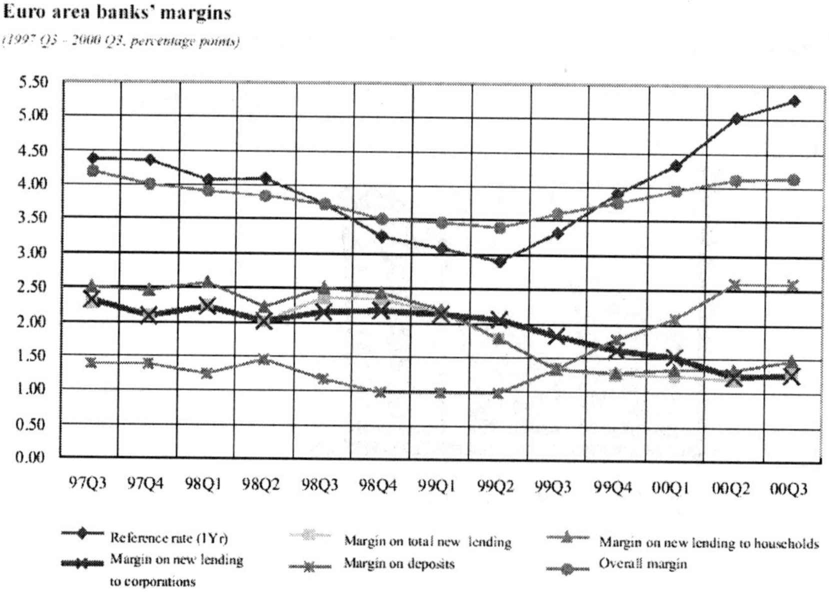

Abbildung 3: Bankmargen europaweit 1997-2000 (EZB, 2000)

Folglich sind die meisten Aktivitäten der Unternehmen darauf ausgerichtet, im Servicebereich Verbesserungen zu erzielen. Möglichkeiten bieten sich hier bei allen Transaktionen und Interaktionen mit dem Kunden, also in der Kundenbeziehung. Das ist der Hauptansatzpunkt für CRM.

Während in der ersten Phase des CRM vor allem den elektronischen Kanälen Aufmerksamkeit geschenkt wurde (Web-Portale, Call Center) so besinnt man sich mehr und mehr der klassischen Kanäle (Filialgeschäft, direkter Kundenkontakt vor Ort), um hier Verbesserungen herbeizuführen. Gründe liegen vor allem in der Bedeutung der klassischen Kanäle (Schalter, etc.), die heute häufig noch über 90% der Kundeninteraktion ausmachen sowie den Herausforderungen an die Infrastruktur im digitalen Bereich.

Laut einer Studie der Meta Group (Schwede, 2001) sind die 6 wichtigsten CRM-Ziele in Deutschland:

1. Höhere Kundenzufriedenheit
2. Steigerung der Wettbewerbsfähigkeit
3. Höhere Transparenz der Kundendaten
4. Optimierung des Vertriebs
5. Sicherung der Bestandskunden/ Kundenloyalität
6. Privacy- und Datenschutzelemente im CRM (Mailstop, etc.)
7. Optimierung des Marketing

Als Trend zeichnet sich im Markt folgendes ab:

- Aufbau von Multi-Kanalarchitekturen
- Aufbau einer soliden Datenbasis als Grundvoraussetzung für CRM (Data Warehouse)
- Verstärkter Einsatz von Data Mining zum Kundenscoring
- Marktbereinigung auf der Anbieterseite
- Zusammenwachsen der analytischen (Data Warehouse) und operativen Welt
- Aufbau von Campaign Management Systemen

Während in der Vergangenheit die Projekte vor allem von der EDV-Seite als strategische Infrastrukturprojekte getrieben wurden, zeichnet sich momentan ein Trend zu kleineren von den Fachabteilungen getriebenen Projekten ab. Beide Verfahren haben Vor- und Nachteile. Erfolgreiche Projekte zeichnen sich typischerweise durch einen „gemischten Ansatz“ aus.

3. Fallbeispiele

Im CRM Markt gibt es inzwischen Hunderte von Projektbeispielen. Anbei sollen beispielhaft ein paar Projekte aus diesem Bereich dargestellt werden. Der Schwerpunkt liegt auf Projekten aus dem analytischen Bereich, da hier bei den meisten Unternehmen noch Nachholbedarf besteht:

3.1 Chase Manhattan (USA)

Seit ihrer Gründung vor 200 Jahren hat Chase kontinuierlich einen Kundenstamm von 5.000 Unternehmen aufgebaut, die aus allen wichtigen Branchen und unterschiedlichsten Regionen kommen. Für die Fortune 500-Unternehmen ist Chase die Nummer 1 der Banken mit der besten Kundenbindung. Im Privatkundengeschäft rangiert die Chase mit mehr als 100 Mrd. US-Dollar an Kunden-Assets ebenfalls unter den Top 5. Nicht ohne Stolz verweist man darauf, daß 25 % der in der Forbes 400-Liste geführten vermögendsten Privatpersonen der Welt Kunden von Chase sind. Die Bank steht in den USA im Bankkartengeschäft sowie damit verbundener Angebote auf Platz 4. Im Jahr 1998 konnte ein Gesamtumsatz von 18,6 Mrd. US-Dollar ausgewiesen werden. Chase Manhattan, eine der größten Bank der USA, stand vor der Herausforderung, eine breite Palette unterschiedlichster Produkte und Angebote zuverlässig und aktuell einem Kundenkreis von über 35 Mio. Kreditkartenbesitzern zu unterbreiten.

Um dies zu erreichen wurde ein integriertes Data Warehouse System mit einem Datenbestand von über 3 TB (Terabytes) konzipiert, mit Hilfe dessen die Anzahl kundenorientierter Entscheidungen reduziert und der Zeitaufwand für Risikobeurteilungen und die Entwicklung von Kundenprogrammen erheblich verringert werden kann. Implementierungspartner war IBM. Auf Basis der Informationen im Data Warehouse können nun Kundenprogramme so entwickelt werden, daß sie jedem einzelnen Kunden dabei helfen, seine individuellen finanziellen Ziele zu erreichen.

Chase pflegt im Kreditkartenbereich zahlreiche Co-Branding Allianzen mit Unternehmen wie Wal-mart, Shell, Continental Airlines, Bell Atlantic und Toys 'R' Us. Mit der Lösung stehen der Bank vielfältige Funktionen zur Verfügung, mit denen sie von den bevorzugten Kaufpunkten bis hin zu den Auswirkungen dieser Co-Branding Allianzen auf das Kaufverhalten des Kunden die komplette Kundenbeziehung analysieren kann. Mit Hilfe dieser Informationen können Marketing-Offensiven gezielt lanciert werden, um den Kunden zum Gebrauch der Kreditkarte zu motivieren - nicht nur an den Standorten der Co-Branding Geschäftspartner sondern auch in Hotels, bei Club-Reisen, in Restaurants und vielen anderen Unternehmen, mit denen die Bank geschäftlich verbunden ist.

Ein gutes Beispiel hierfür ist die Shell-Kreditkarte. Durch die Erkenntnis, daß Käufer von Shell-Kraftstoffen zu den profitabelsten Kreditkartenkunden gehören, erhöhte die Bank den im Zusammenhang mit der Karte gewährten Rabatt für Kraftstoffkäufe von 3 % auf 5 %. Im Gegenzug wurde der Rabat für allgemeine Einkäufe von 2 % auf 1 % gesenkt. Durch die Lösung konnte der Entscheidungszyklus von mehreren Jahren auf drei Monate verkürzt werden. Zusätzlich konnte mit Hilfe der fortschrittlichen Analysefunktionen der Lösung festgestellt werden, daß diese Änderungen einen deutlichen Anstieg in der Nutzung der Kreditkarte zur Folge hatte."

Durch den Einsatz des neuen Systems konnte Chase seine produktorientierte Strategie in eine kundenorientierte Strategie ändern und dadurch folgende Ziele erfolgreich umsetzen:

- Lancierung neuer oder außergewöhnlicher Produkte - und damit konsequente Erhöhung der Kundenreaktionen um bis zu 200 %

- Konzentration auf potentielle Neukunden und Effektivitätsmessung der damit verbundenen Strategien

- Verkürzung der Analysezeiten von Mailing-Aktionen

- Vermeidung von Fehlentwicklungen durch schnellere und effektivere Reaktion auf verändertes Stamm- und Neukundenverhalten

- Kompetenzerweiterung für Call Center-Mitarbeiter durch größere Entscheidungsfreiheiten

Nebenbei wurden noch die IT-Kosten für das System um über die Hälfte gesenkt. Zur Zeit nutzen mehr als 635 Chase-Mitarbeiter nutzen nun die Vorteile dieses neuen Systems. Die Ausfallzeiten liegen bei weniger als 1 %. Im Zeitraum von 1997 bis 2004 rechnet man bei Chase mit einem Investitionsvolumen von 45 Mio. US-Dollar für die Lösung. Zu den zukünftigen Prioritäten gehören die Integration in andere Bereiche der Bank und die Synergie mit dem National Consumers Services (NCS) Warehouse, in dem Daten zu Girokonten, Spareinlagen und Kreditinformationen gespeichert sind.

Bei Chase sieht man in e-business einen wesentlichen Faktor zur Steigerung der Wettbewerbsfähigkeit, da das Internet verstärkt als Vertriebs- und Kundenkanal eingesetzt wird. Das Web wird in Zukunft auch beim Auffinden von wertvollen und verwertbaren Kundendaten eine zentrale Rolle spielen.

"Da wir zukunftsorientiert agieren, wird ein kurzfristiger Return on Investment nicht das Kriterium für den Erfolg der Lösung sein. Die wirkliche Wertschöpfung liegt darin, ein leistungsfähiges Tool zur Verfügung zu haben, mit dem wir stabile und langfristige Kundenbeziehungen aufbauen können. Und die sind unbezahlbar".

3.2 Danske Bank (Dänemark)

Mit etwa 3 Mio. Privatkunden und zahlreichen Firmen- sowie öffentlichen Kunden ist die Bank das größte Institut in Dänemark. Das Portfolio umfaßt sowohl die klassischen Bankprodukte als auch Versicherung, Asset Management und Brokerage. Die Bank ist international, vor allem in Skandinavien, tätig und verfolgt die Strategie „One Group, one System".

Die bisherige CRM-Infrastruktur war über Jahre gewachsen und vor allem auf dänische Belange ausgerichtet. So waren über die Zeit verschiedene Lösungen innerhalb der Bank entstanden, die keine Gesamtsicht über die Kundebasis liefern konnten. Zielsetzung war also eine flexible CRM-Lösung zu etablieren, die sowohl nationale Gegebenheiten als auch bestehende Infrastruktur berücksichtigt. Hierzu wurde ein schrittweiser Projektansatz mit modularen Lösungskomponenten gewählt. Die Lösungskomponenten hatten im Schnitt eine Realisierungsdauer von 6-12 Monaten.

Zunächst wurden die Anforderungen von etwa 40 Anwendern aus unterschiedlichen Bereichen aufgenommen. Mit Hilfe von Abstimmungsgesprächen und Workshops wurden die Anforderungen soweit konkretisiert und in einen Lösungszusammenhang gebracht, daß dann mit der Realisierung der einzelnen Arbeitspakete begonnen werden konnte. Innerhalb von 4 Phasen wurde vom bisherigen System über einen parallelen Betrieb auf das neue System gewechselt. Der Abschluß des Projekts ist für 2003 geplant.

3.3 Garanti Bank (Türkei)

Garanti Bank ist die zweitgrößte Privatbank in der Türkei mit einer Bilanzsumme von 3,3 Mrd. U$. Für den Bankvertrieb verfügt das Institut über mehrere hundert Filialen in der gesamten Türkei. 1999 wurde Garanti Bank von Euromoney als „Best Small Bank in the World" ausgezeichnet. Die Bank verfolgt eine Multi-Kanalstrategie und deckst sowohl den Privatkundenbereich als auch den Firmenkundenbereich ab. Durch Prozeßverbesserungen soll mehr Zeit für Marketing und Vertrieb verwendet werden. Insgesamt erhofft man sich durch die CRM-Strategie eine Steigerung der Profitabilität. Zur Zeit hat die Bank etwa 2 Mio. Kunden, welche in absehbarer zeit auf 3 Mio. und mehr steigen werden. Die CRM Initiativen richten sich an der Leitlinie „Start small, but think big" aus.

Als erste Aufgabe wurde die Verfügbarkeit und Qualität der Daten über die Kunden erkannt. Inzwischen sind qualitätsgesicherte Daten für 98% der Firmenkunden, 85% der Privatkunden und 65% der Verbundkunden vorhanden.

In einer zweiten Phase beschäftigte sich die Bank mit dem Thema Kundenprofitabilität. Wesentliche Komponenten sind hier bei der Bank die Zinsspanne, Transaktionsgebühren und Provisionen sowie Transaktions- und Servicekosten – jeweils auf Kundenebene. Da dies ein sehr aufwendiges Unterfangen ist, konzentrierte man sich in der ersten Phase nur auf die wichtigsten Bankprodukte zur Profitabilitätsermittlung.

In einer dritten Phase war die Bank nun in der Lage auf Basis eines qualitätsgesicherten Datenbestands mit Profitabilitätsinformationen Marketingkampagnen zu fahren. Hierzu wurden die Kunden nach unterschiedlichen Kriterien bewertet und in Gruppen eingeteilt (Segmentierung) – beispielsweise gab es eine große Gruppe sogenannter inaktiver Kunden mit wenigen bis keinen Transaktionen. Außerdem wurden die Kunden nach Produktaffinität segmentiert – z. B. Kreditkartenkunden, Kunden für Investmentprodukte, etc. Wenn nun ein inaktiver Kunde vom Profil her etwa einem typischen Kreditkartenkunden sehr ähnlich war, wurde er für eine Kreditkartenkampagne ausgewählt. Technologisch wurde die Bank hierbei durch das Produkt Intelligent Miner unterstützt. Die Kampagnen wurden von intensiven Schulungs- und Informationsmaßnahmen unterstützt. Für Tests wurde auf eine Gruppe von 900 Kunden im Raum Istanbul zurückgegriffen. Die Ergebnisse der Marketingkampagnen wurden in den Informationsbestand der Bank zurückgespielt. Diese Ergebnisse sind beeindruckend. Während klassische Kampagnen normalerweise ein Response Rate zwischen 1 und 2 % erzielten waren hier Ergebnisse im zweistelligen Bereich üblich. Während eine Investmentprodukte insgesamt nur um 6% in der Gesamtbank stiegen, nahm bei den Filialen, in denen entsprechende Kampagnen gefahren wurden der Absatz um 214% zu – mehr als das 30-fache Ergebnis (Melli, 2000).

3.4 Credit Union of Texas (CUoT)

CUoT wurde 1931 von einigen Lehrern in Dallas gegründet. Aus den damaligen 65 US-Dollar Gesamtkapital ist inzwischen eines der größten Institute dieser Art mit einem Kapital von 800 Mio. US-Dollar geworden. Zur Zeit hat die Bank über 140.000 Mitglieder, die über die gesamten Vereinigten Staaten verteilt sind Durch die Charta des Instituts werden Dienstleistung und Profitabilität als Ziele festgeschrieben. Um diese zu erreichen brauchte die Bank verwertbare Informationen über die Kunden:

- die beliebtesten Produkte
- die profitabelsten Kunden
- Informationen über Kundenverhalten und Trends, etc.

Hierzu wurde aufgrund eines Standarddatenmodells und vorgefertigter Standardauswertungen eine analytische CRM Infrastruktur aufgebaut. Zusätzlich wurden mit Hilfe von Data Mining noch verschiedene Modelle zum Kundenverhalten implementiert, sowie ein Kampagnen Management aufgebaut. Unter anderem wurden bisher folgende Elemente verwirklicht:

- Bancruptcy Prediction Modell mit Kampagnenanbindung (Firmenkundenbereich)
- Branch Location Analyse (z. B. konnte mit den Daten die Schließung einer Filiale verhindert werden)
- Employee Incentive Modell (Personalwesen)
- Allowance/ Loan Loss Modell (Kreditwesen)
- Staffing Modell (Personalplanung)
- Transaction Volume Prediction Model (EDV- und Account-Planung)

Unter anderem hat insgesamt die Lösung wesentlich dazu beigetragen die Eigenkapitalrendite über die Jahre um mehr als 30% zu steigern. Im Zusammenhang mit dem Internet Banking werden beispielsweise gezielt Marketing Maßnahmen lanciert, die auf den individuellen Nutzer zugeschnitten sind. Für das Call Center sind individuelle Cross-Selling Informationen über die Kunden vorgesehen, welche den Agenten zur Verfügung gestellt werden. Damit können die Kunden Zeit sparen und gleichzeitig das Geschäftsvolumen der Bank erhöht werden. Mit den Daten im Warehouse und einer grafischen Darstellung auf einer elektronischen Landkarte werden optimale Lokationen für Geldautomaten geplant.

Insgesamt ist die Lösung aus dem Alltagsgeschäft der Bank nicht mehr wegzudenken und liefert einen wichtigen Beitrag zur Zufriedenheit der Kunden und der Profitabilität der Bank.

4. Zusammenfassung

CRM ist ein sehr junges und dynamisches Thema im Markt. Nach einer ersten Phase folgt nun die Konsolidierung hin zu mehr ergebnisorientierten Ansätzen – Relationship ist der Schlüssel zum Erfolg, aber der Schlüssel muß auch in eine „profitable Tür“ passen. Speziell im Bankenbereich wird der Kampf um die (profitablen) Kunden immer intensiver. Die Unternehmen werden nicht umhin kommen, Ihre Kunden besser zu kennen und differenzierter zu behandeln. Aktuelle formelle Bestrebungen wie Basel II (Eigenkapitalrichtlinie für Banken) gehen in die selbe Richtung, so daß auch von dieser Seite kein Weg mehr an CRM vorbei führt.

Literatur

META Group Deutschland GmbH: Agenda 2000: Customer Relationship Management in Deutschland, München.

Fuellgraf: Customer Relationship Management in Banken, München, 2001.

EZB Europäische Zentralbank: European Bank's margins and credit standards, Frankfurt, 2000.

Piero Melli et al.: CRM at Garanti Bank, IBM Publications, 2000.

o. V.: diverse Webseiten, www.ibm.com, Armonk, 2000.

Gerd Kappes

CRM im Vertrieb der BHW Gruppe

1. Die BHW Gruppe
2. CRM in der BHW Gruppe
3. Aufbau eines CRM-Systems als Lösung?
4. Das Projekt ‚Marketing Database'
   4.1 Aufbau des BHW Data Warehouse (Projektstufe 1)
   4.2 Realisierung der Operativen Anwendungen (Projektstufe 2)
   4.3 Data Mining (Projektstufe 3)
5. Scoringverfahren zur Zielgruppenoptimierung
6. Fazit

1. Die BHW Gruppe

1928 als Bausparkasse für den Öffentlichen Dienst gegründet, ist die BHW Gruppe heute mit zwei Bausparkassen, Bank, Hypothekenbank, Lebensversicherung und Immobilienvermittlung sowie über 3,2 Mio. Kunden einer der großen Finanzdienstleister in Deutschland. Nach langjähriger Firmierung als „Der Baufinanzierer" erfolgte im Jahre 2000 eine Neupositionierung des Unternehmens. Heute steht „BHW - Ihr Finanzpartner" für ein umfassendes Angebot rund um die private Vorsorge. Größte Stärke des Unternehmens ist der mobile Vertrieb mit über 3.500 hauptberuflichen HGB-Mitarbeitern in Deutschland.

2. CRM in der BHW Gruppe

Unter Customer Relationship Management (CRM) wird das Management und die Pflege von Kundenbeziehungen verstanden. Kann ein solcher CRM-Ansatz in einer Vertriebsorganisation wie BHW erfolgreich verwirklicht werden? Entsteht hier nicht ein Widerspruch? Steht das Ziel der Pflege von Kundenbeziehungen dem kurzfristigen – provisionsorientierten - Abschlußdenken nicht diametral entgegen?

Diese Fragen sind klar zu verneinen. Der mobile Vertrieb, d. h. Beratung und Verkauf „im Wohnzimmer des Kunden", ist ein seit Jahrzehnten gelebtes Kundenbeziehungsmanagement, das schon lange vor Erfindung des Begriffes CRM bei BHW erfolgreich umgesetzt wurde. Der zuständige Vertriebsmitarbeiter vor Ort kennt Umfeld, persönliche und finanzielle Situation seiner Kunden, ist über zukünftigen Bedarf unterrichtet. Er informiert über Neuerungen und ist als Berater seiner Kunden etabliert.

Wo liegen dann die Herausforderungen für die Zukunft? Was ist passiert, so daß der oben skizzierte, über viele Jahre so erfolgreiche Vertriebsansatz allein nicht mehr ausreicht?

Die Gründe sind vielschichtig. Die strategische Neuausrichtung der BHW Gruppe auf der einen und das Entstehen neuer Kommunikationsmöglichkeiten auf der anderen Seite erfordern ein Umdenken. Im einzelnen:

- BHW und die gesamte Finanzdienstleistungsbranche verfolgen seit einigen Jahren den Aufbau eines sogenannten Multi-Channel-Vertriebs. So wird unter anderem durch direktvertriebliche Maßnahmen versucht, neue Kundensegmente zu erschließen und Cross-Selling in den eigenen Beständen zu betreiben.
- Neben den klassischen Produkten Bausparen und Baufinanzierung forciert BHW den Vertrieb weiterer Finanzprodukte wie Fonds sowie Lebens- und Rentenversiche-

rungen. Die Bedeutung dieser Produkte für BHW wird durch die Neupositionierung „Ihr Finanzpartner" für die private Vorsorge unterstrichen. Diese Produkte werden in isolierten Operativen Systemen verwaltet.

- Von den Kunden besteht heute die Erwartungshaltung, über die verschiedensten Kommunikationsmöglichkeiten (insbesondere Call Center und Internet) mit dem Unternehmen in Kontakt treten zu können, und das 24 Stunden am Tag und sieben Tage in der Woche.
- Die Auswirkungen dieser Entwicklungen auf den althergebrachten, eindimensionalen Vertriebsansatz liegen auf der Hand:

Die neuen Vertriebswege (insbesondere der Direktvertrieb) müssen harmonisch mit dem bestehenden Stammvertrieb verzahnt werden. Dabei gilt es, unkoordinierte Mehrfachansprache von Kunden über die verschiedenen Vertriebswege zu vermeiden.

- In den Kundenkontakten über Call Center und Internet (insbesondere in Anfragen zu Produkten) liegt ein enormes Potential, auch für den Außendienst. Aber wie erhält der Vertriebsmitarbeiter vor Ort die Information, daß ein Interessent Informationsmaterial zu bestimmten Produkten über das Internet abgefordert hat?
- Mit den Bauspartarifen Dispo Plus und Dispo MaXX konnte sich BHW erneut die Produktführerschaft sichern. Diese Produkte können sehr flexibel an den jeweiligen Kundenbedarf angepaßt werden. Der Nachteil: Auf Grund der vielen Möglichkeiten kann eine individuelle Finanzierung mit diesen Produkten ohne Computerunterstützung kaum noch gerechnet bzw. verkauft werden.
- Durch die Verwaltung der Produkte der Tochtergesellschaften in isolierten Operativen Systemen ist eine vollständige Sicht auf alle Produktdaten eines Kunden nicht gegeben.

3. Aufbau eines CRM-Systems als Lösung?

Mit dem Aufbau eines CRM-Systems kann den oben skizzierten Herausforderungen Rechnung getragen. Bei BHW muß das zu realisierende System folgenden Anforderungen genügen:

- Aufbau einer Datenbasis für alle kundenzentrierten Anwendungen. Dabei Sicherstellung einer hohen Datenqualität.
- Anzeige einer einheitlichen (und vollständigen) Sicht auf die Kundendaten für alle Vertriebsmitarbeiter im Außendienst und im Call Center.

- Einsatz eines Kampagnen-Management-Tools zur effizienten Unterstützung des Stamm- und Direktvertriebs.
- Implementierung von Reporting-Tools zur Vertriebssteuerung, zum Kampagnen-Controlling und zur Kapazitätsmessung im Call Center.
- Erschließung moderner Prognose- und Simulationsmethoden (Data Mining) zur Optimierung der vertrieblichen Aktivitäten.

Hauptvertriebsweg für BHW ist und bleibt der mobile Verkaufsaußendienst. Ziel ist es, mit den eben geschilderten Ansätzen den Außendienst optimal zu unterstützen und parallel die alternativen Vertriebswege und die neuen Kommunikationsmöglichkeiten sinnvoll zu integrieren.

4. Das Projekt ‚Marketing Database‘

Im Jahre 1997 wurde zur Umsetzung der oben skizzierten Anforderungen das Projekt ‚Database Marketing‘ aufgesetzt und in drei Stufen realisiert:

Stufe 1: Aufbau der Datenbasis

- BHW Data Warehouse

Stufe 2: Realisierung der Operativen Anwendungen

- Front-End für Call Center und Außendienst
- Kampagnen-Management

Stufe 3: Data Mining

- Standardreports und deskriptive Analysen
- Prognosemodelle

Der Umsetzung der einzelnen Projektstufen und der damit verbundene Aufbau dieses - vertriebslastigen - CRM-Systems wird in den folgenden Kapiteln beschrieben.

4.1 Aufbau des BHW Data Warehouse (Projektstufe 1)

Mit dem Aufbau des Data Warehouse wird das Ziel verfolgt, alle marketing- bzw. vertriebsrelevanten Daten zu einem Kunden in einer einzigen Datenbank zusammenzuführen. Grundvoraussetzung dafür ist eine gut gepflegte, konzernweite Adreßdatenbank. Im Idealfall ist diese Datenbank die einzige, in der Personenstamm- und Adreßdaten gespeichert werden. Die einzelnen Verwaltungssysteme speichern ihre originären (Vertrags-)daten und anstelle der Adreßdaten lediglich einen Verweis (die Kundennummer) und greifen darüber direkt auf die gemeinsame Adreßverwaltung zu.

Die Wirklichkeit sah bei BHW im Jahre 1997 freilich völlig anders aus: Jedes Verwaltungssystem hatte seine eigene, isolierte Adreßverwaltung. Eine gemeinsame Konzern-Kundennummer gab es nicht. Das erste große eigenständige Projekt bestand folglich im Aufbau des Adreß-Management-Systems, in das die einzelnen Adreßbestände sukzessive überführt wurden. Zusätzlich erschwert wurde diese Aufgabe durch die gewachsene, heterogene Systemlandschaft und die für die einzelnen Verwaltungssysteme im Einsatz befindliche Kaufsoftware auf der einen sowie die Eigenentwicklungen auf der anderen Seite. Der Koordinationsaufwand für die Entwicklung einheitlicher Standards war durch die Vielzahl der involvierten Bereiche erwartungsgemäß sehr hoch.

Beim Aufbau einer zentralen Kundendatenbank ist die Qualität der gespeicherten Daten im allgemeinen und insbesondere die Adreßqualität von entscheidender Bedeutung. Was nutzen die intelligentesten Verfahren zur Zielgruppenselektion, die kreativsten Werbebriefe und die besten Controllinginstrumente, wenn die Mailings auf Grund von falschen, veralteten Adressen ihren Empfänger gar nicht oder durch Doubletten in den Beständen den Empfänger gleich doppelt erreichen?

Diesem Thema kann nicht genug Aufmerksamkeit gewidmet werden: Durch Verfahren zur Bereinigung von Adreßdoubletten (in vielen Fällen nur manuell durchführbar), maschinelle Abgleiche zur Bildung von Haushalten oder die Einspielung von Umzugsadressen (z. B. von der Deutschen Post Adress) kann die Adreßqualität entscheidend verbessert und so die Grundlage für den Erfolg aller weiteren Anwendungen geschaffen werden.

Nach Aufbau der konzernweiten Adreßverwaltung werden auf Basis der nun existierenden Kundennummer die marketing- und vertriebsrelevanten Daten aus den verschiedenen Operativen Systemen in das Data Warehouse übertragen. Dies sind im wesentlichen die bereits skizzierten Produktdaten der BHW Bausparkassen, der BHW Bank und der BHW Lebensversicherung, die größtenteils inhouse, teilweise jedoch auch extern verwaltet werden. Damit sind erstmals alle Produkte, die ein Kunde im Konzern nutzt, in einer Datenbank zusammengeführt. Diese Informationen können nun genutzt werden, um Cross-Selling-Potentiale zu erkennen und den Kundenbestand zielgruppenoptimiert zu bearbeiten.

Neben der zentralen Adreßverwaltung und den Daten aus den verschiedenen Verwaltungssystemen bildet die Kontakthistorie, in der alle vertrieblichen Kontakte vom und zum Kunden über alle Vertriebskanäle abgebildet werden, die dritte große Säule des BHW Data Warehouse. Über die Kontakthistorie erfolgt der Austausch von Informationen zwischen den einzelnen Vertriebskanälen. Zudem wird hier die Koordination der vertrieblichen Aktionen, insbesondere die Vermeidung doppelter Kundenansprache über verschiedene Vertriebswege, sichergestellt.

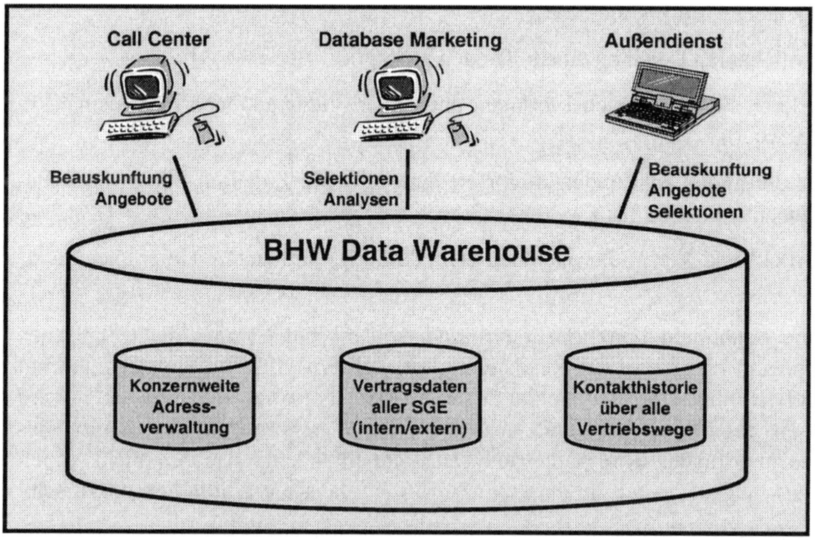

Abbildung 5: BHW Data Warehouse

In der ersten Projektstufe wurden mit dem Aufbau des Data Warehouse die Voraussetzungen für erfolgreiches CRM geschaffen. Größte Herausforderung dieser Stufe war der Aufbau der zentralen Adreßdatenbank. Neben technischen Schwierigkeiten war hier ein hoher temporärer Personalaufwand notwendig, um die im Vorfeld erkannten Mängel bei der Adreßqualität zu bereinigen.

Parallel wurden die ersten Anwendungen der zweiten Stufe realisiert, die im nächsten Kapitel näher dargestellt werden.

4.2 Realisierung der Operativen Anwendungen (Projektstufe 2)

Die Entwicklung der Operativen Anwendungen war zunächst von zwei unterschiedlichen Stoßrichtungen geprägt: Zum einen galt es, möglichst frühzeitig den mobilen Vertrieb durch den Einsatz von Laptops bei der Kundenansprache zu unterstützen. Zum anderen wurde durch die Gründung einer eigenen Servicegesellschaft für Call Center-Dienstleistungen die Realisierung der Front-End-Anwendung für das Call Center forciert.

Es kann nicht überraschen, daß viele der Hauptfunktionalitäten, die die Vertriebsmitarbeiter im Außendienst und Call Center benötigen, sich nur unwesentlich unterscheiden. Beide benötigen eine Anwendung, die

- sämtlich relevanten Daten zu einem Kunden anzeigt,
- es ermöglicht, Notizen, Wiedervorlagen und andere Informationen bei einem Kunden zu speichern,
- auf Basis der aktuellen Kundendaten Berechnungen wie Zuteilung, Spar- oder Tilgungspläne, etc. erstellt,
- es den Druck (und Versand) von Angeboten, Anträgen und andere Unterlagen unterstützt.

So ähnlich die benötigten Funktionalitäten sind, so verschieden sind die technischen Herausforderungen, die es bei der Realisierung zu meistern gilt: Um Kundendaten auf den Laptops ohne Online-Verbindung zur zentralen Datenbank verfügbar zu haben, wird turnusgemäß ein regionaler Ausschnitt aus dem Data Warehouse auf den Laptop des Außendienstes übertragen. Eine taggenaue Datenaktualität kann dadurch nicht erzielt werden. Dies ist im Call Center mit direktem Zugriff auf das Data Warehouse unkritisch.

Für das Front-End im Call Center bestehen hingegen höchste Anforderungen an die Technik, die für die Laptop-Anwendung nur wenig Bedeutung haben: Die Optimierung der Zugriffszeiten, die Verbindung der ACD mit dem Front-End, die technische Unterstützung des 7x24h-Betriebs, die automatische Bildschirmweiterschaltung, die personalisierte Angebotserstellung sowie die sofortige Weiterleitung von Beraternanforderungen seien hier exemplarisch genannt.

Damit das System allen den größtmöglichen Nutzen bringt, ist es zwingend notwendig, daß alle angeschlossenen Mitarbeiter aller Vertriebswege alle durchgeführten und geplanten Kontakte, die dabei gewonnenen aktuellen Kundendaten und weiterführende Informationen über die finanzielle Situation oder bestehendes Produktinteresse unmittelbar in die zentrale Kundendatenbank einpflegen. Nur so kann die Kundenansprache im Sinne des Customer Relationship Management optimiert und koordiniert und die Beratung im Sinne des Kunden gestaltet werden.

Noch heute ist hier gewaltige Überzeugungsarbeit zu leisten, um die Mitarbeiter im Vertrieb weg von dem Denken ‚(Mein) Wissen ist (meine) Macht‘ hin zu einer Geisteshaltung der Art ,Geteiltes Wissen ist (unsere) Macht' zu bewegen. Diesem Punkt kann nicht genug Beachtung geschenkt werden. In der BHW Gruppe wird diese Aufgabe zusätzlich erschwert, da die Vertriebsmitarbeiter im Außendienst freie Handelsvertreter sind, die ,ihre' gewonnenen Adressen und Kundendaten als ihr Eigentum betrachten und obendrein die Konkurrenzsituation zwischen den verschiedenen Vertriebswegen nicht vollständig zu harmonisieren ist.

Mit den oben beschriebenen Anwendungen sind alle Vertriebsmitarbeiter in der Lage, auf Basis einer einheitlichen Sicht für einen Kunden dessen Daten zu beauskunften, zu aktualisieren und zu ergänzen. Kundenreaktionen werden systematisch erfaßt und fließen in das zentrale Data Warehouse zurück. Die Kundenberatung wird durch verschiedene Rechenmodule technisch unterstützt, unterschriftsreife personalisierte Anträge können direkt erstellt werden.

Neben dieser Software zur Beratung eines einzelnen Kunden ist eine Anwendung zur zielgruppengerechten Marktbearbeitung zwingend erforderlich. Das BHW Kampagnen-Management-Tool soll dabei folgende Optionen bei Selektion und Produktion erfüllen:

- Das Selektionstool muß eine standardisierte, maskengesteuerte Zielgruppenselektion ermöglichen. Daneben kann im Expertenmodus jedes Datenbankfeld für Selektionen genutzt werden.
- Verschiedene Ausgabearten (Mailings, Beileger, Besuchsaufträge, To-Do's, Datenträger, etc.) können gesteuert und wahlfrei kombiniert werden.
- Der Anwender wird in die Lage versetzt, sämtliche Steuerungsparameter für die Produktion vorzugeben (Papierart für Mailing, Beileger, Versandart, etc.).
- Da jeder Bezirksdirektor sein regionales Arbeitsgebiet eigenverantwortlich bearbeitet, ist die schlanke Produktion vieler kleiner Mailing-Aktionen erforderlich.
- Für Sonderanforderungen bei der Mailing-Produktion (besondere Papierformate, ausgefallene Druckarten, etc.) wird eine Schnittstelle für die externe Mailing-Produktion benötigt.

Der Bereich Database Marketing nutzt diese Anwendung, um als zentraler Dienstleister für alle vertriebsverantwortlichen Bereiche der BHW Gruppe sämtliche Zielgruppenselektionen zu koordinieren und durchzuführen sowie die Produktion zu steuern und zu überwachen.

Ist damit das Projekt abgeschlossen? Durch den Laptop-Einsatz vor Ort kann der Vertriebsmitarbeiter ,im Wohnzimmer des Kunden' auf Basis aktueller Daten und technisch unterstützt beraten. Ergänzend stehen dem Kunden freundliche Call Center-Mitarbeiter an sieben Tagen in der Woche rund um die Uhr zur Verfügung. Vertriebsrelevante Daten fließen in das DWH zurück und können für weitere Aktivitäten genutzt werden. In der Marktbearbeitung wird die Kundenansprache durch einen Bereich zentral koordiniert und gesteuert.

Eine solide Basis für zukünftige Vertriebserfolge ist damit geschaffen. Aber erst durch die analytischen Methoden, die im nächsten Kapitel vorgestellt werden, wird die Kundenansprache optimiert und damit die eigentliche Wertschöpfung erzielt.

4.3 Data Mining (Projektstufe 3)

Die im Data Warehouse gespeicherten Kunden und Interessenten mit all ihren Adreß-, Stamm-, Vertrags- und Kontaktdaten sind gleichsam der Rohstoff, aus dem zukünftige Geschäfte ‚gewonnen' werden. Ziel ist es, diesen Rohstoff vorab bestmöglich zu veredeln. D. h. es gilt aus der Vielzahl gesammelter Daten durch den Einsatz moderner Analysemethoden Informationen zu gewinnen; zum Beispiel über den Erfolg durchgeführter Aktionen, über spezielle Kundenprofile oder zukünftiges Abschlußverhalten. Diese Informationen werden zur zielgruppenoptimierten Kundenansprache, zur Reduktion von Streuverlusten und damit zum optimierten Einsatz knapper Ressourcen (Zeit und Geld) verwendet. Data Mining wird daher völlig zu Recht als die Königsdisziplin im Database Marketing bezeichnet.

Methodisch kommen für Kundenanalysen zwei Teilgebiete der Statistik zur Anwendung: Zum einen deskriptive (beschreibende) Statistik und zum anderen Verfahren zur Klassenbildung, Trennung, Prognose (multivariate Statistik).

Zu den beschreibenden Statistiken gehören auch die Standardreports, die täglich, wöchentlich oder monatlich den Endanwendern definierte Auszählungen und Kennzahlen zur Verfügung stellen. Solche Unterlagen, in der Vergangenheit zumeist als Listen in Papierform den Fachbereichen zur Verfügung gestellt, existieren wohl in jedem Unternehmen schon seit langem. Inhaltlich reicht die Spanne - je nach Informationsbedarf der Marketing-Abteilungen und des Managements - von Kundenprofilen über Umsatz- und Kundenentwicklungen in einzelnen Segmenten bis zu aktionsbezogenen Auswertungen.

Hauptnachteil dieser Listen ist: Es können nur starre Kennzahlen bereitgestellt werden, deren Menge durch den Listenandruck sehr begrenzt ist , so daß das Informationsbedürfnis jedes Einzelnen nur bedingt erfüllt werden kann.

Mit dem Projekt sollte auch dieser Bereich der Informationsbereitstellung unter Verwendung der aktuellen technischen Möglichkeiten völlig neu entwickelt werden. Besonderes Augenmerk galt dabei der Realisierung einer Anwendung ‚Aktionsreporting' mit dem Ziel, dem Führungsaußendienst ein Controlling- und Steuerungsinstrument auf Aktionsebene zur Verfügung zu stellen. Inhaltlich sollte diese Anwendung es den Bezirksdirektoren von Flensburg bis München ermöglichen, alle aktuell durchgeführten Aktionen in ihrer Bezirksdirektion zu beauskunften sowie tagesaktuell deren Erfolg anhand definierter Kennzahlen (wie Anzahl Erhalter, Reaktionsquote, Anzahl Abschlüsse und Umsätze, etc.) zu bewerten.

Die Realisierung erfolgt mittels der sog. OLAP-Technologie (On Line Analytic Processing). Dabei werden verschiedene Sichten (z. B. Region, Werbeweg, Zeitraum, etc.) und Kennzahlen (Erhalter, Reagierer, Abschlüsse, etc.) definiert. Die entsprechend vorverdichteten Daten werden in einem sogenannten ‚Datenwürfel' zentral abgelegt. Die Anwender haben nun die Möglichkeit, auf Basis dieser vorverdichteten Daten ihre eigenen Reports zu definieren, indem sie die Kennzahlen und Sichten wahlfrei zusammenzustellen (z. B. alle Umsätze aus Mailing-Aktionen in München im letzten Quartal). Die Analyse des vorliegenden Datenmaterials wird erheblich vereinfacht: Per Doppelklick kann der Anwender in jeder Sicht (z. B. Region München) eine Detailebene weiter in die Daten ‚hinabsteigen' (z. B. alle Bezirke der Region München) und die Kennzahlen auf dieser Detailebene analysieren. So wird mit einem einzigen Datenwürfel dem Informationsbedarf aller Bereiche Rechnung getragen. Jeder Anwender stellt seinen Fokus auf genau die Informationen, die ihn interessieren. Auswertungen, die früher nur von der Analyseabteilung durchgeführt werden konnten, erhält der Nutzer nun ‚per Doppelklick'.

Im BHW-Außendienst ist diese Anwendung heute ein Standardinstrument bei allen Führungsgesprächen: Gemeinsam werden die Aktivitäten der Vergangenheit analysiert, Schwachstellen und Best-Practice-Fälle werden erkannt. Diese Erkenntnisse fließen in die zukünftige Planung ein, und die vertrieblichen Aktivitäten werden so weiter optimiert.

Durch den Einsatz dieser Anwendung ist es außerdem gelungen, die Anzahl der ad hoc-Anfragen an die Analyseabteilung zu aktionsbezogenen Auswertungen erheblich zu reduzieren. Damit sind hier freie Kapazitäten entstanden, die für die Entwicklung von Prognosemodellen dringend benötigt werden.

5. Scoringverfahren zur Zielgruppenoptimierung

Der Wunsch, der der Bildung von Prognosemodellen zu Grunde liegt, ist es, zukünftigen Kundenbedarf vorherzusagen und dann genau diejenigen Kunden anzusprechen, die zu diesem Zeitpunkt Interesse an genau diesem Produkt haben. Natürlich ist dieses für einen einzelnen Kunden unmöglich (Statistik ist schließlich Mathematik und nicht Mathemagie), für große Mengen von Kunden gelingt es jedoch, durch mathematisch-statistische Verfahren Zielgruppen zu identifizieren, die sich durch eine deutlich höhere Abschlußwahrscheinlichkeit auszeichnen, mithin mit wesentlich besseren Erfolgsquoten kontaktiert werden können.

Bei BHW wurden in der Vergangenheit Zielgruppen ausschließlich nach festen Kriterien auf Grund von Expertenwissen selektiert. Durch den Einsatz von Scoringverfahren sollen diese Selektionen weiter optimiert werden. Die Wertschöpfung wird durch nachstehende Graphik verdeutlich:

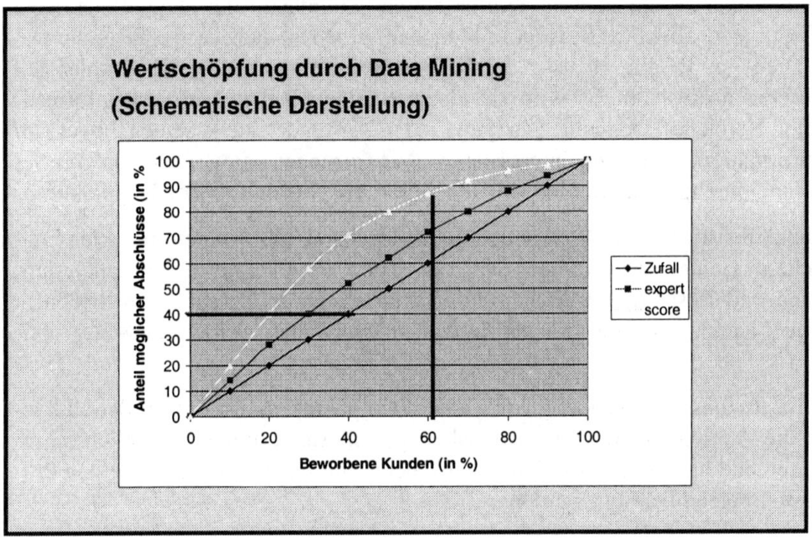

Abbildung 6: Wertschöpfung durch Data Mining

Auf der x-Achse ist der Anteil der bewerbbaren Kunden abgetragen, auf der y-Achse der Anteil der erzielbaren Abschlüsse. Werden beispielsweise 100% der Kunden angeschrieben, so werden auch 100% der möglichen Abschlüsse erzielt. Reicht das Budget lediglich aus, um 60% der Kunden anzusprechen, so gibt es folgende Alternativen:

A) Die 60% Kunden werden zufällig ausgewählt. Dann sind auch 60% der möglichen Abschlüsse zu erwarten.

B) Aus den Überlegungen und Erfahrungen der Zielgruppenmanager heraus werden definierte Kundensegmente selektiert (z. B. bestimmte Altersklassen), um bei gleicher Auflage einen höheren Anteil der möglichen Abschlüsse zu erzielen.

C) Die Scoringverfahren führen diesen Ansatz weiter. Hier kommen an Stelle des Expertenwissens analytische Verfahren zum Zuge, mit deren Hilfe bei gleicher Auflage die Abschlußquote weiter gesteigert werden kann.

Die Wirtschaftlichkeit solcher Bemühungen liegt auf der Hand: Bei gleichem Aufwand (an Mailings oder Kundenbesuchen) kann deutlich mehr Geschäft geschrieben werden. Oder umgekehrt formuliert: Der gleiche Umsatz kann mit entsprechend geringeren Budgetmitteln erzielt werden.

Doch welche geheimnisvollen Methoden werden eingesetzt, um solche Erfolge zu erzielen? Künstliche Intelligenz, sogenannte Neuronale Netze, also dem menschlichen Gehirn nachempfundene Computer - mich schaudert bei der Vorstellung von menschlichen Gehirnen in verstaubten Einweckgläsern, die über zukünftigen Kundenbedarf orakeln - werden als Lösung angepriesen.

Dabei ist der Ansatz weder so neu noch so geheimnisvoll, wie zur Zeit suggeriert werden soll. Das Analysekonzept ist zunächst unabhängig vom gewählten Verfahren und stellt sich wie folgt dar:

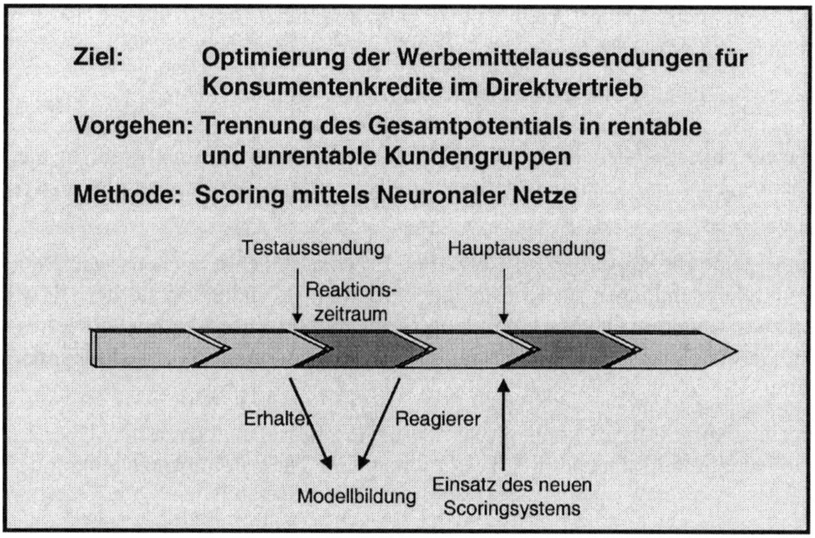

Abbildung 7: Data Mining-Analysekonzept

Im ersten Schritt wird im Rahmen einer Testaussendung eine repräsentative Teilmenge der Grundgesamtheit zu einem speziellen Produkt angeschrieben. Die Erhalter werden in der Datenbank festgehalten. In der Folgezeit kommt es zu Kundenreaktionen, die ebenfalls in die Datenbank zurückfließen. Nach einer definierten Zeitspanne sind die Erhalter in zwei Gruppen zerfallen: Diejenigen, die auf das Mailing reagiert haben und diejenigen, die nicht reagiert haben.

Zur Modellbildung werden diese beiden Gruppen in zwei Schritten analysiert. Zunächst wird versucht, univariate Indikatoren zu finden, die bezüglich der Zielgröße (Reagierer vs. Nichtreagierer) möglichst große Unterschiede ausweisen. Beispielsweise könne eine solche ex post-Betrachtung ergeben, daß bei dem vorliegenden Mailing die Frauen deutlich besser als die Männer reagiert haben. Die Übertragung dieser Erkenntnis auf zukünftige Zielgruppenmailings liegt auf der Hand: Unterstellt man, daß sich die Rahmenbedingungen nicht entscheidend verändert haben (das berühmte ceteris paribus), so werden auch bei zukünftigen Aussendungen die Frauen besser reagieren als die Männer.

Im zweiten Schritt wird versucht diese erkannten Indikatoren mathematisch so miteinander zu kombinieren, daß die Unterschiede zwischen einzelnen Teilmengen bzgl. der Zielgröße (die sog. Trennschärfe) maximiert wird. Diese Methodik liegt sowohl der Verfahren der multivariaten Statistik als auch den neueren Ansätzen der Modellbildung mittels Neuronaler Netze zu Grunde. Hauptvorteil, den die Neuronalen Netze für sich proklamieren: Diese Verfahren modellieren auch Nichtlinearitäten, was sich in einer Steigerung der Trennschärfe gegenüber den klassischen Verfahren niederschlagen soll. Es besteht allerdings die Gefahr, daß so Zufälligkeit modelliert werden, die sich bei späteren Aussendungen nicht wiederfinden. Die wissenschaftliche Diskussion zu diesem Thema dauert an.

Das Ergebnis der Analyse ist eine mathematische Formel, nach der für jeden einzelnen Kunden der Grundgesamtheit eine Reaktionswahrscheinlichkeit für das zu Grunde liegende Mailing errechnet werden kann. Dieser Punktwert oder Scorewert fließt in die Kundendatenbank zurück und kann zur Optimierung zukünftiger Zielgruppenselektionen herangezogen werden.

Bei BHW waren schon im Pilotprojekt die erzielten Ergebnisse beeindruckend: Ziel war es, die Werbemittelaussendungen für Konsumentenkredite im Kundenbestand der BHW Bausparkassen zu optimieren. Die Modellbildung wurde mittels eines Neuronalen Netzes vorgenommen. Anschließend wurde der gesamte Bausparbestand unter Verwendung des Modells bewertet.

Um die Verbesserung messen zu können, wurden analog der oben skizzierten Überlegungen zur Wertschöpfung folgende drei Testgruppen zum Thema Konsumentenkredite angeschrieben:

- Testgruppe A: Repräsentative Stichprobe aus dem Bausparbestand,
- Testgruppe B: Selektion nach Vorgabe der Zielgruppenmanager,
- Testgruppe C: Selektion der affinsten Kunden nach Scorewerten.

Die Ergebnisse sprechen für sich: Erwartungsgemäß schnitt die auf Grund von Expertenwissen selektierte Testgruppe B deutlich besser ab als die Zufallstestgruppe A.. Bei der nach Scorewerten selektierte Testgruppe C konnte im Vergleich zur Expertentestgruppe B nochmals eine Steigerung der Abschlußquote um den Faktor zwei nachgewiesen werden. Das bedeutet, daß für zukünftige Mailings zum Thema Konsumentenkredite im Bausparbestand durch Verwendung des Scoringsystems mit der halben Auflage der gleiche Erfolg wie bisher erzielt werden kann! Natürlich sind diese Ergebnisse nicht zu verallgemeinern. Der Aufwand, der für die Entwicklung eines neuen Scoringsystems investiert wird, rechnet sich auch bei deutlich geringeren Steigerungen in der Abschlußquote, da das einmal entwickelte System immer wieder für entsprechende Zielgruppenselektionen eingesetzt werden kann.

In der Zusammenfassung bleibt folgendes festzuhalten: Mit dem Aufbau des BHW Data Warehouse wurden die Voraussetzungen für erfolgreiches Database Marketing geschaffen. Durch die Operativen Anwendungen wird der Vertrieb bei der Kundenansprache und Akquisition optimal unterstützt. Aber erst im Data Mining werden - wie eben gesehen - durch Analyse die relevanten Informationen aus der Vielzahl von Kundendaten gewonnen. So erfolgt die Optimierung der Vertriebsaktivitäten und damit die eigentliche Wertschöpfung im CRM-Prozeß.

6. Fazit

Ziel des vorliegenden Artikels war es, die technische Umsetzung des CRM-Ansatzes in der BHW Gruppe zu beschreiben. Die technische Unterstützung des Vertriebs durch die oben beschriebenen Methoden ist ein wichtiger Baustein zur Realisierung des Markterfolges. Es ist jedoch ein Trugschluß zu glauben, daß der Markterfolg allein durch die Bereitstellung entsprechender Vertriebstechnik sichergestellt werden kann. Diese Technik muß im Kontext gesehen werden mit den anderen Erfolgsfaktoren wie dem Marktauftritt, Produktinnovationen, Schulung und Weiterbildung der Vertriebsmitarbeiter, u.v.a.m. Wie so oft bestimmt auch hier das schwächste Glied der Kette den Gesamterfolg.

Klaus Kornmann

Bedarfsgerechtes Kundenbindungsmanagement - Von der Marktanalyse bis zur Implementierung einer Stornoprävention

1. Ausgangslage

In den letzten Jahren war der Markt der Kraftfahrtversicherungen geprägt durch eine geradezu inflationäre Entwicklung neuer Tarifierungsmerkmale. Die Zahl der möglichen Tarifkombinationen wuchs auf über 100.000. Bei dieser gewaltigen Menge darf bezweifelt werden, daß alle neuen Tarifmerkmale auf einer sicheren Kalkulationsbasis beruhen. Dies gilt besonders für die sogenannten weichen Tarifmerkmale.

Da gleichzeitig eine sinkende Kundenloyalität und zunehmende Basarmentalität beobachtet werden konnte (es wurden teilweise Kündigungen ausgesprochen, nicht um zu wechseln, sondern um Prämienrabatte zu erlangen), sanken die Deckungsbeiträge einerseits durch die Gewährung von Rabatten und andererseits durch steigende Arbeitsbelastung durch Kündigungsverhinderungen bzw. Kündigungsrücknahmen.

Gleichzeitig trat die Situation ein, daß besonders diejenigen Kundengruppen beweglich wurden, die auf Basis von neuen Tarifmerkmalen in den Genuß von Rabatten kommen konnten. Damit bestand die Gefahr, daß gute Risiken überproportional unter den Wechslern zu anderen Versicherern sein würden.

Damit setzt eine Kettenreaktion ein: weil die guten Risiken gehen, führen die verbleibenden Risiken zu einer Untertarifierung. Dies führt in der folgenden Kalkulationsperiode zu Tariferhöhungen, wodurch der Wechsel für weitere Risiken attraktiv wird, was wiederum zu Untertarifierung führt, usw. Dies führte bereits zu einer deutlichen Erhöhung des Marktanteils der Niedrigkosten-Versicherer (Abbildung 1).

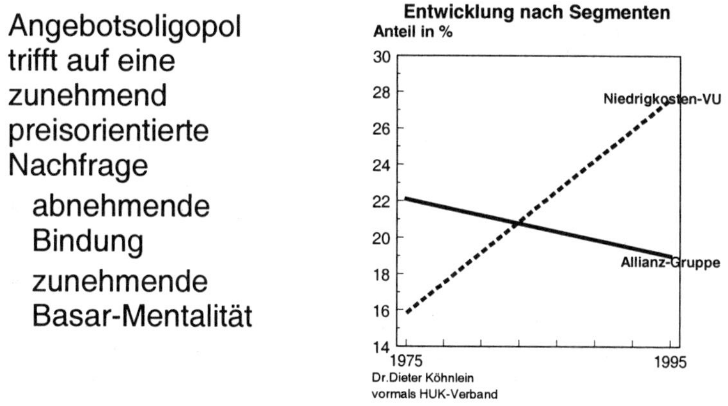

Abbildung 1: K-Marktentwicklung

Da der LVM als großer Kraftfahrtversicherer in Deutschland mit einer Haushaltsreichweite von über 5 % davon ausgehen mußte, daß er von dieser Entwicklung nicht gänzlich unberührt bleiben würde, wurde ein Projekt zur Schaffung einer Database mit mikrogeographischen Informationen gestartet.

2. Projektauftrag

Im Rahmen eines Projektes sollte durch Ergänzung interner Daten mit mikrogeographischen, externen Daten eine spartenübergreifende Database geschaffen werden, die mittels Data-Mining eine bessere Vorhersage der Profitabilität und der Stornowahrscheinlichkeit erlaubt. (Projektmitglieder waren Klaus Kornmann, Markus Kuchinke und Ursula Teupen)

"Ziel des "Data-Mining", bei dem der Computer sämtliche Daten auf der Suche nach bekannten und unbekannten Korrelationen durchwühlt, ist es, gewinnbringende und/oder kostenträchtige Kundenbeziehungen zu segmentieren." (Handelsblatt, 9.11.98, Versicherungswirtschaft/Zwang zur Kooperation)

Durch die Ergänzung der internen mit externen mikrogeographischen Daten sollte geprüft werden, ob eine über die Tarifmerkmale hinausgehende Differenzierung möglich ist, die die wahrscheinlichen Deckungsbeitragsbringer im voraus erkennen läßt.

3. Projektdurchführung

Der Projektstart war am 31.5.99, die Fertigstellung der Modelle wurde zum 31.8.2000 geplant. Bei der Entwicklung des Konzeptes gingen die LVM-Versicherungen davon aus, das Projekt zunächst auf die Sparte Kraftfahrt zu beschränken. Weiterhin mußten konkrete Anwendungen definiert werden, anhand derer man den Nutzen durch die Database nachweisen kann.

Kraftfahrt wurde als Pilotsparte gewählt, weil in dieser Versicherungssparte die branchenweiten Wechslerbewegungen am stärksten sind (fast jeder vierte Neuvertrag war bereits 1994 ein Wechsler (GfK-Finanzmarktpanel), weil sie mit 44 % Prämienanteil die größte Sparte im Konzern ist und damit bei einem erfolgreichen Modellansatz den gößten Grenznutzen versprach.

3.1 Zielfunktionen

Es wurden vier Anwendungen definiert, die im Rahmen dieses Projektes beantwortet werden sollten:

- (1) Wie hoch ist die Stornowahrscheinlichkeit jedes einzelnen Kraftfahrtvertrages?
- (2) Wie hoch ist die Profitabilität jedes Kraftfahrtvertrages?
- Welche Neukunden in Kraftfahrt sind wahrscheinlich profitabel?
  - (3) auf der Basis Antragsdaten + LVM-Daten aus anderen Sparten + mikrogeographische Daten und
  - (4) nur auf der Basis von mikrogeographischen Daten?

3.2 Konzept

Das Konzept sah vor, daß aus allen Sparten und aus mikrogeographischen Daten eine Database geschaffen werden sollte. Auf Basis dieser Database sollten dann die entsprechenden Score-Karten für die jeweiligen Anwendungen entwickelt werden.

Da das Know-how dafür beim LVM nicht vorhanden war, wurde das Projekt zunächst mit externer Hilfe gestartet, um dann mittelfristig Know-how beim LVM aufzubauen.

3.3 Partnerwahl

Bei der Partnerwahl galt es zunächst die Frage zu klären, ob ein Partner mit Schwerpunkt auf dem Gebiet Scoring oder auf dem Gebiet mikrogeographischer Daten für den Finanzmarkt besser für das Projekt geeignet sei. Wegen des engen Zeitrahmens erhielt der Partner mit der Erfahrung auf dem Gebiet der Entwicklung von Scoring-Karten den Zuschlag. Das war das Unternehmen FairIsaac Informa.

3.4 Vorgehensweise

Zunächst wurden die Stornierungen und die Profitabilität in Kraftfahrt angegangen. Dazu war es nötig, in einem ersten Schritt die Kraftfahrt-Stornierungen in vermeidbare und nicht vermeidbare aufzuteilen, denn nur bei vermeidbaren kann es sich lohnen, vorbeugend aktiv zu werden (Abbildung 2).

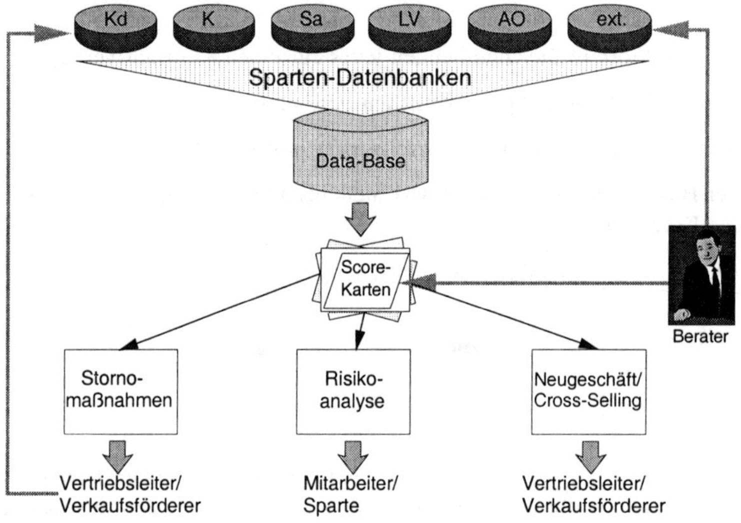

Abbildung 2: Konzept der Score-Karten-Erstellung

Wenn ein Kunde seinen Zweitwagen abschafft und deshalb seinen Kraftfahrtversicherungsvertrag kündigt, macht die Vorhersage einer Stornowahrscheinlichkeit wenig Sinn, es gibt nichts zu tun, um diese Stornierung zu verhindern. Anders sieht es aus, wird die Stornowahrscheinlichkeit für einen Versichererwechsel ermittelt; hier können sinnvolle Maßnahmen zur Stornoverhinderung und damit zur Kundenbindung ansetzen. Zwischen diesen beiden Polen gibt es noch etliche Kündigungsgründe, bei denen zu entscheiden ist, ob sie zu den vermeidbaren oder den nicht vermeidbaren Kündigungsgründen gerechnet werden sollen.

Nach Klärung dieser Fragen wurde ein Analyse-Zeitraum definiert. Die Zeitraumbetrachtung war notwendig, um ein Modell zur Vorhersage von Verhalten erstellen zu können. Dazu wurde ein Vergleich der jeweiligen Bestandsdaten aller Sparten zu Beginn und zu Ende des Betrachtungszeitraums vorgenommen. Den dabei gefundenen Unterschieden in den Bestandsdaten wurden dann die Stornierungen, die Schadenfälle und die Mahnverfahren während dieses Zeitraums gegenübergestellt. Lediglich in der Krankenversicherung wurden aus Datenschutzgründen keine Daten der Ausgabenseite (Leistungen) berücksichtigt. Insgesamt ergaben sich so über 36 Millionen Datensätze, die aus dem LVM-Data-Warehouse abgezogen wurden.

Parallel dazu mußte zu allen Kunden ein Haushaltsmerkmal generiert werden, da die Kundendatenbank Versicherungsnehmer orientiert aufgebaut ist und mikrogeographische Daten haushaltsbezogen vorliegen. Auch dürfte es einen Unterschied für die Modellbildung machen, ob drei Einvertragshaushalte oder ein Haushalt mit drei Verträgen vorliegen.

Hier ein Beispiel: Für einen Haushalt, der über Wohneigentum verfügt, mehrere PKW besitzt und bei dem die Ehefrau in einer Behörde arbeitet, sieht der Versicherungsschutz oft folgendermaßen aus:

- VN bei den Kraftfahrtversicherungen für die PKW ist die Ehefrau wegen des B-Rabattes,
- VN bei den Sachversicherungen für das Wohneigentum sind die Eheleute und
- VN bei den restlichen Verträgen ist der Ehemann.

Dieser Versicherungsschutz führt in der Kundendatenbank zu drei "Kunden" und muß für derartige Analysen erst auf einen Haushalt verdichtet werden (Abbildung 3).

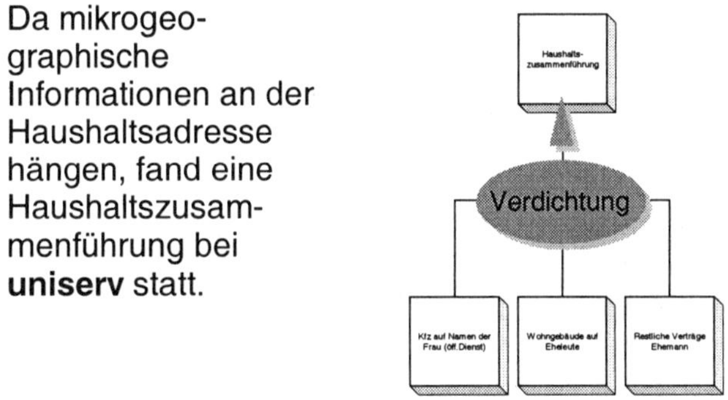

Abbildung 3: Haushaltszusammenführung

Das Ergebnis waren rund zwei Millionen Haushalte, auf die das Datenvolumen verdichtet wurde.

Wenn man sich vergegenwärtigt, welch immensen Rechenaufwand statistische Verfahren wie beispielsweise Cluster-Analysen und neuronale Netze bei diesem Datenvolumen erfordern, wird klar, daß nur sehr leistungsfähige Rechner dazu in der Lage sind. Die Daten wurden deshalb auf Kassetten gespielt und nach St. Pauls in Minnesota, USA geschickt. Dort stand der entsprechende Rechner der Firma FairIsaac Informa.

3.5 Qualitätskontrolle und Datenaufbereitung

Bei dem zu analysierenden Datenumfang war eine systematische und konsequente Qualitätskontrolle nötig, um alle Fehler und Widersprüche in den Daten aufzuspüren und zu beheben. Ein weiterer Grund lag in der Konzeption des Datawarehouses. Obwohl es ein konzernweites Warehouse ist, liegt die Verantwortung für die Daten bei den jeweiligen Sparten.

So kann es durchaus vorkommen, daß die Dateninhalte nicht dem entsprechen, was der Merkmalsname suggeriert, d. h., trotz gleicher Bezeichnung können verschiedene Inhalte in den einzelnen Sparten vorliegen oder gleiche Sachverhalte verschieden abgespeichert werden. Ein Beispiel ist die unterschiedliche Behandlung des Stornomerkmals in den einzelnen Sparten. In jeder Sparte werden Stornierungen und Stornogründe so erfaßt, wie es den Interessen der jeweiligen Sparte entspricht.

Zu diesen Problemen, die mit Hilfe der Spezialisten aus den Sparten bereinigt werden konnten, kamen noch Fehler, wie erledigte Schadenfälle, bei denen die Reserve ungleich Null war. Eine Besonderheit der Kundendatenbank, der normalerweise kein Gewicht beigemessen wird, stellte plötzlich ein weitaus größeres Problem dar. Die Kundennummer ist ein reines EDV-technisches, internes Merkmal, das nicht nach außen in Erscheinung tritt. Die Zuordnung von Verträgen zu Kunden erfolgt über die Versicherungsscheinnummern. Die Kundennummer wird lediglich zur internen Verwaltung und bei Analysen benutzt. Und genau hier lag das Problem.

Da die Kundennummer ein internes Merkmal ist, das nach außen nicht in Erscheinung tritt, kann es vorkommen, daß sich die Kundennummer eines Kunden im Laufe der Zeit ändert. Wenn ein Kunde beispielsweise einen dritten Versicherungsvertrag abschließt und dieser Vertrag wie der erste Vertrag eines Neukunden behandelt wird, bekommt er eine neue Kundennummer.

Wenn jetzt durch Prüfprogramme oder durch Reklamation des Vertreters dieser doppelt angelegte Kunde erkannt wird, kann es vorkommen, daß die Korrektur auf die neue Kundennummer erfolgt. Da es sich dabei um ein rein internes Merkmal handelt, hat es für die operativen Systeme keinerlei Auswirkung auf welche Kundennummer die Konsolidierung erfolgt. Für die Modellgenerierung ergäben sich jedoch gewaltige Konsequenzen. Denn statt einen Kunden zu haben, der im Anfangsbestand und im Endbestand vorhanden ist, gibt es jetzt einen Kunden, der sämtliche Verträge storniert hat und einen Neukunden mit den entsprechenden Verträgen. Davon waren bei den Analysedaten rund 100.000 Kunden betroffen.

Ein weiteres Problem lag in einem Denkfehler. Das Datenvolumen bestand aus jeweils zwei Bestandsdatensätzen, nämlich eines zu Beginn und eines am Ende des Untersuchungszeitraumes. Für die Zielfunktion 3 (Antrag + interne Daten + mikrogeographische Daten) waren diese Daten nicht passend, da der Zeitpunkt der Antragsstellung nicht mit dem Beginndatum des Untersuchungszeitraumes übereinstimmte. Um sauber analysieren zu können, mußten nachträglich genau die Bestandssätze zugespielt werden, die zu dem Zeitpunkt des Antrags paßten.

Nachdem all diese Probleme gelöst waren, konnte mit der Datenaufbereitung begonnen werden. So stehen beispielsweise nur in Ausnahmefällen das Lebensalter oder die Vertragdauer in den Datensätzen, sondern immer nur das Geburts- bzw. das Beginndatum. Die für die Analyse relevanten Daten müssen also erst gebildet werden.

Des weiteren wurden im Laufe der Modellbildung aus vorhandenen Merkmalen neue generiert, wenn man sich davon eine Verbesserung der Erklärung der Zielvariablen versprach.

3.6 Modellbildung

Im Anschluß an diese vorbereitenden Arbeiten konnten erste univariate Analysen erfolgen, um beurteilen zu können, ob der eingeschlagene Weg aussichtsreich sein würde. Die Analysen erfolgten mittels eines Teils des Datenbestandes. Ein weiterer Teil war vorgesehen zur späteren Validierung der Ergebnisse.

Bei den univariaten Analysen war es erstmals möglich, zu prüfen, ob die Ergänzung der internen Daten mit externen mikrogeographischen Informationen eine weitere Differenzierungsmöglichkeit bringt. Die ersten Analysen sahen recht vielversprechend aus (Abbildung 4).

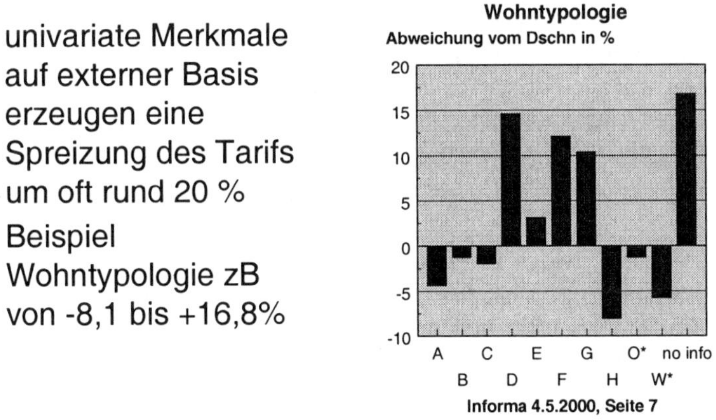

Abbildung 4: Bereits univariate Merkmale differenzieren

Es wurden ca. 500 Prognosemerkmale für die vier Zielfunktionen generiert und untersucht.

In einem weiteren Schritt wurden dann multivariate Analysen durchgeführt. Auf Basis dieser Analysen erfolgte die Entwicklung der Score-Tabellen und die Bewertung der Kunden hinsichtlich der vier Zielvariablen.

3.7 Ergebnisse

In dem endgültigen Regressionsmodell für die Zielfunktionen 1 und 2 waren zur Überraschung keine mikrogeographischen Merkmale als erklärende Variable mehr enthalten. In das entwickelte Modell flossen ausschließlich LVM-interne Merkmale ein; d. h., sämtliche getestete, externe mikrogeographische Merkmale lieferten keinen Beitrag für die Vorhersage der Stornowahrscheinlichkeit und der Profitabilität, obwohl einige bei der univariaten Betrachtungsweise recht vielversprechend aussahen.

Dies darf allerdings nicht so verstanden werden, daß die mikrogeographischen Merkmale nichts bringen, sondern daß sich die internen Daten bei der Modellgenerierung immer als trennschärfer erwiesen. Vielmehr ist der Wert der externen, mikrogeographischen Daten so beurteilen: je weniger man über seinen Kunden weiß um so wertvoller sind sie und umgekehrt, je mehr Daten man über einen Kunden hat, um so geringer ist ihr Grenznutzen. Dies deuteten auch die Modellergebnisse für die Zielfunktionen drei und vier an.

Für die LVM-Versicherungen hatte dieses Ergebnis den großen Vorteil, daß das Modell ohne Zukauf externer Daten auf die Systeme transportiert werden konnte.

Im Rahmen dieses Modells wurden für einen Anfangsbestand die zu erwartenden, vermeidbaren Stornierungen und die zu erwartenden Schadenquoten für einen zukünftigen Zeitraum vorausgesagt. Da auch dieser "zukünftige" Zeitraum aus Vorstandssicht in der Vergangenheit lag, stand trotz Validierung des Modells mit dem nicht benutzten Teil der Daten der Praxisbeweis einer treffsicheren Vorhersage noch aus.

Die Datei mit den bewerteten Kunden war Anfang September 99 fertig. Die Vermutung liegt nahe, daß eine Umsetzung der gewonnenen Erkenntnisse in Stornopräventionsmaßnahmen zu diesem Zeitpunkt (wie es zu Projektbeginn eigentlich geplant war), die Stornoquote vielleicht hätte niedriger ausfallen lassen als sie tatsächlich eingetreten ist. Es hätte jedoch keine Möglichkeit mehr bestanden, in der Praxis die Zuverläßlichkeit der Prognose beweisen zu können. So wurde die Vorhersage für den Kündigungstermin 31.12.1999 nicht für vertriebsunterstützende Maßnahmen genutzt, sondern für die Überprüfung des Modells an der Wirklichkeit.

Es wurde dann die Vorhersage der Stornowahrscheinlichkeit für den Zeitraum 1.9.99 - 31.8.2000 mit den tatsächlich eingetretenen Stornierungen vom 1.9.99 bis 31.1.2000 und vom 1.9.99 bis 30.4.2000 verglichen.

Dazu wurden die einzelnen Kfz-Versicherungen in 10 gleich große Score-Klassen eingeteilt. Jede Klasse wurde mit einem Stornoquotenindex bewertet. Dieser Index errechnete sich aus dem Verhältnis durchschnittliche Stornoquote der jeweiligen Klasse bezogen auf die durchschnittliche Stornoquote aller Kfz-Versicherungen. Die Spreizung reichte dabei von doppelt so hoher Stornowahrscheinlichkeit wie der Durchschnitt bis zur halb so hohen Stornowahrscheinlichkeit.

Diese Berechnungen wurden sowohl für die Vorhersage als auch für die tatsächlichen Stornierungen erstellt.

Dabei ergab sich,

- daß die Vorhersage recht gut ist, und
- daß sie vermutlich stabil ist, da die Kurven per 31.1. und 30.4.2000 nahezu dekkungsgleich sind (Abbildung 5).

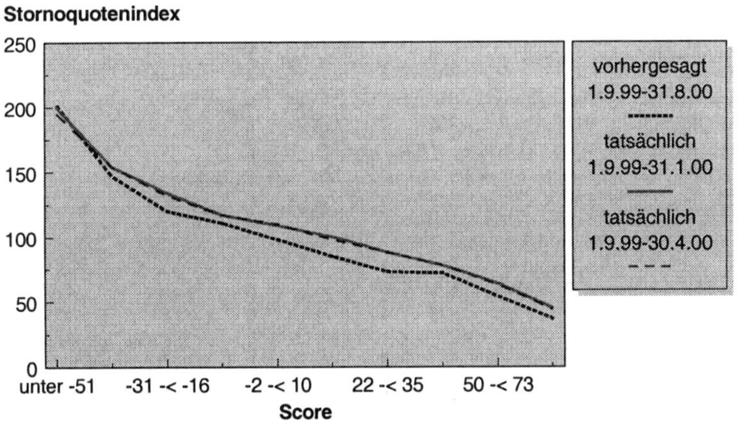

Abbildung 5: Kunden mit vermeidbaren Stornierungen

So konnten auf der Basis dieses Modells Maßnahmen zur Stornoprävention durchgeführt werden.

4. Stornoprävention

Auf grund der guten Übereinstimmung der Prognose und der Wirklichkeit wurden die Regeln des Vorhersagemodells auf die LVM-Syteme übertragen. Dabei gelang uns eine 99,5 %ige Genauigkeit der Abbildung (50 abweichende Ergebnisse auf 10.000 Fälle). Das Modell konnte eingesetzt werden, um eine Vorhersage für die Stornierungen zum Jahreswechsel 2000/2001 zu berechnen.

Die Kunden wurden einer zweidimensionalen Betrachtung unterzogen. In einer Kreuztabelle wurde die Verteilung der Kunden nach Schadenquoten- und Stornoklassen ermittelt. Anschließend wurden programmtechnisch alle Kunden, die eine unterdurchschnittliche Schadenquote (= überdurchschnittliche Profitabilität) erwarten ließen und deren Stornowahrscheinlichkeit überdurchschnittlich ist, gekennzeichnet (Abbildung 6).

- Handlungsbedarf besteht im rechten oberen Quadranten
  - überdurchschnittliche Profitabilität bei gleichzeitiger überdurchschnittlicher Stornowahrscheinlichkeit

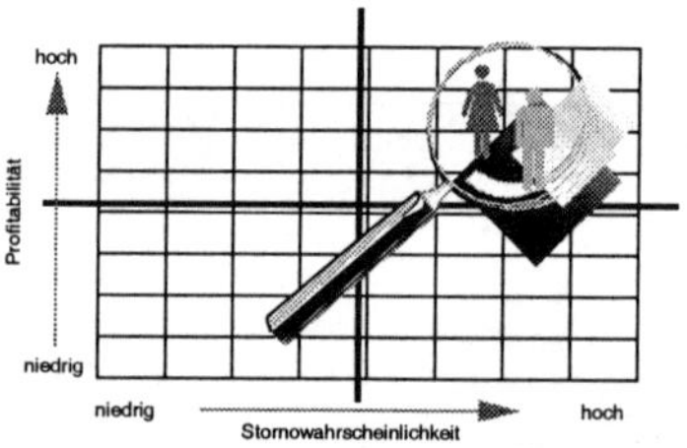

Abbildung 6: Stornowahrscheinlichkeit und Profitabilität

Nach dem Jahreswechsel 2000/2001wurden wieder die gleichen Berechnungen wie im Vorjahr angestellt. Es wurden die Vorhersagen mit den tatsächlichen Stornierungen verglichen. Dabei zeigte sich, daß die tatsächlich eingetretenen Stornierungen außerhalb des Bereichs der gekennzeichneten Verträge deckungsgleich mit der Vorhersage waren, im Bereich der gekennzeichneten Verträge jedoch niedriger lagen als die Vorhersage (Abbildung 7).

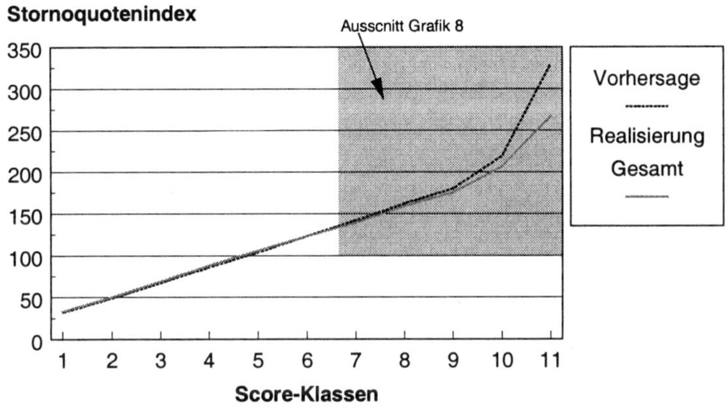

Abbildung 7: Stornovorhersage und Stornierungen 2000/2001

Im Bereich der Verträge mit überdurchschnittlicher Stornowahrscheinlichkeit zeigt sich, daß es gelungen ist, bei den gekennzeichneten Verträgen (überdurchschnittliche Profitabilität) die Stornierungen zu senken. Die markierten Verträge liegen im gesamten Bereich mit ihrem Stornoindex unter den entsprechenden Werten der nicht markierten Verträge (Abbildung 8; zur besseren Übersichtlichkeit wurden die Kurven für die Vorhersage und die Realisierung Gesamt weggelassen.).

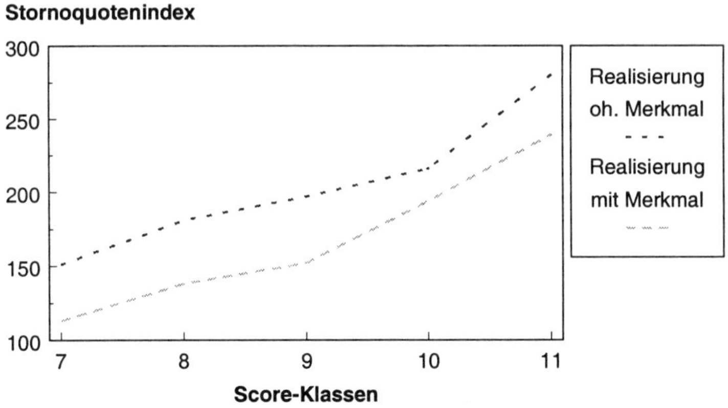

Abbildung 8: Stornierungen mit überdurchschnittlicher Wahrscheinlichkeit

5. Weiterer Weg

Cross-Selling und Neukunden

Nachdem sich die Stornoprävention auf der Basis von Prognosemodellen als realisierbar erwiesen hat, konnten die weiteren Projektziele angegangen werden. Siehe auch Grafik 2. Zur Prognose von Kraftfahrt-Neukunden wurden vier Modelle entwickelt und validiert:

- Modell A: unter Berücksichtigung aller bei Kfz-Erstabschluß bekannten Informationen (LVM-Informationen und externe Daten)
- Modell B: wie Modell A, aber ausschließlich auf der Basis von LVM-Informationen
- Modell C: ausschließlich auf Basis externer Daten (Schober) mit Informa-Score
- Modell D: ausschließlich auf Basis externer Daten (Schober) ohne Informa-Score

Bei den Modellen A und B handelt es sich um die Zielfunktion 3 (Cross-Selling) und bei den Modellen C und D um die Zielfunktion 4 (Neukunden).

Schlechteste Score-Segmente	LVM-Daten & Informa-Score	nur LVM-Daten	Schober-Daten & Informa-Score	nur Schober-Daten
	Modell A Zielfunktion 3	Modell B Zielfunktion 3	Modell C Zielfunktion 4	Modell D Zielfunktion 4
5 %	210 %	210 %	170 %	140 %
10 %	190 %	190 %	160 %	130 %
20 %	170 %	160 %	140 %	130 %
Beste Score-Segmente	**LVM-Daten & Informa-Score**	**nur LVM-Daten**	**Schober-Daten & Informa-Score**	**nur Schober-Daten**
20 %	70 %	70 %	90 %	90 %
10 %	70 %	70 %	80 %	90 %
5 %	70 %	70 %	80 %	80 %

Abbildung 9: Leistungsfähigkeit der vier Scoringtabellen im Vergleich

Die entwickelten Modelle (Abbildung 9) brachten eine Spreizung der Schadenquote von maximal 210 - 70 % und minimal 140 - 80 %. Dabei ergaben sich wieder die am stärksten differenzierenden Werte auf Basis von LVM-Werten, wobei allerdings eine Verwendung des Informa-Scores im Modell A nochmals eine rechnerische Steigerung von 6 % ergab. (Bei dem Informa-Score handelt es sich um ein von FairIsaac Informa entwikkeltes Merkmal, das versucht aus der Kombination einer Vielzahl von adreßbezogenen Daten Ertrags- und Risikopotentiale zu bewerten.)

Alle vier Modelle zeigen, daß der aktuelle Kraftfahrttarif im Bereich der guten Risiken sehr viel feiner differenziert als am schlechten Ende. So erfolgt bei den besten 5, 10 oder 20 % durch die Score-Modelle kaum eine weitere Differenzierung. Bei den schlechtesten 5, 10 oder 20 % der Risiken ergab sich gegenüber dem Tarif deutlich Differenzierungen.

Diese größere Wirksamkeit bei den schlechten Risiken liegt wahrscheinlich in der "großen Vergeßlichkeit" des Tarifs begründet. Egal wie schlecht ein Risiko war, nach einem schadenfreien Jahr ist alles vergessen.

6. Ausblick

Die Überprüfung der Vorhersage anhand der Realität ist bei dem Merkmal Stornierung verglichen mit dem Merkmal Profitabilität recht einfach. Es muß ein wesentlich längerer Zeitraum mit der Vorhersage verglichen werden. Deswegen lassen sich zum jetzigen Zeitpunkt auch noch keine abschließenden Aussagen zu der Güte der Modellvorhersagen für die Profitabilität machen.

Aufgrund der bisherigen Erfahrung ist davon auszugehen, daß uns die Modelle auch auf dem Gebiet der Akquisition guter Risiken sehr hilfreich sein werden.

Im Bereich der Sanierung läßt sich das Modell B schon heute anwenden. Während in der Vergangenheit zwei Schadenfälle abgewartet wurden, um ein Risiko etwas genauer zu betrachten, ist der LVM jetzt schon früher in der Lage, schlechte Risiken zu erkennen; denn bei einem negativen Antrags-Score und einem Schadenfall braucht der zweite nicht mehr abgewartet werden, um das Risiko zu überprüfen.

Nach erfolgreichem Projektende, werden im Rahmen von Nachfolgeprojekten die Erkenntnisse auf die anderen Sparten übertragen, so daß der LVM in der Endstufe über eine Database verfügen dürfte, die eine ideale Basis für ein Customer-Relationship-Management darstellt.

Christine Vietor und Volker Nitz

CRM für die TK

Einführung

Die Techniker Krankenkasse (TK) ist eine bundesweite Krankenkasse. Ihre 3,4 Millionen Mitglieder kommen vorwiegend aus Berufen und Branchen der Technik und der Wirtschaft. Das mit Hauptsitz in Hamburg bundesweit tätige Unternehmen im Bereich der Gesetzlichen Krankenversicherung nimmt seit Jahren in der Kundenzufriedenheit Spitzenpositionen im Branchenvergleich ein. Dazu bietet die TK ihren Versicherten ein umfangreiches, an den besonderen Bedürfnissen zugeschnittenes Leistungsspektrum und Serviceangebot an. In den meisten Fällen wählen TK-Versicherte das Telefon, um ihre Anliegen zu klären, vielfach abends nach der Arbeit - dafür bietet die TK eine Telefonzeit von 7 bis 22 Uhr wochentags an. Das Internet nimmt stark an Bedeutung zu: TK-Versicherte nutzen lt. hauseigener Umfrage das Internet bereits zu 65% beruflich und/oder privat - im Bundesdurchschnitt liegt der Anteil lt. GfK-Panel aktuell bei 46%.

Zur Unterstützung einer dienstleistungsorientierten und bundesweiten Kundenbetreuung hat die TK auch schon früh die Datenverarbeitung in Verwaltungsprozessen eingesetzt und weiterentwickelt. Durch die Priorisierung von Servicezielen in der Unternehmensstrategie stehen seit einigen Jahren auch konkret durch das Marketing initiierte EDV-Projekte auf der Liste der hauseigenen Anwendungsentwicklung.

Aktuell forcieren mehrere Projekte internen und externen Service: neben einem laufendem CRM-Projekt - als Hauptthema dieses Beitrags - startete im Herbst 2001 eine Online-Geschäftsstelle Ihre Arbeit. Kunden können via Internet viele Geschäftsvorfälle online erledigen. Weitere Services sind in Vorbereitung.

Der Start

	Innendienst	Vertrieb	Hauptverw.	DV-Anwendung
1990	Verwaltungsanwendung	Papier	Papier-Controllig	
1996	Verwaltungsanwendung	EDV-Insellösung	Papier-Controlling	**AVIS**
2000	Verwaltungsanwendung	EDV-Insel und Papier	Papier-Controlling	**VIS 1**
2002	Verwaltungsanwendung + VIS 1+2 = CRM der TK			**VIS 1 + 2**
2003	CRM + www.tk-online.de + Dialogmarketing			**CRM + Internet**

Abbildung 1: Entwicklung des CRM

Mehr über die TK erfahren Sie aus unserer in jeder Geschäftsstelle erhältlichen Broschüre "Gesund in die Zukunft - Unser Angebot für Berufstätige" oder direkt im Internet unter www.tk-online.de.

1. Wer ist unser Kunde?

Regelmäßige Kundenbefragungen sind bei der TK obligatorisch. Der typische (Ziel-) Kunde der TK ist männlich, bis 45 Jahre alt und gut verdienend. Er ist überdurchschnittlich anspruchsvoll, informiert und Internet-Äffin. Er hat nicht so häufig Kontakt zur TK, bevorzugt das Telefon und zunehmend Internet und E-Mail. Wichtig sind hier Schnelligkeit, Verständlichkeit bei der Erledigung seiner Wünsche. Seine Wiederwahl- und Weiterempfehlungs-Absicht sowie die Gesamtzufriedenheit sinken.

Gute fachliche Beratung, Freundlichkeit/Kundenorientierung und Zuverlässigkeit der Aussagen des Partner-Unternehmens haben einen hohen Einfluß auf seine Gesamtzufriedenheit. Je kürzer der Kontakt zur TK zurück liegt, desto höher ist seine Zufriedenheit. Er ist neuen Leistungen/Heilmethoden, Services und neuen Medien (Internet) gegenüber aufgeschlossen.

Die Rahmenbedingungen verändern sich. Abnehmende Kundentreue und zunehmende Wechselbewegungen finden sich in allen Branchen. Die TK - genauso wie die Branche und branchenübergreifend - reagiert in Form von nutzenstiftenden Kundenbindungsprogrammen und Serviceausbau. In der Folge steigt die Erwartungshaltung umworbener Kunden - auch an die TK.Wir können davon ausgehen das "unser Kunde" auch bei anderen Dienstleistern als (potentieller) Kunde gehegt und gepflegt wird. Und daß wir eine CRM-Strategie und -Anwendung zur Unterstützung unserer Aktivitäten im Kundenservice und der (gezielten) Kundengewinnung benötigen.

2. Vom AVIS zur CRM-Software – Die Geschichte

Die Datenverarbeitung der TK hat früh begonnen. Seit 1980 stehen die Stammdaten der Kunden bundesweit online über Datensichtgeräte und eine IBM-Oberfläche (3270-Emulation) zur Verfügung. Die folgenden Großrechneranwendungen unterstützen einzelne Verwaltungsprozesse, sind aber – bis auf das bestandsführende System – relativ unabhängig voneinander. Anwender sind die Mitarbeiter und Mitarbeiterinnen der TK-Geschäftsstellen, während der Vertrieb mit Karteikarten und Listen arbeitet. Zielgruppe der Vertriebsaktivitäten sind überwiegend Firmenkunden und ehrenamtliche Berater der TK als Ansprechpartner und Multiplikatoren in der Akquisition.

1996 wurde für den Vertrieb AVIS entwickelt, das Allgemeine Vertriebs-Informationssystem. Der Außendienst erhielt Notebooks mit Netzansschlußmöglichkeit, über die Stammdaten nach Bedarf aktualisiert und eigene Kundeninformationen eingepflegt und Termine geplant. Einblick in die Daten hatte jeweils nur der einzelne Außendienstmitarbeiter. Das neue Vertriebs-Informations-System (VIS) bringt Anfang 2000 die Daten zu Firmenkunden und ehrenamtlichen TK-Beratern auf den Host und stellt sie bundesweit online zur Verfügung. Eine Aktualisierung mit den Verwaltungssystemen findet ebenfalls online statt. Inhaltsschwerpunkte der neuen Anwendung sind Informationen zu Firmenkunden, Terminplanung , Berichtswesen und Vertriebscontrolling. Auch der Innendienst der Geschäftsstellen kann die neue Anwendung zur Firmenkundenbetreuung nutzen. Neben Informationen aus dem Vertrieb findet eine Anreicherung mit übersichtlichen Abrechnungsdaten und Tools zur Arbeitsunterstützung für diese neben dem Außendienst zweite Anwendergruppe statt. Der Informationsaustausch und die Zusammenarbeit zwischen Innendienst und operativen Vertrieb werden durch gemeinsame Informationen und ein integriertes Postkorbsystem unterstützt. Erste CRM-Ideen werden bereits Anfang 1999 vom Projektteam entwickelt - ohne den Begriff überhaupt zu kennen.

Im Jahr 2001 erfolgt eine Forcierung der Vertriebsaktivitäten und eine Ausrichtung auch auf das Privatkundengeschäft. Parallel werden Maßnahmen zur aktiven Kundenbindung eingeführt. Da entsprechende Softwareunterstützung fehlt, initiiert der Bereich Marketing und Vertrieb eine Phase 2 des Projektes VIS: Die TK entscheidet sich eine CRM-Software zu realisieren.

3. Warum CRM bei der TK?

Die Erwartungsniveau der Kunden steigt – nicht nur bei der TK. Voraussetzung für individuellen Service ist umfangreiches Wissen um Kundenwünsche und -gewohnheiten. Was früher der persönliche Kundenberater leisten konnte, verteilt sich heute auf viele Schultern – organisatorische Anpassungen an die gestiegenen Anforderungen an Schnelligkeit, Erreichbarkeit rund um die Uhr, erweitertes Spezialistenwissen. Kontakte finden zu (nahezu) allen Zeiten und auf allen Kanälen statt: Über Telefon, Post und E-Mail und Internet. In Geschäftsstellen, zentralen Call-Centern, beim Vertrieb und externen Service-Partnern. Aktiv und passiv. Der anspruchsvolle Kunde wählt. Hat da der Mitarbeiter immer den Überblick, wer was wann mit wem kommuniziert hat? Und warum? Ein neues Denken und Handeln wird benötigt.

4. Was sind die Erfolgsfaktoren?

Die CRM-Lösung der TK realisiert im Ziel Bausteine für Technik- und DV-unterstützte Vertriebsaktivitäten und Kundenbindungsmaßnahmen sowie Controllinginstrumente für die aktive Betreuungs- und Haltearbeit gegenüber <u>allen</u> Kunden- und Zielgruppen. Durch Verknüpfungsmöglichkeiten von vorhandenen und neu hinzukommenden Dateien werden Mehrfacherfassungen und Redundanzen vermieden und Datentransparenz sowie Datenkonzentration erzeugt. Innendienstzeiten werden reduziert. Eine einfache der Praxis gerechtwerdende und damit komfortable Handhabung ist eine Grundanforderung. Die Anforderungen und Wünsche der Anwender in den Geschäftsstellen wurden bei der Definition des Projektziels maßgeblich berücksichtigt.

Die kritischen Erfolgsfaktoren dafür im Detail sind:

- das Gelingen der technischen Integration der Daten aus den vorhandenen zentralen Host- , Client-Server- und PC-Anwendungen sowie dem Internet

- Schaffung von größtmöglicher Transparenz unter gleichzeitiger Beachtung des Datenschutzes sowie den Grenzen des Informationsüberflusses (Datenfriedhof)
- Ausbau der Anwendungsplattform zur Nutzung verschiedener zentraler Anwendergruppen (bisher: Innendienst/Außendienst dezentral)
- Akzeptanz der User sowohl in Bezug auf die Anwendung selbst als auch auf die erweiterten Prozesse um „ihren“ Kunden (Entpersonalisierung aus Sicht des Mitarbeiters - zugunsten des Kunden)
- Systemstabilität: die Realisierung erfolgt als eines der ersten Projekte in einer neuen Systemarchitektur

5. Stichwort Projektcontrolling

Gewinnt eine Software neue Kunden oder hält sie welche? Oder unterstützt sie „nur“ die Mitarbeiterinnen und Mitarbeiter bei allen die Kundenbindung und Kundengewinnung betreffenden Prozessen? Beziehungsweise macht diese überhaupt erst möglich? Wir haben uns dafür entschieden, den Erfolg des CRM-Projektes an der Unterstützung der Kundenbindungs- und Vertriebsprojekte sowie an den prognostizierten Kapazitätseinsparungen und Effektivitätsgewinnen in diesen Bereichen zu messen. Und natürlich an der Einhaltung des Projektbudgets.

6. Die Inhalte der Anwendung

Realisiert werden sollen Funktionen für Privatkunden- und Maßnahmenmanagement für Versicherte und solche die es werden wollen. Das Modul Privatkundenmanagement schafft - analog der in Phase 1 realisierten Anwendungen für Firmenkunden und ehrenamtliche TK-Berater – im Jahr 2001 ein umfassendes Kunden- und Kontaktmanagement für unsere größte und wichtigste Kundengruppe. Es handelt sich um eine eigene, eng mit dem bisherigen Vertriebsinformationssystem verknüpfte Anwendung.

Eine Übersicht aller Kontakte ist Mittelpunkt der neuen Anwendung. Hier werden ein Grossteil aller Kundenkontakte aus mehr als einem Dutzend Datenbanken sowie dem Internet automatisch abgebildet, manuelle Erfassungen sind zusätzlich möglich. Tools zur Bearbeitung von aktiven Kundenbindungskontakten und zur Beschwerdebearbeitung sind erste Ausbaustufen. Die Möglichkeit, mit wenigen Maus-Klicks zentral nahezu alle TK-Informationsprodukte versenden zu können, bietet Arbeitsunterstützung und damit Anreiz für die neue Anwendung. Neue Stammdaten der Kunden erweitern die Funktion. Erforderliche Suche/Auswahl nach einzelnen Zielgruppen (Mitglieder, Familienversicherte, Interessenten, , Studenten etc.) sind möglich, ebenso Verzweigungen in alle anderen für die Betreuung von Privatkunden wichtigen Anwendungen - beispielsweise im Leistungs- und Beitragsrecht.

Ein erstes Tool zum Maßnahmenmanagement wird zum Jahreswechsel 2001/2002 zentrales und dezentrales Planen von Maßnahmen (z. B. Mailings) ermöglichen. Der Vorteil: der „Umsetzungs-status-quo" der Maßnahme ist für alle Prozeßbeteiligten online sichtbar. Es bestehen komfortable Selektions- und Zuordnungsmöglichkeiten von Teilnehmern und Maßnahmen. Gestützte Responseerfassung zur Dokumentation und Auswertung sowie der Anstoß von Aktivitäten und Services sind integriert. Ein Data-Warehouse für Marketingprozesse wird aufgebaut.

In einer Ausbaustufe werden 2002 ein Interessenten- und Direktmarketing-Modul realisiert. Dieses ist - zusammen mit dem bereits implementierten Tool für die Kundenbindungsaktivitäten - die Anwendung für das vollständige Maßnahmen-Management unser CRM-Anwendung.

7. Die Projektorganisation

Die auf zwei Jahre projektierte Erstellung und Einführung der eigenentwickelten CRM-Software wird in zwei Teams realisiert.

Das fachliche Projektteam ist für die Beschreibung der Anwendungsfälle und das Fachkonzept verantwortlich. Es erstellt Test- und Schulungskonzept und führt diese Aktivitäten verantwortlich durch. Das Team besteht je nach Projektstand aus zwei bis drei Konzeptionern der Hauptverwaltung (projektverantwortlich ist der Bereich Marketing und Vertrieb) sowie fünf von Betreuungs- und Vertriebsmitarbeitern aus Geschäftsstellen, welche sich für die Projektarbeit beworben haben. Die Einbindung der Praxis und eine den täglichen Anforderungen gerechte Anwendung werden so sicher gestellt. Das technische Projektteam besteht je zur Hälfte aus internen und aus externen Anwendungsentwicklern.

Die beiden Projektleiter sind gemeinsam einem Lenkungsausschuß Mitgliedern der ersten Berichtsebene verantwortlich: Projektpate ist der Bereichsleiter Marketing und Vertrieb, weitere Mitlieder sind der Bereichsleiter Informationsverarbeitung, ein Gebietsleiter als Vertreter der Geschäftsstellen sowie der Leiter des Stabsbereichs Controlling.

8. Alles eine Frage der Technik?

Das Projekt wird in TKeasy realisiert – einer JAVA-basierten Anwendung, die in Drei-Schicht-Architektur die neue Systemarchitektur der TK bildet. Die als Basis für alle Kundenkontakte und als Einstieg in die CRM-Bearbeitung fungierende Kontaktübersicht ist auf dem Register gleich neben den Stammdaten des Versicherten. Die Daten werden auf dem in der Hamburger Hauptverwaltung beheimateten Großrechner gespeichert und stehen online bundesweit zur Verfügung.

TKeasy heißt TK ergonomisches Anwendungssystem. Unter Verwendung objektorientierter Methoden und grafischer Benutzeroberfläche ist TKeasy Migrations- und Integrationsplattform. Alte TK-Anwendungen (für das Kerngeschäft soziale Krankenversicherung gibt es nicht fertiges, hier muß selbst entwickelt werden) und neue Technologien (beispielsweise das Internet) werden zusammen geführt. *Ein* bestandsführendes System, *einmaliges* Login, Navigation in *alle* Programme und Standards in Benutzerführung und Oberfläche sind Vorteile für den Anwender. Da liegt die Eigenrealisierung der CRM-Software in TKeasy auf der Hand. Eine Vorstudie ergab das für die branchenspezifischen Anforderungen (Schwerpunkt aktive Kundenbindung statt Cross-Selling und Upgrades) Standardlösungen nur eingeschränkt funktionieren und ein Anpassungsaufwand an das Systemumfeld zu leisten wäre, der an den Gesamtaufwand einer Eigenentwicklung ungefähr entspricht.

9. Datenschutz nach dem Sozialgesetzbuch

Auch hier gelten Besonderheiten. Darf eine gesetzliche Krankenkasse CRM betreiben? Für uns als Körperschaft des öffentlichen Rechts und Sozialversicherungsträger gilt auch für den Bereich des Datenschutzes das Sozialgesetzbuch. Welches – im Gegensatz zum BDSG – unter anderem die Datenvermeidung parafiert. Aber auch für umfassende Beratung und Betreuung wird in § 13, 14 SBG I die Grundlage gelegt, und die Speicherung der für die gesetzliche Aufgabe notwendigen Daten ist gestattet. In der Praxis gilt es, so viele Daten wie nötig und so wenig Daten wie möglich zu speichern. Nicht immer eine einfache Herausforderung. Aber oftmals trägt das übersichtliche Zusammenstellen vorn vorhandenen, auf einzelne Verwaltungsanwendungen verteilte Daten schon dazu bei, Mitarbeiter/innen in der Kundenbetreuung die relevanten Informationen zur umfassenden Kundenbetreuung schnell und übersichtlich zur Verfügung zu stellen. Es sind zumeist die Informationen, die der Kunde auch hat: beispielsweise alle aktuellen Kontakte und Servicewünsche. Wichtig ist die begrenzte Dauer der Speicherung: was nicht mehr für zeitnahen Kundenservice und gute Beratung und Betreuung gebraucht wird automatisch gelöscht.

Aber nicht nur die Speicherung der Daten, auch ihre Weiterverarbeitung wird den Datenschutzbestimmungen gerecht: So werden die aus der Anwendung generierten Bestellungen von Informationsprodukten verschlüsselt über eine beauftragte und zertifizierte Datenannahme- und Verteilstelle an den externen Logistiker zum für den Responseversand übermittelt und dort gleich nach Bearbeitung gelöscht. Diese und andere Sicherheits-Dienstleistungen übernimmt die Firma DEBIS im Auftrag der TK.

10. Change-Management als Projektbegleitung?

Schon zu Beginn der Projektlaufzeit wird deutlich: Die Einführung einer CRM-Anwendung ist viel mehr als die technische Realisierung und die Schulung der Anwender. Scheitern CRM-Initiativen am „Faktor Mensch"?

Nicht jeder Mitarbeiter freut sich über eine neue Anwendung. Gilt es doch neue Masken und Funktionen kennen zu lernen, besteht doch die Befürchtung vor mehr Transparenz und Kontrolle. Und warum überhaupt steht der Kunde (nun auch technisch und mit seinen Daten) im Mittelpunkt? Statt der gewohnten, internen Prozesse?

Der Projektauftrag war das Erstellen und Einführen der Software. Und als wir gestartet waren, wurde neben dem Projektteam auch den Leitungskräften im Projektumfeld immer klarer, daß durch (oder für) die Anwendung auch Prozesse neu zu definieren waren. Die Fragen werden in der ganzen Bandbreite der Möglichkeiten angegangen: von der Anpassung einzelner Arbeitsverfahren bis hin zu einem Reorganisations-Projekt Direktmarketing mit externer Begleitung und Unterstützung.

Die Anwender sind über die siehe Zusammenstellung des Projektteams sowie weitere Benutzer-Arbeits-Kreise schon in der Entwicklung dabei. Schulungen finden vor Produktivschaltung einzelner Meilensteine im Vorfeld statt, ca. 3-4 Mal während der Projektlaufzeit von 2 Jahren. Auch wird auf regionalen Führungskräftetagungen regelmäßig über den Projektstand berichtet. Aber das allein reicht nicht. So wurde gemeinsam mit dem Bereich Personal und weiteren Mitgliedern der ersten Berichtsebene die Idee geboren, den CRM-Gedanken über die Personalentwicklung und die Berufliche Bildung ins Unternehmen zu tragen durch flächendeckende Integration in viele Seminare, vom Telefontraining über Schulungen zum Zielvereinbarungsgespräch bis hin zu Teamcoachings. Da wird die neue CRM-Software ganz schnell vom Problem zur Lösung – so das Ziel.

11. Wo sind wir? Wie geht es weiter?

Im August 2001 wurde die Kontaktübersicht als zentrale Basis für die neue Software produktiv eingeführt. Zuvor wurden Multiplikatoren aus allen Geschäftsstellen vom Projektteam geschult. Eine integrierte Funktion für einen Zentralversand von Informations-Produkten bietet Arbeitsunterstützung – und Anreiz die neue Anwendung zu nutzen.

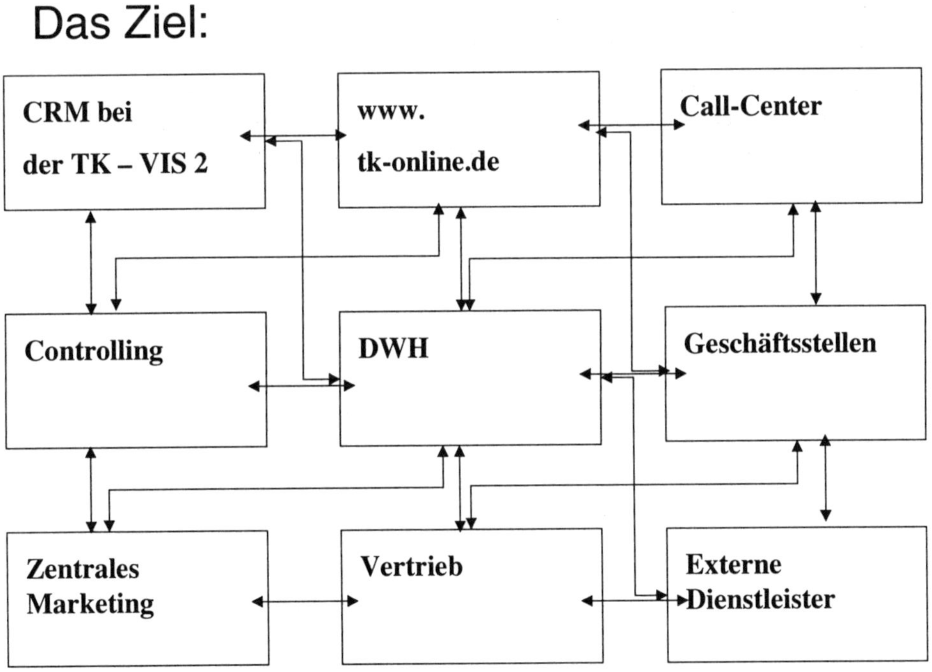

Abbildung 2: Einbindung aller Bereiche

Zum Jahreswechsel 2001/2002 wird die bisherige Kundenbindungsanwendung (eine lokale PC-Datenbank mit aus dem Bestand replizierten Daten) abgelöst: Die bisherigen Daten werden auf den Host übernommen, reaktive und aktive Telefonate zur Kundenbindung können aus der zentralen Kontaktübersicht und direkt aus dem Alltagsgeschäft heraus geführt werden. Eine Funktion für die standardisierte Beschwerdebearbeitung sowie für eine effektive Rückwerbung von (potentiellen) Kündigern sind integriert.

Die Aktivitäten zum Change-Management starten.

Und ein wenig Benchmarking haben wir auch betrieben: Nach dem Mini-CRM-Index von Cap Gemini Ernst & Young liegen wir in der Mitte des Portfolios: d. h. gute „customer satisfieres“ sind attestiert. Aber mit auch noch viel Potential für weitere Aktivitäten.

In 2002 vervollständigen wir eine umfassende Lösung zur Interessentenbearbeitung (vom Erstkontakt in der Geschäftsstelle, einer Messe oder im Internet bis zum Vertriebstermin), ein Tool zum Maßnahmenmanagement in Kundenbindung und Vertrieb sowie umfangreiche Auswertungen im Marketing-Datawarehouse die CRM-Anwendung der TK. Direktmarketing wird technisch unterstützt.

Eine mobile Lösung für den Vertrieb wird im Jahr 2002 getestet und soll ab 2003 eingeführt werden. Durch Terminalserver-Technologie kann der Vertriebsmitarbeiter online auf alle Teile der CRM-Software sowie auf seine Mails zugreifen.

Zuhause via ISDN- oder Analog-Leitung, unterwegs per GPRS-Handy über das Funknetz oder im internen Netz der Geschäftsstelle. Jetzt sind alle relevanten Daten bei allen Kundenkontakten verfügbar. Damit ist das Projektziel technisch und organisatorisch erreicht.